中国民间文学与
文化研究丛书

安德明 董素山 主编

吕 微 著

# 新民

## 民俗学的实践研究之研究

河北出版传媒集团
河北教育出版社

**图书在版编目（CIP）数据**

新民：民俗学的实践研究之研究 / 吕微著. -- 石家庄 : 河北教育出版社, 2023.12
（中国民间文学与文化研究丛书 / 安德明，董素山主编）
ISBN 978-7-5545-8235-0

Ⅰ.①新… Ⅱ.①吕… Ⅲ.①民俗学—研究—中国 Ⅳ.①K892

中国国家版本馆CIP数据核字(2023)第243284号

| | | |
|---|---|---|
| 书　　名 | 新民——民俗学的实践研究之研究 | |
| | XINMIN——MINSUXUE DE SHIJIAN YANJIU ZHI YANJIU | |
| 作　　者 | 吕　微 | |
| 策　　划 | 丁　伟　　田浩军 | |
| 出 版 人 | 董素山 | |
| 责任编辑 | 郝建东 | |
| 装帧设计 | 郝　旭 | |
| 出　　版 | 河北出版传媒集团 | |
| | 河北教育出版社 http://www.hbep.com | |
| | （石家庄市联盟路705号，050061） | |
| 印　　制 | 河北新华第一印刷有限责任公司 | |
| 开　　本 | 787毫米×1092毫米　1/16 | |
| 印　　张 | 19.75 | |
| 字　　数 | 253千字 | |
| 版　　次 | 2023年12月第1版 | |
| 印　　次 | 2023年12月第1次印刷 | |
| 书　　号 | ISBN 978-7-5545-8235-0 | |
| 定　　价 | 60.00元 | |

# 编 委 会

**谨以此书**

献给我的大学挚友

真正的猛士——陆中明

小憩：陆中明（前）、吕微（后），1980 年游太白山。

《大学》之道，在明明德，在亲民，在止于至善。程子曰："亲"，当作"新"。"新"者，"革其旧"之谓也，言既自明其明德，又当推己及人。

——朱　熹

　　"安百姓"便是亲民，说"亲民"便兼教养之意。……"作新民"之"新"，是自新之民。

——王阳明

　　"自新"之谓也，"新民"之谓也。

——梁启超

# 目　录

绪 论

回答陈连山的问题：单向启蒙还是双向启蒙？
——纪念中国民间文学学科 100 周年 ①
（2018 年 10 月 21 日）

①《绪论》的内容曾收入《从启蒙民众到对话民众——
纪念中国民间文学学科 100 周年国际学术研讨会论文集》，
北京大学中文系民间文学教研室编，2018 年 10 月。

"1784 年的 11 月，有这么一家德国期刊，即《柏林月刊》，刊载了对一个 [ '现代哲学既没有能力作出回答，可也从未成功地予以摆脱' 且迄今 '尚无解决办法' ① 的 ] 问题的答复。问题是：什么是启蒙？答复者：康德。"② 当时，响应《柏林月刊》征文的不止康德一人，以《什么是启蒙？》为题的应征文章还有多篇，但都不如康德的这篇应征文章（写于 1784 年 9 月 30 日，一个多月以后发表于《柏林月刊》1784 年第 4 卷第 12 期）影响深、广。二百三十多年后的今天，在康德的基础上 ③，陈连山进一步提出了一组事关启蒙的问题，这就是本次会议的十个议题。

　　1. 对中国现代民间文学、民俗学百年历史的反思

　　2. 民俗学研究的目的是启蒙还是教化？

　　3. 从单向启蒙到相互启蒙

　　4. 如何看待移风易俗？

　　5. 民俗学与新文化建设的关系

　　6. 民俗学的学科属性及其伦理原则

---

① [ 法 ] 福柯《什么是启蒙？》，李康译，王倪校。
② [ 法 ] 福柯《什么是启蒙？》，李康译，王倪校。据译校者 "题注"："本文根据 Catherine Porter 的英译本 What is Enlightenment?（收于 Paul Rabinow 编的 M. Foucault，Ethics：Subjectivity and Truth，The New Press，1997，pp.303-319.）译出，根据法文本校订（Dits et ecrits，vol.IV.，pp.562-578，Qu'est-ce que les Lumieres? Paris，Gallimard，1994.）" MS 按："福柯的这篇名文有多个中文译本，在我看来，李康先生的这个译本是最好的，但在网上并不多见。现在我对它又做了一点编辑加工，自认为这是迄今为止网上能找到的最佳版本了。" 该文的汉译纸媒版本可参见 [ 法 ] 福柯《何为启蒙》，顾嘉琛译，杜小真选编《福柯集》，上海远东出版社 1998 年，第 528—543 页。
③ 陈连山《重新审视五四与中国现代民俗学的命运——以 20 世纪对于传统节日的批判为例》，《民俗研究》2012 年第 1 期。

7. 民族主义、自由主义等文化思潮对民俗学发展的影响

8. 如何评价民间文学？评价的标准是什么？

9. 民间文学与民俗学的关系

10. 民间文学作为非物质文化遗产的问题

在这里，我愿意仿效康德的做法，响应陈连山的征文，并且顺沿陈连山的思路，尝试依次（合逻辑）地回答以上这十个问题；同时也借此机会向与会诸位同人简要汇报一下广义的实践民俗学这些年来在理论上取得的一些进展。本次会议的正式题目是"从启蒙民众到对话民众——纪念中国民间文学学科 100 周年"。这就是说，我们可以假定，凡与会者基本认同"中国民间文学 – 民俗学学科起源于 100 年前的'五·四'新文化 – 新文学启蒙运动"这一说法；那么现在，我就从陈连山【问题 1】**"对中国现代民间文学、民俗学百年历史的反思"**开始我的发言。

什么是启蒙？按照康德的说法，所谓"启蒙"就是人从自己的理性意志不成熟的（儿童甚至动物）状态过渡到理性意志成熟的（青年或者人的）状态，即勇敢地摆脱外在的（父母或者超自然甚至理性的）权威，公开地运用自己内在的理性，自己为自己的意志自由地立法（自我立法即自律）。① 以此，所谓"启蒙"，用人类学的说法就是人类在精神上的成年仪式（成人礼、成丁礼、冠礼……）②，

————————

① "对被动的理性，因而对理性的他律的癖好就叫做成见；而一切成见中最大的成见就是，把自然想象成不服从知性通过自己的根本法则奠定为它的基础的那些规则：这就是迷信。从迷信中解放出来就叫做启蒙；因为虽然这个称谓应当归于从一般成见中解放出来，但迷信却是首先（在突出的意义上）值得被称为一种成见的，因为迷信置身于其中，甚至将之作为一种责任来要求的那种盲目性，首先使靠别人来引导的那种需要，因而使一种被动理性的状态清晰可辨。"[ 德 ] 康德《判断力批判》，李秋零译，《康德著作全集》第 5 卷，中国人民大学出版社 2007 年，S.294，第 306—307 页。"但是，这种启蒙所需要的无非是自由；确切地说，是在一切只要能够叫做自由的东西中最无害的自由，亦即在一切事物中公开运用自己的理性的自由……对其理性的公开运用必须在任何时候都是自由的，而且惟有这种使用能够在人们中间实现启蒙。"[ 德 ] 康德《回答这个问题：什么是启蒙？》，李秋零译，《康德著作全集》第 8 卷，中国人民大学出版社 2010 年，S.36—37，第 41 页。

② "启蒙就是人从他咎由自取的受监护状态走出。受监护状态就是没有他人的指导就不能使用自己的理智的状态。如果这种受监护状态的原因不在于缺乏理智，而在于缺乏无须他人指导而使用自己的理智的决心和勇气，则它就是咎由自取的。因此，要敢于认识！要有勇气使

而成年仪式，要经受重重危难、种种诱惑的考验[1]，才能从儿童转换身份成为"新青年"（陈独秀）；而用民俗学的说法就是从民（俗民）转化为公民（周作人、高丙中、户晓辉），套用宋明理学的术语，可谓之"新民"。[2]

在欧洲，启蒙的考验经历过文艺复兴（感性觉醒）、宗教改革（摆脱权威）、启蒙主义运动（高扬理性）、浪漫主义运动（情感教育）这几个阶段。但是，尽管启蒙的每个阶段都有自己的特殊目标，却也同时都服从"人是目的"这一启蒙的共同目的。康德，其生也晚，只赶上欧洲启蒙成年仪式的末端，所以，康德既被认为是启蒙主义之子，又被认为是浪漫主义之父（伯林）。当然也正因为如此，天命为康德给予欧洲启蒙成年仪式的本质以更全面、更深刻的先验综合的理解，提供了时间上的方便条件（正如安倍能成所言，康德就像一个蓄水池，他之前的思想多流入这个蓄水池，他之后的思想也多从这个蓄水池流出；尽管康德对启蒙本质的解释，并不是从时间经验，而是从超越时间的先验角度提出的）。

与欧洲启蒙成年仪式相仿，中国启蒙成年仪式也大致经历过几个阶段（余英时所谓"内在理路"）……例如晚明通俗文学的感性革命（周作人、钟敬文研究过）、王阳明心学的理性革命（没有人从民间文学–民俗学的角度研究过），直到"五·四"新文化–新文学启蒙运动的总爆发（研究者众多）……但比起欧洲启蒙成年仪式，"五四"启蒙成年仪式，具有更鲜明的"压缩饼干"式的综合性质（孙中山、林毓生所谓"毕其功于一役"），即接受、综合了此前诸阶段不同侧重的启蒙思想（例如周作人，既主张高扬理性的人的道德文学，同时也神往感性觉醒的晚明通俗文学，后者从"五·四"学者不断翻印《山歌·挂枝》《粤风》可见一斑）以规定自身，所谓浪漫的启蒙主义或者启蒙式的浪漫主义（洪长泰《到

---

用你自己的理智！这就是启蒙的格言。"[德]康德《回答这个问题：什么是启蒙？》，李秋零译，《康德著作全集》第8卷，中国人民大学出版社2010年，S.35，第40页。

[1]"绝大部分人除了由于迈向成年是艰辛的之外，也认为它是很危险的。"[德]康德《回答这个问题：什么是启蒙？》，李秋零译，《康德著作全集》第8卷，中国人民大学出版社2010年，S.35，第40页。

[2]"大学之道，在明明德，在亲民，在止于至善。"朱熹注："程子曰：'亲，当作新。'……新者，革其旧之谓也，言既自明其明德，又当推己及人，使之亦有以去其旧染之污也。"宋·朱熹《四书章句集注》，中华书局1983年，第3页。

民间去》）是也。

与欧洲的许多阶段性启蒙思想家不同，康德不是从启蒙运动诸阶段的具体目标规定性，而是从道德这一人的存在的总体目的规定性的角度来理解、解释启蒙的本质。即，如果启蒙不过是从只能服从本能的动物到能够自己服从自己出于纯粹实践理性（而不是理论理性）来规定自己的自由意志的人的"演变"或回归（启蒙就是要实现人的自由本质），那么我们就可以用"人之所以异于禽兽者几希"（《孟子·离娄下》）的是否服从出自纯粹实践理性–自由意志而自我立法的道德法则来区分动物与人①，因而所谓启蒙最终也就不过是一场从动物到人、从儿童都青年、从民到公民（新民）即以人自身的道德性为目的的道德革命（周作人《人的文学》、毛泽东《为人民服务》《纪念白求恩》）。

现在，这里出现了一个问题：难道在启蒙运动之前，人类就不曾生活在伦理规范之中吗？尽管人们生活在不同文化所规定的特定的伦理规范当中，但这些受不同文化（历史时间和社会空间的生活）条件影响而规定的特定的伦理规范（例如"三纲五常"的"君为臣纲、父为子纲、夫为妻纲"以及"仁、义、礼、智、信"；"三从四德"的"未嫁从父、出嫁从夫、夫死从子"以及"妇德、妇言、妇容、妇功"）毕竟也是道德呀？但这个问题难不倒康德。康德区分了真道德和伪道德（或假道德），康德指出，只有"出于"纯粹实践理性–自由意志自我立法的道德法则，而不是仅仅"合于"他人立法的理性意志的道德法则（鲁迅：这就为"吃人"的伪善提供了可乘之机）的道德，即自律而不是他律的道德才是真道德，否则就可能是假道德或伪道德。以此，康德就把实然的伦理他律的传统现实（仍然没有摆脱动物服从外在的自然法则的本能状态）和应然的道德自律的启蒙理想（人借助自我内在立法的纯粹实践理性–自由意志状态）划分开来。这就是说，他律的道德（德性）固然已经在一定程度上体现了人（通过他人的理性而获得）的自由（在一定程度上摆脱了动物本能），但自律的伦理（道德）才体现了真正的人（每一个人通过自己的理性而获得）的自由。前者我们可以称之为民的

①"没有自由，人的生活就丧失了尊严，人的生命便与野兽无异。"[美]阿伦特著、贝纳尔编《康德政治哲学讲稿》，曹明等译，上海人民出版社2013年，第34页。

自由①，但只有后者我们才可以称之为公民（真正自由的人）的自由。

对于康德来说，启蒙——这项"艰难而缓慢地进行的事业"②——的真正难题是：每一个人是否生来就拥有纯粹实践理性的自由意志，也就是出于道德的自由能力？因为这个问题关系到人能否通过内在的力量从民（儿童、动物）自我转换身份而成长为公民（青年、成人、人或真正自由的人）。首先来说，每一个人是否生来就自由地拥有对道德法则的理性意识？——对道德法则的理性意识、自由意识，即公民意识，我们可以称之为"公民性"（高丙中）③——于是上述问题就可以转换为：公民性的必然可能性是否先验地就潜藏于（一般的）民的头脑和或行动当中？如果我们假定人生而自由，自由是人的天赋（自然）权利，那么人也应该自由地拥有自我实现这一权利的能力。反过来说也是一样，如果我们假定人生而拥有自由的能力，那么自由也应该是人的天赋（自然）权利（马克思：唯当解决问题的条件已经具备，问题本身才可能被提出）。进而，人出于纯粹实践理性 – 自由意志的道德意识和道德能力，与人的纯粹实践理性 – 自由意志的权利也是就一而二二而一的；反过来说也是一样。人的应然本质就是自由，就是理性，就是道德。④我们甚至可以说，人之所以必然可能是自由、是理性、是道德，这是一个我们只能先验地设定却最终无法经验地认识（定义）的理念⑤，但却是一个

①"任何一种悠久的文化都隐含着启蒙的精神，都遥远而朦胧地朝向对人的自由本质的觉悟。简单说，任何一种真正的传统文化都在于教化人而使之'成人'。"黄裕生《人权的普遍性根据与实现人权的文化前提》，《江苏行政学院学报》2011年第1期；黄裕生《站在未来的立场上》，三联书店2014年，第223—224页。

②[德]康德《判断力批判》，李秋零译，《康德著作全集》第5卷，中国人民大学出版社2007年，S.295"注释①"，第307页。

③高丙中《日常生活的文化与政治——见证公民性的成长》，社会科学文献出版社2012年。

④"尽管自由不是某种依据自然规律的意志的属性，但它并不因此就是无规律［法则］的了；相反，它必定是某种依据不变的、不过是特殊种类的法则的原因性；否则一个自由的意志就会是荒谬之物了。"[德]康德《道德形而上学奠基》，杨云飞译，邓晓芒校，人民出版社2013年，S.446，第89—90页。"意志就是实践理性本身。"[德]康德《道德形而上学》，张荣、李秋零译，《康德著作全集》第6卷，中国人民大学出版社2007年，S.213，第220页。"一个有理性的动作者具有按照他对规律的观念而行动的力量。这就是说，按照原则而行动。我们说他有一个意愿、意志就是这个意思。'实践理性'就是这种意志的同义语。"[美]帕通《论证分析》，[德]康德《道德形而上学原理》，苗力田译，上海人民出版社2005年，第108页。

⑤"自由概念是一个纯粹的理性概念，正因为如此，它对理论哲学而言是超验的，也就是说，

我们不得不设定的主观间客观性理念（没有人不愿意有这样的理念）①，这个理念最终成为现代公民社会的形而上学根据。② 这就是说，如果我们承认人类社会必得诉诸道德法则（这是经验论者、功能论者、功利论者也都承认的），进而如果我们进一步认为，唯有自律才可能有真道德，那么，我们就不得不设定人必然可能拥有即生而具有 ③ 纯粹实践理性－自由意志（即便自律的道德行为、道德行动

---

它是这样一个概念，不可能在某种可能的经验中给它提供任何恰当的例证，因此，它并不构成一种对我们而言可能的理论知识的任何对象。"[德]康德《道德形而上学》，张荣、李秋零译，《康德著作全集》第 6 卷，中国人民大学出版社 2007 年，S.221，第 228 页。"任性的自由不能通过遵循或者违背法则来行动的选择能力（libertas indifferentiae[无区别的自由]）来界定……虽然任性作为现象在经验中提供着这方面的一些常见的例子……尽管人作为感官存在者，按照经验来看，表现出一种不仅遵循法则，而且也违背法则作出选择的能力，但毕竟不能由此来界定他作为理智存在者的自由，因为现象不能使任何超感性的客体（毕竟自由的任性就是这类东西）得以理解。而且，自由永远不能被设定在这一点上，即有理性的主体也能够作出一种与他的（立法的）理性相冲突的选择；尽管经验足够经常地证实 [任性] 这种事曾经发生（但我们无法理解这种事的可能性）。——因为承认一个（经验性）命题是一回事，而使之成为（自由任性的概念的）解释原则并且成为普遍的区分标志则是另一回事：因为前者并没有断定这标志必然属于概念，但这却是后者所必需的。"同上引书，S.226—227，第 234 页。"[人的] 道德能力必须按照无条件地发布命令的法则来评价，因而不是按照我们关于人是怎样的经验性知识来评价，而是按照关于人依据人性的理念应当是怎样的理性知识来评价。"同上引书，S.405，第 417 页。"理性不以偶然为满足，它不断地寻求必然的知识。然而，只有在找到了知识的条件的时候，它才能把握必然。除非条件本身就是必然的，理性就得不到满足，所以它就必须去追求条件的条件如此等等，以至无穷。所以，必须设想条件全体的理念，一个全体，如果是全体的话，就不能有进一步的条件了，因此，凡是必然的东西必定是无条件的必然。这样对无条件必然的理念，却不能给我们以知识，因为它没有相应的感性对象。我们已经看到，纯粹实践理性同样也必须设想一个无条件必然的行为规律，对于不完全的理性动因来说，就是定言命令。只有在发现它的条件，我们才能理解一种必然性，一个无条件的必然性，必定是不可理解的。所以，康德完全没有必要以一种似是而非的外貌作出结论，说定言命令的无条件必然性是不可理解的，而我们所理解的只是它的不可理解性。"[美]帕通《论证分析》，[德]康德《道德形而上学原理》，苗力田译，上海人民出版社 2005 年，第 141—142 页。

①"每个人心中也都拥有这种 [道德] 形而上学，虽然通常只是以模糊的方式拥有；因为他怎么可能没有先天原则就相信自己心中有一种普遍的 [道德] 立法呢？"[德]康德《道德形而上学》，张荣、李秋零译，《康德著作全集》第 6 卷，中国人民大学出版社 2007 年，S.216，第 223 页。

②"美国著名大法官霍姆斯说，统治当今世界的是手无寸铁的康德，而不是黄袍加身的拿破仑。"户晓辉《从民到公民：中国民俗学研究"对象"的结构转换》，《民俗研究》2013 年第 3 期。

③"生而具有的'我的'和'你的'也可以理解为内在的'我的'和'你的'，因为外在的'我的'和'你的'在任何时候都必须是 [通过法律来] 获得的 [而不是生而具有的]。"[德]康德《道德形而上学》，张荣、李秋零译，《康德著作全集》第 6 卷，中国人民大学出版社 2007 年，S.237，第 246 页。

从来不曾在现实中发生。这就如同康德说过的，即便这世界上从来没有发生过真正的友谊，每一个人还是希望这世界上有真正的友谊发生 )①；因为唯有出于纯粹实践理性 – 自由意志，人才必然可能给出真正的道德行为、道德行动，即"除了人类的道德禀赋而外就不可能再有什么别的原因了"（康德《重提这个问题：人类是在不断朝着改善前进吗？》)。② 但接下来的问题在于，是不是每一个人都必然可能拥有（生而具有）纯粹实践理性 – 自由意志？

的确，在现实中，尽管我们可以用经验来反证每一个人都拥有对道德法则的功利性意识，但我们不能用经验来正面地证实每一个人都拥有出于纯粹实践理性 – 自由意志即出于法则的道德能力的必然可能性。③ 而这就意味着，我们最终

---

① "理性要求人们应当如何应对，即使还没有发现这样做的任何榜样。" [ 德 ] 康德《道德形而上学》，张荣、李秋零译，《康德著作全集》第 6 卷，中国人民大学出版社 2007 年，S.316，第 223 页。

② "那个由理性先天地对道德完善性所拟定的，并与一个自由意志的概念不可分割地联结着的理念。" [ 德 ] 康德《道德形而上奠基》，杨云飞译，邓晓芒校，人民出版社 2013 年，S.409，第 35 页。"[ 道德 ] 原则能够独立于一切经验，完全先天地在纯粹理性概念中，而丝毫不能在任何其他地方找到。" 同上引书，S.410，第 37 页。"所有的德性概念，都完全先天地在理性中有自己的位置和根源。" 同上引书，S.411，第 38 页。"人性的尊严正在于这种普遍立法的能力。" 同上引书，S.440，第 80 页。"我们心中的一种纯粹意志，道德概念和法则的起源就在于这种纯粹意志。" [ 德 ] 康德《道德形而上学》，张荣、李秋零译，《康德著作全集》第 6 卷，中国人民大学出版社 2007 年，S.221，第 228 页。"我们惟有通过道德命令式才知道我们自己是自由的（一切道德法则，进而甚至一切权利和义务都是由这种自由出发的）。" 同上引书，S.239，第 249 页。"自由诚然是道德法则的存在理由，道德法则却是自由的认识理由。因为如果道德法则不是预先在我们的理性中被明白地思想到，那么我们就决不会认为我们有正当理由去认定某种像自由一样的东西（尽管这并不矛盾）。但是，假使没有自由，那么道德法则就不会在我们内心找到。" [ 德 ] 康德《实践理性批判》，韩水法译，商务印书馆 1999 年，S.4 "注释①"，第 2 页。"自由存在首先意味着，我们每个人都具有自由这种潜在的能力，这就是能够完全从我们自己的理性出发，规定我们自己的意志，从而决断我们自己的行动与生活。换句话说，我们拥有这样一种理性能力，这种理性能力能够成为我们自己的 [ 道德 ] 行动的最后原因。" 黄裕生《人权的普遍性根据与实现人权的文化前提》，《江苏行政学院学报》2011 年第 1 期；黄裕生《站在未来的立场上》，三联书店 2014 年，第 217 页。

③ "绝对不可能凭借经验确定地断言一个单个事例，说其中某个通常合乎义务的行动的准则是仅仅建基于道德的根据及其义务的表象之上的。因为虽然有时有这种情况，我们通过最严厉的自省，也无法找到任何东西，除了义务的道德根据之外，能有足够的力量推动我们做出这样那样的善行、付出如此巨大的牺牲；但由此我们根本不能有把握地断定，确实完全没有任何隐秘的自爱冲动，藏在那个理念的单纯表象之下，作为意志真正的规定性的原因；为此我们倒是乐于用表面上适合我们的更高贵的动因来迎合自己，但事实上，即使进行最严格的审查，我们也绝不可能完全走进背后隐藏的动机，因为，如果谈论的是道德价值，那么问题就不取决于人们看到的行动，而取决于人们看不到的那些内部的行动原则。" [ 德 ] 康德《道

无法通过经验来证明公民性的必然可能性就存在于民的现实性当中。于是，在现实中，当我们面对出于纯粹实践理性－自由意志的道德意识尚未觉醒（尽管我们的理念告诉我们：这种道德意识是必然可能的）的芸芸众生，启蒙就需要依赖于已经拥有道德意识的人（精英）①对没有道德意识进而没有道德能力的人（普通民众）的启发、教育，甚至（说严重些）教养、教化。

这就是启蒙的悖论：启蒙就本质言是自我启蒙即自我教育也就是自律；但启蒙的教育在经验中却流于他律。于是才有了陈连山【问题2】"**民俗学研究的目的是启蒙还是教化？**"因为民俗学在其诞生之初，无论在德国还是在中国，启蒙主义（学）者都将启蒙的效果诉诸自上而下、自外而内的教育甚至教养、教化，而遗忘甚至有意无意地回避、遮蔽了其"人是目的"——如上所述，所谓"人是目的"，也就是说，人以自身的道德、理性和自由为目的——的最终目的：普通民众通过自我教育即自我启蒙以达成道德自律。

普通民众的每一个人能否自我教育、自我启蒙？对于康德来说，也是一个需要论证（先验演绎）的问题，一部《道德形而上学基础》（康德的另外两部道德形而上学论著是《实践理性批判》和《道德形而上学》）就是先验地阐明普通民众的每一个人只要拥有日常理性、健康理性、清明理性，也就拥有对道德法则的意识的必然可能性②，同时拥有出于纯粹理性－自由意志的道德实践能力，即作为公民的必然可能性的潜力，亦即公民性——以此，我们才可以说，尽管民在历史中先于公民，但公民在逻辑上却先于（一般的）民（正如公民状态在逻辑上先于

德形而上奠基》，杨云飞译，邓晓芒校，人民出版社2013年，S.407，第32页。"没有任何经验能够提供哪怕只是推论出这样毋庸置疑的法则之可能性的理由。"S.408，第34页。"人们对德性所能提出的最糟糕的建议，莫过于想把德性从实例中借来了。"同上引书，S.408，第34页。"所有那些看上去是定言的命令，骨子里其实有可能是假言的。"同上引书，S.419，第49—50页。

①"总是有一些自己思维的人，他们在自己甩脱了受监护状态的桎梏之后，将在自己周围传播一种理性地尊重每个人的独特价值和自己思维的天职的精神。"[德]康德《回答这个问题：什么是启蒙？》，李秋零译，《康德著作全集》第8卷，中国人民大学出版社2010年，S.36，第41页。

②"这一学说以我们日常的道德意识为依据，这种道德意识甚至连恶劣的人也不例外。"[美]帕通《论证分析》，[德]康德《道德形而上学原理》，苗力田译，上海人民出版社2005年，第134页。

人的自然生活状态）；正如我们已反复阐明的，尽管传统社会是时间上在先，公民社会却是逻辑上在先。① 公民性先验地潜在于（一般的）民当中（只不过如果没有立法的自由，公民性就不会从必然可能性自我显现为现实。但是，有自由才能实现自由，这句同语反复的话究竟是什么意思呢？）——康德称这种每一个人（民）都生而具有的出于纯粹实践理性-自由意志即出于道德法则的道德实践能力（公民性）为"理性事实"（即理性所能够阐明的、必然可能的经验事实，尽管不是知性所能够认识的、普遍现实的经验事实）。②

---

① "虽然公民宪政的现实性在主观上是偶然的，但这种宪政［的未来理想］在客观上，亦即作为义务，却仍然是必然的。"［德］康德《道德形而上学》，张荣、李秋零译，《康德著作全集》第 6 卷，S.264，第 272 页。"当我们把一个过程的结果视为它的原因的原因时，这就是目的性的概念，即这个过程是'为了'它的结果而发生的。这个在古代亚里士多德那里就已经有这样的说法了，说是树先于种子，成人先于孩子，因为树和成人是种子和孩子的'目的因'。所以在目的因中，和一般的因果关系不同，不是原因决定结果，而恰好是结果决定原因，是倒过来的。"邓晓芒《康德〈判断力批判〉释义》，三联书店 2008 年，第 316 页。"尽管传统文化是时间上在先，普遍理想却是逻辑上在先，传统文化只是人类的普遍理想在特殊的时空条件下并非完满的偶然显现，而现代文化的公民社会、民主社会则是人类的普遍理想在时空条件中走向完满的必然性进程。"吕微《民俗学：一门伟大的学科——从学术反思到实践科学的历史与逻辑研究》，第九章"民俗复兴与公民社会相联结的可能性——古典理想与后现代思想的对话"，中国社会科学出版社 2015 年，第 323 页。另参见同上引书，"'公民社会'：民俗学实践研究的先验语境"，第 527—541 页。对此，社群主义者会说："在缺乏任何种类社会形式的情况下声称一种［逻辑上在先的］权利，就像在一种没有货币机构的社会中签发支票付账一样可笑。"俞可平《社群主义》，中国社会科学出版社 2005 年，第 105 页。
② "知性除了与（理论认识中的）种种对象的关系之外，它还有一种与欲求能力的关系，欲求能力因此称作意志，并且在纯粹知性（它在这种情况下称作理性）通过一条法则的单纯表象是实践的范围内，这个能力称作纯粹意志。纯粹意志或者与之二而一的纯粹实践理性的客观实在性，仿佛是通过一个事实在一条先天的道德法则之中被给予的。"［德］康德《实践理性批判》，韩水法译，商务印书馆 1999 年，S.55，第 59 页。康德《实践理性批判》三次提到"理性的事实"："我们可以把有关这种［道德法则］原理的意识称作理性的一个事实（a fact of reason），因为我们并不能从理性的先行材料中，譬如从自由意识（因为［有关］这种意识［的理性事实的命题］不是预先被给予我们的）中，把它钩稽出来，而且还因为它［道德法则的原理］作为一个先天综合命题把自己自为地强加给我们，而这个［理性事实的］命题既非建立在纯粹直观上面，亦非建立在经验直观上面；是否如果我们设定意志自由，这个命题就同时是分析的？但是对此，自由作为一个肯定的概念，就需要一种理智的直观，而在这里我们完全不可以认定这种直观，然而，为避免将这个［有关道德］法则［原理的意识的命题］误解为被给予的起见，我们还必须注意：它不是任何经验的事实，而是纯粹理性的唯一事实（the sole fact of pure reason）；纯粹理性凭借这个事实宣布自己是源始地立法的。"［德］康德《实践理性批判》，韩水法译，商务印书馆 1999 年，S.31，第 32 页。"道德法则仿佛是作为一个我们先天地意识到而又必定确实的纯粹理性的事实（a fact of pure reason）被给予的，即便我们承认，人们不能够在经验中找到任何完全遵守道德法则的实例。于是，道德

　　公众给自己启蒙，这更为可能；甚至，只要让公众有自由，这几乎
是不可避免的。①

　　每一个人因道德能力而有自由权利，同时又因自由权利而有道德能力，二者
是二而一一而二的事情。而普通民众的每一个人之所以生来就拥有自由权利、具
有道德能力，先验地对道德法则有清楚的意识即道德意识，（通过对理性自身的
反思，康德认识到）是因为，理性并不就只能是经验地用于认识自然现象的自然
法则的理论理性，而同时也是能够先验地用于反思超自然"现象"即道德法则的
纯粹实践理性（亚里士多德已经区分了理论理性和实践理性，但亚氏没有进一步
区分实践理性为一般实践理性即实用理性和纯粹实践理性即道德理性）。实践理
性与理论理性的不同就在于，使用理论理性对自然现象的认识（科学），不是每
一个普通人（特别随着科学的发展）都能够胜任的；但是，运用纯粹实践理性理
解道德原则（伦理学），却是每一个普通人随时随地都擅长的。② 理论理性和纯

---

法则的客观实在性就不能通过任何演绎，任何理论的、思辨的或以经验为支撑的理性努力得
到证明，而且即使有人想根除它的必然的确实性，也不能通过经验加以证实，因而不能后天
地以证明，而且它自身仍然是自为地确定不移的。"同上引书，S.47，第 50 页。Immanuel
Kant，*Critique of Practical Reason*，Translated and Edited by Mary Gregor，Cambridge Univer-
sity Press，1997，S.31，p.28—29；S.47，p.41—42. 贝克（Beck）另引《判断力批判》"自由
是一个事实"、《道德形而上学》"自由的实践法则是一个事实"、《伦理学的前准备工作》"法
则是内在于我们的，并且的确是最高的，这是一个事实"、《遗著》"绝对命令是道德 - 实践
理性的一个事实"，说明 "事实"是康德经常使用的一个说法。[ 美 ] 贝克《〈纯粹理性批判〉
通释》，黄涛译，华东师范大学出版社 2011 年，第 203—204 页。
① [ 德 ] 康德《回答这个问题：什么是启蒙？》，李秋零译，《康德著作全集》第 8 卷，中国
人民大学出版社 2010 年，S.36，第 41 页。
② 在《实践理性批判》（韩水法译，商务印书馆 1999 年）中，康德十余次说到日常或者庸常
的人类理性（或知性）以及人类理性（或知性）对道德法则的普通意识和普遍意识。"准则
之中的哪些形式适合于普遍立法，哪些不适合，这一点极其庸常的知性不经指教也能区别。"
（第 27 页）"理性对于意志的呼声……甚至最平庸的人都可以清楚听见。"（第 37 页）"德性
与自爱的界限划分得如此清楚，如此分明，以致最平庸的眼光都完全不会分辨不清某种东西
是属于这边还是属于那边的。"（第 38 页）"有助于为庸常的人类理性的判断求得某种更大的
清晰性。"（第 38 页）"依照意志自律的原则该做何事，这对于极其庸常的知性也是毋需犹豫
就一望而知的。"（第 39 页）"根据道德法则来判定什么是该行之事，必定没有多大困难，以
致十分庸常未经练历的知性，甚至不必通达世故，也会胸有成竹。"（第 39 页）"甚至最为庸

粹实践理性之间的这种区别，纯粹实践理性的这种特殊性，为每一个普通人在道德上的自我启蒙、自我教育提供了必然可能的先验条件。甚至在现实中，经验也显示，掌握科学知识的人，在实践上并不就比不掌握科学知识的人更有道德；很多并不掌握科学知识的普通民众反而比所谓的什么"……家"在道德上更靠得住（古希腊人关于"道德即知识"的说法既经不起逻辑的推衍，也受不住事实的推敲①）。以此，启蒙理所当然地应该是知识精英与普通民众之间在道德上通过相互对话的双向启蒙、双向教育，而不应该是知识精英对普通民众在道德上自上

常的知性也如此判断。"（第75页）"这个概念也出现在最为庸常的理性应用之中。"（第76页）"对于最为庸常的人类理性也是自然而然的和容易注意到的。"（第95页）"这一点人们必须能够从最普通的实践理性的运用来予以阐明，因为这样一条人类的每一个自然理性都认识到其及乎完全先天的、不依赖于任何感性材料的无上的实践原理，被人们确认为他们意志的无上法则。人们必须首先依照这个原理渊源的纯粹性，即使以这种普通理性的判断，确立这个原理并且证明其正当性。"（第99页）"关于道德原则就是纯粹理性原理的正当性证明，也能够通过单纯诉诸普通人类知性而妥当又充分可靠地完成。"（第99页）"乃至最为庸常的知性在某个陈于面前的例子里都会立即明了。"（第100页）"它长久以来就在所有人的理性之中，与人的存在融为一体，是德性的原理。"（第115页）"最为庸常之人的信念……"（第146页）"普通的人类理性。"（第169页）"普通的人类知性。"（第178页）在《道德形而上学基础》（孙少伟译，九州出版社2007年）中，康德也说道："['善良意志'的概念]为自然健全的知性所固有。"（第11页）"在道德事件中，人的理性，即使在最普通的意识（the commonest mind）中，也很容易达到高度的正确性和完善性。"（第13页）"所有的道德概念，在理性中，都完全先天地拥有它们的位置和根源。在最普通的理性中是这样，在最高度思辨的理性中也同样如此。"（第45页）"普通理性"（common reason）、"通常理性"（ordinary reason）、"普通人的理性"（common human reason）、"普通的人类知性"（ordinary human understanding）、"普通知性"（common understanding）、"普通的实践理性"（common practical reason）、"实践的普通理性"（practical common reason）。（第26—31页）"我认为实际上是有道德律的，这些道德律完全先天地（不考虑经验性的动机，即幸福）规定了所为所不为，即规定一般有理性的存在者的自由的运用，而且我认为这些规律绝对地（而不只是在其他经验性目的之前假言式地）发出命令，因而在任何方面都是必然的。我可以有权假定这一假设命题，这不是因为我援引了那些最明察秋毫的道德学家的证据，而且是因为我依据的是每个人的道德判断，如果他愿意清楚地思考这样一条规律的话。"[德]康德《纯粹理性批判》，邓晓芒译，人民出版社2004年，A807/B835，第613页。"'每个人的道德判断'是康德[实践]哲学的真正出发点。"[美]贝克《〈纯粹理性批判〉通释》，黄涛译，华东师范大学出版社2011年，第200—201页。

①"最后得到的结论不仅属于柏拉图，而且基本上是希腊人所特有的：美德必须要有智慧，而罪恶之源在于无知。"[古希腊]柏拉图《普罗泰戈拉篇》，王晓朝译，《柏拉图全集》第1卷，人民出版社2002年，第427页。"伦理－道德法则都只是建立在某种客观知识之上……所以，希腊伦理学必以'知识存在论'为基础。"黄裕生《基督教给哲学带来了什么——〈宗教与哲学的相遇〉引论》，《文景》2007年第11期，黄裕生《站在未来的立场上》，三联书店2014年，第75页。

而下、自外而内的单向启蒙、单向教育（如果启蒙的最终目的就是道德自律，甚至启蒙本身就是道德自律）。或者说，如果在特定的社会、历史（时、空）文化生活的实践条件下，启蒙不得不由先知先觉的知识精英单向地启蒙后知后觉的普通民众；启蒙最终也还是必须返回到双向启蒙的本源（理所当然的）道路上，否则，启蒙就是失败的启蒙。而这也就是陈连山【问题3】**"从单向启蒙到相互启蒙"** 包含的意思。

启蒙（特别是中国的启蒙）之所以迟迟不能从单向启蒙还原为本源（理所当然）的双向启蒙，就在于，启蒙主义者（学者和革命者）始终没有像康德那样明确地区分理论理性和纯粹实践理性，从而陷入用理论理性（科学）遮蔽纯粹实践理性（民主）的理论－实践论（例如丁文江试图通过科学方法达成道德目的的"科学人生观"）幻觉。换句话说，启蒙主义者不认为启蒙是一件无条件地恢复人的自由权利、彰显人的自由能力的先验的事情，而认为启蒙是一件在特定社会、历史（时、空）中有条件地培养人的道德能力，且有条件地赋予人以法律权利，以达成特定社会、历史目标的理论化的经验性过程（周作人：民俗学的学术、文艺目的最终是为了达成社会、历史的具体目标例如民族认同，所谓"民族的诗"）。而实现这一过程的方法，知识精英（优秀种族、先进政党）可以通过使用理论理性（例如挪用生物进化论"优胜劣汰"理论的各种社会达尔文主义包括种族优越论、人类进化论等）予以科学的认识，进而科学地同时也就专制地把控这一过程（吕微《民俗学：一门伟大的学科》）。于是，启蒙就走向了自己的反面，即通过科学的方法在道德上攫取了强制启蒙的话语霸权（集权甚至极权），从而违背了启蒙的初衷。

用理论理性指导纯粹实践理性，民俗学家顾颉刚（还有胡适、郑振铎等）是其典型。尽管顾颉刚同情普通民众的日常生活（道德与非道德或不道德的）实践，但他仍然主张先要科学地认识普通民众的日常生活，然后才能够科学地指导普通民众的日常生活从非道德、不道德的实践转化成为道德的实践。的确，通过经验认识到的普通民众的日常生活实践并非总是道德的，相反，不道德、非道德以及反道德的实践甚至更令人惊心触目（郑振铎《中国俗文学史》，当然，在失败于通过俗文学的题材内容经验地证成民的公民性的同时，郑振铎也通过民间文学的体裁或文体、文类形式开启了先验地阐明民的公民性的学术先河①，见下文）。这进一步导致知识精英（学者、革命者）坚定了使用科学以及文艺作为"教育人民、团结人民、打击敌人、消灭敌人"（毛泽东《在延安文艺座谈会上的讲话》）的手段（工具）单向地、强制地启蒙民众、移风易俗（改造民众日常生活）的决心。于是，问题就不再是该不该移风易俗（不道德、非道德的风俗当然应该移易），而是应该由谁来领导移风易俗（陈连山【问题4】**"如何看待移风易俗？"**）？移风易俗不再被考虑为普通民众自己的自由权利，而是被垄断为知识精英的道德权利（这让我们回想起此前不久的移风易俗例如"破四旧"，连带着回忆起传统时代由朝廷命官和在野儒生所主持的移风易俗例如汤斌的"毁淫祠"）。中国启蒙运动的失败结局让我们民间文学－民俗学的从业者刻骨铭心地反思本学科的学术理性与启蒙理性之间的关系（陈连山【问题5】**"民俗学与新文化建设的关系"**），由此，我们认识到了本学科对启蒙的失败所犯下的原罪。

　　我之所以称"原罪"，是因为民俗学错误的启蒙方式发生在学科理性对自身的原初误识之中，而不是仅仅发生在学科理性的实际误用当中。以此，更重要的就不是我们的学科在过去曾经做过的错事，而是我们的学科在今后能不能不再做错事，如果我们对本学科的学术理性及其学术伦理（如果民俗学是实践科学就需要相应的伦理原则）没有康德那样的清醒认识（陈连山【问题6】**"民俗学的学科属性及其伦理原则"**）。实际上直到今天，我们本学科中人，对本学科的学科属性即学科理性，仍然有不同的理解和解释，即多数学者认为，民间文学－民俗学应该仅仅是一门从属于经验性认识目的论和方法论的理论科学，而不是一门自身拥有先验的道德目的论和方法论的实践科学。亦即，他们认为，民间文学－民俗学学科是以认识普通民众的日常生活文化知识（地方性文化、地方性知识）为鹄的的经验科学，而不是让认识从属于实践（以恢复民众权利为最终目的）即不能让本学科的科学认识目的和方法僭越道德实践目的的先验科学。但是，这样的误识

①吕微《论学科范畴与现代性价值观——从〈白话文学史〉到〈中国民间文学史〉》，《文学评论》2001年第4期。

难免会让民间文学－民俗学重蹈自己在历史上曾经犯下的错误，而这并非耸人听闻。因为，在民间文学－民俗学的学科历史上，我们的学科原罪固然与学科外的其他影响外在地相关（陈连山【问题7】**"民族主义、自由主义等文化思潮对民俗学发展的影响"**）——学科理性的经验性误用被认为是这些外来影响包括被意识形态利用的结果，而不是归咎于本学科先验的学术理性自身——但更与本学科自己的反思能力（对学科理性自身的先验反思能力）不足内在地相关。

但是今天，民间文学－民俗学作为通过对自身学科理性的先验反思，已重新确认了自身作为启蒙学科的实践属性，这就让民间文学－民俗学能够重新肩负起自身出于纯粹实践理性－自由意志的历史（同时更是超历史的）使命，并且通过坚持这一使命而在学术理想（境界）上与其他学科区别开来（而不是反复纠缠于民俗学与人类学等相邻学科在对象、方法上的学科界限）。民间文学－民俗学通过对学科理性的自我反省、自由反省而认识到我们的学科在今天的使命是：倾听先驱者的嘱托，完成先驱者未竟的纯粹实践理性事业，实现我们这一代后来人对先驱者的道德承诺。而这样的共识，完全是我们学科的学者共同体这些年来集体努力的艰难结果（刘晓春：中国民俗学范式转型研究；高丙中：民俗学的"公民性研究"；吕微、户晓辉："实践民俗学"；陈连山："自由民俗学"；王杰文："超现实的民俗学"……此不一一），这当然也就开启了我们值得据此可以继续自我激励的"新的驿程"（钟敬文）。

我已经指出，我们学科的先驱者未能将自身的纯粹实践理性独立于理论理性，反而用理论理性遮蔽了纯粹实践理性，这曾经导致了民间文学－民俗学没能够对恢复普通民众（每一个人）的自由权利、并且培育——请注意：我在这里用的是"培育"，或者换个说法，"化育""养育"；而不是教育、教养、教化。以避免孔子所言单向的"教之"（《论语·子路》）——每一个人（普通民众）的道德能力有所贡献；相反，却助纣为虐地参与扼杀了人们的自由权利与道德能力的"现代性大屠杀"（齐格蒙·鲍曼）。有鉴于此，民间文学－民俗学在今天，就仍然肩负着接过先驱者（例如胡适、郑振铎）那里尚未被明确的、基于实践目的论意识的方法论启示，通过重新理解、解释民俗－民间文学的表达形式（陈连山

**【问题 8】**"如何评价民间文学？评价的标准是什么？"），以展现（表演）普通民众的道德能力，且维护每一个人的自由权利的学科任务。而我们的先驱者之所以没能够完成这一启蒙的任务，就在于，如果我们的学科只具有认识论的属性，那么民间文学 – 民俗学学者的眼光就只能"向下"地聚焦于民俗 – 民间文学的经验现象（康德已经证成：感性直观的经验世界、现象世界，是理论认识的天然界限），而通过偶然的民俗 – 民间文学经验现象，民间文学 – 民俗学学者只能感性地直观到普通民众的各种混杂在一起的道德与非道德、不道德甚至反道德的经验性实践内容，从而无以证成每一个人的先验道德能力，进而无以证成其应然的自由权利（郑振铎的教训）。这样，民间文学 – 民俗学作为以认识经验现象为己任的理论科学，最终就无法使自身成为一门合格的启蒙学科即实践科学。

　　然而万幸的是，各国新一代民间文学 – 民俗学学者，并没有躺在单纯作为认识论的学科历史上，而是朝向作为实践科学的民间文学 – 民俗学学术本源及其理想返回或迈进（王杰文《表演研究：口头艺术的诗学与社会学》，学苑出版社 2016 年），而作为实践科学的民间文学 – 民俗学，其学科任务，也就不仅仅是通过民俗 – 民间文学的经验性实践内容来认识普通民众的道德和非道德、不道德甚至反道德的一般实践理性在时空条件中造成的因果现象（这可以通过理论理性来认识），而是通过民俗 – 民间文学的先验实践形式，来阐明进而确认普遍民众的道德实践能力，进而最终有助于确立每一个人的自由实践权利。在这方面，美国的表演理论家和中国的实践民俗学者，通过学术 – 思想（精神）上的接力努力，即通过对民俗 – 民间文学实践形式（鲍曼：小社区面对面的口头艺术交流形式；户晓辉《民间文学的自由叙事》：民俗 – 民间文学的体裁形式。后者也立足于本土民间文学 – 民俗学先驱如胡适、郑振铎已开启的学术先河）的"目的条件"（户晓辉）即道德法则的先验演绎（或现象学还原，即康德所言"实践认识"或"实践研究"①），终于阐明了每一个人天赋地出于纯粹实践理性 – 自由意

---

① "实践认识。"［德］康德《实践理性批判》，韩水法译，商务印书馆 1999 年，S.57，第 61 页；S.103，第 113 页。"实践认识"不同于"（道德）实践知识"或"［实践的］纯粹认识"。同上引书，S.134，第 146 页。在康德那里，"实践认识"是对"（道德）实践知识"或"［实

志的道德意识（对道德法则的意识）和道德能力（实践道德法则的能力）亦即公
民性，就潜藏在排除了经验性题材内容而蕴含在民俗－民间文学体裁形式当中的
纯粹交往、交流形式即先验的道德实践形式当中。换句话说，每一个人对道德法
则的意识和实践道德法则的能力甚至客观的道德法则即"合法则性"亦即道德法
则的单纯形式就潜藏或蕴含在每一个人主观的实践准则（所谓"实践准则"① 就是

践的 ] 纯粹认识"的认识。康德指出："理性（具有）这种乐意对所提出的实践问题进行极其
精细考察的倾向。"同上引书，S.154，第 168 页。"实践认识"即"纯粹实践理性的认识"，
也就是"从概念出发先天地规定 [ 实践的 ] 认识"。同上引书，S.73，第 79 页。"实践认识"，
康德也称之为"实践研究"。同上引书，S.26，第 26 页。"实践认识""实践研究"，康德也
将其与"自然知识""自然研究"相对，称为"人的研究"。同上引书，S.148，第 161 页。
"实践认识"，德文 praktischen Erkenntnis，Immanuel Kant，*Kritik der praktischen Vernunft*，
Siebente Auflage，Verlag von Felix Meiner，Leipzig，1920，S.57，S.103；英文 practical cog-
nition，Immanuel Kant，*Critique of Practical Reason*，Translated and Edited by Mary Gregor，
Cambridge University Press，1997，S.57，S.103."实践研究"，德文 praktischen Untersuchun-
gen，Immanuel Kant，*Kritik der praktischen Vernunft*，Siebente Auflage，Verlag von Felix Mein-
er，Leipzig，1920，S.26；英文 practical investigation，Immanuel Kant，*Critique of Practical
Reason*，Translated and Edited by Mary Gregor，Cambridge University Press，1997，S.26."这
就是他 [ 康德 ] 称之为分析或回溯 [ 即条件还原 ] 论证的那个方法。"[ 美 ] 帕通《论证分析》，
[ 德 ] 康德《道德形而上学原理》，苗力田译，上海人民出版社 2005 年，第 96 页。"[ 康德 ]
他提出了道德行为的最高条件，他们把道德行为和仅是审慎的行为加以鲜明的对照，基本上
是无懈可击的。"同上引书，第 105 页。"很多思想家可能认为这是对 [ 道德 ] 原则的充足证
明，但在康德看来这种论证不是证明。他甚至没有肯定这原则的真理性，更不自以为有能力
去证明这真理"，因为"凡是必然的东西必定是无条件的必然。这样对无条件必然的理念，
却不能给我们以知识，因为它没有相应的感性对象……一个无条件的必然的，必定是不可理
解的。所以，康德完全没有必要以一种似是而非的外貌作出结论，说定言命令的无条件必然
性是不可理解的，而我们所理解的只是它的不可理解性"。同上引书，第 127 页，第 141—
142 页。
① 康德将实践原理区分为"法则"（Gesetz/law）和"准则"（Maximen/criterion），同时辅以
亚里士多德的"形式"（Form/form）和"质料"（Materrie/mater）等概念，用以分析法则与
准则即实践原理的内部关系。"实践原理是包含意志一般决定的一些命题，这种决定在自身
之下有更多的实践规则。如果主体以为这种条件只对他的意志有效，那么这些原理就是主观
的，或者是准则；但是，如果主体认识到这种条件是客观的，亦即对每一个理性存在者的
意志都有效，那么这些原理就是客观的，或者就是实践法则。"[ 德 ] 康德《实践理性批判》，
韩水法译，商务印书馆 1999 年，S.19，第 17 页。"准则是行动的主观原则，必须和客观原则，
即实践法则相区别。准则包括被理性规定为与主体的条件（经常是主体的无知甚至爱好）相
符合的实践规则，从而是主体据此而行动的原理；法则却是对每一切有理性的存在者都有
效的客观原则，和据此应当行动的原理，也就是一个它命令。"[ 德 ] 康德《道德形而上学奠
基》，杨云飞译，邓晓芒校，人民出版社 2013 年，S.420"注释①"，第 52 页。"准则是意愿
的主观原则；客观原则（即，如果理性能完全控制欲求能力的话，也能在主观上用做所有理
性存在者的实践原则的那种原则）就是实践法则。"同上引书，S.401"注释①"，第 22 页。
"行动的主观原理，即准则。"同上引书，S.449，第 93 页。"实践的法则当它同时又是行动

人们一般所说的"人活着的理由"①（唯有人能够根据原则表象而实践②，我们可以视民俗－民间文学的经验性题材内容为人们主观地陈述的"人活着的理由"）当中，而无论这个实践准则在主观上是道德的还是非道德的或者不道德的甚至反道

---

的主观根据、也就是主观原理时，它就叫作准则。"[德]康德《纯粹理性批判》，邓晓芒译，人民出版社 2004 年，A812/B840，第 616 页。"使某些行动成为义务的原理是一种实践法则。行动者出自主观根据使之成为自己的原则的规则，叫做他的准则；因此，即便法则相同，但行为者的准则却可能大相径庭。"[德]康德《道德形而上学》，张荣、李秋零译，《康德著作全集》第 6 卷，中国人民大学出版社 2007 年，S.225，第 232 页。"准则是主观的行动原则，主体自己使这原则成为自己的规则（也就是说，它想如何行动）。反之，义务的原理是理性绝对地，因此客观地要求于主体的东西（它应当如何行动[的法则]）。"同上引书，S.225，第 233 页。"法则来自意志，准则来自任性。"同上引书，S.226，第 233 页。"应予指出的是，至少在有些场合，康德把准则刻画为'主观的法则'。"[美]阿利森《康德的自由理论》，陈虎平译，辽宁教育出版社 2001 年，第 121 页。"[准则]作为规定行为类型而非规定具体行为的规则。"同上引书，第 127 页。

① 史铁生曾经在他的小说中讨论过人活着的理由，抄录如下："人为什么要写作？最简单的回答就是：为了不至于自杀。为什么要种田呢？为什么要做工吃饭呢？为了不至于饿死冻死。好了，写作就是为了不至于自杀。人之为人在于多一个毛病，除了活着还得知道究竟活的什么劲儿。种田做工吃饭乃是为活着提供物质保证，没有了就饿死冻死；写作便是要为活着找到可靠的理由，终于找不到就难免自杀或还不如自杀。区分人与动物的界线有很多条，但因其繁复看似越来越不甚鲜明了，譬如'思维和语言'，有些科学家说'人类可能不是唯一能思维和说话的动物'，另一些科学家则坚持认为那是人类所独有的，若以我这非学者的通俗眼光看，倒是有一条非常明显又简便的区分线摆在这儿：会不会自杀（是会不会，不是有没有）。这天地间会自杀的只有人类。除了活着还要问其理由的只有人类。丰衣足食且身体健康忽一日发现没有了这样继续下去的理由从而想出跳楼卧轨吃大量安眠药等等千条妙计的只有人类。最后，会写作的只有人类。鲸的集体上岸'自杀'呢？我看这不是真正意义上的自杀，我猜这准是相当于醉后的坠入茅坑之类，真正的自杀是明确地找死，我看鲸不是。倘若有一天科学家证明鲸是真正的自杀，那么我建议赶紧下海去买它们的书，我认为会自杀的类都是会写作的类。去除种种表面上的原因看，写作就是要为生存找一个至一万个精神上的理由，以便生活不只是一个生物过程，更是一个充实、旺盛、快乐和镇静的精神过程。如果求生是包括人在内的一切生物的本能，那么人比其他生物已然又多了一种本能了，那就是不单要活还要活得明白，若不能明白则还不如不活那就干脆死了吧。所以人会自杀，所以人要写作，所以人是为了不致自杀而写作。这道理真简单，简单到容易被忘记。"史铁生《答自己问》，史铁生《自言自语》，广东旅游出版社 1992 年，第 116—117 页。《答自己问》被收入史铁生的多种文集。"我们自己就是不断地涉及各种鹄的与目的的意旨性的存在者。"[美]阿伦特著、贝纳尔编《康德政治哲学讲稿》，曹明等译，上海人民出版社 2013 年，第 24 页。

② "唯有一个理性存在者才具有按照对法则的表象，即按照原则去行动的能力，或者说它具有意志。既然从法则引出行动来需要理性，所以意志就不是别的，只是实践理性。"[德]康德《道德形而上学奠基》，杨云飞译，邓晓芒校，人民出版社 2013 年，S.412，第 40 页。"一个能够依照法则的表象发生行为的存在者正是一个理智存在者（理性存在者），并且依照这样一种法则表象的这样一个存在者的因果性正是这个存在者的意志。"[德]康德《实践理性批判》，韩水法译，商务印书馆 1999 年，S.125，第 137 页。

德的。① 从而在理论上破解了本学科作为启蒙学科与生俱来的学科难题（也是康德本人的难题）；否则，民俗－民间文学即普通民众的日常生活文化实践，如萨姆纳而言，就只能是自由的坟墓（萨姆纳《民俗》）。这是实践民俗学在理论上，亦即实践民俗学尝试把哲学与民俗学相互联结而取得的重要成果。这就是说，如果我们希望把康德实践哲学（道德形而上学）引进民俗学，那么，我们就必须用民间文学－民俗学学者眼光"向前"而目力所及的"理性事实"（并非经验事实）重复验证康德的命题；否则对于民间文学－民俗学来说，康德的学说就会是空中楼阁。所幸，对"理性事实"的先验还原，并非只能诉诸哲学，也可以诉诸民俗学，只要我们采用理性批判的方法，反思地追问（反省）我们每一个人的实践理性自身。

这里顺便说到美国民俗学的表演理论，与大多数中国学者甚至美国学者自己对表演理论的理解不同，表演理论从来都不是或者基本上不是仅仅注重"语境"即民俗－民间文学的经验性认识条件从而从属于认识论的经验科学，而是特别注重"脱语境"即民俗－民间文学的先验实践条件从而从属于实践论的先验科学（陈连山【问题9】"**民间文学与民俗学的关系**"）。尽管在这方面，美国学者的理解至今不如中国学者来得更彻底。对于民间文学－民俗学学者来说，一段时间以

① "他决不可能愿意将这个 [ 恶的特殊内容的主观 ] 准则变成一个普遍 [ 形式 ] 的自然规律。"[ 德 ] 康德《道德形而上学基础》，孙少伟译，九州出版社 2007 年，S.423，第 71 页。"绝不可能会有人，愿意这种 [ 恶的 ] 原则应该像一个自然规律那样普遍有效。因为一个决意要如此的 [ 主观 ] 意志会与其自身 [ 的客观意志 ] 相矛盾……一个人会需要他人的爱和同情，那么，由于有了这样一条出自他自己的意志的自然规律 [ 恶的丛林规矩 ]，他也就完全把他欲求帮助的所有希望剥夺得一干二净了。"同上引书，S.423，第 73 页。"某些行为有这样的特性，这些行为的准则不能够被认为是普遍的自然规律而 [ 不带来自身特殊内容与普遍形式的 ] 无矛盾，而且人们也远不愿意它应该如此。在另一些行为中，虽然还没有找到这种内在的不可能性 [ 即准则内容和形式的矛盾 ]，但是，仍不可能愿意此类行为的准则应该被提升到自然规律的普遍性的高度，因为这样一个意志会与它自身相矛盾。"同上引书，S.424，第 73 页。"当我们每一次违背责任时都反省自察，就会发现，实际上，我们不愿意我们 [ 违背法则 ] 的准则应当成为一个普遍的规律。对我们来说，也不可能成为一个普遍的规律；相反，这个准则的对立面 [ 即准则的普遍性内容 ] 倒应当成为一个普遍的规律，我们只是为了我们自己，或是为了我们的偏好，而且仅为此一场合，对这个准则则有开个例外的自由。……但它却足以表明我们实际上是承认 [ 道德法则的 ] 定言律令的有效性的，我们只是允许我们自己有少许的例外，这些例外对我们来说好似是不重要的且是被 [ 自然法则所 ] 迫使然的。"同上引书，S.424，第 75 页。

来，民间文学的民俗学化，就像民俗学的人类学化，人类学的社会科学化（刘锡诚、高丙中、郭于华）一样，后者一直被看作前者扩大其经验范围的语境条件，于是，学科的经验科学化似乎已汇成一股再难回头的潮流；但是，实践民俗学在理论上一定程度地分化了这一潮流，证成民间文学－民俗学也可以是一门独立而无求于外的先验科学。尽管作为先验科学，实践民俗学并不排斥经验研究，而是以普通民众的实践经验为反思的现实起点，尽管反思的现实起点不是奠基的理论起点；对于实践民俗学来说，奠基的理论起点始终是先验地设定的关于人的存在的纯粹实践理性－自由意志的理念。我们甚至可以说，这个理念实际上是一个信仰，即康德所言"合理的信仰"①，而康德所言"悬置[理论]知识，以便给[实践]信仰腾出位置"②，也是这个意思。

　　但是，尽管中国民间文学－民俗学学者已经认识到本学科作为实践科学的学科属性，但学科原罪（理论理性遮蔽纯粹实践理性）的遗毒仍然时隐时现地发酵（原罪不可能根本消除），这在非物质文化遗产保护运动中表现尤为突出（陈连山【问题10】"民间文学作为非物质文化遗产"）。现在，如果我们希望能够继续清理这些原罪的遗毒，"回到康德"（或者回到康德式的思想方法）就仍然是我们民间文学－民俗学学者必做的功课。因为，透过长时间段的历史眼光，非物质文化遗

---

①"关于那作为全部理智的一个整体的纯粹知性世界，即我们自己作为理性存在者而属于其中的纯粹知性世界（虽然在另一方面，我们同时又是感性世界的成员）的观念，对合理信仰（vernunftigen Glaubens/rational faith）的目的来说，永远是一个有用而且允许拥有的观念。"[德]康德《道德形而上学基础》，孙少伟译，九州出版社2007年，S.462，第163页。"就理论理性而言，我们的理性将这种作为解释根据的认定视作假设，但是，在事关一个确实由道德法则给予我们的客体（至善）的可理解性时，从而在事关具有实践意图的需求时，这个认定能够称作信仰，更确切地说，纯粹理性的信仰（reiner Vernunftglaube/pure rational belief）。"[德]康德《实践理性批判》，韩水法译，商务印书馆1999年，S.126，第138页。"为在应用纯粹实践理性信仰（reinen praktischen Vernunftglaubens/pure practical rational belief）……这个理性信仰（Vernunftglaube/rational belief）在这里甚至作为一道命令被颁布出来，这就是认定至善是可能的。"同上引书，S.144，第157页。"具有道德意图的认可之准则的根据，亦即纯粹实践的理性信仰（reiner praktischer Vernunftglaube/pure practical rational belief）。"同上引书，S.146，第159页。"理性把这说成是一个根本无法进一步证明的公设。"[德]康德《道德形而上学》，张荣、李秋零译，《康德著作全集》第6卷，中国人民大学出版社2007年，S.231，第239页。
②[德]康德《纯粹理性批判》，邓晓芒译，人民出版社2004年，BXXX，第22页。

产保护运动也不过是世界范围内未竟启蒙事业的一个道德立法阶段。根据康德，道德法则是应然的实践原则；也就是说，道德法则是唯一能够被普遍化的实践原则（其他实践规则都无法普遍化）。但道德立法的方式并不是唯一的。康德将道德立法区分为伦理学的内在立法（德性）和法学的外在立法（法权。法律从属于广义的伦理）。道德的伦理学内在立法（德性）用以处理自我的受感性影响（但不被感性规定）的一般理性意志（选择的意志，即实践的自由意志，康德称之为Willkür，英语译作 choice，汉语译作"任意"或"任性"）与纯粹理性意志（立法的意志，即先验的自由意志，康德称之为 Wille，英语译作 will，汉语多译作"意志"）之间的关系（吕微《两种自由意志的实践民俗学——民俗学的知识谱系与概念间逻辑》)①；道德的法学外在立法（法权）用以处理自我的意志与他人的意志之间的关系。② 现在，如果道德的本质就在于自律，那么除了自律是道德

① "德性的唯一原则就在于它 [ 任性 ] 对于法则的一切质料（亦即欲求的客体）的独立性，同时还在于通过一个准则必定具有的单纯的普遍立法形式来决定意愿。但是，前一种独立性是消极意义上的自由，而纯粹的并且本身是实践的理性自己立法，则是积极意义上的自由。"[ 德 ] 康德《实践理性批判》，韩水法译，商务印书馆 1999 年，S.33，第 34 页。"任性的自由是它不受感性冲动规定的那种独立性。这是它的自由的消极概念。积极的概念是：纯粹理性有能力自身就是实践的。但是，这只有通过使每一个行动的准则都服从它适合成为普遍法则这个条件才是可能的。"[ 德 ] 康德《道德形而上学》，张荣、李秋零译，《康德著作全集》第 6 卷，中国人民大学出版社 2007 年，S.213—214，第 220 页。"仅仅与法则相关的意志，既不能称为自由的也不能被称为不自由的，因为它与行动无关，而是直接与为行动准则立法（因此是实践理性本身）有关，因此也是绝对必然的，甚至是不能够被强制的。只有任性才能被称做自由 [ 意志 ]。"同上引书，S.226，第 233 页。"伦理学不为行动立法（因为这是法学的事），而是只为行动的准则立法。"同上引书，S.388，第 401 页。邓晓芒认为，"意志"和"任意"（或"任性"）在康德那里可以等同于"人格性"和"人格中的人性"。"人性当然也有可能设定道德目的，但它同时也可以自由地设定非道德的目的，它的禀赋只是这种自由的任意；即便人性的设定目的的一般能力是可能升级为设定道德目的的能力的，但这只是一种潜能，在这种潜能没有实现出来之前，它与人格性是不存在包含与被包含关系的，而在这种潜能实现之后，二者因为各自的'领地所属'就更不存在包含与被包含关系了。所以，我们顶多可以说人性有升级为人格性的潜能，而不能认为人格性是人性的核心。"邓晓芒《从 Person 和 Persönlichkeit 的关系看康德的目的公式》，《德国哲学》2014 年卷，社会科学文献出版社 2015 年，第 98—99 页。邓晓芒《关于 Person 和 Persönlichkeit 的翻译问题——以康德、黑格尔和马克思为例》，《哲学动态》2015 年第 10 期。另参见邓晓芒《什么是自由？》，《哲学研究》2012 年第 7 期。

② "法权的概念，就它和一个与自己相对应的责任相关而言（亦即法权的道德概念），首先，只涉及一个人格对另一个人格的外在的、确切地说实践的关系，如果他们的行动作为行为能够（直接地或者间接地）互相影响的话。但是其次，法权概念并不意味着任性与他人愿

法则的基本原则，自律也将同样是道德立法的基本原则。即，无论道德的内在立法（德性）还是道德的外在立法（法权），也就是说无论道德立法的方式有何不同，都要遵循同样的自律原则。自律作为原则，对于道德的伦理学内在立法（德性）固然不难理解，因为道德性（主观上出于道德）原本就是道德对实践目的的规定性；但是对于道德的法学外在立法（法权）来说也不例外，就需要进一步讨论，因为法律仅仅规定了实践结果的合法性（客观上合于法律），甚至没有规定实践结果的道德性（客观上合于道德），更遑论实践目的的道德性（主观上出于道德）（康德《道德形而上学》）。

所谓道德的法学外在立法（法权）也要遵循自律原则是说通过外在立法，法律把自律权利交付给每一个人自己的实践理性，任其自由意志任意地选择其实践目的，而无论该实践目的是道德、非道德还是不道德的；只要其实践结果没有妨碍其他人同样出于自由意志的任意选择的自律权利（非如此，实践目的就不可能自律地出于道德）。这就是说，为每一个人出于道德（道德性）目的的纯粹实践理性，留出自由意志任意选择的可能空间——"从前者[即伦理]的原则推导出

望（因此也与纯然的需要）的关系，例如在行善或者冷静的行动中，而仅仅意味着与他人的任性的关系。第三，在任性的这种交互关系中，也根本不考虑任性的质料，亦即每个人以所想要的客体而当做意图的目的，例如不问某人就他为了自己的生意从我这里购买的货物而言是否也能得到好处，而是只问双方任性的关系的形式，只要这种任性被看做自由，以及通过行动，双方中的一方是否可以与另一方的自由按照一个普遍的法则保持一致。所以，法权是一个人的任性能够在其下按照一个普遍的自由法则与另一方的任性保持一致的那些条件的总和。"[德]康德《道德形而上学》，张荣、李秋零译，《康德著作全集》第6卷，中国人民大学出版社2007年，S.230，第238页。"每个人都可以是自由的，即便我对他的自由全然不关心，或者即便我内心里很想破坏他的自由，只要我通过自己的外在行为并没有损害他的自由。使依法行动成为我的准则，这是伦理学向我提出的一个要求……只要意图不是教人德性，而是仅仅阐明什么是正当的，那么，人们甚至不可以也不应当把那个法权法则表现为行动的动机。"同上引书，S.231，第239页。"就像一般的法权仅仅以行动中外在的东西为客体一样，严格的法权，即不掺杂任何伦理性因素的法权，就是除了外在的规定根据之外不要求任性的其他任何规定根据的法权。所以，一种严格的（狭义的）法权，人们只能称之为完全外在的法权。现在，这种法权虽然基于每个人根据法则的责任意识，但据此来规定任性，如果它应当是纯粹的，它就不可以也不能够依据这种作为动机的意识，而是因此就立足于一种外在的、与每个人根据普遍法则的自由都能够共存的强制之可能性的原则之上。"同上引书，S.232，第240页。

后者的 [ 法律责任或 ] 义务"①——也是法律的本质规定性。② 即便有人的实践结果是非道德的或不道德的，只要实践结果没有妨碍其他人的自律权利——"没有对任何人做过不正当的事情而是正直的人"③——也是道德外在立法为维护每一个人（自由意志任意选择）的自律权利而付出的必要代价。反过来说，如果道德外在立法不遵循自律原则，不以维护每一个人出于自由意志的自律权利为己任——维护自身的自律权利，也是每一个人应该承担的法律或法权责任④，亦即"使他人承担义务的（道德的）能力 [ 的权利 ]"⑤——那就是不相信人生而具有的、必然可能出于道德目的而实践的自律能力。而每一个人生而具有的、必然可能的出于道德目的而实践的自律能力与自律权利，也就是我们已经称之为"公民性"的东西。

现在，如果道德外在立法不以维护公民性即每一个人的自律权利与自律能力为己任，相反却利用其外在立法的理性权威、道德权威，强制规定每一个人的实践结果都合于道德（而不是合于法律），甚至强制要求每一个人的实践目的都出于道德（"灵魂深处闹革命"），那就是不相信甚至剥夺了每一个人在道德实践上

---

① [ 德 ] 康德《道德形而上学》，张荣、李秋零译，《康德著作全集》第 6 卷，中国人民大学出版社 2007 年，S.237，第 246 页。
② 从道德内在立法的角度，康德将道德法则的普遍形式命题表述为："这样行动：你的意志的准则始终能够同时用作普遍立法的原则。"[ 德 ] 康德《实践理性批判》，韩水法译，商务印书馆 1999 年，S.30，第 31 页。从道德外在立法的角度，康德将道德法则的先验质料命题表述为："你的行动，应把人性，无论是你自己人格中的人性或是他人人格中的人性，始终当作目的而决不仅仅当作手段来对待。"[ 德 ] 康德《道德形而上学基础》，孙少伟译，九州出版社 2007 年，S.429，第 85 页。"每个人都有权要求其邻人的敬重，而且他也交互地对任何他人有这方面的责任。人性本身就是一种尊严；因为人不能被任何人（既不能被他人，也甚至不能被自己）纯然当做手段来使用，而是在任何时候都必须同时当做目的来使用。"[ 德 ] 康德《道德形而上学》，张荣、李秋零译，《康德著作全集》第 6 卷，中国人民大学出版社 2007 年，S.462，第 474 页。
③ [ 德 ] 康德《道德形而上学》，张荣、李秋零译，《康德著作全集》第 6 卷，中国人民大学出版社 2007 年，S.238，第 246 页。
④ "出自我们自己'人格中的人性'[ 即任意选择的自由意志，见上引邓晓芒——笔者补注 ] 法权的责任。"[ 德 ] 康德《道德形而上学》，张荣、李秋零译，《康德著作全集》第 6 卷，中国人民大学出版社 2007 年，S.236，第 245 页。"每个人凭借自己的人性应当据有的法权。"同上引书，S.237，第 246 页。
⑤ [ 德 ] 康德《道德形而上学》，张荣、李秋零译，《康德著作全集》第 6 卷，中国人民大学出版社 2007 年，S.237，第 246 页。

生而具有的、必然可能的自律权利与自律能力即公民性。而这是违背道德法则以及道德立法的基本原则，同时也是违背启蒙事业的基本精神的反道德。在理论理性僭越、遮蔽实践理性的特殊条件下，如果在我们社会文化生活实践中，一旦道德的法学外在立法（法权）仰仗着理论理性的外在权威，在日常生活的所有方面都强制规定每一个人在实践目的上（出于道德）的道德性，那么，每一个人就实际上都被剥夺了作为公民的自由、自律的公民性。如果我们没有记错，如果我们不曾失忆，这曾经是历史上的这样一个暴政的年代[①]，造成了一代人甚至数代人在道德上大规模伪善，从而抑制、扭曲了每一个人"公民性的成长"（高丙中），并且一旦权力对道德的控制松动，就招致了"坏人变老了"之后大规模道德滑坡的后遗症，尽管表面看起来更像"老人变坏了"之后一过性道德危机的流行病。

　　非物质文化遗产保护运动，就是在这样的历史条件下发生的，我们原本希望这样一场运动能为参与其中的每一个人（普通民众）赢得道德自律的权利且培育其道德自律的能力（户晓辉《〈保护非物质文化遗产公约〉能给中国带来什么新东西？》）。因为非物质文化遗产保护运动，原本就是出于维护文化形式多样性即维护不同主体任意选择自身文化的自由权利的道德责任而展开的一场道德立法（巴莫曲布嫫、王杰文）。对于"非遗"的保护者（《公约》缔约方）来说，《非物质文化遗产保护公约》应该具有道德内在立法的性质；而对于通过《公约》保护"非遗"的保护者和被保护者之间的关系来说，《公约》应该具有道德外在立法的性质。而作为道德外在立法的基本法则，《非物质文化遗产保护公约》一方面规定了被保护者不可逾越的（不可妨碍他人自律权利的）道德底线[②]；另一方面（正如《伦理原则》所强调的）也正确地赋予了被保护者在多样性文化形式当中任意

---

[①]"究竟是吃肉还是吃鱼、喝啤酒还是喝葡萄酒，本是无关紧要的事；这是一种事无巨细的观点，如果人们把它纳入德性论，它就会使德性的统治成为暴政。"[德]康德《道德形而上学》，张荣、李秋零译，《康德著作全集》第6卷，中国人民大学出版社2007年，S.409，第421页。

[②]"参照现有的国际人权文书，尤其是1948年的《世界人权宣言》以及1966年的《经济、社会及文化权利国际公约》和《公民权利和政治权利国际公约》……在本公约中，只考虑符合现有的国际人权文件，各社区、群体和个人之间相互尊重的需要和顺应可持续发展的非物质文化遗产。"《联合国教科文组织〈保护非物质文化遗产公约〉基础文件汇编》，外文出版社2013年，第8—9页。

选择的自律权利。

　　每一社区、群体或个人应评定其所持有非物质文化遗产的价值，而这种遗产不应受制于外部 [ 的权威而听从自己发自内心的纯粹理性道德法则 ] 的价值或意义评判。①

　　但是，所有这些可贵努力的目的效果，都因理论理性之于纯粹实践理性的僭越甚至遮蔽而大大减弱了。② 我曾通过对《公约》判断类型的分析——我把对叙事体裁的纯粹（交往、交流）形式的实践研究方法用于对《非物质文化遗产保护公约》的认识——指出《公约》就文体或文类（体裁）而言，从属于理论理性的认识论③，而认识论的文体或文类其实正反映了《公约》起草者、制定者们并非从属于实践意识的理论意识；与此相应，在《公约》中，非物质文化遗产或多样性文化形式，就被置于认识对象的位置上④，从而决定了《公约》各缔约方作为保护者与被保护者之间不对等的认识主体与被认识客体的关系地位。《公约》的认识论文体或文类，说明了《公约》起草者、制定者们没有意识到应该区分道德实践与科学认识，因为参与制定《公约》的欧美民俗学家们，的确不曾区分实践理性和理论理性。而在不区分理论理性和实践理性的立法条件下，《公约》的起草者和制定者们就必然将非物质文化遗产或多样性文化形式的"价值或意义评判"的最终权力，通过专家的终审，掌握在自己（政治精英和知识精英）手中，从而取消了被保护者出于纯粹实践理性 – 自由意志而任意选择的自律权利。于是"非

---

① 《联合国教科文组织:〈保护非物质文化遗产伦理原则〉》，巴莫曲布嫫、张玲译，《民族文学研究》2016 年第 3 期。

② 吕微《反对社区主义——也从语词 – 概念层面理解非物质文化遗产》，《西北民族研究》2018 年第 2 期。

③ 吕微《实践公设的模态（价值）判断形式——"非遗"保护公约的文体病理学研究》，《文化遗产》2017 年第 1 期。

④ "'非物质文化遗产'包括以下方面：1. 口头传统和表现形式，包括作为非物质文化遗产媒介的语言；2. 表演艺术；3. 社会实践、仪式、节庆活动；4. 有关自然界和宇宙的知识和实践；5. 传统手工艺。"《联合国教科文组织〈保护非物质文化遗产公约〉基础文件汇编》，外文出版社 2013 年，第 9—10 页。

遗"的甄选（名录）制度，尽管有将多样性文化形式公共（资源）化的重要贡献，但是，如若公共化（应该是公共性）并不意味着公开、公正即自由和平等的交流、交往（否则就谈不上公共性），所谓公共文化就仍然是被外在地、他律地选择或决定的理论对象物（尽管也可能并不失其道德价值），而不具有内在地、自律地选择或决定的实践实在性。从而最终演变成为一场由各级权力自上而下、自外而内地全面控制普通民众（每一个人）日常生活的道德"伪善"（邓晓芒）①乃至"道德恐怖主义"（康德）②的后现代进程，而离开民间文学–民俗学所期待的道德自律的启蒙目标——民是自由的人，而民俗是人的自由生活（吕微《民俗学：一门伟大的学科》）——早已渐行渐远。

如果我们有条件地同意下述略显陈旧的说法，"起源就是本质"，那么现代民间文学–民俗学就其先验的（而不是在时间中的经验性）起源而言，只能是实践的，也能够是道德地实践的。就民间文学–民俗学是一门实践科学来说，尽管也把对经验现象的理论认识纳入其整体范围，但认识的目的必须始终从属于实践目的。作为启蒙学科，民间文学–民俗学并不奢望自己怎样地秀出学林，而只想为普通民众（每一个人）争取自由权利以自我培育公民性成长的道德启蒙敲一点边鼓，因为正如顾颉刚所言，民间文学–民俗学家自己就是普通民众中的一员。如果民间文学–民俗学在这方面能够发出一点声音，例如，能够促成为维护每一个人任意选择不同文化生活（包括民间各种信仰）实践形式的公民权利的普遍立法（吕微《为民间信仰辩护》）——不是被选择的文化的保护法，而是文化选择权利的保护法——民间文学–民俗学就会感到自己已经很伟大，可惜的是，就连这一点，民间文学–民俗学也很难做到。而通过权力对具有道德价值的诸文化生活实

①"[对]儒家的伪善……这种批判并不是一般所理解的'国民性批判'，而必须理解为我在刷新国民性批判的意义上所提出的'人性批判'。在康德哲学中，所谓的'实践理性批判'就是对一般人性的批判，而不只是针对着西方或东方的'国民性'的。人性中都有伪善的一面，但康德的批判就其实质来说，又可以看作对伪善的人性的一种救赎。这既适用于西方人性，也适用于中国人性。"邓晓芒《论康德哲学对儒家伦理的救赎》，《探索与争鸣》2018年第2期。

②[德]康德《重提这个问题：人类是在不断朝着改善前进吗？》，[德]康德《历史理性批判文集》，何兆武译，商务印书馆1990年，第158页。

践形式（非物质文化遗产）予以越俎代庖的他律性保护，其实与民间文学－民俗学的实践理想，即维护对多样性文化生活实践形式——而无论这些文化生活的实践形式有无价值，甚至只有非道德或者不道德的"价值"——进行选择的公民性权利的主体性自律，相距甚远。以此，真正实践的民间文学－民俗学，如果幸免为一门尚未被清理门户的"在野之学"（菅丰），就已经很感到自足了。

2018 年 10 月 21 日，于北京大学中文系

第一章

民俗学的实践目的

# 第一节 民俗学的目的与民俗对象本身的目的

## ——"岩本通弥之问"与实践民俗学①

### （2016 年 11 月 27 日）

夫仁者，己欲立而立人，己欲达而达人。能近取譬，可谓仁之方也已。

——《论语·雍也》②

一

民俗学是什么？或者，什么是民俗学？可以从两方面解释：第一，民俗学研究什么？第二，民俗学为了什么研究？前者是对象论的问题，后者是目的论的问题。用英文表示，以民俗为对象的民俗学是 folklore——直译"民众（folk）的知识（lore）"，意译"民间文学""民俗"③——即作为对象之学的民俗学。folklore加后缀 ist（……者），folklorist 表示"研究民俗的学者"；folklorist 再加后缀 ic——"受……影响""产生……""呈现出……""具有某种性质或特征……"的"……

---

① 本节内容是根据作者 2016 年 11 月 27 日在中山大学（珠海校区）面向文学院本科生，以及 2017 年 5 月 18 日在上海大学（宝山校区）面向文学院研究生的学术讲座稿补充、修订而成。

② "【译文】仁是什么呢？自己要站得住，同时也使别人站得住；自己要事事行得通，同时也使别人事事行得通。能够就眼下的事实选择例子一步步去做，可以说是实践仁的方法了。"杨伯峻《论语译注》，中华书局 1980 年第 2 版，第 65 页。

③ 所谓"民俗"，既可以理解为民的俗，也可以理解为民在俗中，即俗是民的表现。民与俗，因而二者是一而二二而一的。"他[赫尔德]认为，'他们[（人）民]的歌如其所在（是）'，这就意味着，（人）民如其所歌，所歌也如其（人）民。换言之，在德文中，我们还可以把这句至关重要的话语理解为：所歌如其所存在，（人）民所歌即是他们的存在。"户晓辉《返回爱与自由的生活世界——纯粹民间文学关键词的哲学阐释》，"一、（人）民（德语 Vlok，英语 folk）"，江苏人民出版社 2010 年，第 88 页。

学"，例如 logic（逻辑学，logic 与 Logos、lore 都以 lo 为词根）——folkloristics 可以表示：因民俗学者以民俗对象为目的而发生的学问。① 于是，我们就可以接过岩本通弥的问题"以民俗为对象就是民俗学吗"② 而回答说：仅仅以民俗为对象的学问并不一定就是民俗学；因为以民俗为对象，也可能仅仅是实现民俗学（者）以民俗对象为目的的目的之外的其他目的（例如其他学科目的）的手段（方法）的"假言命题"（hypothetical）。③ 因而这也就解释了，为何其他非民俗学学科的学问尽管也可以以民俗为对象、为手段（方法）而其本身却不是民俗学。

① 户晓辉批注："你这样理解和解释，从英语构词上说没问题。只是 folkloristics 这个词自 20 世纪 50 年代以来，尤其是经邓迪斯的发掘和强调之后已成为取代旧词 folklore 来指代'民俗学'学科的英语名称，而这种名称在大家的心目中可能仍然是'作为对象之学的民俗学'。你要继续使用它，可给它赋予并且强调其新意，特指'因民俗学者的目的而产生的学问'，即作为目的论的民俗学。"户说是！索绪尔早已指出，词语的能指（形式）与所指（内容）之间的联结具有"无理据"的"任意性"。所以，我试图通过并非"任意性"的构词法赋予 folkloristics 的"有理据""新意"，并不是民俗学者们"任意性"地使用该词语时的"无理据"意义。而我的进一步的问题是：如果民俗学者也是普通人，那么 folkloristics 甚至可以表达为：因普通人（民）及其实践（俗）的自身目的而发生的学问。那么，民和俗自身的目的又是什么呢？
② [日] 岩本通弥《以"民俗"为研究对象即为民俗学吗——为何民俗学疏离了"近代"》，宫岛琴美译，王晓葵校，《文化遗产》2008 年第 2 期，收入王晓葵、何彬编《现代日本民俗学的理论与方法》，学苑出版社 2010 年，第 30—47 页。
③ "假言律令：我要做某件事是因为我意愿别的某件事。……例如……如果我要保持我的名声，我就不应该撒谎。" [德] 康德《道德形而上学基础》，孙少伟译，九州出版社 2007 年，S.441，第 113 页。"我应该做某件事，是因为我意愿别的某件事。"同上引书，S.444，第 121 页。"而另一方面，那道德的，同时也是定言的律令则说，即使我不意愿别的东西，我也应该这样或那样行动。……[例如] 尽管不会给我带来一点伤害，我也不应该撒谎。"同上引书，S.441，第 113—115 页。"所有律令，要么是假言命令，要么是定言命令。前者把一个可能行为的实践必然性表象为获得一个人所欲望的（或一个人所可能欲望的）别的某种东西的手段。而定言律令则把一个行为表象为其自身就是客观必然的，而不关涉任何其他目的。"同上引书，S.414，第 51 页。"如果这个行为仅仅是作为别的某个东西的手段才是善的，那么，这个律令就是假言的；但是，如果这个行为被认为自身就是善的，并因此在自身就合乎于理性的意志中，就像此意志的原则一样，也被认为是必然的，那么，这个律令就是定言的。"同上引书，S.414，第 51 页。"假言的律令就只说，这个行为是对某个或可能的或实际的意图来说是善的……而定言的律令宣称，行为自身就是客观必然的，而不考虑任何意图，即，它没有任何其他目的，所以被当作必然的（实践）原则。"同上引书，S.414—415，第 53 页。"关于选择手段以实现一个人自己的幸福的律令，也就是，审慎的规范，仍旧只是假言的；这样的行为不是绝对地被命令，而就是作为另一目的的手段而被命令。最后，还有一种律令，它直接命令某个行为，而不以通过此行为来达到某个意图，作为此行为的条件。这个律令就是定言律令。"同上引书，S.416，第 55 页。参见吕微《民俗学学术伦理规范的善与恶》，《民族文学研究》2017 年第 3 期。

进而我们民俗学（者）也就可以自我陈述：只有以民俗为对象同时也以民俗对象为目的的学问，才称得上"民俗学"。当然这不是说，以民俗为对象、为手段（方法）就不是民俗学"是"民俗学的必要条件；而是说，不仅以民俗为对象、为手段（方法），同时也以民俗对象为目的才是民俗学"是"民俗学的充分条件。即，只有当我们认识到民俗既是民俗学（者）的对象、手段（方法）的"假言命题"，同时也是民俗学（者）的目的的"定言命题"（categorical），才可能圆满地回答岩本通弥提出的"是否仅仅'以民俗为对象就是民俗学'"的问题。而我的回答尽管有些绕弯，却也说明，岩本通弥提出的问题虽然字面意义很简单，但要回答正确还真不是一件容易事。

一般来说，民俗学圈内人都把 1846 年视为"民俗学元年"，因为在这一年，英国人威廉·汤姆斯（Willian Thoms）建议用一个盎格鲁－撒克逊语合成词 folk-lore 命名专门以"大众古俗"（文化遗留物）为对象的学问。[①] 当然，实际上在这之前的 19 世纪第二个十年中（准确地说 1812—1814 年），德国人格林兄弟（Jacob Ludwig Karl Grimm、Wilhelm Karl Grimm）就已经出版了《儿童与家庭故事集》也就是后来著名的"格林童话"；再后来，格林兄弟还相继出版了《德意志传说集》（1816—1818 年）和《德意志神话学》（1835 年）。[②] 这样，当格林兄弟根据德语传统的讲述习惯，把民间文学当中的叙事文学划分并命名为"神话""传说"和"童话"（狭义民间故事中的幻想故事）这三种体裁形式（注意：是包括了不同题材内容的不同体裁形式而不仅仅是不同的题材内容。格林兄弟的这一做法在今天仍然具有重要的学科理论和实践意义），就标志着一门以信仰－虚构性叙事文学（神话）、信仰－非虚构性叙事文学（传说）和非信仰－虚构性叙事文学（童话）的体裁形式为对象的民间文学（狭义的民俗学）学科诞生了。[③]

---

① [ 美 ] 邓迪斯《世界民俗学》，陈建宪等译，上海文艺出版社 1990 年，第 6 页。
② 刘魁立《欧洲民间文学研究中的神话学派》，《刘魁立民俗学论集》，上海文艺出版社 1998 年，第 234—235 页。
③ 吕微《神话信仰－叙事是人的本原的存在——〈现代口承神话的传承与变迁〉序言》，《青海社会科学》2011 年第 1 期；吕微《"神话"概念的内容规定性与形式规定性》，《长江大学学报》（社科版）2015 年第 11 期；吕微《从类型学、形态学到体裁学——刘锡诚〈二十世纪中国民间文学学术史〉补注》，《民间文化论坛》2016 年第 3 期。维特根斯坦断言：词语只

当然，作为民间文学的 folklore 并不仅仅包括（口头和书面）文本的形式，也包括实践（行为、行动、活动）的形式；以此，把 folklore 译作"民俗"似更贴切——但高丙中认为，将萨姆纳 folkways 的概念译作"民俗"才更恰当①，因

有在使用中才有意义。当然，我们还可以补充维特根斯坦的是：同一个词语既可以用作理论认识意义上的概念，也可以用作实践意义上的"命名"（阿默斯、西村真志叶：叙事体裁的"实践命名"）。巴斯科姆在 20 世纪 60 年代说过：格林兄弟"神话、传说、童话"三分法可能起源于当时欧洲民间叙事的自我分类－实践命名。因此，格林兄弟的"童话"（Märchen）定义，并不完全是出于理论认识目的（意义）的逻辑分类。当然，格林兄弟以后，在民间文学的学术分类逻辑体系中，"童话"被视为广义"民间故事"（包括神话、传说……）中狭义"民间故事"下的三级概念，等同于"幻想故事"（fairy tale）或"神奇故事"（wonder tale），已完全坐实为理论认识概念。按照字面意义，传统意义上的 Märchen 并不仅仅设定儿童为听众，也面对成人（户晓辉 2004 年引齐佩斯；张举文 2020 年引齐普斯）——"幻想故事""神奇故事"均暗涵了这一传统意义——但格林兄弟《儿童与家庭故事集》俨然已视儿童为 Märchen 的主要听众（据齐普斯等人的看法，Märchen 实际上以印刷读者即成人对主要对象）。可能受《儿童与家庭故事集》的影响，日本人用汉字将 Märchen 译作"童话"，留学日本的周作人直接接受了日本人的译法，同时也接受了以格林兄弟为代表的浪漫主义民俗学、人类学对儿童（代表了理想世界）的想象（费边："现代性的他者"），同时也就把"童话"直接用作了儿童教育实践的叙事体裁命名，因而充满现代性实践的目的功能意义。2019 年，在中山大学开会，与会者讨论了实践民俗学"中层"概念的必要性与可能性。实践民俗学并不一定就要造作什么"新词"，正如实践命名可以转换地用作理论概念，理论概念也可以转换地用作实践命名——胡塞尔称之为"格式塔目光转换"的使用——就童话－幻想故事或神奇故事而言，普罗普的 wonder tale 形态学研究是典型的理论认识，而吕蒂的 Märchen 现象学研究则是典型的实践认识。仅仅就叙事体裁的自我实践认识、命名来说，其自我实践－理论分类也不是固定不变的。中国本土民间的毛衣女传说（《搜神记》）、白蛇传说（《博异志》），在传统"四部"分类中都属于"志怪""小说"体裁，而"志怪""小说"在早期"四部"分类中归属于"史传""杂史类"，隋唐以后才转属于"子集""传奇类"，说明对"志怪""小说"体裁性质的定位，从接近真实的叙事到完全幻想的叙事的类型转变，其承担的实践功能（目的意义），也就在"教育"之余增添了"审美"，用康德的话说就是，在"规定性""构成性"的"强制"（教育）之外，又增加了"反思性""调节性"的"要求"（鉴赏）。而无论"规定－构成性"还是"反思－调节性"，都具有"成人"的实践目的功能意义——顺便说一句，教育和审美都具有人文价值，人文价值并不仅仅是审美的功劳——不同之处在于，前者在道德内容上直接地规训成人，后者在思维方式上间接地陶冶成人；前者有助于道德品格的教化（可能流于他律），而后者有助于独立人格的培养（可能朝向自律）；前者在传统时代就已经施行，而后者在现代才开始突显。——吕微 2020 年 5 月 26 日致户晓辉、施爱东、刘晓春、萧放的信。

① William Graham Sumner, *Folkways: A Study of Sociological Importance of Usages, Manners, Customs Mores, and Morals,* A New York Times Company, 1979. "与 folklore 最接近的汉语术语是'民间文化'，而不是'民俗'。在英语里，与'民俗'对应的是由萨姆纳引入民俗研究的'Folkways'。其中的'Folk'意为一个社会 [society?——笔者补注] 或社区 [group?community?——笔者补注] 的人们，是一个集合名词，视为复数。其中的'way'本意为'路、途径'，引申为'方法、程序'，又引申为'风俗、风范、个人的癖性'，而's'表示复数。我们因而把萨姆纳的 Folkways 译为'民俗'。"高丙中《民俗文化与民俗生活》，中国社会科学

为 way 包含有实践"行为""行动""活动"的意思，而 lore 仅仅包含有文本"知识"的意思——以此之故，严格说来，民间文学的文本形式研究应该包括在民俗的总体（本文＋行为、行动、活动）实践形式研究当中；因为文本和行为、行动、活动之间并没有绝对的界限。例如在具体讲述的实践语境中，当文本"表演"为行为、行动、活动①，就实现为奥斯汀所言"以言行事"的一体化"表演性"（performative）。②但是，由于早期民俗学家的研究对象主要是（口头和书面）文本形式的民间文学③，所以在民俗学学科发展的早期，以文本形式的民间文学为主要研究对象的民间文学方向（即钟敬文从 1935 年就开始提倡的"民间文艺学"④），与以实践（行为、行动、活动）形式的民俗为主要研究对象的民俗学方向之间就没有发生什么严重冲突，民间文学家就是民俗学家，民俗学家也就是民间文学家——甚至民间文学家、民俗学家与人类学家之间也没有什么本质的区别，民间文学、民俗学与人类学之间共同尊奉诸多学术大师（泰勒、弗雷泽、马林诺夫斯基……）和学术经典（《原始文化》《金枝》《原始神话与心理》……）——以此，后来者把 1846 年视作民间文学和民俗学学科方向共同的起源时间，也就没有什么不妥当的地方。这就是说，尽管格林兄弟研究民间文学的实绩早于威廉·汤姆斯提倡研究民俗的创意；但因为格林兄弟并没有给予民间文学与民俗学

出版社 1994 年，第 77 页。

① "从实践研究的角度看，民间文学的文本实际上是人们用民间文学的不同体裁进行叙事的表演行为本身。表演就是体裁叙事传统的互文性通过表演行为具体化为动态文本的实践过程。"户晓辉《民间文学：转向文本实践的研究》，《中国社会科学》2014 年第 8 期。

② [英]奥斯汀《如何以言行事——1955 年哈佛大学威廉·詹姆斯讲座》，杨玉成译，商务印书馆 2013 年。奥斯汀 performative，王杰文译作"表演性"。王杰文《表演研究：口头艺术的诗学与社会学》，学苑出版社 2016 年，第 77 页。

③ "'民俗学'这个词的使用，主要是指非书面的文学。宗教与工艺，则被归入范围更广泛的民族学范围，这是大多数美国人类学家所提倡的。……1953 年威廉·巴斯科姆曾说：'对于人类学家来说，民俗是文化的一部分，不是文化的全部，民俗包括神话、传说、故事、寓言、谜语、民谣歌曲的唱词，以及其他次要的形式。但是不包括民间艺术、民间舞蹈、民间音乐、民间服饰、民间医药、民间习惯或民间信仰。所有这些毫无疑问值得研究，无论是在有文字的社会还是无文字的社会……所有的民俗皆为口头流传的，然而并非所有口头流传下来的都是民俗。'"[美]厄利特《民间文学：一个实用定义》，收入[美]邓迪斯编《世界民俗学》，陈建宪等译，上海文艺出版社 1990 年，第 16 页。

④ 杨利慧《钟敬文民间文艺学思想研究》，中国民间文艺家协会编《民间文化的忠实守望者——钟敬文先生诞辰 110 周年纪念文集》，中国文史出版社 2013 年，第 397 页。

的研究对象以统一的命名（格林兄弟只是在民间文学内部对不同体裁形式做了区分命名），而威廉·汤姆斯却做到了这一点；于是人们把民间文学与民俗学学科命名的知识产权归功于威廉·汤姆斯，也就同样没有什么不妥之处。学科的发生、发展往往建立在对研究对象的统一命名这一必要条件（虽然还不是充分条件）的基础上。如果没有对研究对象的统一命名，把民俗现象从一般的文化现象中区分出来，由此进一步把民俗学与一般的文化人类学区分开来，即，如果我们至今都无法从对象论的角度讨论民俗学的学科性质（与自己的关系即定性）和地位（与其他学科的关系即定位），我们的学科也就无法自我理解并且向别人解释我们的学科所从事的究竟是什么研究，就像没有格林兄弟对神话、传说和童话的对象论区分命名，我们就无以自我理解且无法向他人解释：神话是什么？传说是什么？童话又是什么？

从对象论的角度，高丙中《民俗文化与民俗生活》对"民俗"概念有两种阐释，其一是民间的"生活文化"："民俗是具有普遍模式的生活文化""生活文化是集体积累的精神财富"。[1] 其二是民间文化（民俗）的"生活"："民俗生活是民俗主体把自己的生命投入民俗模式而构成的活动过程。""民俗生活是个人的现实存在。"[2] 对于高丙中来说，"民俗"概念的上述两种定义，后者的意义要大于前者。因为，其一，在对"民俗"概念的"文化阐释"之上，再加上"生活阐释"，符合民俗学对象的整体状态，即同时作为文本形式和实践（行为、行动、活动）形式的民俗（folklore）；其二，高丙中正是要借此重新定义，推动民俗学——从文化研究、文本研究、事象研究转向生活研究、语境研究、事件研究——范式转换的实践目的，而后来学科史发展的学术事实也证明了这一设想是可行的。[3]

我们先来看高丙中对"民俗"概念的第一个定义即"生活文化"定义，根据这一定义，民俗学就是以普通人的普遍实践模式的日常生活文化（民俗）为对象

---

① 这里的"集体"应该指的是 folk 即"社会或社区的人们"。高丙中《民俗文化与民俗生活》，中国社会科学出版社 1994 年，第 77 页。
② 高丙中《民俗文化与民俗生活》，中国社会科学出版社 1994 年，第 144—145 页。
③ 刘晓春《从"民俗"到"语境中的民俗"——中国民俗学研究的范式转换》，《民俗研究》2009 年第 2 期。

的一门学问。[①] 当然，我们马上也就会意识到：高丙中"民俗"概念的"生活文化"定义，并不仅仅是对象论的，也是目的论的。因为，正是出于不同的目的论（也是不同的方法论，方法论总是与目的论而不总是与对象论相关联），高丙中才没有像他的前辈那样，继续把"民俗"定义为原始 - 边缘文化、种族 - 民族文化或阶级 - 阶层文化，而是定义为日常生活文化。于是现在，如果民俗学不像人类学那样，综合地研究包罗万象的人类文化，而是分析地研究特定事象的人类文化即人类文化中普通人普遍实践模式的日常生活文化或普通人日常生活文化的普遍实践模式；我们就可以因此而领略，与人类学扩张的对象论态势相比较，民俗学内敛的对象论倾向。且如果我们进一步指出，不同的对象论态势或倾向实际上起源于不同于仅仅以民俗为对象、为手段（方法）而是同时也以民俗对象为目的的目的论；那么，民俗学就可以反省地开发出本学科不同于其他学科（例如人类学）的独到的目的论学科问题意识。

由于不同的目的论的介入，民俗学的对象论就从原始 - 边缘文化论、种族 - 民族文化论、阶级 - 阶层文化论转变为日常生活文化论。我们甚至可以这样说，如果不是因为不同的目的论的介入，从前的民俗学家既不可能仅仅根据对象论就视民俗为原始 - 边缘文化、种族 - 民族文化、阶级 - 阶层文化，今天的民俗学家也不可能仅仅根据对象论就视民俗为日常生活文化。这是因为，对象有多样性的规定性，其中哪种规定性是本质性的规定性，最终由研究目的（充分条件）而不是仅仅由研究对象（必要条件）所决定的，借用康德的话说就是，"我们关于物先天地认识到的 [ 本质规定性 ] 只是我们自己放进它里面的东西"。[②] 这样，我们也就可以对"岩本通弥之问"——"以民俗为对象就是民俗学吗？"——给出一

①"生活世界是人本来的世界和基本的世界，是普通人的世界和人的普通世界；民俗实际上构成了人的基本生活和群体的基本文化，任何人、任何群体在任何时代都具有充分的民俗。"高丙中《民俗文化与民俗生活》，中国社会科学出版社 1994 年，转引自户晓辉《返回爱与自由的生活世界——纯粹民间文学关键词的哲学阐释》，"一、（人）民（德语 Vlok，英语 folk）"，江苏人民出版社 2010 年，第 126 页。
②吕微《民俗学：一门伟大的学科——从学术反思到实践科学的历史与逻辑研究》，"绪论'内在的'和'外在的'民间文学"，中国社会科学出版社 2015 年，第 40 页。

个目的论的理解和解释。尽管岩本通弥援引"柳田把民俗看成是'方法'"①而主张应该从方法之学（如何研究）的立场追问"什么是民俗学"，而不应该从对象之学（研究什么）的角度询问"民俗学是什么"②；但柳田国男之所以把民俗用作方法，首先是因为柳田国男已经视民俗为民俗学的目的："我们的学问是……为创造人类未来幸福生活的当下的知识。"③

从目的之学的立场出发回答"什么是民俗学"的问题，我曾接受过艾伯华、邓迪斯、洪长泰关于民俗学的民族主义起源论（种族－民族文化论）思想④，以及

①［日］岩本通弥《以"民俗"为研究对象即为民俗学吗——为何民俗学疏离了"近代"》，宫岛琴美译，王晓葵校，《文化遗产》2008年第2期，收入《现代日本民俗学的理论与方法》，王晓葵、何彬编，学苑出版社2010年，第42—43页。

②"柳田在解释其自身的'乡土研究'和其他［人］的差异时说，'不是研究乡土，而是通过研究乡土'，因此，套用他的说法，他所追求的民俗学不是研究'民俗'，而是通过'民俗'进行研究的学问。……柳田把民俗看成是'方法'。"［日］岩本通弥《以"民俗"为研究对象即为民俗学吗——为何民俗学疏离了"近代"》，宫岛琴美译，王晓葵校，《文化遗产》2008年第2期，收入《现代日本民俗学的理论与方法》，王晓葵、何彬编，学苑出版社2010年，第42—43页。

③［日］岩本通弥《以"民俗"为研究对象即为民俗学吗——为何民俗学疏离了"近代"》，宫岛琴美译，王晓葵校，《文化遗产》2008年第2期，收入《现代日本民俗学的理论与方法》，王晓葵、何彬编，学苑出版社2010年，第42页。"1998年，日本民俗学家岩本通弥在《日本民俗学》第215号发表《以"民俗"为研究对象即为民俗学吗？——为何民俗学疏离了"近代"？》一文，岩本通弥认为日本明治政府、大正时期地方改良运动的民俗'意识形态化'，战后日本民俗学追求'民俗'的客观性、科学性，以及日益狭隘的'文化遗产化'取向，严重偏离了柳田国南'乡土研究'关心'眼前生活疑问'的出发点……"刘晓春《探索日常生活的"民俗性"——后传承时代民俗学"日常生活"转向的一种路径》，《民俗研究》2019年第3期，收入《实践民俗学的理论与批评》，王杰文主编，学苑出版社2020年，第202页。

④"在民俗作为一个研究领域自始至终的整个发展过程中，'民'这个基本概念一直都十分重要。在欧洲，科学的民俗学的最早出现可以追溯到19世纪早期，追溯到德国的格林兄弟和浪漫主义运动，尽管'民俗'这个术语定型是在此好几十年之后的事情。在欧洲中部，19世纪早期是这样的一个时代，浪漫主义者们正在尝试建构什么才是'真正'的德国、瑞士、法国，等等。可能经常是无意识的，浪漫主义者的终极目标是为那个新创造的或计划中的民族国家，如日耳曼帝国或法兰西第三帝国，找到某种意识形态基础。为此，浪漫主义者们使用了两种不同的方法。一方面，他们回到历史，并且研究现存的最早的'日耳曼'文化的遗留物，有意无意地都希望所发现的那些因素对所有的德国人而言都是常识。另一方面，他们大胆走出城市，到'质朴的人（simple man）''民众'生活的乡村，希望在那里发现在语言和文化方面哪一类才是真正的德国人、瑞士人或法国人。这些真正的德国人、瑞士人或法国人仍然没有受到拉丁语和法语的影响，没有被改变。在那个年代，拉丁语和法语是欧洲受教育的上等阶层的主要语言。浪漫主义者希望找到那些依旧没有被宫廷和城市时尚腐蚀的习俗，因而这些习俗依旧是'天然的''质朴的'和'好的'。如果用这种观点来看待民俗，那么从

高丙中关于中国民俗学的民主主义起源论（阶级－阶层文化论）思想 ①，以阐明民俗学的学科起源及学科性质。但是现在，暂时抛开各种相互冲突（例如民族主义、民主主义、集体主义、个人主义）的目的论 ②，仅就目的论本身而言，我想说的是，不是从对象论的角度而是从目的论的立场出发，我们才可能真正地理解和解释一门学科（包括民俗学）的现代起源和现代性质；相反，如果我们单单考虑学科对象而不考虑学科目的，我们就说不清民俗学（甚至一般社会科学和人文科

民俗学的发端开始，它就是'政治科学'，因为它的研究领域与民族主义者的政治意识形态的升起紧密相关。事实上，在这些欧洲国家，民俗学的发展与民族国家的发展是同步的。可能最典型的例子是芬兰。甚至今天，民俗研究在芬兰仍然具有头等地位。芬兰民俗学者收集古歌、民谣和史诗碎片。因为他们相信，如同德国人、法国人、英国人和斯堪的纳维亚人一样，芬兰人必定有一部民族的史诗，于是他们把这些碎片组合在一起创造出了一部民族的史诗卡勒瓦拉。尽管这部民间的史诗可能从未能够以这种形式存在过，但在 20 世纪它却逐渐成为芬兰这个国家的民族史诗。"[ 德 ] 艾伯华《中国对民俗的使用》，岳永逸译，《民俗研究》2014 年第 2 期。"事关重大的民俗研究与当时的浪漫主义和爱国主义潮流息息相通，并有幸抓住了这样一大批热情的读者：他们或者对过去的时光充满怀念和悠思之情，或者迫切需要对于民族意识或民族认同的存在的历史感，甚至两者兼而有之。"[ 美 ] 邓迪斯《谁是民俗之"民"》，转引自高丙中《民俗文化与民俗生活》，中国社会科学出版社 1994 年，第 209 页。"对民俗兴趣的日益增长，是与 19 世纪浪漫主义和民族主义的学术思潮紧密联系的。"[ 美 ]邓迪斯《世界民俗学》，陈建宪等译，上海文艺出版社 1990 年，第 5 页。"在十九世纪的欧洲，民间文学之所以能够引起众多学者的关注，另一个重要原因，是他们自身民族意识的觉醒和爱国热情的高涨。格林兄弟明确宣称，他们研究民间文学的目的，就是要恢复德国的、令人自豪的和伟大的历史。他们生逢久被遗忘的民族民俗重放光彩的浪漫主义思潮兴起时期，他们自己也成为这一思潮的热情的推波助澜者。他们赞扬长期遭到冷遇的民间故事、民族语言学和神话等等在保存民族民间文化方面立下了显著功勋。"[ 美 ] 洪长泰《到民间去：1918 ～ 1937 年的中国知识分子与民间文学运动》，董晓萍译，上海文艺出版社 1993 年，第 27—28 页。但户晓辉认为，"赫尔德的 Humanität 指向人的类存在，排除了种族的、民族的或文化上的歧视"。户晓辉《返回爱与自由的生活世界——纯粹民间文学关键词的哲学阐释》，"一、（人）民（德语 Vlok，英语 folk）"，江苏人民出版社 2010 年，第 71 页。"我们断然不能在民族主义的意义上理解赫尔德的这些论述，正如古留加所指出的，'……在赫尔德那里，我们既找不到民族主义的意图，也不可能找到沙文主义的傲慢自负。'"同上引书，第79 页。"赫尔德的（人）民理念（Volksidee）绝没有政治特征，他的民族国家也绝没有强权自足的特点，我们不能把赫尔德看作民族主义的奠基人……"同上引书，第 99 页。"不同于民族主义，甚至与民族主义背道而驰。"同上引书，第 104 页。"通过上文的分析，那种认为赫尔德是民族主义思想始作俑者的说法，已经不值一驳也不攻自破。我们从赫尔德超越民族主义的思想中看到的是一个大写的人和（人）民的形象。"同上引书，第 136 页。

①"在欧洲，是民族主义思潮推动人们去发现了民俗学这块新大陆"，"中国民俗学的兴起更多的是与民主主义联系在一起。"高丙中《民俗文化与民俗生活》，中国社会科学出版社 1994年，第 118 页，第 120 页。

②吕微《民俗学：一门伟大的学科——从学术反思到实践科学的历史与逻辑研究》，第一章"现代性论争中的民间文学"，中国社会科学出版社 2015 年，第 43—79 页。

学）究竟起源于何时何地？也道不明民俗学（作为一般社会科学和人文科学）究竟属于什么性质的学术或学问？

例如，仅仅根据对象论，甚至有人认为中国民俗学的学问史或学术史（不是学科史）可以追溯到汉代，理由是汉代就有人用"风俗"这个词语给予对象以统一的命名了（东汉人应邵写过一本很有名的《风俗通义》）。① 以此，按照我上面讲的"学科因对对象的统一命名而发生、发展"，那么，说民俗学起源于前现代时代，在逻辑上也就没有什么破绽。因为，我们今天说的民俗，即民间的风俗习惯，确实没有哪一样不是起源于传统的 folklore（民众知识）；而当下流行的"非物质文化遗产"，说白了也还是指的传统遗留的风俗习惯，即在时间中传承但保持了原汁原味、纯正本色的原生态、本真性（Authenticity）② 的风俗习惯。③ 以此，既然是以传统的风俗习惯为对象，那么说以传统风俗习惯为对象的学问或学术，起源于前现代而不是现代，也就没有什么不当之处。

民俗学者曾殚精竭虑地区分长时间流传的风俗和一时间流行的风尚（时尚），不知是何人在何时何地制订了一个标准：风尚不过三代，不能称为"风俗"。④ 黾勉为之，或只能称之为"伪民俗"（fakelore）。当然在今天，"伪民俗"这一充满原生态、本真性情结的"污名"⑤ 概念，已经因为民俗学者的"民俗（学）主义"

① 张汉东《论汉代中国民俗学的形成》，《民俗研究》1993 年第 2 期。

② ［美］本迪克丝《〈探求本真性：民俗研究的形成〉绪论》，李扬译，收入李扬《西方民俗学译论集》，中国海洋大学出版社 2003 年，第 70—93 页。［美］本迪克丝《本真性（Authenticity）》，李扬译，《民间文化论坛》2006 年第 4 期。韩成艳《从学术上拯救"原生态"和"本真性"概念》，《广西民族大学学报（哲学社会科学版）》2015 年第 6 期。

③ "纯正民俗"或"纯正的民间文化"。王霄冰《民俗主义论与德国民俗学》，《民间文化论坛》2006 年第 3 期；王杰文《"民俗主义"及其差异化的实践》，《民俗研究》2014 年第 2 期，收入王杰文《表演研究：口头艺术的诗学与社会学》，学苑出版社 2016 年，第 169—170 页。当然，目前联合国教科文组织正在极力澄清这一点："本真性和排外性不应构成保护非物质文化遗产的问题和障碍。"《联合国教科文组织：〈保护非物质文化遗产伦理原则〉》，《民族文学研究》2016 年第 3 期。

④ "在浙江，省级非遗的评审严格要求项目满足三代传承和 60 年以上传承历史的条件，而在评审省内地市一级的非遗时该标准还是存在灵活执行的余地。在山东省威海市，市级非遗的评审严格要项目满足三代传承和 100 年以上传承历史的条件。"马千里《非物质文化遗产清单编制研究》，博士学位论文，中国社会科学院研究生院 2017 年，第 36 页。

⑤ "希腊人显然擅长使用视觉教具，他们发明 'stigma'（污名）一词指代身体记号，而做这些记号是为了暴露携带人的道德地位有点不寻常和不光彩。"［美］戈夫曼《污名——受损身

（德文 folklorismus/ 英文 folklorism）批评而站不住脚了。①但是，即便"民俗
（学）主义"批评破除了对流行时尚的"伪民俗"偏见，民俗学者却仍然无以断
言：民俗学起源于现代。这是因为，同样作为对象，风俗与风尚只是就传承（持
续）时间的长度以及变异（非持续）的程度而言，因而只不过是五十步笑百步而
已。区分风俗与风尚，进而区分新民俗和旧民俗（都是真民俗而非假民俗），其
潜台词仍然是，民俗学应该是一门以传承自前现代的风俗习惯为对象的学问或学
术。而针对"伪民俗"偏见的"民俗（学）主义"批评，在正当地主张了"当代
风俗也是民俗"的同时，也就仍然站在对象论的立场上相应地主张了前现代风俗
研究的正当性。以此，由于对"伪民俗"偏见的"民俗（学）主义"批评，将自
己主张"关注当下"的目的论自我约束于"只论新、旧无论真、伪"的对象论，
就仍然不足以证成民俗学不是一门起源于前现代的现代学科，反倒是刻意褒扬
"真民俗"而故意贬低"伪民俗"的经典民俗学对象论，间接地暗示了其"发明
传统以造成当下"的现代民俗学目的论。②

---

份管理札记》，宋立宏译，商务印书馆 2009 年，第 1 页。

① 西村真志叶、岳永逸《民俗学主义的兴起、普及以及影响》，《民间文化论坛》2004 年第 6
期；王霄冰《民俗主义论与德国民俗学》，《民间文化论坛》2006 年第 3 期；西村真志叶《民
俗学主义：日本民俗学的理论探索与实践——以〈日本民俗学〉"民俗学主义专号"为例》，
《民间文化论坛》2007 年第 1 期；杨利慧《"民俗主义"概念的涵义、应用及其对当代中国民
俗学建设的意义》，《民间文化论坛》2007 年第 1 期；於芳《民俗主义的时代——民俗主义理
论研究综述》，《河南教育学院学报》（哲学社会科学版）2007 年第 3 期；菅丰、陈志勤《日
本现代民俗学的"第三条路"——文化保护政策、民俗学主义及公共民俗学》，《民俗研究》
2011 年第 2 期；王杰文《"民俗主义"及其差异化的实践》，《民俗研究》2014 年第 2 期，收
入王杰文《表演研究：口头艺术的诗学与社会学》，学苑出版社 2016 年，第 165—189 页；
王霄冰《中国民俗学：从民俗主义出发去往何方？》，《民俗研究》2016 年第 3 期；周星《民
俗主义、学科反思与民俗学的实践性》，《民俗研究》2016 年第 3 期。

② "笔者在 1990 年写作博士论文的时候，笔者的一个主要的意图就是批判民俗学的遗留物研
究。但是，后续的历史却证明，这个时期让文化遗留物在知识上重新成为可见的，对于中国
社会在后来的变化中重新建立与自己的传统的连续性具有关键的作用。当时对'遗留物'作
为文化现象的 [ 想象 ] 发掘，对'遗留物'的言说作为合法话语的呈现，实际上奠定了中国
社会后续发展的文化基础，凝聚了中华民族的文化认同的集体意识或集体无意识。……不管
民俗学者在那个时代对作为遗留物的中国民俗说了什么或者怎么说过，我们今天感到欣慰的
是，他们的述说本身开启了遗留物重新成为日常生活的有机组成部分的可能性。他们的论说
曾经被中国社会科学的兄弟学科所忽略、轻视，事实是他们 [ 想象式 ] 的学术活动参与改变
了中国社会的文化现实，最起码是呼应、催生了一个新的文化中国的问世。"高丙中《日常
生活的现代与后现代遭遇：中国民俗学发展的机遇与路向》，《民间文化论坛》2006 年第 3 期；

子曰："觚（音 gu）不觚，觚哉！觚哉！"（《论语·雍也》）[①] 看来，孔子就曾经是个有执念的民俗原生态、本真性的追求者。现代民俗学也是悲情地和时间赛跑，以抢救、保护传统风俗习惯为己任而起家的，以此，原汁原味、纯正本色的原生态、本真性民俗从来都是无论"古代民俗学家"抑或现代民俗学家（特别是浪漫主义民俗学家）共同追求的目标。[②] 读古代方志，每每说到某地方的民俗、民风、民情，方志作者（我们暂且称他们为"古代民俗学家"）总好说些此地"民风淳朴""古风犹存"之类的溢美之词（这或许是一个事实），似乎民风越古朴，民俗越纯正，民情就越温馨（这或许也是一个事实）。那么，抛开事实不说，民俗学家们为什么要偏执地追求原生、本真的民俗或者民俗的原生态、本真性呢？单纯从对象论（认识论）的客观（事实）角度，我们实在难以理解；只有站在目的论（实践论）的主观（价值）立场上，我们才可释然，追求原生、本真的民俗或者民俗的原生态、本真性，更多的是背负了"美风俗"（《荀子·王制》）[③]的实践（目的）原因的价值判断之善，而不仅仅是承载着认识（对象）结果的事实判断之真。

前现代风俗研究之所以不同于现代民俗学，乃是因为，虽然二者以同一对象（民俗）为对象，但前现代风俗研究的目的是为传统共同体秩序服务，因而是执政者通过民俗、民风而知民情、民意（包括民怨）的手段（方法），《尚书·泰

---

收入高丙中《民间文化与公民社会——中国现代历程的文化研究》，北京大学出版社 2008 年；以及高丙中《中国人的生活世界——民俗学的路径》，北京大学出版社 2010 年；以及高丙中《日常生活的文化与政治——见证公民性的成长》，社会科学文献出版社 2012 年，第 51 页。

① "【译文】酒杯不像酒杯，这是酒杯吗！这还是酒杯吗！"杨伯峻《论语译注》，中华书局 1980 年，第 62 页。

② "'民俗学这个专业，从一开始，就在开着救护车，从一个文化灾难的抢救现场奔赴下一个抢救现场'，民俗学家们总是通过各种媒体诉说着'非常遗憾，我们去晚了……'之类的话语，他们总是表现得忧心忡忡又无可奈何，但是，他们的职业使命促使他们神经紧张地强调抢救与保护工作的'紧迫性'，于是，他们总是凭借着宗教般的热情，义无反顾地投入'抢救与保护'的实践中去。"王杰文《表演研究：口头艺术的诗学与社会学》，学苑出版社 2016 年，第 208—209 页。

③ 清·王先谦《荀子集解》，中华书局 1988 年，上册，第 170 页。

誓》所谓"天视自我民视，天听自我民听"①，所谓"民之所欲，天必从之"② 是也。因为认识到"水 [ 民 ] 能载舟 [ 君 ] 亦能覆舟 [ 君 ]"③ 的道理，历代执政者都十分重视来自民间、出自民众的声音。《管子·正世》云："古之欲正世调天下者，必先观国政，料事务，察民俗，本治乱之所生，知得失之所在，然后从事，故法可立而治可行。"④ 由于民风的淳朴也就是民众道德的纯正⑤，便于国家管理且利于社会治理，于是周代就有了乐师（后来发展成为"乐府"）专门搜集"国风"（各国民歌），有了"稗官"专门搜集"小说"⑥，以供"御览"，以便"资治"。宋代有一部史书叫做《资治通鉴》，还有一部类书叫做《太平御览》，后者因为是北宋"太平兴国"年间编纂的，故名。明白了前现代的风俗研究是以民俗对象为手段（方法）即以民俗对象以外的其他目的（供"御览"以"资治"）而不是以民俗对象为目的的学问；那么，根据上文提出的判断标准——以民俗对象为手段的同时也始终以民俗对象为目的的学问才称得上"民俗学"——我们就可以下断言说，前现代的风俗研究，实在担当不起"民俗学"之名；但与此同时，我们也就可以进一步追问：在时间上起源于现代的民俗研究是否就可以理直气壮地自称"民俗学"吗？而这一追问所设定的标准答案的判分标准是，现代民俗学之所以不同于

---

① 【 译文 】上天所看到的来自我们老百姓所看到的，上天所听到的来自我们老百姓所听到的。"《今古文尚书全译》，江灏等译注，贵州人民出版社 1990 年，第 212 页。
② "【 译文 】老百姓希望办到的事，上天必定顺从。"《今古文尚书全译》，江灏等译注，贵州人民出版社 1990 年，第 207 页。
③ 《荀子·王制》引《传》曰："君者，舟也；庶人者，水也。水则载舟，水则覆舟。"清·王先谦《荀子集解》，中华书局 1988 年，上册，第 152—153 页。《荀子·哀公》："君者舟也，庶人者水也。水则载舟，水则覆舟。"同上引书，下册，第 544 页。唐·魏徵《谏太宗十思疏》："怨不在大，可畏惟人；载舟覆舟，所宜深慎。"清·吴调侯、吴楚材《古文观止》卷之七"六朝唐文"，下册，第 298 页。唐·吴兢《贞观政要》卷一"政体"第二："君，舟也；人，水也。水能载舟，亦能覆舟。"谢保成《贞观政要集校》，中华书局 2003 年。
④ 《二十二子》，上海古籍出版社 1986 年，第 153 页。
⑤ "纯朴……[ 即 ] 没有做作的合 [ 道德 ] 目的性。" [ 德 ] 康德《判断力批判》，李秋零译，《康德著作全集》第 5 卷，中国人民大学出版社 2007 年，S.275，第 286 页。
⑥ 《汉书·艺文志》："小说家者流，盖出于稗官。街谈巷语，道听途说者之所造也。孔子曰：'虽小道，必有可观者焉，致远恐泥，是以君子弗为也。'然亦弗灭也。闾里小知者之所及，亦使缀而不忘。如或一言可采，此亦刍荛狂夫之议也。"如淳曰："王者欲知闾巷风俗，故立稗官使称说之。"师古曰："稗官，小官。"顾实《汉志讲疏》："然则稗官者，闾胥里师之类也。"陈国庆《汉书艺文志注释汇编》，中华书局 1983 年，第 163 页。

前现代的风俗研究，就在于现代民俗学具有不同于前现代风俗研究——不仅以民俗对象为手段（方法）同时也始终以民俗对象为目的——的不同目的论。

但是，即便现代民俗学"应该是"就一定"能够是"以民俗对象为目的的学问或学术吗？这是一项看似一目了然却仍然可以一叶障目的问题。我在《现代性论争中的民间文学》一文中曾讨论过，现代民俗学的兴起不是为维护传统旧秩序服务的，而是为建立、建设现代新秩序——民族国家和民主社会（后者以前者为手段条件，前者以后者为目的条件）——服务的，所以，前现代的风俗研究才变成了现代的民俗学。"风俗"与"民俗"是无"民"有"民"的目的论一字之差，尽管"民俗"古已有之（见前引《管子》）。现代民俗学之所以是民俗学，从来都不应该是仅仅以民俗为对象（风俗研究和民俗学的必要条件）的认识之学，也不应该是仅仅以民俗对象为手段（风俗研究的充分条件）的实践之学，而应该同时且始终是以民俗对象为目的（民俗学的充分条件）的实践之学。以此，同为实践之学，现代民俗学与前现代风俗研究的真正区别是：现代民俗学应该是以民俗对象为目的的学术，而前现代的风俗研究仅仅是以民俗对象之外的其他目的为目的的学问。以此，在前现代的风俗研究中，民俗对象就沦落为外在于民俗对象的其他目的的手段（方法）；而在现代民俗学中，民俗对象才真正上升为民俗学的目的即以民俗对象为目的的目的。这样说来，"手段（方法）之学"也可以是"外在目的的实践之学"，因而不是真正的目的之学；真正的目的之学应该是"内在目的的实践之学"。① 以此，一般意义上的实践目的论，仍然不足以充分地阐明现

---

① "外在的合目的性是与内在的合目的性的概念完全不同的一个概念，内在的合目的性是与一个对象的可能性结合在一起的，而不论这个对象的现实性本身是不是一个目的。"[德]康德《判断力批判》，李秋零译，《康德著作全集》第5卷，中国人民大学出版社2007年，S.425，第442—443页。"我把外在的合目的性理解为这样一种合目的性，在那里自然的一个事物作为达成目的的手段而有利于另一个事物。"同上引书，S.425，第442页。"客观的合目的性要么是外在的合目的性，亦即对象的有用性，要么是内在的合目的性，亦即对象的完善性。"同上引书，S.226，第234—235页。"要么视为目的，要么视为其他原因的合目的的应用的手段。后一种合目的性叫做有用性（对人而言），或者也叫做有益性（对任何别的造物而言），是纯然相对的，而前一种合目的性则是自然存在者的一种内在的合目的性。"同上引书，S.367，第381页。"自然的真正内在目的只有当一个事物既是自己的原因又是自己的结果时才存在。"邓晓芒《冥河的摆渡者——康德〈判断力批判〉》，武汉大学出版社2007年，第85页。"但这也有两种情况：或者直接把结果看做完成了的艺术品（目的），或者只在一

代民俗学就是一门真正意义上的内在实践目的之学；而且，从一般意义上的实践目的论出发，我们甚至可能将实践的外在目的论误认为实践的内在目的论，让真正的实践目的论即内在的实践目的论，与民俗学擦肩而过、失之交臂。

就一般意义上的实践目的论来说，前现代风俗研究的实践目的只是直观（认识）民众（每一个普通人）能否自然地成为合格的"客体"即君权下的臣民（被管理、治理的仆人），前现代的风俗研究因而只是外在目的之学的手段（方法）之学；而现代民俗学的实践目的则是阐明（信仰）民众（每一个普通人）能否因自由而作为合理、合法的主体即国家主权的国民和社会主权的公民（管理国家、治理社会的主人）。以此，现代民俗学才不再是外在目的之学的手段（方法）之学，而就是内在目的之学即真正的目的之学的手段（方法）之学。所谓民俗学是真正的内在目的之学的手段（方法）之学，是说民俗学不仅以民俗对象为目的，而且以民俗对象本身的目的——用康德的话说就是"自己以自己为目的"[①]的目的——为目的，从而是与民俗对象本身的目的（自己以自己为目的的目的即内在目的）始终保持一致的目的之学。于是在内在目的之学的意义上，岩本通弥关于"民俗不是对象而是方法"的说法才是有实践意义的。

但是，现代民俗学作为以民俗对象为目的进而以民俗对象本身的目的为目的，即与民俗对象本身的目的保持一致的内在目的之学，其指向的民俗对象本身的目的，又并非完全自明。作为民俗学内在目的的民俗对象本身的目的，又可以分析为直接目的、当下目的（民族国家、民主社会）和间接目的、最终目的（日常生活）。简要地说，民俗学服务于民俗对象本身的日常生活的最终目的不是直接就能够实现的，而是要间接地通过服务于民主社会、民族国家的当下目的而实现；于是，服务于民族国家建立、民主社会建设的当下目的才成为民俗学的直接

---

定范围内看做目的，在更大范围内则看做达到其他目的的手段。前者是内在目的性，后者则是外在的相对目的性，包括人类的实用目的和自然界（动植物）的适应性（二者本质上是一致的，因为人也是一种自然存在）。外在目的性本质上只能是相对的，立足于人或任何一个其他自然物的立场，都可以得出不同的合目的性和不合目的性，它只是给自然目的提供了某种外在的标志，自身却不构成绝对的自然目的。"同上引书，第84—85页。

① 邓晓芒《冥河的摆渡者——康德〈判断力批判〉》，武汉大学出版社 2007 年，第 186 页。

目的，而服务于民俗对象的最终目的却变成了民俗学的间接目的。但这样一来也就导致了一种可能性：一旦直接目的、当下目的遮蔽了间接目的、最终目的，甚至把直接目的、当下目的当作了唯一目的而遗忘了间接目的、最终目的，现代民俗学就会步前现代风俗研究的后尘，重新沦落为外在目的之学的手段（方法）之学。而这也就意味着，如果现代民俗学不希望自己重新沦落为外在目的之学的手段（方法）之学，就不仅要把民俗对象本身的目的当作民俗学的目的，而且要把民俗对象本身目的的间接目的、最终目的当作民俗学的目的，即让民俗学的目的与民俗对象本身目的的间接目的、最终目的始终保持一致。于是接下来的问题就是，民俗对象本身目的的间接目的、最终目的又是什么呢？这是现代民俗学内在目的论的一个更深层次的问题，而高丙中"民俗"概念的第二个定义"民俗 [即民间文化的] 生活"正揭示了这一点：只有胡塞尔式前专家–非课题的、前理论–非谓词的、非反思–直向的、主观的–相对的即因自然朴素–"清白无邪"[①]"尚未得到培养"[②] 而 "不自觉"[③]"有局限的（狭隘的、不开阔的）"[④]"其才能不堪大用"[⑤] 的文化生活日常世界即 "原初形态"[⑥] 的生活世界——而不仅仅是日常世界的生活文化——才是民俗对象本身的间接目的、最终目的。在 "原初形态"最终目的的意义上，胡塞尔有理由说，生活世界（作为 "最终目的"）是 "奠基性

---

① "清白无邪是美妙的事，不过从另一方面看也很糟糕，它不能维持自己，很容易被诱惑……"[德]康德《道德形而上学奠基》，杨云飞译，邓晓芒校，人民出版社 2013 年，S.404—405，第 28 页。

② [德]康德《判断力批判》，李秋零译，《康德著作全集》第 5 卷，中国人民大学出版社 2007 年，S.293，第 305 页。

③ "不自觉的……"刘晓春《探索日常生活的"民俗性"——后传承时代民俗学"日常生活"转向的一种路径》，《民俗研究》2019 年第 3 期，收入《实践民俗学的理论与批评》，王杰文主编，学苑出版社 2020 年，第 222 页。

④ [德]康德《判断力批判》，李秋零译，《康德著作全集》第 5 卷，中国人民大学出版社 2007 年，S.295，第 307 页。

⑤ [德]康德《判断力批判》，李秋零译，《康德著作全集》第 5 卷，中国人民大学出版社 2007 年，S.295，第 307 页。

⑥ 高丙中《生活世界：民俗学的领域和学科位置》，《社会科学战线》1992 年第 3 期，收入高丙中《日常生活的文化与政治——见证公民性的成长》，社会科学文献出版社 2012 年，第 17 页；高丙中《民俗文化与民俗生活》，中国社会科学出版社 1994 年，第 138 页。

的"①，进而高丙中"民俗"概念的第二个定义，比起"民俗"概念的第一个定义，也就更深层次地揭示了现代民俗学内在目的论的奠基性结构，而不是仅仅规定了当代民俗学的对象论，即高丙中曾经认为的民俗学学科整体对象、范围的拯救论。② 而现在，如果日常文化普遍正常的普通生活，或者普通文化普遍正常的日常生活就是民俗对象本身的间接目的、最终目的③；那么，唯当民俗学的目的与民俗对象本身的间接目的、最终目的始终保持一致，现代民俗学才能够真正地实践其内在目的论。④

二

自从民俗学诞生以来，在世界民俗学的现代学术史上，民俗学者们不间断地追问："民是谁？""俗是什么？"或者"谁是民？""什么是俗？"⑤ 之所以反复地追问这些问题，当然是为了实现民俗学的目的也就是民俗对象本身目的的内在目的：民族国家和民主社会。一旦民俗学者用"客观"（其实是主观）的理论方法主观实践地阐明⑥：民是民族全体、民是下层民众；俗是民族全体的优良文化、俗

---

① "我们可以将'生活世界'定义为一个'非课题性的、奠基性的、直观的、主观的世界'。"倪梁康《现象学及其效应——胡塞尔与当代德国哲学》，三联书店 1994 年，第 132 页。

② "有了'生活世界'这个完整的概念，民俗学的领域再不显得鸡零狗碎……而且共同组成了完整的生活世界。"高丙中《生活世界：民俗学的领域和学科位置》，《社会科学战线》1992 年第 3 期，收入高丙中《日常生活的文化与政治——见证公民性的成长》，社会科学文献出版社 2012 年，第 17 页。"有了'生活世界'这个完整的概念，民俗学的领域再也不显得零碎了……而且共同组成了完整的生活世界。"高丙中《民俗文化与民俗生活》，中国社会科学出版社 1994 年，第 138 页。

③ 关于非正常的日常生活与正常的日常生活的目的条件，参见户晓辉《日常生活的苦难与希望》，中国社会科学出版社 2017 年，第 11 页。

④ 伯林可能会提出如下问题：民俗学凭什么可以独断地替民俗对象决定其本身的目的？"我对别人的强制是为了他们自己，是出于他们的而不是我的利益。于是我就宣称我比他们自己更知道他们真正需要什么。随之而来的是，如果他们是理性的并且像我一样明智地理解他们的利益，他们便不会反抗我。"[英]伯林《两种自由概念》，[英]伯林《自由论》，胡传胜译，译林出版社 2011 年，第 181 页。

⑤ 高丙中《民俗文化与民俗生活》，中国社会科学出版社 1994 年，"引论 正视关于民俗学对象的理论难题"，第 1 页；"第一章 民俗之'民'：学科史上的民俗学对象（上）"，第 10 页；"第二章 民俗之'俗'：学科史上的民俗学对象（下）"，第 46 页。

⑥ "一个主观的必然法则（作为自然法则）在客观上也就是一个完全偶然的实践原则……

是下层民众的先进文化……民俗学就将民族国家和民主社会的建构（建立、建设）原则贡献于现代，而自诩为以民俗对象本身目的的目的为目的（前者与后者保持一致）——而不仅仅是以民俗对象为实现民俗对象之外的其他目的的手段（方法）——的现代学科。但这里的问题在于，现代民俗学根据经验现象（事实）的感性直观和理性（知性）认识（事实判断）而贡献于现代民族国家、民主社会的建构原则并非民俗对象本身目的的全部，而只是特定类型、特定范围的局部目的。① 以此民俗对象的特定类型、特定范围的局部目的作为现代民族国家、民主社会的建构原则，仍然无以实现以民俗对象本身目的的全部目的（包括间接目的、最终目的）为目的（将民责成公民、将俗裁成公民文化）的现代民俗学内在目的论。相反，以民俗对象的特定类型、特定范围的局部目的为现代民族国家、民主社会的建构原则，其结果就可能且已经现实地造成了对现代民俗学内在目的论初衷的背离，如果民俗对象本身目的的当下目的上升为最终目的、局部目的上升为全部目的——"[民族]国家形式[和民主社会形式都沦落为]只是公民状态中源始立法的字面[意义]"② "现代政治灾难的思想根源就是这一僭越性的跳跃"③——原本作为当下目的、直接目的的民族国家甚至间接目的、最终目的的民主社会，在民族国家和民主社会都沦落为少数人甚至多数人而不是每个人的主体形式的实践条件下，都会"使德性的统治成为暴政"④ 的"道德恐怖主义"⑤，而对于现代民俗学来说，就是真正的内在目的论被遮蔽、被遗忘的现代性"原罪"。

---

因而就是单纯理论的原则。"[德]康德《实践理性批判》，韩水法译，商务印书馆1999年，S.25—26，第25页。

① "至上既能够意指无上的东西，也能够意指完整的东西。前者是这样一种条件，它自身是无条件的，亦即不委质于任何其他条件；后者是这样一种整体，它不是某个更大的同类整体的一个部分。"[德]康德《实践理性批判》，韩水法译，商务印书馆1999年，S.110，第121页。

② [德]康德《道德形而上学》，张荣、李秋零译，《康德著作全集》第6卷，中国人民大学出版社2007年，S.340，第352页。

③ 曹明《译者序言》，[美]阿伦特《康德政治哲学讲稿》，曹明等译，上海人民出版社2013年，第18页。

④ [德]康德《道德形而上学》，张荣、李秋零译，《康德著作全集》第6卷，中国人民大学出版社2007年，S.409，第421页。

⑤ [德]康德《重提这个问题：人类是在不断朝着改善前进吗？》，[德]康德《历史理性批判文集》，何兆武译，商务印书馆1990年，第158页。

　　这就是说，尽管全体民族的优良文化和下层民众的先进文化，并非不是根据经验现象事实的理论事实判断，但这些事实判断的事实，仍然只是证明了民俗对象本身目的的局部，而不是民俗对象本身目的的全部、全体、整体或总体。[①] 于是现在，如果民俗学视上述民俗对象本身目的的局部目的为民俗对象本身目的的全部、全体、整体或总体目的；那么，民俗学就可能因为对民俗对象本身目的的间接目的、最终目的的遮蔽与遗忘，而最终无异于以民俗对象的本身目的为目的的实践民俗学内在目的论。全体民族的优良文化和下层民众的先进文化之所以不可能表象民俗对象本身目的的全部、全体、整体或总体，只是因为，无论全体民族的优良文化还是下层民众的先进文化，都仅仅是理论认识（事实判断）的经验现象（事实）。现在，如果民俗学把经验现象的事实即民俗对象本身目的的局部目的用作民俗学的目的，民俗学就仍然不可能与民俗对象本身目的的间接目的、最终目的保持一致，因而就仍然是外在目的论的手段（方法）论实践民俗学，而不是内在目的论的方法（手段）论实践民俗学。在理论认识（对经验现象的感性直观）的方法论条件下，民俗学只能给出民俗对象本身目的的局部目的，也就是民俗对象本身目的的偶然或或然性（对某些人有效的）主观目的，而不是民俗对象本身目的的必然可能性（对每个人都有效的）客观目的。[②] 理论认识之所以只能够给出民俗对象本身目的的主观目的而不可能给出民俗对象本身目的的客观目的，乃是因为民俗对象本身目的的客观目的，不可能是一个实然（因而只能够

---

[①]"这实际上等于说，所有人可以对一个人或一些人作出决定，而不管后者同意不同意。这意味着，允许并非所有人的'所有人'对所有人作出决定，也就是说，允许把并非所有人的共同同意当做所有人的共同意志。于是，以所有人的公共意志为原则的民主体制在运行中却不可避免地背离了所有人的公共意志。"黄裕生《人类此世的一个绝对希望——论康德有关共和政体与永久和平的思想》，《江苏行政学院学报》2013 年第 1 期，收入黄裕生《站在未来的立场上》，三联书店 2014 年，第 276 页。"如果某一政治理念只为某一或某些社会群体之利益服务，那么它带来的一定是一种专制。"黄裕生《我们离近代有多远？——我的近代观》，同上引书，第 111 页。

[②]"实践原理是包含意志一般决定的一些命题，这种决定在自身之下有更多的实践规则。如果主体以为这种条件只对他的意志有效，那么这些原理就是主观的，或者是准则；但是，如果主体认识到这种条件是客观的，亦即对每一个理性存在者的意志都有效，那么这些原理就是客观的，或者就是实践法则。"[德] 康德《实践理性批判》，韩水法译，商务印书馆 1999年，S.19，第 17 页。

是主观）的"经验性的目的"①，而只可能是一个应然（因而也能够是客观）的先验目的；因而不可能来自对实然性（偶然或或然现实性）经验现象事实的理论认识的主观事实判断，而只可能出自对应然性（必然可能性）先验"事实"的实践认识的客观价值判断。这就是说，民俗对象本身目的的客观目的不在经验实在性现象的民俗对象当中，而在民俗对象的先验（先于经验的）观念性本体当中。以此，作为现象的民俗对象的任何主观经验性——即便是比较普遍性——目的，都不可能成为民俗对象的客观先验目的。民俗对象本身目的的任何主观经验性目的都只能是理论认识给出的一个比较普遍性"通名"（例如"幸福"）②，因而即便是比较普遍性的主观经验性目的，相互之间也大相径庭（例如我的、你的"幸福"不同于他的"幸福"）。以此，任何比较普遍性的主观经验性目的，都不能被用作民俗对象本身目的的严格普遍性客观先验目的。以此，如果民俗学仅仅把民俗对象本身目的的主观经验性目的用作民俗学的目的，而不是把民俗对象本身目的的客观先验目的用作民俗学的目的，民俗学就仍然可能把民俗对象用作外在于民俗对象的其他目的的手段（方法）；反之，唯有民俗学把民俗对象本身目的的客观先验目的用作目的，民俗学才能够把自己做成与民俗对象本身的目的始终保持一致的内在目的论实践民俗学。

在区分了民俗对象本身目的的主观经验性目的和客观先验目的的实践目的论理论条件下，民俗对象本身目的的当下－直接目的和间接－最终目的也就得到了进一步规定，即：如果民俗对象本身目的当下－直接的局部目的即主观经验性目的被用作民俗学的目的，那么在民俗学的表象中，民俗对象本身目的的各种直接－当下的主观经验性目的就会相互矛盾，从而导致民俗对象本身目的的某种主观经验性当下－直接目的，把同样是民俗对象本身目的的另一种主观经验性

---

① [ 德 ] 康德《道德形而上学》，张荣、李秋零译，《康德著作全集》第 7 卷，中国人民大学出版社 2007 年，S.397，第 410 页。
② "虽然幸福概念处处构成了客体与欲求能力的实践关系的基础，它仍然只是种种主观决定根据的一个通名……因为每个人应该将他的幸福置于何处，取决于每个人自己独特的快乐与不快的情感，而且甚至在同一主体之中，也取决于随他的情感而变化的不同需求。"[ 德 ] 康德《实践理性批判》，韩水法译，商务印书馆 1999 年，S.25，第 24—25 页。

当下－直接目的，用作实现自身的手段（方法），从而遮蔽、遗忘了民俗对象本身目的的客观先验的间接－最终目的。例如民族国家遮蔽民主社会，以及某些人的民主社会遮蔽每个人的民主社会，都是因此而发生的。于是现在，如果民俗学能够表象民俗对象本身目的而不会自相矛盾，那么这种目的，就只能是先于民俗对象本身目的的主观经验性目的的客观先验目的，但这样一种客观先验目的只可能是作为民俗对象的每一个人（民）的先验交互性实践理性的自由意志（包括理性和任意）——用康德的话说就是："这一目的只能是所有可能目的的主体本身"①——这就是说，唯当民俗对象的每一个人（自我）都先验地、交互地把另一

①［德］康德《道德形而上学奠基》，杨云飞译，邓晓芒校，人民出版社 2013 年，S.437，第 76 页。"人以及一般的每一个理性存在者，都作为自在的目的本身而实存，不仅仅作为这个或那个意志随意使用的手段，而是在他的一切不管指向自己还是指向其他理性存在者的行动中，都必须总是同时被看做目的……如果应当有一种至上的实践原则和就人类意志而言的一种定言命令，那么它必定是这样一种原则，这一原则从某种作为自在的目的本身、因而对每一个人来说必然都是目的的东西这个表象中，构成意志的一种客观原则，从而能够充当普遍的实践法则。这个原则的根据是：理性的本性是作为自在的目的本身而实存的［康德这句话的德文原文是：die vernunftige Natur existirt als Zweck an sich selbst.Gregor 的英文译文为：a rational nature exists as an end in itself. Immanuel Kant，*Groundwork of the Metaphysics of Morals*，A German-English Edition，Engish translation by Mary Gregor，Cambridge University Press，New York，2011，S.429，p.86—87.——笔者补注］。人必然这样设想他自己的存有，所以就此而言，这也就是人类行动的一条主观原则。但每一个其他的理性存在者，也正是这样按照对我也适用的同一个理性根据来设想其存有的；因此，它同时也是一个客观的原则，从它这样一个至上的实践根据中必定能把意志的全部法则推导出来。所以，实践命令将是如下所述：你要这样行动，把不论是你的人格中的人性，还是任何其他人的人格中的人性，任何时候都同时用做目的，而绝不只是用做手段。"同上引书，S.428—429，第 62—64 页。"人类以及一般地说每一个理性存在者，都是作为自身即是一目的而存在着，而不仅仅是作为由这个或那个意志随意使用的一个手段而存在着。在他所有的行为中，无论这些行为是指向他自身还是其他理性存在者，他都必须总是同时被认为是一个目的。……因此，实践律令就是这样的：你的行动，应把人性，无论是你自己人格中的人性或是他人人格中的人性，始终当作目的而绝不仅仅当作手段来对待。……每一个理性存在者对自己和所有其他人，从不应该只当作手段，而应该在任何情况下，也当作其自身即是目的。"［德］康德《道德形而上学基础》，孙少伟译，九州出版社 2007 年，S.428，第 83 页；S.429，第 85 页；S.433，第 95 页。"人格中的人性"，孙少伟译本原作"人身中的人性"，据杨云飞译本改。［德］康德《道德形而上学奠基》，杨云飞译，邓晓芒校，人民出版社 2013 年，S.429，第 64 页。"法则"，孙少伟译本原作"规律"，下同。"人性"，德文 Menschheit，英文 humanity。在《道德形而上学奠基》中，康德从德性论（伦理学）道德内在立法的角度阐明了"人是目的""人性是目的"这一纯粹理性的最高实践原则，而在《道德形而上学》中，康德从法权论（法学）道德外在立法的角度再次阐明了同一原则："每个人都有权要求其邻人的敬重，而且他也交互地对任何他人有这方面的责任。人性本身就是一种尊严；因为人不能被任何人（既不能被他人，也甚至不能被自己）纯然当做手段来使用，而是在任何时候都必须同时当做目的来使用，而且他

个人（他人）的自由意志在当做手段的同时也始终当做目的，才可能有对民俗对象的所有人来说不会相互矛盾而统一（同一）目的即客观先验目的亦即间接－最终目的。进而，也就唯有以民俗对象的每一个人（民）的实践理性－任意的自由意志为客观先验目的即间接－最终目的实践条件下，民俗学的目的才必然可能因为与民俗对象本身目的的客观先验目的即间接－最终目的保持一致，而必然可能有不会自相矛盾的内在目的论的实践民俗学。

在自然中，动物只（是现实必然地）有感性（本能）的经验性目的，感性的经验性目的就是服从自然规律的自然目的，以此动物只是服从自然规律的存在物。而在人类社会中，除了感性的经验性目的，人（物）还（必然可能）有理性的先验目的，理性的先验目的首先是能够对自然规律说"不"的任意自在的自由目的（消极的自由目的）。但人（物）的理性先验目的，并不仅仅是能够不服从任何法则或规律的自由目的；不服从任何法则或规律的自由目的，就是人把自己的命运完全交付给偶然或或然性来安排，因而是荒谬即完全任意无理据（索绪尔）的自由自在目的。① 现在，如果人（物）的理性－任意的先验目的即自由目的并不仅仅是能够不服从自然规律的任意的自由目的，而且也是能够服

---

的尊严（人格性）正在于此，由此他使自己高于一切其他不是人、但可能被使用的世间存在者，因而高于一切事物。所以，就像他不能以任何价格出卖自己（这会与自我珍重的义务相抵触）一样，他也不能与他人作为人同样必要的自我珍重相悖而行动，也就是说，他有责任在实践上承认任何其他人的人性的尊严，因此，他肩负着一种与必然要向每个他人表示的敬重相关的义务。"[德]康德《道德形而上学》，张荣、李秋零译，《康德著作全集》第6卷，中国人民大学出版社2007年，S.462，第473—474页。"直接把这个人格当做物品一般来使用，但并不侵犯他的人格性，[这就叫做]把他当做达成我的目的的手段来使用。但是，这个目的作为使用之合法性的条件，必须在道德上是必要的。"同上引书，S.359，第370页。

① "尽管自由不是某种依据自然法则[规律]的意志的属性，但它并不因此就是无法则的了；相反，它必定是某种依据不变的、不过是特殊种类的法则的原因性；否则一个自由的意志就会是荒谬之物了。"[德]康德《道德形而上学奠基》，杨云飞译，邓晓芒校，人民出版社2013年，S.446，第89—90页。"目的是自由任意的一个对象，其概念规定任性去采取一个行动（由此那个对象被产生出来）。因此，每一个行动都有其目的，而且既然不自己使其任性的对象成为自己的目的，就没有人能够有一个目的，所以，拥有行动的一个目的，这是行动主体的自由的一个行为，而不是自然的一个作用。但是，由于这个规定一个目的的行为是一个实践原则，这个原则所要求的不是手段（因而不是有条件的），而是目的本身（因此是无条件的），所以，它就是纯粹实践理性的一个绝对命令式，从而是把一个义务概念与一个一般目的的概念联结起来的绝对命令式。"[德]康德《道德形而上学》。李秋零译，《康德著作全集》第6卷，中国人民大学出版社2007年，S.384—385，第397—398页。

从人（物）根据自己的理性（不是感性）自由地为自己的任意普遍立法——即客观的道德法则，这道德法则客观地规定了每个人应当遵循理性约束的先验道德义务，也客观地规定了每个人应该拥有任意选择的先验自由权利——的理性自律的自由目的（积极的自由目的）。①民俗对象本身的自由目的为每一个人作为自由的人、成为有道德的人提供、奠定了先验交互的实践条件。即，人之所以能够作为自由的人、成为有道德的人，有赖于人生而具有、与生俱来的纯粹实践理性普遍立法与一般实践理性任意选择的"同一个"（康德）自由意志的天赋能力（也是天赋权利）。②凭此天赋（先验交互）的自由（任意）权利与理性（立法）能力的

①"与自然法则［规律］不同，这些自由法则叫做道德的［法则］。就这些法则仅仅涉及纯然外在的行动及其合法性而言，它们叫做法学的；但是，如果它们也要求，它们（法则）本身应当是行动规定根据，那么，它们就是伦理的。这样一来人们就说：与前者的一致叫做行动的合法性，与后者的一致叫做行动的道德性。与前一些法则相关的自由只能是任性的外在应用的自由，而与后一些法则相关的自由则不仅是任性的外在应用的自由，而且也是其内在应用的自由，只要它是由理性法则规定的。……无论是在任性的外在应用中，还是在其内在应用中来考察自由，其法则作为一般自由任性的纯粹实践理性法则，都毕竟必须同时是这任性的内在规定根据，虽然它们并非总是可以在这种关系中来考察。"［德］康德《道德形而上学》，张荣、李秋零译，《康德著作全集》第 6 卷，中国人民大学出版社 2007 年，S.215，第 221 页。"［客观］法则来自［纯粹理性的］意志，［主观］准则来自任意。任意在人里面是一种自由的任意；仅仅与法则相关的［纯粹理性］意志，既不能被称为自由也不能被称为不自由，因为它与行动无关，而是直接与为行动准则立法（因此也是实践理性［意志］本身）有关，因此也是绝对必然的，甚至是不能够被强制的。所以，只有任意才能被称做自由的。"同上引书，S.226，第 233 页。"伦理学不为行动立法（因为这是法学的事），而是只为行动的准则立法。"同上引书，S.388，第 401 页。"一个他人从自己的法权出发可以要求我作出遵循法则的行动，但却不能要求这条法则也同时包含着作出这些行动的动机。"同上引书，S.390—391，第 403 页。"［道德］法则不单是行动的规则，而且是行动的动机。"同上引书，S.392，第 405 页。"法则在这里也只要求行动的准则……因而不少要求行动本身。"同上引书，S.392，第 405 页。"法则并不要求人的心灵本身中的这种内在行动，而只要求行动的准则。"同上引书，S.393，第 405 页。"法则只适用于准则，而不适用于确定的行动。"同上引书，S.393，第 406 页。"德性义务是对之没有任何外在立法的义务；既然毕竟一切义务都必须以一个法则为基础，所以这个法则在伦理学中就可以是一个义务法则，它不是为行动［的主观动机］而立，而只是为行动的［主观］准则而立的。"同上引书，S.410，第 422 页。

②"自然的完善，亦即促成由理性提交的目的的所有一般能力的培养。这是义务，因而本身就是目的……一般而言为自己设定某个目的的能力，是人类的显著特征（与兽类有别）。因此，与我们自己人格中的人性的目的相结合的，也有理性意志，因而有如下义务，即一般而言通过培养为人性作出贡献……也就是说，是培养其本性中的原始禀赋的义务，惟有这样动物才升华为人，因此是义务自身。"［德］康德《道德形而上学》，张荣、李秋零译，《康德著作全集》第 6 卷，中国人民大学出版社 2007 年，S.391—392，第 404—405 页。

尊严①，人才必然可能成为有道德的人，进而成就俗（文化）的道德性。成为有道德的人、成就俗（文化）的道德性，是内在于民俗对象本身目的的客观先验的自由目的，也就是民俗对象本身目的的间接－最终目的。②以此，唯当民俗学的目的与民俗对象本身目的的先验客观性自由目的相互之间保持一致即不自相矛盾，民俗对象与民俗学的当下－直接目的（民族国家）才不会被用作民俗对象和民俗学的外在目的手段（方法）而僭越、遮蔽其间接－最终目的（公民自由的民主社会），以避免"从根本上取消了人的超越性维度。这是问题的症结所在！"③

"人的超越性维度"之所以成为"问题的症结"，站在民俗对象本身目的的内在目的论立场上看，就在于"同一个"自由意志相互制约的两个方面：纯粹实践理性普遍立法的自由意志和一般实践理性任意选择的自由意志。④一方面，因为有纯粹实践理性，意志才必然能够理性地自己为自己自由地普遍立法；另一方面，因为有（受感性影响但不被感性决定的）一般实践理性，意志才必然可能任意地自己替自己自律地选择出于法则（不是仅仅合于法则）而行出道德，尽管任意并不必然自律地出于法则而行出道德（而是也或然他律地行出伪善甚至行出恶）。于是"问题的症结"更在于，尽管立法的自由在通过伦理学内在立法规定了任意的道德义务的同时，也通过法学外在立法保证了任意的自由权利；但民俗学只能在日常生活中直观（无论认识论的客观性经验现象直观还是现象学主观性经验表象的观念直观）到任意的自由而无法直观到立法的自由⑤——尽管"任意

---

①"没有自由，人的生活就丧失了尊严，人的生命便与野兽无异。"[ 美 ] 阿伦特著、贝纳尔编《康德政治哲学讲稿》，曹明等译，上海人民出版社 2013 年，第 34 页。
②"就像一般目的是其概念可以被视为对象本身的可能性根据的东西一样，为了在一个事物上想象一种客观的合目的性，关于该事物应当是怎样一个事物的概念就将走在前面。"[ 德 ]康德《判断力批判》，李秋零译，《康德著作全集》第 5 卷，中国人民大学出版社 2007 年，S.227，第 235 页。"以关于目的的一个概念为前提条件，这个概念规定着该事物应当是什么，因而规定着它的完善性的概念。"同上引书，S.230，第 238 页。"规定着一个事物的可能性的内在目的。"同上引书，S.230，第 238 页。"内在可能性所基于的目的。"同上引书，S.232，第 241 页。
③户晓辉《返回爱与自由的生活世界——纯粹民间文学关键词的哲学阐释》，"一、（人）民（德语 Vlok，英语 folk）"，江苏人民出版社 2010 年，第 142 页。
④吕微《两种自由意志的实践民俗学——民俗学的知识谱系与概念间逻辑》，《民俗研究》2018 年第 6 期；全文收入《实践民俗学的理论与批评》，王杰文主编，学苑出版社 2020 年。
⑤"自由是一个单纯的理念，它的客观性不能以任何方式按照自然规律被阐明，从而也不能

的自由"和"立法的自由"都是先验的实践理念——而这就是"问题的症结"或
"眼前[的日常]生活疑问"。① 于是，当岩本通弥试图"重返'当下的日常'"② 以
"拯救生活世界"③"保卫日常生活"④ 中民俗对象任意自由的天赋权利；但任意选择
的实践自由却依赖于普遍立法的先验自由。于是民俗学者自然会问：如果仅仅直
观日常生活中民俗对象的任意性即"民俗性"⑤ 或"表演性"，也许，现象学主观
性经验的观念直观方法就足够了；但如果民俗学者打算进一步阐明逻辑上先于任
意的纯粹实践理性普遍立法的自由意志以"建构公民社会"⑥，进而希望实现民俗
对象本身目的的间接－最终目的即先验客观性自由目的，那么仅仅使用直观方法

在任何可能的经验中被阐明。"[德]康德《道德形而上学奠基》，杨云飞译，邓晓芒校，人
民出版社2013年，S.458—459，第108页。"有正当理由然而无法经验地描述的因果性，这
就是自由概念。"[德]康德《实践理性批判》，韩水法译，商务印书馆1999年，S.15，第13
页。"我们既不能直接意识到自由，盖缘自由的最初概念是消极的，也不能从经验中推论出
自由感，因为经验只让我们认识到现象的法则。从而认识到自然的机械作用，自由的直接对
立面。"同上引书，S.29，第30页。
① [日]岩本通弥《以"民俗"为研究对象即为民俗学吗——为何民俗学疏离了"近代"》，
宫岛琴美译，王晓葵校，《文化遗产》2008年第2期，收入《现代日本民俗学的理论与方法》，
王晓葵、何彬编，学苑出版社2010年，第40—41页。
② [日]岩本通弥《以"民俗"为研究对象即为民俗学吗——为何民俗学疏离了"近代"》，
宫岛琴美译，王晓葵校，《文化遗产》2008年第2期，收入《现代日本民俗学的理论与方法》，
王晓葵、何彬编，学苑出版社2010年，第46页。
③ 高丙中《日常生活的现代与后现代遭遇：中国民俗学发展的机遇与路向》，《民间文化论
坛》2006年第3期，收入高丙中《民间文化与公民社会——中国现代历程的文化研究》，北
京大学出版社2008年；高丙中《中国人的生活世界——民俗学的路径》，北京大学出版社
2010年；高丙中《日常生活的文化与政治——见证公民性的成长》，社会科学文献出版社
2012年。
④ "普通人的日常生活在近代以来不再具有不受干预的正当性，这在过去是民俗研究参与制
造的后果，这在现在也是民俗研究要参与解决的问题"，"让普通中国人的日常生活重新保有
生活世界的理所当然"。高丙中《民间文化与公民社会——中国现代历程的文化研究》，北京
大学出版社2008年，第38页，第48页。
⑤ "何谓'民俗性'？民俗性，就是实践主体在意向性生成的语境中，运用既有的心理图式
（民俗知识与传统，以及现代社会图式化的媒介知识）感知、表象现实生活世界，并且赋予
其意义，即通过神话化、传说化、故事化、寓言化、谚语化、仪式化等民俗化方式建构一种
现实感，这种通过各种表象建构起来的现实感，虽然与现实之间存在着距离，却具有其社会
文化意义。"刘晓春《探索日常生活的"民俗性"——后传承时代民俗学"日常生活"转向
的一种路径》，《民俗研究》2019年第3期，收入《实践民俗学的理论与批评》，王杰文主编，
学苑出版社2020年，第223页。
⑥ 高丙中《民间文化与公民社会——中国现代历程的文化研究》，北京大学出版社2008年；
高丙中《日常生活的文化与政治——见证公民性的成长》，社会科学文献出版社2012年；《中
国公民社会发展蓝皮书》，高丙中、袁瑞军主编，北京大学出版社2008年。

（这种方法无法直观到纯粹理性立法的自由），就必然会引发对日常生活理所当然的正当性质疑（日常生活本身无法保证任意的权利，尽管任意就在日常生活中）。由于岩本通弥提出了"[ 是否 ] 以民俗为对象就是民俗学"的问题之后，没能够进一步明确阐明"重返日常生活""保卫日常生活"究竟需要怎样推演出民俗对象本身的最终目的的相应方法论——尽管岩本通弥坚持"民俗是方法"——则，不仅日常生活理所当然的正当性仍然是一个疑问，进而民俗学如何能够与民俗对象本身目的的间接 - 最终目的即先验客观性自由目的——岩本通弥称之为"创造人类未来幸福生活"——保持一致，也就相应地成为一个问题，尽管通过直观日常文化生活的主观观念，民俗学的确已经现象学地表象了民俗对象的"民俗性"或"表演性"即实践自由的任意性。

## 第二节 日常生活的任意性：
## 民俗对象本身的目的与目的条件

——民俗性、表演性与公民性及其先验的"集体性"①

（2017 年 5 月 18 日）


实践命令将是如下所述：你要这样行动，把不论是你的人格中的人性，还是任何其他人的人格中的人性，任何时候都同时用做目的，而绝不只是用做手段。

——［德］康德②

① 本节的内容是作者 2016 年 11 月 27 日在中山大学（珠海校区）面向文学院本科生，以及 2017 年 5 月 18 日在上海大学（宝山校区）面向文学院研究生的学术讲座稿的扩充、修改本。"何谓'民俗性'？民俗性，就是实践主体在意向性生成的语境中，运用既有的心理图式（民俗知识与传统，以及现代社会图式化的媒介知识）感知、表象现实生活世界，并且赋予其意义，即通过神话化、传说化、故事化、寓言化、谚语化、仪式化等民俗化方式建构一种现实感，这种通过各种表象建构起来的现实感，虽然与现实之间存在着距离，却具有其社会文化意义。"刘晓春《探索日常生活的"民俗性"——后传承时代民俗学"日常生活"转向的一种路径》，《民俗研究》2019 年第 3 期，收入《实践民俗学的理论与批评》，王杰文主编，学苑出版社 2020 年，第 223 页。"表演性"（performative）"普遍地被用于指表演实践表演的层面，它是任何表演之所以是'表演'的普遍性特征。"王杰文《表演研究：口头艺术的诗学与社会学》，学苑出版社 2016 年，第 77 页。"在奥斯汀的普通语言哲学中，'表演性言说'（performative utterance）区别于'描述性言说'（constative），后者是描述世界的言说，人们可以判断其正确与否；而前者却是'说即做'，只能根据一系列情境（比如社会规范、语境）判断它是否恰当，是否会有'功效'。"同上引书，第 85 页。performative，杨玉成等译作"施行式"。［英］奥斯汀《如何以言行事——1955 年哈佛大学威廉·詹姆斯讲座》，杨玉成、赵京超译，商务印书馆 2013 年，第 9 页注释③。"civility 是'公民性'，是养成在人心里的素质，表现在公民的日常习惯之中，是公民个人以及全体所公认的价值。"高丙中《"公民社会"概念与中国现实》，《思想战线》2012 年第 1 期，收入高丙中《日常生活的文化与政治——见证公民性的成长》，社会科学文献出版社 2012 年，第 292 页。

② ［德］康德《道德形而上学奠基》，杨云飞译，邓晓芒校，人民出版社 2013 年，S.429，第 64 页。"人格中的人性"孙少伟译作"人身中的人性"。［德］康德《道德形而上学基础》，孙少伟译，九州出版社 2007 年，S.429，第 85 页。"'人格'……又译做'人身'。"邓晓芒《冥河的摆渡者——康德〈判断力批判〉》，武汉大学出版社 2007 年，第 41 页。"我们的本性是为了这个显而易见的目的被构建起来的……在一切情况下并且在一切社会中，人具有的意义

本节使用的概念较多，根据学科分类大致如下：

（1）社会学概念：前现代君主（古代中国帝王－臣民）－民主（古代希腊公民）共同体，现代民主－公民社会，古代人的自由，现代人的自由，公共政治领域，私人生活领域（日常生活领域），公民状态，社会契约，公民性

（2）伦理学概念：美德伦理学，责任－义务伦理学，德性论－伦理学道德内在立法，法权论－法学道德外在立法，伦理道德性正当性，权利合法性正当性，功利合理性正当性，客观法则，主观准则

（3）哲学概念：知性（知识－认识），理性（意志－实践），判断力（情感－审美鉴赏），平常－健全的普通知性，日常－健康的普遍理性，纯粹实践理性普遍立法的自由意志（意志），一般实践理性任意选择的自由意志（任意），实践自由，先验自由，积极自由，消极自由，自律性，他律性，共同体感觉－共通感共同意志－源始共联性（公民状态），初始共联性（社会契约）

（4）逻辑学概念：假言命题，定言命题，同一性的分析命题，经验性综合命题，先验综合命题，规定性，反思性，构成性（建构性），引导性（调节性）

（5）民俗学概念：正常－非正常的日常生活世界（私人生活领域），公民性，民俗性，表演性

上述概念交错、叠加，以人的自由意志的客观理性和主观任意（性）为中心展开：任意（性）是任何时代、任何共同体－社会道德实践的主观条件，既是前现代君主共同体美德伦理学积极自由实践的道德性构成性外在立法条件，也是现代民主社会美德伦理学积极自由实践的道德性构成性内在立法条件，更是现代民主社会责任－义务伦理学消极自由实践的合法性调节性－引导性外在立法的目的（对象）原则。任意（性）作为一般理性与情感或消极或积极自由实践的自律性反思性能力，必然可能自我还原出平常－健全知性和日常－健康理性的判断力共

---

无非是人性，人能够培育的也无非是人性，正如他曾设想的那样。"［德］赫尔德《人性历史哲学的理念》，转引自户晓辉《返回爱与自由的生活世界——纯粹民间文学关键词的哲学阐释》，"一、（人）民（德语 Vlok，英语 folk）"，江苏人民出版社 2010 年，第 72 页。

通感和纯粹理性源始共联性公民状态的公民性，并为公民状态的公民性"寻求"理性"托付"给任意（性）的情感－理性主观原则（准则），从而"预设"了任何时代、任何共同体－社会的民俗性、表演性或消极或积极的实践自由，以及公民社会作为民俗性、表演性的外在目的条件的先验自由自律性内在目的条件。

一

在上一节中，我们区分了外在于民俗对象的（国家治理）目的和内在于民俗对象本身的（国家法理、社会伦理和生活常理）目的，进而我们又把民俗对象本身的目的区分为：民俗对象本身的局部目的和全部目的、主观经验性（功利性实用）目的和客观先验（道德性实践）目的，以及（公共生活理性的）当下－直接目的和（日常生活纯粹理性－任意性的）间接－最终目的。我们于是达成了对民俗对象本身目的的康德式结构性启蒙认识：民俗对象本身的先验客观性最终目的，就是让每一个人（所有的人）都能够公开地使用自己的理性给自己的任意自由地立法，通过德性法则内在地规定任意的道德义务（或责任、职责）的同时，也通过法权法则外在地普遍（交互）规定任意的自由权利①，让每一个人（所有的人）都必然可能成为因自由而自律的公民，让每一种俗必然可能成就因自由而自在的日常生活。但这同时也就是说，如果作为立法对象的人的任意性——周福岩称之为"民俗的"，刘晓春称之为"民俗性"，王杰文称之为"表演性"——就在人（民）的日常生活（俗）当中，那么"拯救生活世界""保卫日常生活"就

---

① "伦理学在古时候就意味着一般道德论，后者人们也称之为义务的学说。后来人们觉得最好把这个名称只转用于道德论的一个部分，亦即转用于不服从外部法则的义务的学说上，这样，总的义务学说的体系现在就被划分为能够有外部法则的法权论体系和不能有外部法则的德性论体系。"[德] 康德《道德形而上学》，张荣、李秋零译，《康德著作全集》第 6 卷，中国人民大学出版社 2007 年，S.379，第 392 页。法权：德语 Recht；英文 right。中文将"Recht"译作"法权"、"权利（right）"或者"正义（justice）"，学界有不同的主张。[德] 康德《法的形而上学原理——权利的科学》，沈叔平译，商务印书馆 1991 年，"译者的话"，Ⅱ—Ⅲ；[美] 墨菲《康德：权利哲学》，吴彦译，中国法则出版社 2010 年，"译后记"，第 182 页；[美] 马尔霍兰《康德的权利体系》，赵明、黄涛译，商务印书馆 2011 年，"译后记"，第 450 页。

是民俗对象本身的先验客观性最终目的，而"建立民族国家"乃至"建构公民社会"的公共生活反倒是民俗对象本身最终目的的目的条件。

但是，人的道德性生活并不仅仅是现代性的启蒙诉求；成为有道德的民、成就道德上的俗，从来都是任何时代（时间）、任何共同体－社会（空间）对每一个人或所有的人（民）及其身在其中的公共生活（礼）和日常生活（俗）提出的目的论实践要求。当然，对于功利主义者来说，这个目的论可能只是基于经验性结果而提出的外在性实践目的要求，而不像道德主义者那样纯粹是出于先验目的而提出的内在性实践目要求。[1] 但是，如果道德性毕竟是无论前现代还是现代的民俗对象本身的共同目的；那么，区分民俗对象"被"提出的前现代（他律的）道德实践目的与民俗对象自己提出的现代性（自律性）道德实践目的，就是以民俗对象本身的目的为目的的现代民俗学实践目的论的一道理论必答题。

　　　　西方伦理学家一般认为，"道德义务"的概念是现代道德哲学的兴起的主要标志。现代道德哲学不同于古代伦理学，因为它把道德规则（或者道德责任）而不是道德品格置于道德和道德研究的中心地位。[2] 古代伦理学的核心问题是："我应当成为一个什么样的人？"相反，现代道德哲学家并不关心这个问题，而是关心"我应该做什么？"对古希腊人来说，伦理生活是从内部来过的，因为他们关心的是应当成为一个什么样的人，在古代伦理学家看来，美德对人类来说是完全自然的。美德是自然的，并非因为它不需要加以学习或者很容易获得，而是因为它有益于那些具有美德的人，有益于由那些人构成的共同体。这样，古代伦

---

① "惟独伦理学才在自己的概念中带有按照（道德）法则的自我强制。从这一理由出发，伦理学也可以被界定为纯粹实践理性的目的体系。——目的和义务把总的道德论的两个部门区分开来。伦理学包含着人们不可能被他人（以物理的方式）强制去遵从的义务，这仅仅是从伦理学是一种目的学说得出的结论，因为为此（拥有这些目的）的一种 [外在] 强制是自相矛盾的。"[ 德 ] 康德《道德形而上学》，张荣、李秋零译，《康德著作全集》第 6 卷，中国人民大学出版社 2007 年，S.381，第 394 页。

② 王杰文则强调了美德伦理学的后现代重新崛起："'自我与社会'中自我完善优先于社会民主的可能性选择……事实上，这种强调'自我完善'的实践哲学恰恰是当今哲学世界的主要方向。"引自王杰文 8 月 10 日的来信。

理学家认为，美德对人类幸福和人类完善是必不可少的。因此，他们也假设，美德的动机不是外在于人类而是内在于人类的。①

尽管我不很同意："现代道德哲学家并不关心""我应当成为一个什么样的人"的（美德伦理学）问题，而只是关心"我应该做什么"的（责任－义务伦理学）问题；但我同意，无论前现代还是现代的伦理学家都不会反对："美德对人类幸福和人类完善是必不可少的。因此，他们也假设，美德的动机不是外在于人类而是内在于人类的。"但是，对于前现代的美德伦理学家来说，美德的动机只是偶然或或然（现实即实然）即"自然"地"内在于"人类，而不是必然（可能而应然）地"内在于"人类——以此，我倒不认为前现代伦理学与现代伦理学是所谓的"美德伦理学"与"责任－义务伦理学"之分，而在于经验（主观任意）伦理学与先验（客观理性＋主观任意）伦理学之别②——所以中国古代美德伦理学就有"人之初性本善"（孔子、孟子）和"性本恶"（荀子）两说；而古代希腊的美德伦理学也有"美德即智慧"（柏拉图）说。③二者都承认人与人之间在道德能力上（或因知识或因心理造成）的等级差别（柏拉图、孔子偏重道德知识而孟子偏重道德心理），所谓"君子喻于义，小人喻于利"（《论语·里仁》）是也。以此，前现代君主共同体不仅以道德立国也以道德治民，即把道德上"任意的权力"④控制在"自然"地拥有道德能力的某一些"君子"（例如雅典公民、罗马贵族）

---

① 徐向东《道德哲学与实践理性》，商务印书馆 2006 年，第 2 页。
② "伦理义务必须不是按照 [ 在经验中 ] 赋予人的遵循法则的能力来评价，而是相反，道德能力必须按照无条件地发布命令的法则来评价，因而不是按照我们关于人是怎样的经验性知识来评价，而是按照关于人依据人性的理念应当是怎样的理性知识来评价。" [ 德 ] 康德《道德形而上学》，张荣、李秋零译，《康德著作全集》第 6 卷，中国人民大学出版社 2007 年，S.404—405，第 417 页。
③ "最后得到的结论不仅属于柏拉图，而且基本上是希腊人所特有的：美德必须要有智慧，而罪恶之源在于无知。"《柏拉图全集》第一卷，王晓朝译，人民出版社 2002 年，"普罗泰戈拉篇"，第 427 页。"伦理－道德法则都只是建立在某种客观知识之上……所以，希腊伦理学必以'知识存在论'为基础。"黄裕生《基督教给哲学带来了什么——〈宗教与哲学的相遇〉引论》，《文景》2007 年第 11 期，收入黄裕生《站在未来的立场上》，三联书店 2014 年，第 75 页。
④ 李强《贡斯当与当代自由主义》，《公共论丛·自由与社群》1997 年第 4 辑，三联书店 1998 年，第 296 页。

甚至某一个"君子"（例如中国历代帝王）手中①，同时用道德上的高阶标准外在地强制尚未"自然"地具备道德能力即"百姓日用而不知"（《周易·系辞》）的"小人"（平民、臣民），让后者通过努力"学而时习之"（《论语·学而》）或者通过启发"不忍人之心"（《孟子·公孙丑上》）而被强制为有美德的"新民"。②

由于道德性是任何时代（时间）、任何共同体－社会（空间）对人（民）的公共生活（礼）和日常生活（俗）提出的目的论实践要求，又因为前现代的美德伦理学视美德（礼、俗）为人（民）能够"自然"地拥有的任意性能力，每一个人（所有的人）凭借其"自然"道德能力都可以任意地成为有美德的人即"人皆可以为尧舜"（《孟子·告子下》）③，这就为前现代君主共同体奠定了既以德立国也以德治民④——如"春秋决狱""半部论语治天下"——即"君子"使用其"任意的权力"外在地强制"小人"的任意能力的同一性分析命题（analytical proposition）⑤——当然同时也是"假言命题"（hypothetical proposition）：治民是以民自身之外的其他目的为目的——的理论假设观念基础。换成康德的说法就是，在任意同一性的分析关系中，为达成外在地强制"小人"任意的美德（内在约束）目的，就必然要分析地诉诸"君子"美德的任意（外在强制）手段；尽管"小人"

---

① "我们的帝国在体制上实施中央集权，其精神上的支柱为道德，管理的方法则依靠文牍……总而言之，道德至高无上，它不仅可以指导行政，而且可以代替行政……以道德为一切事业的根基。"黄仁宇《万历十五年》，三联书店 1982 年，第 51—52 页。梁治平充分肯定黄仁宇关于传统中国"道德立国－道德治民"的命题并加以发挥。梁治平《寻求自然秩序中的和谐——中国传统法律文化研究》，中国政法大学出版社 1997 年，第 281—283 页。

② "大学之道，在明明德，在亲民，在止于至善。"朱熹注："程子曰：'亲，当作新。'……新者，革其旧之谓也，言既自明其明德，又当推己及人，使之亦有以去其旧染之污也。"宋·朱熹《四书章句集注》，中华书局 1983 年，第 3 页。

③ "问曰：'人皆可以为尧舜，有诸？'曰：'尧舜之道，孝弟而已，子服尧之服，诵尧之言，行尧之行，是尧而已矣。'"杨伯峻《孟子译注》，中华书局 1960 年，第 276—277 页。

④ 或云"伦理治国"。黄裕生《康德为什么"不喜欢"中国？》，《文景》2010 年第 3 期，收入黄裕生《站在未来的立场上》，三联书店 2014 年，第 102 页，第 106 页。

⑤ "分析的（肯定性的）判断是这样的判断，在其中谓词和主词的连结是通过同一性来思考的……谓词并未给主词概念增加任何东西，而只是通过分析把主词概念分解为它的分概念，这些分概念在主词中已经（虽然是模糊地）被想到过了。"[德]康德《纯粹理性批判》，邓晓芒译，人民出版社 2004 年，A7/B11，第 8 页。"在[分析]判断[的逻辑]形式中，谓项包含在主项的概念中，因而两者具有同一性。分析的判断形式因而没有增加知识的内容，没有扩大知识的领域，只是解释性的判断，而不是科学（性）的知识。"邓晓芒《康德〈纯粹理性批判〉指要》，人民出版社 2001 年，第 53 页。

的美德与"君子"美德之间的关系是目的与手段（即目标与方法、技术、工具）之间的经验性综合；但就任意来说，"君子"的任意（一般理性）与"小人"的任意（一般理性）之间是分析的同一性关系。①

与前现代君主共同体不同，尽管现代民主社会的责任 - 义务伦理学也承认人与人之间在自然能力上存在等级差异的经验性偶然或或然现实（实然）性——"无论人的自然天赋所达到的范围和程度多么小"②——但首先承认人与人之间普遍平等的道德能力即纯粹理性自由能力（人格）的先验必然可能（应然）性③，进而把

---

① "无论谁想要达到一个目的，只要理性对他的行为有决定性的影响，他就也想要，在他的力量范围内，能够实现这个目的的那些不可或缺的必要手段。这个命题，就所涉及的意志来看，是分析性的；因为，在意愿一个作为我的结果的对象时，我自己就作为行为的原因，也就是说，作为使用手段的原因，早就已被考虑到了，而律令就从对这个目的的意愿的概念中，引申出达到这样目的的必要行为的概念。毫无疑问，综合命题，在确定一个既定目的的手段时，就成为必要的了，但是，这些综合命题并不关涉根据——意志的活动，仅仅关涉实现对象的方法。……但是，如果我们知道，欲望的结果只能通过这样的行为获得，那么，如果我完全意愿这个结果，我就必须也意愿这个结果的必要行为，那么这就是一个分析命题。因为，设想某物是某种方式的可能的后果，和设想我自己是以此种方式来行动，这完全是一回事……无论谁意愿一个目的，他就也意愿（依照理性是必然地）在他的力量范围内能够实现这个目的的唯一手段。……假若达到幸福的手段能够被确实可靠地指明，那么这个审慎的律令就会是一个分析命题……指定人们达到预先假定的目的的手段，所以，规定意愿目的的人也要意愿手段的律令，在这两种情况下，都是分析的。"[ 德 ] 康德《道德形而上学基础》，孙少伟译，九州出版社 2007 年，S.417—419，第 57 页，第 59 页，第 61 页，第 63 页。"一旦我们放弃了这个意图，我们就丢弃了这个规范。"同上引书，S.420，第 65 页。尽管从行为的目的（原则）到手段（工具）是原因和结果（作为不同事项）之间的综合："毫无疑问，综合命题，在确定一个既定目的的手段时，就成为必要的了，但是，这些综合命题并不关涉 [ 行为的 ] 根据——意志 [ 作为原因 ] 的活动，仅仅关涉实现对象 [ 作为结果 ] 的方法。"同上引书，S.417，第 59 页。这句话杨云飞译作："把手段本身规定为是针对既定目标的，这当然包含有综合命题，但这些综合命题并不涉及根本，即意志活动，而只涉及使客体实现出来。"[ 德 ] 康德《道德形而上学奠基》，杨云飞译，邓晓芒校，人民出版社 2013 年，S.417，第 47 页。
② [ 德 ] 康德《判断力批判》，李秋零译，《康德著作全集》第 5 卷，中国人民大学出版社 2007 年，S.295，第 307 页。
③ "我们惟有通过道德命令式才知道我们自己是自由的（一切道德法则，进而甚至一切权利和义务都是由这种自由出发的）。"[ 德 ] 康德《道德形而上学》，张荣、李秋零译，《康德著作全集》第 6 卷，中国人民大学出版社 2007 年，S.239，第 249 页。"自由存在首先意味着，我们每个人都具有自由是一种潜在的能力，这就是能够完全从我们自己的理性出发，规定我们自己的意志，从而决断我们自己的行动与生活。换句话说，我们拥有这样一种理性能力，这种理性能力能够成为我们自己的行动的最后原因。"黄裕生《人权的普遍性根据与实现人权的文化前提》，《江苏行政学院学报》2011 年第 1 期，收入黄裕生《站在未来的立场上》，三联书店 2014 年，第 217 页。

人人平等的道德能力即纯粹理性自由能力表象为人人平等的自由权利（人权）的先验必然可能（应然）性。① 但是，又由于人人平等的道德能力即纯粹理性的自由能力和自由权利的先验必然可能（应然）性，并不就意味着道德实践因任意性在经验中的必然现实（实然）性，所以现代伦理学在坚持前现代的美德伦理学的同时，也发展了责任－义务伦理学，这就为现代民主社会奠定了不仅以德立国也民治以法的国家治理－社会自治观念的先验综合命题（a priori synthetic proposition）②——同时也是定言命题（categorical proposition）即以德立国－民治以法的纯粹理性（意志）先验法则规定一般理性（任意）的经验性准则（康德："法则来自意志，准则来自任意"）——的"实践公设"理念基础。

根据康德，现代民治以法之法包括了德性论－伦理学道德内在立法（道德－伦理）和法权论－法学道德外在立法（法律）两种立法方式（二者都是道德立法）。③ 前者是任何时代、任何共同体－社会都普遍地要求的；而后者则只是现

---

① "权利法则，构成了近代国家理论的立国原则。" 黄裕生《人权的普遍性根据与实现人权的文化前提》，《江苏行政学院学报》2011 年第 1 期，收入黄裕生《站在未来的立场上》，三联书店 2014 年，第 221 页。

② "我把先天的，因此也是必然的行为和意志联系在一起，而不以任何偏好（对行为的偏好）为条件……因此，这是一个实践命题，这个命题，不是把行为的意愿，分析地从某个其他已经预设了的意欲中引申出来（因为我们并没有这样一个圆满的意志）；相反，这个实践命题把行为的意愿直接地与一个理性存在者的意志的 [目的／原则] 概念，作为某种不包含于此意志概念之中的东西，连接起来。" [德] 康德《道德形而上学基础》，孙少伟译，九州出版社 2007 年，S.420 "注释①"，第 65 页。"一切法权命题都是先天命题，因为它们都是理性法则（dictamina rationis）。" [德] 康德《道德形而上学》，张荣、李秋零译，《康德著作全集》第 6 卷，中国人民大学出版社 2007 年，S.249，第 257 页。

③ "任何立法（它也可以就它使之成为义务的行动而言与另一种立法一致，例如行动在所有场合都可以是外在的行动）就其动机而言毕竟可能是不同的。使一种行动成为义务，同时使这种义务成为动机的立法是伦理学的。而在法则中不连同包括后者，因而也准许另外一个与义务本身的理念不同的动机的立法，是法学的。人们把一个行动不考虑其动机而与法则的纯然一致或者不一致称为合法性（合法则性），但把其中出于法则的义务理念同时是行为的动机的那一种一致或者不一致称为道德性（合道德性）。遵循法学立法的义务只能是外在的义务，因为这种立法并不要求这种内在的义务理念自身就是行动者的任意的规定根据，而且既然这种内在义务毕竟需要一种适合于法则的动机，所以，只有外在的义务才能和法则相结合。相反，伦理的立法虽然也使内在的行动成为义务，但是决不排除外在的行动，而是一般而言关涉一切义务的东西。不过，正因为伦理的立法也把行动的内在动机（义务的理念）一起包含在其法则之中，这样的规定绝对不必进入外在的立法，所以，伦理的立法不可能是外在的立法（甚至不是一个属神意志的立法），尽管它把基于另一种立法，亦即外在的立法之上的义务作为义务接纳进它的立法，使之成为动机。由此可以看出，一切义务只因为是义

代社会才"特殊"地实施的，尽管后者也应该是任何时代、任何共同体 – 社会都必然地要求的。[①]前现代共同体之所以没有法权论 – 法学外在立法，是因为前现代共同体用德性论 – 伦理学外在立法代替了法权论 – 法学外在立法。而真正的道德实践，沿用康德的说法，不仅在于主体客观行动结果能够合于道德法则，而是同时也在于主体主观行为动机应该出于道德法则，这就要求主体理性通过德性论 – 伦理学内在立法自我强制其任意以达成道德实践的自律性。但在前现代君主共同体以德治民的德性论 – 伦理学外在立法的立法条件下，主体主观行为动机就可能并不是出于道德法则的真善，却现实地仅仅是合于道德法则的"乡愿"（《论语·阳货》）[②]即伪善。这就是说，前现代君主共同体的以德治民必然可能也已经

---

务才同属于伦理学；但是，义务的立法却并不因此而总是被包含在伦理学中，许多义务的立法就在伦理学之外。……只有伦理学才把出自法权论的法则（约定的东西应受维护）和与法则相应的义务假定为被给予的。所以，被接受的许诺必须遵守，这立法不是在伦理学中，而是在法学中。据此，伦理学只教导说，即便去除法学立法使之与那种义务相结合的动机，即外在的强制，仅仅义务的理念也已经足以充当动机了。因为如果不是这样，立法本身不是法学的，因而来源于立法的义务不是真正的法权义务（和德性义务不同），那么，人们就会把忠诚的履行（依照他在一个契约中的诺言）与善意的行动和使这些行动成为义务归为一类，而这根本就不可以。遵守诺言不是德性义务，而是一种法权义务，对于这种法权义务，可以强制人们来履行。但是在不可以执行强制的地方，如果也遵守诺言，那倒是一种有德性的行为了（德性的证明）。因此，法权论和德性论相互有别，不是因为其不同的义务，而毋宁说是因立法的差异，是立法使一个动机或者另一个动机与法则联系起来。伦理的立法（义务或许也可能是外在的义务）是那种不可能是外在的立法，法学的立法则是那种有可能是外在的立法。这样，遵守依照契约的诺言就是一种外在的义务；但是，仅仅因为它是义务而不考虑其他动机就遵守它的命令，只属于内在的立法。所以，不是作为特殊性质的义务（人们负有责任的一种特殊性质的行动）——因为无论在伦理学中还是在法权中都有一种外在的义务，——而是由于上述场合中的立法是一种内在的立法，而且不可能有外在的立法者，责任才被归给伦理学。出自同样的理由，善意的义务，尽管它们是外在的义务（外在行动的责任），毕竟被归给伦理学，因为其立法只能是内在的。——伦理学当然也有其特殊的义务（例如对自己本身的义务），但毕竟也与法权共有一些义务，只不过不共有承担责任的方式罢了。因为仅仅由于是义务就采取行动，而且不论义务来自何处，都使其本身的原理成为任意的充足动机，这是伦理立法的独特之处。因此，虽然有许多直接伦理的义务，但内的立法却也使其他义务统统成为间接伦理的义务。"［德］康德《道德形而上学》，张荣、李秋零译，《康德著作全集》第 6 卷，中国人民大学出版社 2007 年，S.218—221，第 226—228 页。
[①]"任何一种悠久的文化都隐含着启蒙的精神，都遥远而朦胧地朝向对人的自由本质的觉悟。简单说，任何一种真正的传统文化都在于教化人而使之'成人'。"黄裕生《人权的普遍性根据与实现人权的文化前提》，《江苏行政学院学报》2011 年第 1 期，收入黄裕生《站在未来的立场上》，三联书店 2014 年，第 223—224 页。
[②]杨伯峻《论语译注》，中华书局 1980 年第 2 版，第 186 页。《孟子·尽心下》："阉然媚于世也者，是乡愿也。"杨伯峻《孟子译注》，中华书局 1960 年，下册，第 341 页。

现实地导致了道德实践的目的与结果的自相矛盾；即，在前现代君主共同体以德治民的德性论－伦理学外在立法的立法条件下，本应该因自由（目的）而自律（结果）的任意，但实际上却因他律（手段）而没有了自由（结果）。①这样一来，因德性论－伦理学的道德外在立法，前现代君主共同体在家－国共同体的制度设计上"使德性的统治成为暴政"②的"道德恐怖主义"。③当然，这并没有否定自屈原、司马迁、诸葛亮、杜甫、颜真卿、岳飞、辛弃疾、陆游、文天祥、王阳明、于谦、海瑞 林则徐……以来作为个体（而不是作为共同体）的理性对任意的内在自我强制因而主体主观行为动机出于法则的道德自律性。

现代启蒙的道德革命就是为了救前现代道德伪善之弊，一改以德治民的道德他律的现实性为民治以法的道德自律的必然可能性，即，将以德立国－以德治民的德性论－伦理学外在立法中分解为德性论－伦理学内在立法（伦理）与法权论－法学外在立法（法律），前者用理性自我强制任意（德治），后者用理性普遍（交互）强制任意（法治）。④前者规定主体主观行为动机应该出于德性责任－义务的道德性高阶标准，而后者仅仅规定了主体客观行动结果应当不违于法权义务－责任的合法性底线标准。⑤但尽管后者仅仅规定了主体客观行动结果的合法

① "一切义务，要么是法权义务，亦即对这样一些义务来说，一种外在的立法是可能的；要么是德性义务（德性的或者伦理的义务），对这样一些义务来说，一种外在的立法是不可能的。——但是，后一些[德性]义务之所以不能隶属于外在立法，只是因为它们关涉一个[主观]目的，这个目的（或者拥有这个目的）同时也是义务；而预先设定一个[主观]目的，这不可能通过任何外在的立法来办到（因为这是心灵的一个内在行动）；虽然可能要求一些导致它的外在行动，但毕竟主体并不[通过外在立法]使它们成为自己[行动]的目的。"[德]康德《道德形而上学》，张荣、李秋零译，《康德著作全集》第6卷，中国人民大学出版社2007年，S.239，第249页。

② "究竟是吃肉还是吃鱼、喝啤酒还是喝葡萄酒，本是无关紧要的事；这是一种事无巨细的观点，如果人们把它纳入德性论，它就会使德性的统治成为暴政。"[德]康德《道德形而上学》，张荣、李秋零译，《康德著作全集》第6卷，中国人民大学出版社2007年，S.409，第421页。

③ [德]康德《重提这个问题：人类是在不断朝着改善前进吗？》，[德]康德《历史理性批判文集》，何兆武译，商务印书馆1990年，第158页。

④ "德性义务与法权义务的本质区别在于：对于后者来说，一种外在的强制是道德上可能的，但前者仅仅依据自由的自我强制。"[德]康德《道德形而上学》，张荣、李秋零译，《康德著作全集》第6卷，中国人民大学出版社2007年，S.383，第396页。"按照外部关系中的自由原则来限制任意的形式。"同上引书，S.375，第387页。

⑤ "[沛公]与父老约，法三章耳：杀人者死，伤人及盗抵罪。"汉·司马迁《史记》，"高祖

性，却是从前者规定的主体主观行为动机的道德自律性（道德实践的本质规定性）中推演出来的①；只是在推演过程中，外在立法仅取内在立法的自律性动机形式规定性，而弃其道德性动机内容规定性；这样，外在立法就把道德自律的自由权利的必然可能性交还到主体任意性手中，从而与内在立法一同保持了道德实践就本质规定性而言的自律性一致性；进而也就一改前现代道德实践因主体任意性之间同一性分析关系的道德偶然或或然现实性，将其裁成现代道德实践因主体理性规定任意的先验综合关系的道德必然可能性。②

---

本纪第八"，中华书局 1959 年，第二册，第 362 页。"在此，不是将不谋杀作为目的或期待每一个人都采纳这一目的。只要个体不实施谋杀，他就遵守了法律，尽管他并不关心个体是否遭到了谋杀。……法权学说并不涉及目的，也不要求主体具有特定目的。"[美] 马尔霍兰《康德的权利体系》，赵明、黄涛译，商务印书馆 2011 年，第 30 页。
①"道德命令式是一个要求 [ 自我强制的 ] 义务的命题，随后从这个 [ 自我强制的义务 ] 命题中可以展开使他人 [ 被外在地强制 ] 承担义务的能力，亦即法权的概念。"[德] 康德《道德形而上学》，张荣、李秋零译，《康德著作全集》第 6 卷，中国人民大学出版社 2007 年，S.239，第 249 页。道德内在立法的德性论表述如下："你要这样行动，把无论是你的人格中的人性，还是任何其他人的人格中的人性，任何时候都同时用做目的，而绝不只是用作手段。"[德] 康德《道德形而上学奠基》，杨云飞译，邓晓芒校，人民出版社 2013 年，S.429，第 64 页。而道德外在立法的法权论表述如下："每个人都有权要求其邻人的敬重，而且他也交互地对任何他人有这方面的责任。人性本身就是一种尊严；因为人不能被任何人（既不能被他人，也甚至不能被自己）纯然当做手段来使用，而是在任何时候都必须同时当做目的来使用。"[德] 康德《道德形而上学》，张荣、李秋零译，《康德著作全集》第 6 卷，中国人民大学出版社 2007 年，S.462，第 473—474 页。"为德性论和法权论所共有的自由概念使得划分为外在自由的义务和内在自由的义务成为必然的；其中只有后一种 [ 内在自由的 ] 义务才是伦理的 [，而前一种外在自由的义务是法律的 ]。"同上引书，S.406，第 419 页。"毕竟一切义务都必须以一个 [ 道德 ] 法则为基础。"同上引书，S.410，第 422 页。"这种 [ 道德 ] 义务也延伸到法权义务上面，但法权义务却因此而不能使用德性义务的名称。"同上引书，S.410，第 423 页。"共有一些义务。"同上引书，S.220，第 228 页。"前者毕竟是与后者相关的。"同上引书，S.239，第 249 页。"对于赋予责任的法则而言，一种外在的立法的可能的，一般而言这些法则就叫做外在的法则。在这些法则中间，有一些法则，对它们的责任即便没有外在的立法也能被理性先天地认识，它们虽然是外在的立法，但却是自然的法则 [ 例如'天赋人权'——吕微注 ]；与此相反，离开了现实的外在立法就根本不赋予责任的法则（因此，它们离开后者就会不是法则），则叫做实证的法则。所以，可以设想一种全然包含实证的法则的外在立法；但这样一来，就必须有一种自然的法则先行，它为立法者的权威（亦即通过他的纯粹任意约束其他人的权限）提供根据。"同上引书，S.224，第 232 页。康德所谓"自然的法则"即"自然法"。"基本的自然法是在表面上接近康德的绝对命令的伦理原则，就所谓的'金规则'：己所不欲勿施于人。"[美] 马尔霍兰《康德的权利体系》，"导论"，赵明、黄涛译，商务印书馆 2011 年，第 24 页。
②"外在的强制，就它是一种与按照普遍法则而协调一致的外在自由……而言，能够与一般 [ 经验性 ] 目的并行不悖……而且为了看出它，我不可以超出自由的概念；每个人都有的 [ 一

## 二

现代社会道德（内在和外在）立法为道德实践开启的自律性必然可能性，建立在对道德实践的发生条件（康德："存在理由"）即主体（个体）自由意志必然可能性的先验观念论"实践公设"基础上。康德（作为启蒙哲学思想大师）最深刻而全面地阐明了自由意志的先验形而上学结构，这是康德对现代美德兼责任－义务伦理学最重要的理论贡献。我们甚至可以说，如果没有康德对人的自由意志的先验观念性结构的（自然法）形而上学阐明，现代社会的自律性道德实践（启蒙主义的道德革命理想）的制度性安排在经验（实证法）中就是不可能的。

康德从自由意志的内部把人的"同一个意志"①区分为：①纯粹实践理性普

---

般］目的可能就是他［经验地］所愿望的。——因此，至上的法权原则是一个分析命题。与此相反，德性论的原则超出了外在自由的概念，而且按照普遍的法则还把一个它使之成为义务的［德性］目的与外在自由的概念联结起来。所以，这个原则是综合的。义务概念的这种扩展，超出了外在自由及其因自己普遍一致的纯然形式的东西而受限制的概念，在这里建立起来的内在的自由而不是来自外部的强制，是自我强制的能力，确切地说不是凭借别的偏好，而是通过纯粹实践理性，这种扩展就在于：通过它建立起了法权完全弃之不顾的［对象］目的，它由此也高过了法权义务。……在要求德性义务的意志中，还在一种自我强制的概念之上添加了一个［德性］目的的概念，这个目的不是我们具有的，而是我们应当具有的，因而是纯粹实践理性自身具有，纯粹实践理性最高的、无条件的目的（但毕竟始终还是义务）就被设定在：德性就是它自己的目的，就它为人作出的功德而言，它也是他自己的酬报。不过，与都有其需要克服的障碍的人类目的相比，具有其正确性的是：德性本身作为它自己的目的，其价值远远胜过一切用处和一切经验性的目的，以及它本来可能作为自己的后果带来的好处。"［德］康德《道德形而上学》，张荣、李秋零译，《康德著作全集》第6卷，中国人民大学出版社2007年，S.396—397，第408—410页。
①［德］康德《道德形而上学奠基》，杨云飞译，邓晓芒校，人民出版社2013年，S.454，第101页。邓晓芒不赞成把"意志"和"任意"视为"同一个意志"："人性当然也有可能设定道德目的，但它同时也可以自由地设定非道德的目的，它的禀赋只是这种自由的任意；即便人性的设定目的的一般能力是可能升级为设定道德目的的能力的，但这只是一种潜能，在这种潜能没有实现出来之前，它与人格性是不存在包含与被包含关系的，而在这种潜能实现之后，二者因为各自的'领地所属'就更不存在包含与被包含关系了。所以，我们顶多可以说人性有升格为人格性的潜能，而不能认为人格性是人性的核心。"邓晓芒《从Person和Persönlichkeit的关系看康德的目的公式》，《德国哲学》2014年卷，社会科学文献出版社2015年，第98—99页。邓晓芒《关于Person和Persönlichkeit的翻译问题——以康德、黑格尔和马克思为例》，《哲学动态》2015年第10期。另参见邓晓芒《什么是自由？》，《哲学研究》2012年第7期。

遍立法的自由意志（简称"理性"或"意志"）；②一般实践理性任意选择的自由意志（简称"任意"）。于是，人的道德实践才必然可能既是自由的也是自律的。换句话说，人的自由意志里面有了纯粹理性，人才必然可能用自己的纯粹理性给自己的任意立法；否则，没有纯粹理性（或者不承认纯粹理性），人就只能服从他者（君主或神灵）对自身任意的强制立法，如前现代的道德实践。同样，人的自由意志里面有了任意，人才必然可能自由且自律地践行理性对任意的自我内在立法和外在普遍立法；但如果人的自由意志只是任意（一般理性），那么人就只能践行他者的任意对自我任意的外在强制立法，如果人类社会必然需要道德。纯粹理性和任意，作为自由意志的两个相辅相成的本质规定性，是人人平等而先天拥有（生而具有、与生俱来）①的天生能力与天赋权利。每一个人（所有的人）先验地都拥有自由意志的天生能力与天赋权利，是现代民主社会"实践公设"的一个形而上学先验理念。根据这一"实践公设"的形而上学先验理念，一方面自由意志（纯粹理性）是现代道德－法律制度的立法条件，另一方面自由意志（任意）也是现代道德－法律制度的立法对象，由此而决定了现代民主社会道德实践自律性的必然可能性。这就是说，当任意以理性为立法条件，理性以任意为立法对象，理性在规定了任意的道德责任－义务的同时，也规定了任意的自由权利，以此，实践在道德上才必然可能是自由和自律的；没有理性自由地立法，没有任意自律地行出法则，就不会有出于道德法则的道德实践的真善。在现代社会民主制度下，公民自由意志的纯粹理性和任意性，作为现代道德实践的理性立法条件和任意性立法对象，也顺理成章地成为民俗对象本身的目的，如果民希望自己能够正当地作为公民、希望自己的俗能够成为正常的日常生活。进而，民俗对象本身的目的也就必定成为以民俗对象本身的目的为目的的现代民俗学的目的，如果民俗学希望自己能够承担起以促成民俗对象本身的道德自律性实践目的为目的的

---

① "生而具有［、与生俱来］的'我的'和'你的'也可以被称为内在的'我的'和'你的'，因为外在的'我的'和'你的'在任何时候都必须是［经验性地］获得的。"［德］康德《道德形而上学》，张荣、李秋零译，《康德著作全集》第6卷，中国人民大学出版社2007年，S.237，第246页。

学科目的，从而与民俗对象本身的目的保持一致。

人的自由意志的纯粹理性和任意性作为现代民主社会道德实践的立法条件和立法对象，民的任意性在其中承担了重要的功能角色。让我们回到康德那里，看一看任意在民（人）的自由意志的先验形而上学结构中处于怎样的位置，以利于我们认识民俗对象本身的目的与民俗学自身的目的论。在《纯粹理性批判》（1781 年）中，康德首先从"实践理解"的角度讨论了人性的理性＋感性本性中与"先验意义上的自由概念"即纯粹理性相对照而作为"实践的自由"的"任意"，即不同于"动物性 [ 任意 ]"的"人的任意"的"自由 [ 意志 ] 这个概念"。

> 我目前只是在实践的理解中使用自由 [ 意志 ] 这个概念，而在这里排除了 [ 纯粹理性普遍立法的 ] 先验意义上的自由概念，后者 [ 即先验自由 ] 不能经验性地预设为解释现象的根据，相反，它 [ 任意 ] 本身对于理性是一个问题……就是说，有一种任意仅仅是动物性的 [ 任意 ]（arbitrium brutum），它只能由感性冲动来规定，亦即从病理学上来规定。但那种不依赖于感性冲动、也就是能通过仅由理性所提出的动因来规定的任意，就叫作 [ 人的实践 ] 自由的任意（arbitrium liberum），而一切与这种任意相关联的，不论是作为根据还是后果，都称之为实践的 [ 自由 ]。实践的自由 [ 任意 ] 可以通过经验来证明。①

七年之后，在《实践理性批判》（1788 年）中，康德开始使用"消极意义上的自由"（"不依赖于感性冲动""对于法则的一切质料的独立性"）和"积极意义

---

① [ 德 ] 康德《纯粹理性批判》，邓晓芒译，人民出版社 2004 年，A802/B830，第 610 页。"'病理学上的'（pathologisch）在康德哲学中的含义是'由感性冲动所规定的'，即合乎自然规律的，可参看《纯粹理性批判》A534 即 B562 和 A802 即 B830。" [ 德 ] 康德《实践理性批判》，邓晓芒译，人民出版社 2003 年，第 22 页"译者"注。"责任只能在于培养这种情感，甚至通过对其不可探究的惊赞来强化它，做的这一点，乃是通过指出，它是如何排除一切病理学的刺激并在其纯洁性上通过纯然的理性表象恰恰最强烈地激发出来。" [ 德 ] 康德《道德形而上学》，张荣、李秋零译，《康德著作全集》第 6 卷，中国人民大学出版社 2007 年，S.399—400，第 412 页。"讲述德性能力和意志能够怎样被实施和培养。"同上引书，S.412，第 424 页。

上的自由"（"自己立法"）的命题界定"任意"和"纯粹实践理性"。

　　德性［法则］的唯一原则就在于它对于法则的一切质料（亦即欲求的客体）的独立性，同时还在于通过一个准则必定具有的单纯的普遍立法形式来决定任意 [Willkür/choice]。但是，前一种独立性是消极意义上的自由，而纯粹的并且本身是实践的理性自己立法，则是积极意义上的自由。①

又过了九年，在《道德形而上学》（1797 年）中，晚年康德再次合并"先验自由""实践自由"与"积极自由""消极自由"的概念，更细密地讨论了道德"立法"和"行动"中"理性"和"任意"各自的作用。

　　从概念上看，如果使欲求能力去行动的规定根据是在其自身里面，而不是在［目的］客体里面发现的，那么，这种欲求能力就叫做一种根据喜好有所为或者有所不为的能力。如果它与自己产生［目的］客体的［理性］行为能力的意识相结合，那它就叫做任意 [arbitrium]……如果欲求能力的内在规定根据，因而喜好本身是在主体的理性中发现的，那么这种欲求能力就叫做意志，所以，［纯粹理性的］意志 [Wille] 就是欲求能力，并不（像任意那样）是与行动相关来看的，而是毋宁说与使任意去行动的［道德法则］规定根据相关来看的，而且意志本身在自己面前真正说来没有任何规定根据，相反，就理性能够规定任意 [Willkür] 而言，意志就是实践理性本身。就理性能够规定一般［实践理性的］欲求能力而言，在意志之下可以包含任意，但也可以包含纯然的［感性］愿望 [Wollen]。可以受纯粹理性规定的任意叫做自由的任意 [arbitrium liberum]，而只能由偏好（感性冲动、刺激）来规定的任意则是动物的

---

① [ 德 ] 康德《实践理性批判》，韩水法译，商务印书馆 1999 年，S.33，第 34 页。"任意"，韩水法原译作"意愿"。

任意（arbitrium brutum）。相反，人的任意是这样的任意：它虽然受到冲动的刺激，但不受它规定，因此本身（没有已经获得的理性技能）不是纯粹的，但却能够被规定从纯粹[理性]意志出发去行动。任意的自由是它不受感性冲动规定的那种独立性。这是它的自由的消极概念。积极的[自由]概念是：纯粹理性有能力自身就是实践的。但是，这只有通过使每一个行动的准则都服从它适合成为普遍法则这个条件才是可能的。因为作为纯粹理性，运用于任意而无视它的这个客体，它作为原则的能力（而且在此是实践原则的能力，因而是作为立法的能力）就可能由于缺少法则的质料，只是使任意的准则对普遍法则本身的适应性的形式成为任意的至上法则和规定根据，而且既然人出自主观原因的准则并非自动地与那些客观的原因相一致，所以，它只能绝对地把这个法则当做禁令或者戒律的命令式来颁布。①

[道德]法则来自意志，[行动的]准则来自任意。任意在人里面是一种自由的任意；仅仅与法则相关的[纯粹理性]意志，既不能被称为自由的也不能被称为不自由的，因为它与行动无关，而是直接与为行动准则立法（因此是实践理性本身）有关，因此也是绝对必然的，甚至是不能够被强制的。所以，只有任意才能被称做自由的。②

按照康德，纯粹实践理性普遍立法的自由意志（Wille/will）和一般实践理性任意选择的自由意志（Willkür/choice）同属于自由意志，前者可以简称为"意志"或"纯粹理性"即"[纯粹]实践理性本身"亦即"[纯粹]欲求能力"；而后者可以简称为"任意"即一般实践理性、"一般欲求能力"。前者是"原则的能力"也就是"立法的能力"；后者是行动的能力。理性（意志）和任意，都既可

①[德]康德《道德形而上学》，张荣、李秋零译，《康德著作全集》第6卷，中国人民大学出版社2007年，S.213—214，第220—221页。
②[德]康德《道德形而上学》，张荣、李秋零译，《康德著作全集》第6卷，中国人民大学出版社2007年，S.216，第233页。

以是"消极自由"，也可以是"积极自由"。

（1）先验自由（理性）的"消极自由"："德性……对于法则的一切质料（亦即欲求的客体）的独立性……是消极意义上的 [ 理性 ] 自由。"康德也在立法的意义上讨论过理性的"无能"："与理性的内在立法 [ 以及外在立法 ] 相关的 [ 先验 ] 自由本来只是一种能力；背离这种立法的可能性就是一种无能"①，以此，"仅仅与法则相关的 [ 理性 ] 意志，既不能被称为自由的也不能被称为不自由的，因为它与行动无关"，因而只是纯粹"先验意义上的自由概念"；在"与行动相关"的意义上，"只有任意才能被称做自由的"。

（2）实践自由（任意）的"消极自由"："不依赖于感性冲动""虽然受到冲动的刺激但不受它规定""任意的 [ 消极 ] 自由是它不受感性冲动规定的那种独立性""[ 任意的 ] 自由是我们的一种消极的属性，即不受任何感性的规定根据的强制而去行动"。②

（3）先验自由（理性）的"积极自由"（立法）："纯粹理性有能力自身就是实践的""纯粹的并且本身是实践的理性自己立法，则是积极意义上的 [ 理性 ] 自由""积极 [ 自由 ] 的概念是：纯粹理性有能力自身就是实践的"。

（4）实践自由（理性 + 任意）的"积极自由"（行动）：如果"理性能够规定任意""理性能够规定一般欲求能力"的任意，而任意出于"对法则的敬重"③ 也"能够被规定从纯粹 [ 理性 ] 意志出发去行动"，"能通过仅由理性所提出的动因来规定的任意"，那么就是先验综合的积极自由概念。

---

① [ 德 ] 康德《道德形而上学》，张荣、李秋零译，《康德著作全集》第 6 卷，中国人民大学出版社 2007 年，S.226—227，第 234 页。

② [ 德 ] 康德《道德形而上学》，张荣、李秋零译，《康德著作全集》第 6 卷，中国人民大学出版社 2007 年，S.226，第 234 页。

③ "一切义务都包含着一个由 [ 道德 ] 法则而来的强制的概念：伦理义务包含着这样一种强制，对于它来说只可能有一种内在的立法，与此相反，法权义务则包含着这样一种强制，对于它来说也可能有一种外在的立法；因此，二者都有一种强制，无论是自我强制还是通过他人来强制：这样一来，前者的道德能力就可以被称为德性，产生自这样一种意向（对法则的敬重）的行动就可以被称为德性行动（伦理的），尽管法则表达的是一种法权义务。" [ 德 ] 康德《道德形而上学》，张荣、李秋零译，《康德著作全集》第 6 卷，中国人民大学出版社 2007 年，S.394，第 407 页。

康德（1724—1804 年）以后，启蒙以及后启蒙的思想家们，例如贡斯当（康德逝世十五年以后的 1819 年）①、伯林（二次大战之后的 1958 年）②都把康德"积极自由"和"消极自由"的概念从人类先验（理性＋感性）本性和道德实践领域（康德："我目前只是在实践的理解中使用自由这个概念"）扩展地应用到人类现实生活的其他价值实践领域。贡斯当区分了"古代人的自由"与"现代人的自由"，贡斯当认为，现代人的自由就是拥有个人权利的自由，而个人的自由权利，对于古代人来说闻所未闻。而古代人之所以不可能拥有个人的自由权利，乃是因为在古代人的生活中，只有任意性（一般理性）的公共政治领域而没有任意性的"私人生活领域"；而没有任意性的"私人生活领域"，是古代人没有个人自由权利的决定性条件。"伯林称贡斯当《古代人的自由与现代人的自由之比较》是讨论消极与积极两种自由概念的最好的文章"③，的确，如果借助伯林"逻辑与语言分析"的工具、方法或技术、手段，将康德先验逻辑有内容所指（人性本性、道德实践）的"积极自由"和"消极自由"概念，转换为纯粹形式逻辑没有内容所指的空洞命题，即像伯林那样视"积极自由"为"'去做……'的自由"，视"消极自由"为"'免于……'的自由"④；那么，我们的确可以类比地把康德"积极自由"和"消极自由"的概念用作贡斯当公共政治领域和"私人生活领域"的同一性分析概念。

（1）古代人"积极自由"地"去做……"的公共政治领域（没有私人生活领域），即任意性以德治国 - 以德治民的一统天下；

（2）现代人"积极自由"地"去做……"的以德立国的纯粹理性公共政治领域；

---

① [ 法 ] 贡斯当《古代人的自由与现代人的自由之比较》，李强译，《公共论丛·自由与社群》1997 年第 4 辑，三联书店 1998 年，第 309 页。
② [ 英 ] 伯林《两种自由概念》，陈晓林译，《公共论丛·市场逻辑与国家观念》1995 年第 1 辑，三联书店 1995 年，第 196 页。[ 英 ] 伯林《两种自由概念》，收入 [ 英 ] 伯林《自由论》，胡传胜译，译林出版社 2011 年，第 167 页。
③ 李强《贡斯当与当代自由主义》，《公共论丛·自由与社群》1997 年第 4 辑，三联书店 1998 年，第 287 页。
④ [ 英 ] 伯林《两种自由概念》，收入 [ 英 ] 伯林《自由论》，胡传胜译，译林出版社 2011 年，第 179 页。

（3）现代人"消极自由"地"免于……"的民治以法的任意性"私人生活领域"。

这样，用一些当代评论者的话说，古代人都是"专职的 [ 任意性 ] 公民"或君臣；而现代人则是"兼职的 [ 纯粹理性和任意性 ] 公民"。① 这就是说，古代人"含""私人生活领域"的公共政治领域确是以"去做……"的"积极自由"概念为"实践自由"原则即"伦理生活是从内部来过的"以德立国 – 以德治民的一统天下，这不仅对于古代希腊人有效，对于古代中国人同样有效。略有不同的是，古代希腊人只有公民"积极自由""去做……"的"实践自由"的公共政治领域，没有公民"消极自由""免于……"的"实践自由"的"私人生活领域"；而古代中国人只有君主一己之私"积极自由""去做……"的"实践自由"的"公共生活领域（其实只是君主一己之私的私人生活领域）"，没有臣民"消极自由""免于……"的"实践自由"的私人生活领域。这样，无论古代中国还是古代希腊的道德实践，都只能是没有"先验自由"只有单一"实践自由"的任意性（一般理性）同一性分析命题。

与古代人不同，现代人的公共政治领域以"去做……"的"积极自由"概念为"先验自由"的内在立法原则，而现代人的私人生活领域则以"免于……"的"消极自由"概念为"实践自由"的外在立法原则。根据康德，唯当以"消极自由""免于……"的"实践自由"概念为外在立法原则，现代人才必然可能拥有"私人生活领域""实践自由"的个人权利；进而在"私人生活领域"中，每个人究竟选择"去做……"的"积极自由"概念用作"实践自由"的内在立法原则，还是选择"免于……"的"消极自由"概念用作"实践自由"的内在立法原则，都一任其便，即便"人有可能在其私人生活中做一些必然 [ 可能让人 ] 不喜欢的事情"②，尽管这并不意味着每个人不应该也不能够"从自身的理性立场出发"③ 把

①李强《贡斯当与当代自由主义》，《公共论丛·自由与社群》1997 年第 4 辑，三联书店 1998 年，第 301 页。
②[ 英 ] 伯林《自由》，收入 [ 英 ] 伯林《自由论》，胡传胜译，译林出版社 2011 年，第 291 页。
③"非遗的各个主体对其内部价值或意义的评判必须从自身的理性立场出发并且主动以人权

"去做……"的"积极自由"概念作为"实践自由"的内在立法原则。这样，在贡斯当所谓"私人生活领域"中设想一种"免于……"的"消极自由"概念作为"实践自由"的外在立法原则，以拯救、保卫"私人生活领域"中的任意自由，就不仅有道德形而上学的自然法先验合法性，也有道德"形而下"实践的实证法经验合理性。这不仅是因为任意"实践的自由可以通过经验来证明"，更是因为，就直接与行动、与实践相关而言，最终"只有任意才能被称为自由的"——而纯粹理性本身，因为"仅仅与法则［原理］相关"，"既不能被称为［实践的］自由的也不能被称为不自由的［实践］，因为它［纯粹理性］与行动无关"，尽管康德可以"在实践的理解中"讨论"先验意义上的自由概念"（见前引文）——这样说来，现代人之所以比古代人更自由，就在于现代人拥有能够在"私人生活领域"中实践的任意自由。"私人生活领域"的任意自由，不仅是以康德、贡斯当为代表的古典自由主义者的主张，也是直到后现代自由主义者所主张的，这就是胡塞尔力主捍卫的普通人日常"生活世界"①，尽管与"生活世界"对应的概念并非贡斯当的公共生活领域而是胡塞尔的科学世界。

　　对于胡塞尔来说，"生活世界"就像原住民的"保留地"，因为"生活世界"作为胡塞尔所谓前谓词、前理论、前科学判断——高丙中因之称为"专家现象之外"②"非专业""非专题"判断——"非常接近"③康德称之为没有"领地"只能通

---

为实践法则或伦理原则。"户晓辉《人是目的：实践民俗学的伦理原则》，《民族文学研究》2017 年第 3 期。

① "在胡塞尔之前，包括康德哲学都没有发现这个领域，更没有人把它当作研究的主题。"户晓辉《返回爱与自由的生活世界——纯粹民间文学关键词的哲学阐释》，江苏人民出版社 2010 年，第 299 页。"一般的常识甚至旧形而上学没有注意或发现这个'我'的这种作用，胡塞尔却要将它发现出来，一查到底……胡塞尔的追查使他发现这个'我'完全是一个无名的处女地……"同上引书，第 301 页。"一个崭新的领域也第一次展现在我们面前，即超越论的主观性领域。胡塞尔称之为一个匿名的领域，因为在我们的自然意识中，甚至在以往的哲学中，根本没有发现它的存在和巨大的威力。"同上引书，第 302 页。

② "民俗学最初在人世间安身立命的时候，被给予的世界就是专家现象之外的世界，也就是胡塞尔所说的'生活世界'。"高丙中《民俗文化与民俗生活》，中国社会科学出版社 1994 年，第 196 页。"生活世界是一般意见的世界，是常识的世界。""生活世界首先是日常活动的世界。""事实上我们看到，生活世界也就是民俗的世界。"同上引书，第 133—138 页。

③ 户晓辉引耿宁"对生活世界的主题性考察需要悬隔的不仅是客观科学，还包括我们总是保持在某个特殊视域中的一切有目的指向的兴趣。生活世界先于一切实践目的而被给予，而且

过审美鉴赏反思性判断力"模糊地表象"①的"地域";而审美鉴赏的反思性判断力"地域",正合于贡斯当"私人生活领域",也就是任意性"免于……"的"消极自由""实践自由"——对审美鉴赏反思性判断力来说就是独立于感性禀好且免于知性概念——的栖息之地;以此,回到"私人生活领域""拯救生活世界""保卫日常生活",就是回到任意性,捍卫任意的自由。但是,回到任意性、捍卫任意的自由,也是康德的艺术理想。如果我们借助"实践命名"(阿默思)的"约定"(索绪尔)用法,对康德"表一瞭解之同情"(陈寅恪),那么,在"消极自由""实践自由"的意义上,如果任意性可等同于艺术②,艺术可等同于审美鉴赏的判断力,审美鉴赏判断力可等同于共通感,而共通感可等同于普通人先验地拥有的健康理性、健全知性的反思性判断力常识能力;那么,我们也就没有理由不认同丹·本－阿默思(1967年)"小群体内的艺术性交流(artistic communication in small groups)"③隐含地回到"私人生活领域"、回到任意性,以"拯救生活世

---

在胡塞尔看来,只有在摆脱一切目的的态度中才能具体而普遍地进入[生活世界的]视线。胡塞尔在这里要求的态度大概被他看作非常接近摆脱了目的和兴趣的审美状态。它并不遮盖这个目的,而是不沉浸于个别的目的而使它能够普遍地反映出一切(目的)"指出:"从康德哲学的角度来看,生活世界很接近一个无目的又含目的的审美王国,因为它摆脱了'一切有目的指向的兴趣。'"户晓辉《返回爱与自由的生活世界——纯粹民间文学关键词的哲学阐释》,江苏人民出版社 2010 年,第 328—329 页。

① [德]康德《判断力批判》,李秋零译,《康德著作全集》第 5 卷,中国人民大学出版社 2007 年,S.238,第 247 页。

② "人们沿着法律途径应当只把通过自由而生产,亦即通过以理性为其行动之[立法]基础的任意而进行的生产称为艺术。"[德]康德《判断力批判》,李秋零译,《康德著作全集》第 5 卷,中国人民大学出版社 2007 年,S.303,第 315 页。"符号可以划分为任意的(艺术的)符号、自然的符号和奇迹的符号。"[德]康德《实用人类学》,邓晓芒译,上海人民出版社 2005 年,第 84 页。

③ [美]丹·本－阿默思《在承启关系中探求民俗的定义》,张举文译,《民俗研究》1998 年第 4 期;《民俗学概念与方法——丹·本－阿默思文集》,张举文编译,中国社会科学出版社 2018 年,第 16—18 页,第 55 页,第 64 页,第 67 页。"我题为'在承启关系中探求民俗的定义'的文章发表于 1971 年代《美国民俗学刊》,但它写成于 1967 年。"[美]丹·本－阿默思《民俗的定义:一篇个人叙事》,王辉译,《民间文化论坛》2018 年第 2 期;同上引书,第 55 页。"1967 年,阿默斯发表了《在语境中探求民俗的定义》一文,将'民俗'定义为'小群体内的艺术性交流'。"刘晓春《探究日常生活的"民俗性"——后传承时代民俗学"日常生活"转向的一种路径》,《〈民俗〉周刊创刊九十周年学术研讨会论文集》,中山大学中文系、中山大学中国非物质文化遗产研究中心,2018 年 11 月,第 136 页;《民俗研究》2019 年第 3 期,"艺术性交流"改译"艺术性交际";收入《实践民俗学的理论与批评》,王杰文主编,学苑出版社 2020 年,第 205 页。

界""保卫日常生活"的民俗学内在目的论实践命题。民俗学者之所以念念不忘民的艺术、念念不忘民的常识（folklore），就是念念不忘民的任意性，念念不忘每一个普通人普遍的自由权利，这是因为，民俗学自诞生以来始终就是一门以民俗对象本身的目的为目的的现代学科；只是对于民俗学来说，民俗对象本身的最终目的，并不是一开始就能够自我彰显，"清白无邪是美妙的事，不过从另一方面看……智慧毕竟也需要科学"①的从旁襄助。

三

对于民俗学来说，康德关于人性（理性－感性）本性的任意（性）说，之所以应该也能够用作本学科的启发性概念——由"任意性"概念分析出"民俗的"同一性"民俗性""表演性"概念——乃是因为，从主体意志形式的角度看，意志自由的任意属性是民转换成为公民、俗转化成为公共领域的公民文化的同时，也能够保证民俗对象在正常的"私人生活领域"中"民俗的""民俗性""表演性"正当性的先验逻辑条件即内在目的条件。如果民俗学的确是以民俗对象本身的目的为目的的现代学科，那么通过民的反思性任意性来讨论"民俗的""民俗性""表演性"如何先验地就内涵"公民性"②，因而必然可能实现"兼职公民"在公共政治领域中"积极自由""去做……"的"实践自由"，并保证其在"私人生活领域"中"消极自由""免于……"的"实践自由""民俗的""民俗性""表演性"，就不失为一条"两点之间直线最短"的实践理论道路。

回顾中国民俗学的历史，展望它的发展前景，我们不能不联系到普通中国人的日常生活在过去150多年不断被批判、反复被否定的遭遇。普通人的日常生活和日常心理都被持续的冲击扭曲得颠三倒四。一种可

---

① [ 德 ] 康德《道德形而上学奠基》，杨云飞译，邓晓芒校，人民出版社 2013 年，S.405，第 28 页。
② 高丙中《日常生活的文化与政治——见证公民性的成长》，社会科学文献出版社 2012 年。

以心安理得、泰然处之的日常生活，或者至少不受外部力量强制介入的日常生活，对于平民百姓来说，多少年来就是可遇而不可求的了。普通人的日常生活在近代以来不再具有不受干预的正当性，这在过去是民俗学参与制造的后果，这在现在也是民俗学要参与解决的问题。当我们的社会发展到人民可以奢望一种自在、自得、自由的日常生活的时候，原来可以轻易被牺牲的日常生活领域正在成为重点关注的对象。①

民俗学之所以能够从"民俗的""民俗性""表演性"的任意性中开发出"公民性"，乃是因为，一方面任意性蕴含着"消极自由""免于……"的"实践自由"的"独立性"，因而在理性规定性判断力中，任意不被感性规定（尽管受感性影响）而由理性自我规定；另一方面在反思性情感判断力（例如审美鉴赏）中，任意性通过"共同的情感""共同的感觉"-"共同感觉"的"共通感"先验情感形式，还原出"对每个人都成为规则""就能够像一个客观的原则那样要求普遍的赞同""能够有理由被假定""原则虽然仅仅是主观的，但却仍然被假定为主观上普遍的（一个对每个人都必然的理念）"的"一个纯然的理想基准"的"主观的原则"，而"公民性"就是这样一个先验理念的主观间客观性原则。

在我们宣布某物是美的所借助的一切判断中，我们不允许任何人有别的意见；但我们仍然不能把我们的判断建立在概念之上，而是仅仅建立在我们的情感之上，因此，我们不是把这种情感作为私人情感，而是作为一种共同的情感奠定为基础的。② 现在，这种共通感为此目的不能被建立在经验之上③；因为它要授权人们作出包含着一个应当的判断：

①高丙中《日常生活的现代与后现代遭遇：中国民俗学发展的机遇与路向》，《民间文化论坛》2006 年第 3 期，收入高丙中《日常生活的文化与政治——见证公民性的成长》，社会科学文献出版社 2012 年，第 42 页。
②经典民俗学从来都主张民俗对象的主体集体性，当然只是从经验性内容考虑的主体集体性；但实践民俗学当下要开发的却是主体集体性的先验形式。参见户晓辉《美感何以得自由：歌谣的鉴赏判断》，未刊。
③"[经验性的]现象不能使任何超感性的客体（毕竟自由的任意就是这类东西）得以理

它所说的不是每个人都将 [ 在事实上 ] 与我们的判断一致，而是每个人都应当 [ 在事实上 ] 与我们的判断一致。因此，我在这里把我的鉴赏判断说成是共通感的判断一个实例，因而赋予它以示范性的有效性，共通感就是一个纯然的理想基准①，在它的 [ 先验 ] 前提条件下人们就能够有理由使一个与它协调一致的判断以及在该判断中表达出来的对一个客体的愉悦对每个人都成为规则，因为 [ 共通感这个 ] 原则虽然仅仅是主观的，但却仍然被假定为主观上普遍的（一个对每个人都必然的理念），在涉及不同的判断者的一致性时，就能够像一个客观的原则那样要求普遍的赞同，只要人们肯定已正确地将之归摄在这个 [ 共通感 ] 原则之下了。一种共通感的这种不确定的基准②实际上已经被我们当做 [ 先验 ] 前提条件：我们自诩能作出 [ 主观普遍性、必然性 ] 鉴赏判断就证明了这一点。③

假如鉴赏判断（与认识判断一样）有一个确定 [ 概念 ] 的客观原则，那么，根据这 [ 确定概念的客观 ] 原则作出这些判断的人就会要求他的 [ 规定性 ] 判断具有无条件的 [ 客观、普遍 ] 必然性。假如这些判断就像纯然的感官鉴赏的 [ 经验性 ] 判断一样没有任何 [ 概念的客观、普遍 ] 原则，那么，人们就根本不会想到它们有任何必然性。因此，它们必须有一个主观的原则，这原则只通过情感而不通过概念，但却毕竟普遍有效地规定着什么是让人喜欢或者讨厌的。但这样一个 [ 无概念的

---

解。" [ 德 ] 康德《道德形而上学》，张荣、李秋零译，《康德著作全集》第 6 卷，中国人民大学出版社 2007 年，S.226，第 234 页。"其概念不是经验性的，不依赖于时间条件。" 同上引书，S.262，第 271 页。

① "被预先规定为基准。" [ 德 ] 康德《判断力批判》，李秋零译，《康德著作全集》第 5 卷，中国人民大学出版社 2007 年，S.253，第 263 页。

② "不是无可置疑。" [ 德 ] 康德《判断力批判》，李秋零译，《康德著作全集》第 5 卷，中国人民大学出版社 2007 年，S.237，第 246 页。"不确定的概念。" 同上引书，S.340，第 355 页。"不确定的理念。" 同上引书，S.341，第 355 页。"不可演证的概念和理性概念。" 同上引书，S.343，第 357 页。

③ [ 德 ] 康德《判断力批判》，李秋零译，《康德著作全集》第 5 卷，中国人民大学出版社 2007 年，S.239—240，第 248—249 页。

主观普遍性、必然性的情感判断形式] 原则只能被视为共通感，它与人们有时也称为共通感（sensus communis，直译"共同体感觉"①）的普通知性有着本质的不同；因为后者不是按照情感，而是任何时候都按照概念，尽管通常只是按照 [ 概念 ] 被模糊地表象出来的 [ 客观、普遍、必然性 ] 原则来作判断的。因此，惟有在存在着一种 [ 不确定概念的主观普遍性、必然性原则的情感判断形式的 ] 共通感（但我们并不把它理解为任何外部感觉 [ 经验 ]，而是理解为我们的诸认识能力 [ 相互协调的情感形式 ] 的自由游戏的结果）的 [ 先验 ] 前提条件下，我是说，惟有在这样一种 [ 不确定概念的主观普遍性、必然性原则的反思性情感判断形式即 ] 共通感的 [ 先验 ] 前提条件下，才能作出鉴赏判断。②

　　一种情感的普遍可传达性是以一种共通感 [ 的不确定概念的主观普遍性、必然性原则的先验情感判断形式 ] 为前提条件的，所以，这种共通感就将能够有理由被假定，确切地说，既然如此，就无须立足于心理学 [ 现象经验性 ] 的观察，而把它假定为我们的知识的 [ 经验 ] 普遍可传达性的 [ 先验充分 ] 必要条件，这种普遍的可传达性在任何逻辑和任何非怀疑论的认识原则中都必须被当做 [ 先验 ] 前提条件。③

反思性任意性"共通感"是康德使用先验逻辑方法④演绎地还原出来的一个

---

① "共通感"，德文 Gemeinsinn，法文 bon sens，英文 common sense，康德使用的拉丁文是 sensus communis。《判断力批判》Gemeinsinn（共通感），与《纯粹理性批判》"关系范畴"的 Gemeinschaft（共同体，邓晓芒译作"交互作用的协同性"，见 [ 德 ] 康德《纯粹理性批判》，邓晓芒译，人民出版社 2004 年，A80/B106，第 72 页）为同一词根。《判断力批判》sensus communis（共通感）与《道德形而上学》communio originaria（源始共联性），同样表达了"先验交互的主体间共同体"的意思。"一个包括所有可能的理性存在者的共同体（Gemein-schaft，即共联性），将自我的存在规定为与众多可能他者的共在。"吕超《自爱的空洞性与恶的无穷表现：一种康德式的诠释》，《哲学研究》2020 年第 5 期。
② [ 德 ] 康德《判断力批判》，李秋零译，《康德著作全集》第 5 卷，中国人民大学出版社 2007 年，S.237—238，第 246—247 页。
③ [ 德 ] 康德《判断力批判》，李秋零译，《康德著作全集》第 5 卷，中国人民大学出版社 2007 年，S.239，第 248 页。
④ "把属于适意者和善者的一切与还剩余给他的愉悦分离开来。" [ 德 ] 康德《判断力批判》，李秋零译，《康德著作全集》第 5 卷，中国人民大学出版社 2007 年，S.216，第 224 页。"人

"就能够像一个客观的原则""对每个人都成为规则"的"主观的原则"剩余物；因而"共通感"实际上只是反思性任意性自律地自我还原出来的一个"共同的感觉的理念""普遍同意只是一个理念"①"一个对每个人都必然的理念""一个纯然的理想基准"。这就是说，反思性任意性的"主观原则"指的是依据"共通感"的先验情感形式，即经验性情感内容或质料可传达性的主观普遍性和主观必然性"应当"或"应该"的模态判断原则。仿照康德关于"理性的事实"②的说法，我

们把在表象状态中是质料，亦即是感觉的东西尽可能地除去，并仅仅注意自己的表象或者自己的表象状态的形式的特性……当人们寻找一个应当用做普遍规则的判断时，就再没有什么比撇开魅力和感动[的质料]更自然的了。"同上引书，S.294，第 306 页。

① "在鉴赏判断中没有假定别的任何东西，只是就愉悦而言无须概念的中介的这样一种普遍的同意；因而是一个能够同时被视为对每个人都有效的审美判断的可能性。鉴赏判断本身并不假定每个人都赞同（因为只有一个逻辑上普遍的判断才由于可以举出理由而这样做）；它只是要求每个人都作出这种赞同，作为规则的一个实例，就这实例而言它不是期待概念，而是期待别人的赞同来作出证实。因此，普遍的同意只是一个理念。"[德]康德《判断力批判》，李秋零译，《康德著作全集》第 5 卷，中国人民大学出版社 2007 年，S.216，第 224 页。

② 康德《实践理性批判》三次提到"理性的事实"：（1）"理性的一个事实"（a fact of reason），S.31，韩水法中文译本第 32 页，Gregor 英文译本第 28 页；（2）"纯粹理性的唯一事实"（the sole fact of pure reason），S.31，韩水法中文译本第 32 页，Gregor 英文译本第 29 页；（3）"纯粹理性的事实"（a fact of pure reason），S.47，韩水法中文译本第 50 页，Gregor 英文译本第 41 页。[德]康德《实践理性批判》，韩水法译，商务印书馆 1999 年；Immanuel Kant, *Critique of Practical Reason*, Translated and Edited by Gregor, Cambridge University Press, 1997. "十分值得注意的是，这样在事实中间就会甚至有一个理性理念（它就自身而言不能在直观中有任何表现，从而也不能有其可能性的任何理论证明），而这就说自由的理念，它作为一种特殊的因果性（这种因果性的概念在理论上来看将会是越界的），其实在性可以通过纯粹理性的实践法则，并按照这些法则在现实的行动中，因而在经验中得到阐明。——在纯粹理性的所有理念中，惟有这一个理念的对象是事实，并且必须被归入 scibilia[ 可知之事 ]。"[德]康德《判断力批判》，李秋零译，《康德著作全集》第 5 卷，中国人民大学出版社 2007 年，S.468，第 490 页。"我觉得我在这里有理由把一件事实的概念扩展到这个词的通常含义之外。因为如果说的是事物与我们的认识能力的关系，那么，既然为了把事物仅仅当做一种确定的认识方式的对象来谈论，一种纯然可能的经验就已经足够了，所以把这一表述仅仅限制在现实的经验上，就是不必要的，甚至也是不可行的。"同上引书，S.468"注释①"，第 490 页。"应当由我们来实现的最高的终极目的，即我们惟独因之才能够甚至配得上是一个创造[或造物]的终极目的的东西，则是一个对我们来说在实践的关系中有客观的实在性的理念，而且是事物。"同上引书，S.469，第 491 页。"自由……通过从它那里产生的一种确定的因果性法则，不仅成就了其他超感性的东西（道德的终极目的及其可实现性的条件）的知识的材料，而且还作为事实阐明了它在行动中的实在性……"同上引书，S.474，第 496 页。"通过自由在自然中可能的结果（凭借在这个概念中所思维的因果性）在自然身上证明了自己的客观实在性……"同上引书，S.474，第 496 页。"信念的事实"即"实践信仰，它在感性世界中所可能造成的某种效果是理性在道德律中设定的。"邓晓芒《冥河的摆渡者——康德〈判断力批判〉》，武汉大学出版社 2007 年，第 121 页。"在人或人的自由这一'事实'

们也许可以把"我们自诩能作出鉴赏判断就证明"的先验事实（必然可能的经验事实），称为"反思性任意性共通感形式模态判断的先验事实"。这就是说，康德根据先验逻辑方法演绎地还原的模态判断剩余物，才"假定"了反思性任意性"共通感"形式的先验自由；进而指出，反思性任意性"共通感"先验情感形式实际上构成了任何经验性"知识的普遍可传达性的[先验充分]必要条件，这种普遍的可传达性在任何逻辑和任何非怀疑论的认识[和实践]原则中都必须被当做[实践自由的]前提条件"。

　　平常的人类知性，人们把它当做仅仅是健康的（尚未得到培养的）知性而视为极微不足道的东西，是人们只要一个人要求被称为人就总是能从他那里期待的……这种知性可以被冠以共通感（sensus communis）之名；确切地说是这样，人们把平常的[人类知性]这个词（不仅仅在我们的语言中，它在这个词中确实包含着一种[规定性与反思性的]语义双关，而且在许多别的语言中也是这样）正好理解为到处都遇到的庸常的东西。①

　　与健康知性[的规定性]相比，[反思性的]鉴赏有更多的理由可以被称为 sensus communis（共通感）；而且审美[反思性]判断力比理智[规定性]判断力更能够领有一种共同感觉这个名称，如果人们真的要使用感觉这个词来表示纯然的反思对心灵的一种作用[状态和结果]的话；因为在这里，人们把感觉理解为愉快的情感，人们甚至可以用对使我们在一个被给予的表象上情感无须借助概念就能普遍传达的那种东西的评判能力来定义鉴赏。②

　　但是，人们必须把 sensus communis（共通感）理解为一种共同的

---

上，而形成先验人类学的核心。"同上引书，第125页。
①[德]康德《判断力批判》，李秋零译，《康德著作全集》第5卷，中国人民大学出版社2007年，S.293，第305—306页。
②[德]康德《判断力批判》，李秋零译，《康德著作全集》第5卷，中国人民大学出版社2007年，S.295，第307—308页。

感觉的理念①，也就是说，一种 [ 反思性 ] 评判能力的理念，这种评判能力在自己的反思中（先天地）考虑到任何他人的思想中 [ 无论规定性还是反思性 ] 的表象方式，以便使自己的判断仿佛是依凭全部人类理性，并由此避开那会从主观的私人条件出发对判断产生不利影响的幻觉，这些私人条件很容易会被视为 [ 好像是 ] 客观的。做到这一点所依凭的是，人们使自己的判断依凭别人那些不是现实的，而毋宁说是仅仅可能的 [ 即 "不是每个人都将与我们的判断一致，而是每个人都应当与我们的判断一致" 的 ] 判断，并通过人们只是撇开以偶然的方式与我们自己的评判相联系的那些局限，而置身于每个他人的地位。②

这就是说，反思性任意性 "共通感" 之所以构成了人的任何理性 – 知性规定性知识的先验前提条件，乃是因为反思性任意性 "先天地在自身包含着一条它所特有的寻求 [ 客观 ] 法则的原则"，所以任意性 "反思性判断力的一条由理性托付给它的准则"③ 才被寻找到了，而不仅仅 "仿佛是依凭全部人类理性" "仿佛是出自一个由 [ 任意性 ] 人性本身强制接受的一个源始契约"。④ 就是因为这个因 "寻

---

① [ 德 ] 康德《判断力批判》，李秋零译，《康德著作全集》第 5 卷，中国人民大学出版社 2007 年，S.240，第 249 页。

② [ 德 ] 康德《判断力批判》，李秋零译，《康德著作全集》第 5 卷，中国人民大学出版社 2007 年，S.293—294，第 306 页。"我们把自己的判断依凭着别人的虽不是现实的、却毋宁只是可能的判断，并通过我们只是从那些偶然与我们自己的评判相联系的局限性中摆脱出来，而置身于每个别人的地位。" [ 德 ] 康德《判断力批判》，邓晓芒译，人民出版社 2002 年，第 136 页。"在 sensus communis 之中，我们必须把有关 '一种为所有人共有的（common to all）感觉' ——也就是一种判断官能——的理念包括进去，这种判断是能在自己的反思之中，（先天地）把其他所有人思想中的表象方式纳入考虑，为的就好像是要把自己的判断与人类的集体理性（the collective reason of humanity）相比较，……这是经由把我们的判断与他者可能的判断而非他们实际的判断相比较，把我们自己放到任何一个他者的位置上、从与我们自己的判断偶然相关的种种局限中抽离出来而做到的。" [ 德 ] 康德《判断力批判》，转引自 [ 美 ] 阿伦特《康德政治哲学讲稿》，贝纳尔编，曹明等译，上海人民出版社 2013 年，第 106—107 页。

③ [ 德 ] 康德《判断力批判》，李秋零译，《康德著作全集》第 5 卷，中国人民大学出版社 2007 年，S.398，第 414 页。"判断力的 [ 主观 ] 准则。" 同上引书，S.295，第 307 页。王杰文批注："将心比自心，何必问旁人？"

④ [ 德 ] 康德《判断力批判》，李秋零译，《康德著作全集》第 5 卷，中国人民大学出版社 2007 年，S.297，第 309 页。

求法则"而"由理性托付给它的[主观]准则"，我们才"有理由在每个人那里普遍地预设我们在自己心中发现的[反思地]判断力的同一些主观条件"。①

> 判断力……即便不可以先天地在自身包含着一种自己[规定性]的立法，但却同样可以先天地在自身包含着一条它所特有的[反思地]寻求法则的原则，也许是一条纯然主观的原则。这个原则虽然不应有任何对象作为它的[规定性]领域，但毕竟能够拥有一个[因没有规定性对象且只能反思自身而自我"隐藏"的匿名的]地域②，而对于该地域的某种[主观性]性状来说，恰恰惟有这条[主观]原则才会有效。③

这个反思性任意性刻意"寻求"而且"由理性托付给它"用以反思地规定自身的理性主观原则（准则）就是："置身于别人的立场""置身于每个他人的地位""站在别人的地位上思维""考虑到任何他人思想中的表象方式"。

> 平常的人类知性的以下[反思性主观]准则虽然不属于这里作为鉴赏判断的[评判]部分，但却毕竟能够用做其原理的阐明。它们是如下准则：1.自己思维；2.站在别人的地位上思维；3.任何时候都与自己一致地思维。第一个准则是无成见的思维方式的准则，第二个准则是开阔的思维方式的准则，第三个准则是一以贯之的思维方式的准则。④

---

① [德]康德《判断力批判》，李秋零译，《康德著作全集》第5卷，中国人民大学出版社2007年，S.290，第302页。
② 生活世界的"遗忘状态"。户晓辉《返回爱与自由的生活世界——纯粹民间文学关键词的哲学阐释》，江苏人民出版社2010年，第298页。"匿名的领域。"同上引书，第302页。"匿名状态。"同上引书，第302页。"匿名的存在和无名的存在。"同上引书，第303页。"以隐藏自己的方式构造着。"同上引书，第303页。"非主题化的存在。"同上引书，第303页。
③ [德]康德《判断力批判》，李秋零译，《康德著作全集》第5卷，中国人民大学出版社2007年，S.177，第186页。
④ [德]康德《判断力批判》，李秋零译，《康德著作全集》第5卷，中国人民大学出版社2007年，S.294，第306页。

因此康德才说，"与健康知性 [ 或健全知性 ] 相比，鉴赏有更多的理由可以被称为 sensus commmunis（共通感）""健全知性 [ 或健康知性 ] 这一名称所指的不是别的什么东西，而恰恰就是这种 [ 任意性的反思性判断力'寻求'理性'托付给它'以主观原则的先验 ] 能力"。①康德特别解释了"平常的人类知性 [ 即健康知性或健全知性'托付给'任意性反思性判断力 ] 的……[ 主观 ] 准则"中的第二条。

> 至于思维方式 [ 即任意性的反思性判断力"寻求"理性"托付给它"] 的第二个准则，我们通常都习惯于把其才能不堪大用的人称为有局限的（狭隘的，不开阔的对立面）。然而在这里，我们说的不是认识能力，而是合目的地运用认识能力的思维方式：这种思维方式，无论人的自然天赋所达到的范围和程度多么小，仍表明一个人具有开阔的思维方式，如果他把如此之多的别人都如同被封闭在其中的主观的私人判断条件置之度外，并从一个普遍的立场（他惟有通过置身于别人的立场才能规定这个立场）出发对他自己的判断加以反思的话。②

康德使用先验逻辑方法演绎地还原出来的人类"思维方式的第二个准则"——"置身于别人的立场""置身于每个他人的地位""站在别人的地位上思维""考虑到任何他人思想中的表象方式"——与康德阐明的现代德性论 - 伦理学道德内在立法（道德）的客观原则（德性法则第二条）"把他人意志的目的也作为我的意志目的"（大意），以及法权论 - 法学道德外在立法（法律）的客观原则（法权法则）"把我的意志权利也作为他人意志的权利"（大意）③是完全一致

---

① [ 德 ] 康德《判断力批判》，李秋零译，《康德著作全集》第 5 卷，中国人民大学出版社 2007 年，S.169，第 178 页。
② [ 德 ] 康德《判断力批判》，李秋零译，《康德著作全集》第 5 卷，中国人民大学出版社 2007 年，S.295，第 307 页。
③ "每个人想为自己的行动 [ 规定地 ] 设定什么目的，这听凭他的自由任意。但是，行动的

的。这说明，任意性反思地"寻求"理性"托付"给任意（用以规定客观原则）的理性主观原则（准则）的"思维方式"，尽管很晚才被人们（例如康德、胡塞尔……）认识到并用于规定客观法则，但从来都匿名地隐藏在人类平常知性、日常理性（健全知性、健康理性）的反思性任意性"共通感"先验情感形式的"思维方式"即匿名地隐藏在无论是前现代君主共同体非正常的日常生活世界还是现代民主社会"私人生活领域"正常的日常生活世界的任意性反思状态中——所以康德才说"共通感""这一理念在这里是作为绕不过去的条件（必不可少的 [ 先验 ] 条件）而默默地预设的"——任意性反思地"寻求"理性（用以规定客观原则）的主观原则而理性也"托付"给任意以理性自身的反思性"主观原则"的这种隐藏、匿名状态，康德有理由称之为自由意志（含理性和任意）的"源始性状"①，由此我们才好理解近代以来无论为自然现象还是为人类道德生活现象"寻求 [ 客观 ] 法则"的"哥白尼革命"的主观性起源。

四

任意性自律地反思"寻求"理性"托付"给任意的理性"先验自由"主观原则，既可以被用作任意性反思性"共通感"先验情感形式"主观的原则"，也可以被用作任意性反思性"源始共联性"（先验交互性）纯粹理性形式的主观"原理"，后者用以理性地进一步"寻求""主观上对我们的理性在特殊的经验规律上

---

准则却是先天 [ 反思 ] 地确定的：就是说，行动者的自由能够与任何他人的自由安置在一条普遍的 [ 法权 ] 法则并行不悖。"[ 德 ] 康德《道德形而上学》，张荣、李秋零译，《康德著作全集》第 6 卷，中国人民大学出版社 2007 年，S.382，第 395 页。
①"柏拉图本人就是这门科学的大师，他曾因事物的这样一种我们可以撇开一切经验来揭示的源始状，因心灵能够从存在者的超感性原则中来汲取这些存在者的和谐的能力而欢欣鼓舞，这使他超越经验概念提升到理念，而这些理念在他看来只能通过与一切存在者的起源的一种理智的共联性来解释。"[ 德 ] 康德《判断力批判》，李秋零译，《康德著作全集》第 5 卷，中国人民大学出版社 2007 年，S.363，第 377 页。"源始知性。"同上引书，S.410，第 427 页。"共联一体的原则。"同上引书，S.412，第 429 页。"源始的有机化。"同上引书，S.418，第 435 页。"按照法律规则的共联性。"同上引书，S.465，第 486 页。

的运用有效"①的客观法则。以此，任意性作为一般理性所具有的自律性反思性能力②，就不仅存在于任意性反思性判断力（没有对象）的"地域"，而且也自律地存在于任意性理性反思（同样没有对象）的"地域"之中，从而形成了任意性被知性他律地规定以及因遵从理性而自律地自我规定的"领域"与任意性单纯自律地反思的"地域"之间的"紧张关系"③，而不像胡塞尔说的，生活世界（如果任意性就在其中）仅仅是"非反思–直向的"。康德以纯粹理性的法权论–法学道德外在立法为例，阐明了任意性（一般理性）如何自我反思地还原到自身纯粹理性"源始共联性"（先验交互性）前提条件，即阐明法权规定"源始地获得 [ 的任何占有 ]……的 [ 必然 ] 可能性根据是……[ 一般理性任意性反思地还原的纯粹理性 ] 源始的共联性"④，康德认为，道德外在立法"惟有通过所有人在一个共同占有中联合起来的任意才能这样做"。⑤

[ 一般理性的任意性通过内在的、自律的反思而还原到纯粹理性 ]

---

① "我们混淆了反思性的判断力的原理和规定性判断力的原理，混淆了前一种 [ 反思性 ] 判断力（它只是主观上对我们的理性在特殊的经验规律上的运用有效）的自律和后一种 [ 规定性 ] 判断力的他律，这后一种 [ 规定性 ] 判断力必须遵循由知性所给予的（普遍的或特殊的）规律。" [ 德 ] 康德《判断力批判》，邓晓芒译，人民出版社 2002 年，第 240 页。

② "鉴赏只对自律提出要求。若把外人的判断当作自己判断的规定根据，这就会是他律了。" [ 德 ] 康德《判断力批判》，邓晓芒译，人民出版社 2002 年，第 124 页。"对被动的理性、因而对理性的他律的偏好就叫作成见。" 同上引书，第 136 页。"规定的判断就会是他律，而不是像它应该是鉴赏判断那样是自由的并且以自律为根据的了。" 同上引书，第 197 页。"在这个能力中，判断力并不认为自己像在别处经验性的评判中那样服从经验法则的他律。" 同上引书，第 201 页。

③ "主体，是具有主动、积极的意志的主体，是自为的、具有反思能力的主体。这就与日常生活的自治性、非反思性形成紧张关系。" 高丙中《日常生活的未来民俗学》，《民俗学前沿研究》，萧放、朱霞主编，商务印书馆 2018 年，第 166 页。

④ [ 德 ] 康德《道德形而上学》，张荣、李秋零译，《康德著作全集》第 6 卷，中国人民大学出版社 2007 年，S.262，第 271 页。"与他人有关，这种占有作为第一次占有，与 [ 根据自然法权法则而实践地公设的 ] 外在自由的法则相一致，而且同时包含在源始的共同占有之中，后者先天地包含着一种私人占有的可能性的根据……第一次占有本身就有法权根据（占有的合法要求），这个根据就是源始的共同占有……因为没有人有责任去查明他 [ 之前 ] 的占有，这个命题就是自然法权的一条原理，它把第一次的占有确立为获得的一个法权根据，每个第一次占有者都能够以此为据。" 同上引书，S.251，第 259 页。

⑤ [ 德 ] 康德《道德形而上学》，张荣、李秋零译，《康德著作全集》第 6 卷，中国人民大学出版社 2007 年，S.261，第 269 页。

源始的共联性（communio fundi originaria；communio mei et tui origi-naria；communio originaria）是一个具有客观的（法权上实践的）实在性的 [ 先验 ] 理念，完全不同于那种虚构出来的 [ 在历史上即在时间中作为经验性概念的 ] 初始的共联性，因为后者必须是一种 [ 外在地、他律地 ] 建立起来的共联性，而且必须产生自 [ 经验性交互规定的初始社会 ] 契约。①

"我的"和"你的"的 [ 任意性初始 ] 共联性（communio）的状态绝不能被设想为源始的 [ 任意性共联性状态 ]，而是必须（通过一个外在的 [、他律的经验性交互规定的 ] 法权行为）被获得；虽然对一个外在对象的占有只能是 [ 起源于 ] 源始地共同的 [ 占有 ]。即使人们（或然地）设想一种 [ 内在的、反思的任意性 ] 源始的共联性（communio mei et tui originaria）（"我的"与"你的"源始的共联性），它也毕竟必须与初始的共联性（communio primaeva）区别开来，后者被假定为是在人们中间有法权关系的最初 [ 历史 ] 时间建立起来的，并且不像前者那样能够建立在 [ 先验 ] 原则上面，而是只能建立在历史 [ 经验 ] 上面，此时，后者毕竟总是必须被设想为 [ 初始地、外在地、经验地 ] 获得的和 [ 外在地 ] 派生的派生关联性。②

但根据康德，更重要的是，任意性反思性"源始的共联性"只能产生于单数主体（卢梭所谓"私意"）的任意性，而不能产生自多数个体（卢梭所谓"众意"甚至"公意"）的任意性在历史上或在时间中外在地、他律地、经验地协商的交互规定性，即便是初始共联性。

---

① [ 德 ] 康德《道德形而上学》，张荣、李秋零译，《康德著作全集》第 6 卷，中国人民大学出版社 2007 年，S.251，第 258 页。
② [ 德 ] 康德《道德形而上学》，张荣、李秋零译，《康德著作全集》第 6 卷，中国人民大学出版社 2007 年，S.258，第 266 页。

[反思性任意性源始的共联性]毕竟是从每个人的特殊意志中[内在地、自律地、反思地]派生出来的，并且是全面的[共联性]，因为一种源始的获得只能从单方面的意志中[内在地、反思地、自律地]产生出来。①

一种源始的获得中只能是单方面的（单方面的或者个别的意志）[内在的自律性反思的结果]。②

获得作为源始的，也只是单方面的任意[内在地、自律地反思]的后果；因为如果为此需要的一个双方面的任意，那么，这种获得就是从两个（或多个）人[外在的、经验的、他律]的契约中，因此从他人的"他的"[外在性、经验性、他律性契约]中派生出来的。③

以这种[源始共联性的]方式来获得，其可能性是以任何[初始共联性的]方式都无法看出，也不能通过[初始共联性的]根据来阐明的，相反，它出自[任意性反思性源始的共联性]实践理性公设的直接后果。但是，这同一个[包含了规定性和反思性的]意志却毕竟只能就它包含在一个先天地联合起来的（亦即通过把一切可能进入一个相互之间的实践关系中的人的任意[内在地、反思地、自律地先天]联合起来的）、[但能够转换为]绝对颁布命令的[规定性]意志中而言，才授权一种外在的获得；因为单方面的意志（就连双方面的、但毕竟是特殊的意志，也属于此列）不能把一种就自身而言[初始契约]偶然的义务强加给每一个人，相反这需要一个全面的意志，不是偶然的、而是先天地、因而必然地联合起来的、仅仅因此[任意性反思性源始共联性]而立法的意志[，但这只能从单方面而不是从双方面甚至多方面的任意

---

① [德]康德《道德形而上学》，张荣、李秋零译，《康德著作全集》第6卷，中国人民大学出版社2007年，S.259，第268页。
② [德]康德《道德形而上学》，张荣、李秋零译，《康德著作全集》第6卷，中国人民大学出版社2007年，第272页。
③ [德]康德《道德形而上学》，张荣、李秋零译，《康德著作全集》第6卷，中国人民大学出版社2007年，第267页。

性中内在地、反思地、自律地还原出来]；因为只有按照这种意志的原则，每一个人的自由任意和每个人的自由[在外在立法中]的一致，因而一种一般而言的法权，从而甚至一种外在的"我的"和"你的"[的法权]，才是可能的。①

康德的想法是，唯有通过单方面（个体）任意性"实践的自由"即对感性"免于……"的"独立性""消极自由"，才必然可能内在地、反思地、自律地还原出任意性"源始的共联性"（先验交互性），并进一步自我转换为纯粹理性"先验意义上的自由概念"，为纯粹理性"去做……"的普遍（实证）立法奠定"积极自由""实践自由"的规定性、构成性先验条件。而这是单方面甚至多方面任意性的经验交互性外在、他律"初始共联性"无法做到的事情，因为任何未经内在地、自律地反思的经验性交互性任意性，都不可能拥有对感性"消极自由""先验自由"的"独立性"，从而不具备普遍立法的纯粹理性"理智资格"。

任意性反思性"源始共联性"的先验理念，从判断力的角度说，是反思性任意性的先验交互性情感形式的"共通感""共同体感觉"，从一般理性的角度说，就是反思性任意性的先验交互性"共同意志"②的"公民状态"——"一个为了立法而普遍现实地联合起来的意志的[先验交互性]状态，就是公民状态"③——公民社会是"公民状态"在历史上、在时间中的现实实现，但即便在前公民社会或"[公民]状态的前奏"④即任意性非反思-直向的"自然状态"⑤中，反思性任意性

---

①[德]康德《道德形而上学》，张荣、李秋零译，《康德著作全集》第6卷，中国人民大学出版社2007年，S.263—264，第272页。
②[德]康德《道德形而上学》，张荣、李秋零译，《康德著作全集》第6卷，中国人民大学出版社2007年，S.257，第265页。
③[德]康德《道德形而上学》，张荣、李秋零译，《康德著作全集》第6卷，中国人民大学出版社2007年，S.264，第273页。
④[德]康德《道德形而上学》，张荣、李秋零译，《康德著作全集》第6卷，中国人民大学出版社2007年，S.267，第276页。"仿效理性的前奏。"[德]康德《判断力批判》，李秋零译，《康德著作全集》第5卷，中国人民大学出版社2007年，S.314，第328页。
⑤[德]康德《道德形而上学》，张荣、李秋零译，《康德著作全集》第6卷，中国人民大学出版社2007年，S.264，第273页。"缺乏[任意源始共联性]外在正义的自然状态。"同上引书，S.334，第346页。

"源始共联性""公民状态"的"理念在这里 [ 也 ] 是作为绕不过去的条件（必不可少的条件）而默默地预设的"。以此，"消极自由""实践自由"的任意性存在于其中的非反思 – 直向的"私人生活领域" – 日常生活世界"自然状态"，只是胡塞尔现象学经验直观的一个观念假象。由于即便在所谓任意性的"自然状态"中，任意性也"毕竟 [ 内在地、自律地、反思地 ] 有意于这种 [ 公民 ] 状态"①，所以看起来非反思 – 直观的任意性"自然状态"的"私人生活领域" – 日常生活世界才对于无论前现代君主共同体还是现代民主社会的"公共政治领域"才是奠基性的。

按照外在自由的公理，只能产生自一个源始地和先天地联合起来的意志（意志为了这种联合并不以一个 [ 社会契约的 ] 法权行为 [ 而是以一个源始共联性 ] 为前提条件），因而只能在公民状态中产生（分配的正义原则），惟有这个 [ 内在的、自律的先验交互性反思的 ] 意志才规定，什么是正确的，什么是法权，什么是正当的。②

[ 源始地 ] 获得的 [ 纯粹 ] 理性资格只能存在于所有人的一个先天联合起来的（必然要联合起来的）意志的理念中，这一理念在这里是作为绕不过去的条件（必不可少的条件）③ 而默默地预设的；因为通过单方面的意志并不能强加给他人一种他们自身通常不会具有的责任。——但是，一个为了立法而普遍现实地 [ 但通过内在地、自律地反思而先天地 ] 联合起来的意志的状态，就是公民状态。因此，只有与一个公民状态的理念相符合，亦即就公民状态及其造就而言，但在这种状态实现以前（因为若不然，获得就会是 [ 外在地、他律地、经验地 ] 派生的了），

---

① [ 德 ] 康德《道德形而上学》，张荣、李秋零译，《康德著作全集》第 6 卷，中国人民大学出版社 2007 年，S.267，第 276 页。
② [ 德 ] 康德《道德形而上学》，张荣、李秋零译，《康德著作全集》第 6 卷，中国人民大学出版社 2007 年，S.267，第 276 页。
③ "作为绕不开的条件……必不可少的条件。" [ 德 ] 康德《判断力批判》，李秋零译，《康德著作全集》第 5 卷，中国人民大学出版社 2007 年，S.319，第 333 页。

因而仅仅是暂时的 [ 获得 ]，某种外在的东西才能被源始地获得。——永久的获得只发生在 [ 先验交互地反思的 ] 公民状态中。[①] 走出那种 [ 任意性非反思－直向的 ] 自然状态并进入公民状态，而惟有公民状态才使一切获得成为永久的。[②]

这样，当反思性任意性"源始共联性"作为"理想原因的联结"[③] "因而作用因的联结就能够同时被评判为由终极因而来的结果"[④] 即当"公民状态"已现实地实现为公民社会，"私人生活领域"－日常生活世界已分离于公共政治领域——"私人生活与公共生活的分裂"[⑤] ——的历史条件下，"拯救生活世界""保卫日常生活"只是一个后现代性"免于……"的"消极自由"反思性、调节性"实践自由"命题——这就好比说"如果我们没有科学 [ 世界 ] 我们就不需要 [ '生活世界' ] 这个概念"（阿隆·古尔维奇）[⑥]；反过来说，有了科学世界也就有了生活世界，因而其实无须"拯救""保卫"——唯当"公民状态"尚未现实地实现为公民社会，在"建构公民社会"的同时"拯救生活世界""保卫日常生活"才是一个现代性"去做……"的"积极自由"建构性、规定性"实践自由"命题。但无论在哪种条件下，"建构公民社会"以"拯救生活世界""保卫日常生活"都是任何时代、任何共同体－社会的"存在理由"；这是因为，"只有任意才能被称做自由"，因而唯有通过每一个人（所有的人）即"单方面的或者个别的"任意，才可能内在地、自律地、反思地还原到任意性"共同体感觉""共通感""共同意

① [ 德 ] 康德《道德形而上学》，张荣、李秋零译，《康德著作全集》第 6 卷，中国人民大学出版社 2007 年，S.264，第 273 页。
② [ 德 ] 康德《道德形而上学》，张荣、李秋零译，《康德著作全集》第 6 卷，中国人民大学出版社 2007 年，S.264，第 273 页。
③ [ 德 ] 康德《判断力批判》，李秋零译，《康德著作全集》第 5 卷，中国人民大学出版社 2007 年，S.373，第 387 页。
④ [ 德 ] 康德《判断力批判》，李秋零译，《康德著作全集》第 5 卷，中国人民大学出版社 2007 年，S.373，第 388 页。
⑤ [ 英 ] 伯林《自由》，收入 [ 英 ] 伯林《自由论》，胡传胜译，译林出版社 2011 年，第 291 页。
⑥ 转引自户晓辉《返回爱与自由的生活世界——纯粹民间文学关键词的哲学阐释》，江苏人民出版社 2010 年，第 290 页。

志""源始共联性"的"公民状态""公民性"的"先验自由"——尽管"先验自由"的先验情感形式、纯粹"理智资格",作为人类共同体的"存在理由"好像"与行动无关""既不能被称为自由的也不能被称为不自由"——以此,我们才有理由断言,尽管前现代君主共同体是时间上在先,现代民主社会却是逻辑上在先①;进而,现代公民社会"自由民主制度"②下与公共政治领域相分离的"私人生活领域"–日常生活世界的任意性之不被干预、不被干涉——即便在前公民状态的"自然状态"中,任意性只是匿名地隐藏着——才具有理所当然的奠基性正当性,从而任意的"人性本身就是一种尊严"。③

---

① "虽然公民宪政的现实性在主观上是偶然的,但这种宪政 [ 的理想 ] 在客观上,亦即作为义务,却仍然是 [ 先验地 ] 必然的。" [ 德 ] 康德《道德形而上学》,张荣、李秋零译,《康德著作全集》第 6 卷,S.264,第 272 页。"当我们把一个过程的结果视为它的原因的原因时,这就是目的性的概念,即这个过程是'为了'它的结果而发生的。这个在古代亚里士多德那里就已经有这样的说法了,说是树先于种子,成人先于孩子,因为树和成人是种子和孩子的'目的因'。所以在目的因中,和一般的因果关系不同,不是原因决定结果,而恰好是结果决定原因,是倒过来的。"邓晓芒《康德〈判断力批判〉释义》,三联书店 2008 年,第 316 页。"尽管传统文化是时间上在先,普遍理想却是逻辑上在先,传统文化只是人类的普遍理想在特殊的时空条件下并非完满的偶然显现,而现代文化的公民社会、民主社会则是人类的普遍理想在时空条件中走向完满的必然性进程。"吕微《民俗学:一门伟大的学科——从学术反思到实践科学的历史与逻辑研究》,中国社会科学出版社 2015 年,第九章"民俗复兴与公民社会相联结的可能性——古典理想与后现代思想的对话",第 323 页。另参见同上引书,"'公民社会':民俗学实践研究的先验语境",第 527—541 页。尽管对此,社群主义者会说:"在缺乏任何种类社会形式的情况下声称一种 [ 逻辑上在先的 ] 权利,就像在一种没有货币机构的社会中签发支票付账一样可笑。"俞可平《社群主义》,中国社会科学出版社 2005 年,第 105 页。
② [ 英 ] 伯林《自由》,收入 [ 英 ] 伯林《自由论》,胡传胜译,译林出版社 2011 年,第 292 页。
③ "每个人都有权要求其邻人的敬重,而且他也交互地对任何他人有这方面的责任。人性本身就是一种尊严:因为人不能被任何人(既不能被他人,也甚至不能被自己)纯然当做手段来使用,而是在任何时候都必须同时当做目的来使用,而且他的尊严(人格性)正在于此,由此他使自己高于一切其他不是人、但可能被使用的世间存在者,因而高于一切事物。所以,就像他不能以任何价格出卖自己(这会与自我珍重的义务相抵触)一样,他也不能与他人作为人同样必要的自我珍重相悖而行动,也就是说,他有责任在实践上承认任何他人的人性的尊严,因此,他肩负着一种与必然要向每个人表示的敬重相关的义务。" [ 德 ] 康德《道德形而上学》,张荣、李秋零译,《康德著作全集》第 6 卷,中国人民大学出版社 2007 年,S.462,第 473—474 页。

## 五

尽管分离于公共政治领域的"私人生活领域"－日常生活世界，是根据现代公民社会"自由民主制度"道德外在立法普遍强制的"免于……"的"消极自由"法权原则规定地建构的，但道德外在立法本身却出于纯粹理性"去做……"的"积极自由"的自由实践。而在"私人生活领域"－日常生活世界内部，由于任意性也或然地被理性规定而合于甚至出于道德内在立法的德性原则而自我强制"去做……"的"积极自由"而自由地实践，以至于民俗学家的头脑中产生幻觉，以为"私人生活领域"－日常生活世界中任意性"去做……"的"积极自由""实践自由"，是复制的前公民状态－"自然状态"下任意性"去做……"的"积极自由"的"实践自由"[①]，因而不过是没有"私人生活领域"的公共政治－道德领域的任意性美德伦理学以德立国－以德治民一统天下的旧时王谢堂前燕飞入现代与公共政治领域相分离的"私人生活领域"－日常生活世界的寻常百姓家，从而站在时间的立场上礼失求诸野地给予了肯定性的价值判断，以为是前现代文化在现代的遗留（"文化遗留物"）。[②]

根据现代公民社会"自由民主制度"的普遍道德立法，现代人"私人生活领域"－日常生活世界的正当或正常秩序应当是这样的：任意性凭借其"免于……"的"消极自由"的人权原则应承担的法权义务，可任意地享有自由选择（自在的自由或自律的自由）的充分权利；于是，出于任意性"民俗的""民俗性""表演

---

①"以地方外的正统思想为标准来改造地方内的民俗传说，是地方民间文化对外开放时代的民俗精英们的深层理念，它超越申遗思潮，比申遗思潮更内在、更持久。"陈泳超《背过身去的大娘娘——地方民间传说生息的动力学研究》，北京大学出版社 2015 年，"规范传说：二姑姑庙传说案"，第 248 页。"这一理念和实践并非始于'非遗'思潮，它比'非遗'时代更内在、更持久。"陈泳超《规范传说——民俗精英的文艺理论与实践》，《作为实验的田野研究——中国现代民俗学的"科玄论战"》，施爱东整理，中国社会科学出版社 2016 年，第 155 页。
②高丙中《日常生活的现代与后现代遭遇：中国民俗学发展的机遇与路向》，《民间文化论坛》2006 年第 3 期，收入高丙中《日常生活的文化与政治——见证公民性的成长》，社会科学文献出版社 2012 年。

性"，从完全负责任的"完全表演"①或"完整表演"②( full performance )，到不完全负责任的"不完全的表演"③"并非完全的表演"④"部分的表演"⑤，直到完全不负责任的"非表演"⑥和"不是表演"⑦的表演，都是合法且合理的，只要任意性"民俗的""民俗性""表演性"，没有突破外在立法道德底线而反表演地表演。

康德甚至为合于义务 – 责任更出于美德的现代伦理学划分出不同的实践领域——①以"去做……"的"积极自由""实践自由"为责任原则的德性论 – 伦理学道德内在立法实践领域；②以"免于……"的"消极自由""实践自由"为义务原则的法权论 – 法学道德外在立法实践领域。在《道德形而上学基础》和《道德形而上学》中，康德把根据道德法则的道德责任 – 义务进一步划分为：①对自己和对他人完全的、狭义的法权责任（ perfect duty ）；②对自己和他人不完全的、广义的德性义务（ imperfect duty ）。⑧

①[ 美 ] 鲍曼《作为表演的口头艺术》，杨利慧、安德明译，广西师范大学出版社 2008 年，第 31 页，第 80 页，第 106 页，第 132—133 页，第 152—153 页，第 186 页，第 206 页。"持续不变的、完全的表演。"同上引书，第 132 页。"稍纵即逝的、突破性进入的表演。"同上引书，第 132 页。"表演的突破性进入。"同上引书，第 149 页。"突破性地进入了完全的艺术性的表演。"同上引书，第 152 页。"突破性进入的表演。"同上引书，第 153 页。

②[ 美 ] 鲍曼《作为表演的口头艺术》，杨利慧、安德明译，广西师范大学出版社 2008 年，第 85 页。

③[ 美 ] 鲍曼《作为表演的口头艺术》，杨利慧、安德明译，广西师范大学出版社 2008 年，第 80 页。

④"有限度地表演。"[ 美 ] 鲍曼《"表演"新解》，杨利慧译，《民间文化论坛》2015 年第 1 期。"有限定的表演。"[ 美 ] 鲍曼《作为表演的口头艺术》，杨利慧、安德明译，广西师范大学出版社 2008 年，第 69 页。"有限定的或者协商性的表演。"同上引书，第 132 页。"有限定的、不确定的、协商性的、变换的或者部分的表演。"同上引书，第 133 页。"非完全的、变换的表演。"同上引书，第 134 页。"缺乏完全的叙述。"同上引书，第 143 页。"缺乏表演。"同上引书，第 153 页。"表演缺失。"同上引书，第 145 页。"'草率的表演'（ performance in a perfunctory key ）。"同上引书，第 31 页。

⑤[ 美 ] 鲍曼《作为表演的口头艺术》，杨利慧、安德明译，广西师范大学出版社 2008 年，第 132—133 页。

⑥[ 美 ] 鲍曼《作为表演的口头艺术》，杨利慧、安德明译，广西师范大学出版社 2008 年，第 202—203 页。

⑦[ 美 ] 鲍曼《作为表演的口头艺术》，杨利慧、安德明译，广西师范大学出版社 2008 年，第 202 页。

⑧"伦理义务是广义的 [ 不完全 ] 责任，而法权义务则是狭义的 [ 完全 ] 责任。"[ 德 ] 康德《道德形而上学》，张荣、李秋零译，《康德著作全集》第 6 卷，中国人民大学出版社 2007 年，S.390，第 402 页。"惟有不完全的义务才是德性义务。"同上引书，S.390，第 403 页。

一些 [ 法权 ] 义务是限制性的（否定的义务），另一些 [ 德性义务 ] 是扩展性的（对自己的肯定的义务）；就人的本性的目的而言，前者禁止人违背这种 [ 法权 ] 目的而行动，因此只关涉道德的自保，后者命令使任意的某个对象成为自己的 [ 德性 ] 目的，关涉人自己的 [ 道德 ] 完善化；其中二者要么作为无为的 [ 即"免于……"的"消极自由""实践自由"的法权 ] 义务（阻止和禁止），要么作为有为的 [ 即"去做……"的"积极自由""实践自由"的 ] 义务（运用许可的力量）而属于德性，但都是作为德性义务而属于德性的。前者属于人的道德健康（为了存在），既作为其外感官的对象，又作为其内感官的对象，为的是保持自己本性的完善（作为接受性），后者属于道德的富足（为了更好地存在，道德的富足），这种富足在于拥有意志足以实现一切目的的能力，这是就这种能力是可以获得的并且属于其自己的陶冶（作为实际的完善）而言的。——对自己的义务的前一个原理在于如下格言：按照自然生活，也就是说，保持你自己本性的完善；第二个原理在于如下命题：使你自己比纯然的自然所造就的你 [ 在道德上 ] 更完善（完善你自己如目的，完善你自己如中道）。① 人们可以用两种方式来思考目的与义

"自然的完善……具有广义的 [ 德性 ] 责任。我们心中的道德性的培养……也仅仅具有广义的 [ 德性 ] 责任。"同上引书，S.391—393，第 404—405 页。"广义的责任。"同上引书，S.394，第 407 页。"伦理义务必须被设想为广义的义务，而不是被设想为狭义的 [ 法权 ] 义务。"同上引书，S410. 第 422 页。"伦理学与广义的 [ 、不完全的 ] 义务相关，而法权论则与纯狭义的 [ 、完全的 ] 义务相关。"同上引书，S.411，第 423 页。"[ 法权义务和德性义务 ] 都是作为德性义务而属于德性。"同上引书，S.419，第 428 页。"人在其自然完善性方面对自己的 [ 道德 ] 义务仅仅是广义的和不完全的 [ 德性 ] 义务。"同上引书，S.446，第 456 页。"这种对自己的义务是一种在性质上狭义的和完全的 [ 法权 ] 义务，尽管在程度上是一种广义的和不完全的 [ 德性 ] 义务，这是由于人性的脆弱。因为义务是追求这种完善性，而不是（在此生）实现这种完善性，因而对这种义务的遵循只能在于不断的进步，所以这种完善性的客体（人们应当使其实施成为自己目的的理念）方面虽然对自己 [ 在完善性的实现方面 ] 是狭义的和完全的 [ 法权 ] 义务，但考虑到主体 [ 对完善性的追求方面 ] 却是对自己的广义，仅仅是不完全的 [ 德性 ] 义务。"同上引书，S.446，第 457 页。"就我们自己人格中的人性这一目的而言对自己的一切义务都只是不完全的 [ 、广义的德性 ] 义务。"同上引书，S.447，第 458 页。
① [ 德 ] 康德《道德形而上学》，张荣、李秋零译，《康德著作全集》第 6 卷，中国人民大学

务的关系：或者从［法权责任的］目的出发，发现合乎［法权］义务的
行动的准则；或者相反，从［德性］义务出发，发现同时是［出于德性］
义务的目的。①

康德认为，对他人的完全责任（例如不能骗人）和对自己的完全责任（例
如不能自杀），是每一个人都必须（不能不）承担的否定性狭义法权责任；但是，
对他人不完全的道德义务（应该帮助他人）和对自己不完全的道德义务（应该发
展或完善自己），尽管也是每一个人都应该（也能够）承担的道德义务，因而是
值得赞许的，但却不能强制每一个人都必须承担，而是应该"允许""许可"有
不履行义务、不承担责任的例外，因而是肯定性的广义德性义务。② 以此，现代
公民社会"自由民主制度"道德立法的实证设计，充分地考虑到每一个人（公
民）"人格中的人性"（德文 Menschheit in unserer Person，英文 humanity in our
person）③ 即 "任意性"④ 在人格上的尊严（必然可能行出德性和德行）与（不被感

出版社 2007 年，S.419，第 428—429 页。
① [德] 康德《道德形而上学》，张荣、李秋零译，《康德著作全集》第 6 卷，中国人民大学
出版社 2007 年，S.382，第 395 页。
② "允许是一个并不违背责任的行动（被允许的东西）。" [德] 康德《道德形而上学》，张荣、
李秋零译，《康德著作全集》第 6 卷，中国人民大学出版社 2007 年，S.222，第 230 页。
③ "人格中的人性"（德文 Menschheit in unserer Person，英文 humanity in our person）。"人格
中的人性"，康德也表述为 "在我们人格中作为自在目的本身的人性"（德语：Menschheit in
unserer Person，als Zweck an sich selbst；英语：humanity in our person，as an end in itself）) [德]
康德《道德形而上学奠基》，杨云飞译，邓晓芒校，人民出版社 2013 年，S.430，第 65 页；
Immanuel Kant，*Groundwork of the Metaphysics of Morals*，A German-English Edition，Engish
translation by Mary Gregor，Cambridge University Press，New York，2011，S.430，P.88-89. 康
德有时区分 "人格" 与 "主体"："人格性（homo noumenon[ 作为本体的人 ]）" 与 "主体的人
（homo phaenomenon[ 作为现象的人 ]）"。[德] 康德《道德形而上学》，张荣、李秋零译，《康
德著作全集》第 6 卷，中国人民大学出版社 2007 年，S.239，第 250 页。有时不区分 "人格"
与 "主体"："人惟有作为人格来看，亦即作为一种道德实践理性的主体，才超越于一切价格
之上；因为作为这样一种人（作为本体的人），他不可以仅仅被评价为达成其他人的目的的
手段，哪怕是达成他自己的目的的手段，而是应当被评价为目的自身。" 同上引书，S.434—
435，第 445 页。
④ "人格是其行为能够归责的主体。因此，道德上的人格性不是别的，就是一个理性存在者
在道德法则之下 [ 纯粹理性 ] 的自由。" [德] 康德《道德形而上学》，张荣、李秋零译，《康
德著作全集》第 6 卷，中国人民大学出版社 2007 年，S.223，第 231 页。邓晓芒认为，"任意"
在康德那里可以等同于 "人格中的人性"。"人性当然也有可能设定道德目的，但它同时也可

性决定但仍然受感性影响的）"人性的脆弱"。① 这样，因为对人格的实践信仰，现代公民社会的宪法保证公民任意性天赋（自在或自律选择）的自由权利；因为对"人格中的人性"的理论认识，民法、刑法也规定了公民任意性"禀好"（Neigungen/）② 的道德底线；尽管作为道德外在立法，无论宪法还是民法、刑法，"都是作为德性义务而属于德性的"的立法，统一地指向了在道德上"不断的进步"③ 即从"保持完善"到"造就更完善"的完整人性－人格理想。

说到道德目的的完善性，虽然在理念上（在客观上）只有一种德性（作为准则的道德力量），但在事实上（在主观上）却有大量具有异质性状的德性，在它们中间，如果人们想寻找的话，不可能不发现某种非德性（尽管它们正是因为德性而通常不使用恶习的名称）。但是，自我认识永远不使我们充分了解种种德性的总和是完备的还是有欠缺的，它可以说明只有不完全的 [、广义的德性] 义务才是 [包含了] 完全的 [、狭义的法权义务的完整道德义务体系]。④

这意味着，现代公民社会是一个既信仰地承认每一个人作为公民因先验（应然且必然可能）地拥有道德能力而生而具有自由的天赋权利，又宽容地承认每一个人作为公民而与生俱来地拥有幸福欲求的自然禀赋权利——康德关于纯粹理性普遍立法的自由意志（理性）和一般理性任意选择的自由意志（任意）的自由意

以自由地设定非道德的目的，它的禀赋只是这种自由的任意。"邓晓芒《从 Person 和 Persönlichkeit 的关系看康德的目的公式》，《德国哲学》2014 年卷，社会科学文献出版社 2015 年，第 98—99 页。邓晓芒《关于 Person 和 Persönlichkeit 的翻译问题——以康德、黑格尔和马克思为例》，《哲学动态》2015 年第 10 期。另参见邓晓芒《什么是自由？》，《哲学研究》2012 年第 7 期。

① [ 德 ] 康德《道德形而上学》，张荣、李秋零译，《康德著作全集》第 6 卷，中国人民大学出版社 2007 年，S.446，第 457 页。
② [ 德 ] 康德《实践理性批判》，韩水法译，商务印书馆 1999 年，"索引·禀好"，第 180 页。
③ [ 德 ] 康德《道德形而上学》，张荣、李秋零译，《康德著作全集》第 6 卷，中国人民大学出版社 2007 年，S.446，第 457 页。
④ [ 德 ] 康德《道德形而上学》，张荣、李秋零译，《康德著作全集》第 6 卷，中国人民大学出版社 2007 年，S.447，第 458 页。

志二分法，为现代公民社会的道德立法制度分别奠定了宪法和民法、刑法的形而上学基础——于是，在不逾越法权义务道德底线（不危害他人的自然权利和自由权利）的道德外在立法条件下，法律允许每一个人（所有的人）在道德外在立法"免于……"的"消极自由""实践自由"人权原则下，在"私人生活领域"－日常生活世界中，任意地选择从出于德性的道德性主观行为动机直到仅仅合于法权的合法性客观行动结果之间多元化、多样性"民俗的""民俗性""表演性"①，从

①"每个人都可以是自由的，即便我对他的自由全然不关心，或者即便我内心里很想破坏他的自由，只要我通过自己的外在行为并没有损害他的自由。使依法行动成为我的准则，这是伦理学向我提出的一个［法权］要求。"［德］康德《道德形而上学》，张荣、李秋零译，《康德著作全集》第 6 卷，中国人民大学出版社 2007 年，S.231，第 239 页。"只要意图不是教人德性，而是仅仅阐明什么是正当的，那么，人们甚至不可以也不应当把那个法权法则表现为行动的动机。"同上引书，S.231，第 239 页。"就像一般的法权仅仅以行动中外在的东西为客体一样，严格的法权，即不掺杂任何伦理性［主观］因素的法权，就是除了外在的规定根据之外不要求任意的其他［主观］规定根据的法权；因为这样一来，它就是纯粹的、不掺杂任何是德性的［主观］规定。所以，一种严格的（狭义的）法权，人们只能称之为完全外在的法权。现在，这种法权虽然基于每个人根据法则的责任意识，但据此来规定任意，如果它应当是纯粹［不掺杂德性动机的］，它就不可以也不能够依据这种作为动机的意识，而是因此就立足于一种外在的、与每个人根据普遍法则的自由都能够共存的强制之可能性的原则之上。"同上引书，S.232，第 240 页。"迷信无非是烧香、磕头、许愿、祈祷而已，如同基督徒的祈祷画十字、佛教徒的数念珠一样，只要这种行为没有危害他人、危及国家民族利益，那就应该永远属于个人的心理行为。……充分尊重每一个民族选择自己的信仰、包括图腾信仰的权利和自由，不仅是宪法赋予公民的权利和义务，而且也是保持我国民族和世界文化多样性的需要。"刘锡诚《非物质文化遗产中的民间信仰和神秘思维问题》，收入刘锡诚《非物质文化遗产：理论与实践》，学苑出版社 2009 年，第 95—96 页。"从比较被动的方面说，公民个人对他人的容忍、宽容是必有的心态，整个社会要能够容忍差异。社会上总是有太多不合己意的人和事，但是自己不会贸然干涉（当然可以心生反感，但是批评要有礼貌）。抽象地说，无论他人追求幸福的行为与自己的价值观多么不同，只要没有伤害到谁，都应该允许存在。宽容的价值在我们的社会相对来说是比较突出的。没有宽容，我们的社会不可能像今天这样呈现宗教、意识形态、生活方式等方面的多样化局面。今天我们不时能够听到对社会道德'败坏'的感叹，对社会主义集体价值观失落的批评，但是它们通常并不动员谁来强迫当事人放弃什么。现在还真的很难得有几个人把自己当'人民'，能够理直气壮地把意志加诸别人身上。"高丙中《"公民社会"概念与中国现实》，《思想战线》2012 年第 1 期，收入高丙中《日常生活的文化与政治——见证公民性的成长》，社会科学文献出版社 2012 年，第 293—294 页。"在所有价值中，自由理当是最高的价值，因为它是一切价值之基础，是价值多元性的前提。如果有一种价值是反自由的，那么它一定是反多元的。所以，如果要维护价值的多样性，必定要维护自由本身。同样，因为人类是自由的，所以，文化一定是多样的。"黄裕生《何处是我邦？——从京剧〈文姬归汉〉谈起》，《人民论坛》2011 年总第 343 期，收入黄裕生《站在未来的立场上》，三联书店 2014 年，第 135 页。"只有建立在自由者之间的关系秩序基础之上的稳定，才是保持差异与多元的和谐。"黄裕生《康德为什么"不喜欢"中国？》，《文景》2010 年第 3 期，收入黄裕生《站在未来的立场上》，三联书店 2014 年，第

而给现代公民社会的公共政治领域之外的"私人生活领域"－日常生活世界正常、正当地"留下了自由任意的一个活动空间"。① 所谓任意性的自由空间是指：在广义的、不完全的肯定地允许例外的德性高阶标准，与狭义的、完全的否定地不许可例外的法权底线标准之间的"活动余地""回旋余地"②，同时鼓励公民在法权底线道德标准的"完善"之上追求道德上的"更完善"。

> 一种广义的义务并不被理解为对行为的准则之例外情形的一种许可，而只是一个义务准则被另一个义务准则所限制的许可，由此事实上扩大了德性实践的领域。义务越宽泛，从而人去行动的责任越不完全，尽管如此他（在自己的意向中）使遵从这种责任的准则越接近狭义的义务（法权义务），其德性行动就越完全。③

这样，现代公民社会"自由民主制度"在道德上普遍立法的设计理念，就是在承认所有的人作为公民天赋的自由能力（也就是道德能力）和自由权利（也就是道德权利）的基础上，承认作为公民的每一个人任意选择承担德性义务或者仅仅选择承担法权责任的自由权利，"让每个人都承担责任"④，让每个人都"有责任在实践上承认任何其他人的人性的尊严，因此，他肩负着一种与必然要向每个他人表示的敬重相关的义务"⑤，那么现在，"如果我们没有通过违背我们[应该承担

---

106 页。

① [ 德 ] 康德《道德形而上学》，张荣、李秋零译，《康德著作全集》第 6 卷，中国人民大学出版社 2007 年，S.390，第 403 页。

② "[ 道德 ] 义务只是一种广义的义务 [ 包括广义的、不完全的德性义务，和狭义的、完全的法权义务 ]，它在这方面做多做少，有一个回旋余地，不能明确地给出它的界限。"[ 德 ] 康德《道德形而上学》，张荣、李秋零译，《康德著作全集》第 6 卷，中国人民大学出版社 2007 年，S.393，第 406 页。"伦理学……准许它的不完全的 [ 广义德性 ] 义务有活动余地。"同上引书，S.411，第 423 页。"准许自由的人性有一个活动空间。"同上引书，S.446，第 457 页。

③ [ 德 ] 康德《道德形而上学》，张荣、李秋零译，《康德著作全集》第 6 卷，中国人民大学出版社 2007 年，S.390，第 403 页。

④ [ 德 ] 康德《道德形而上学》，张荣、李秋零译，《康德著作全集》第 6 卷，中国人民大学出版社 2007 年，S.267，第 276 页。

⑤ [ 德 ] 康德《道德形而上学》，张荣、李秋零译，《康德著作全集》第 6 卷，中国人民大学出版社 2007 年，S.462，第 474 页。

的狭义、完全的法权 ] 义务而使我们自己不配幸福，那么，我们就也能够希望分享幸福"。①

六

回到上一节的问题：民俗学如何与民俗对象的最终目的保持一致？如果民俗对象的最终目的，就是作为民俗对象的每个人（所有人）的任意性自由意志本身。但是，如果作为民俗对象最终目的的任意性，或者被纯粹理性所规定而"积极自由""去做……"地在公共政治领域中参与公民社会的普遍立法，或者被纯粹理性所规定而"积极自由""去做……"地在私人生活领域－日常生活世界中出于德性（道德性主观行为动机）地行出德行，或者仅仅被一般理性所规定而"消极自由""免于……"地在私人生活领域－日常生活世界中合于法权（合法性客观行动结果）地行出价值上"无关紧要"即既不是"+a"也不是"－a"而只是"0"② 而被"允许""许可"③ 的行为或行动——"因为没有其他人有权要求我牺牲

---

① [ 德 ] 康德《道德形而上学》，张荣、李秋零译，《康德著作全集》第 6 卷，中国人民大学出版社 2007 年，S.482，第 492 页。

② 从行动的客观结果来看："德性义务的履行是功德 =+a；但对它的违背却并不马上就是过失 =-a，而仅仅是道德上的无价值 =0。" [ 德 ] 康德《道德形而上学》，张荣、李秋零译，《康德著作全集》第 6 卷，中国人民大学出版社 2007 年，S.390，第 403 页。"假如存在有善 =a，那么，它的矛盾对立面就是非善。后者要么是纯然缺乏善的一种根据的结果 =0，要么是善的对立面的一种积极的根据的结果 =-a。在后一种场合里，非善也可以叫做积极的恶。……假如我们心中的道德法则不是任意的任何动机，那么道德上的善（任意与法则一致）=a，非善 =0，但后者纯然是缺乏一种道德动机的结果 =a×0。然而，[ 从行为的主观动机来说，] 我们心中现在确实有动机 =a，因此，缺少任意与法则的一致（=0），这只有作为一种对任意的事实相反的规定的结果，即只有作为任意的一种反抗的结果 =-a，只有通过一种恶的任意才是可能的；而在判断行动的道德性所必须依据的一个恶的意念和一个善的意念（准则的内在原则）之间，并不存在中间物。一个在道德上的无所谓善恶的行动（道德上的中间物）将是一个纯然产生自自然法则的行动，它与作为自由法则的道德法则毫无关系，因为它不是一种 [ 有价值的 ] 作为 [ 而只是一种与价值无关的自然行为 ]，对于它来说，无论是指令还是禁令还是许可（合法则的权限）都无法作出 [ 价值判断 ]，或者 [ 价值判断 ] 都是不必要的。" [ 德 ] 康德《纯然理性界限内的宗教》，李秋零译，《康德著作全集》第 6 卷，中国人民大学出版社 2007 年，S.22"注释①"，第 21 页。

③ "一个既不被要求也不被禁止的行动，就只是允许的，因为就这种行动而言，根本就不存在任何限制自由（权限）的法则，而且也没有任何义务。这样一种行动叫做道德上无关紧要

我那并非不道德的 [ 任意性 ] 目的"①——进而，如果任意性规定性的所有所作所为，都起源于任意性反思性先验交互性"公民状态""公民性"（高丙中）的"共通感""共同体感觉"形式"能力"和"源始共联性"纯粹理性形式"能力"，那么，以民俗对象的最终目的即任意性为目的的实践民俗学的内在目的论，似乎就应该采用不同的方法（方法论）来看待、对待先验（普遍）交互性任意性的"公民性"与经验（文化）多样性任意性"民俗的""民俗性""表演性"。

　　具体地说，尽管民俗对象的最终目的只有一个，这就是每个人（所有人）的任意性自由意志——"只有任意才能被称做自由"——但由于任意性本身在意向形式 – 质料方面的规定性"实践自由"（含"积极自由"和"消极自由"）和反思性"先验自由"之间的"领域"与"地域"分野，则如若民俗学希望自身的目的与民俗对象本身的最终目的保持一致，似乎就应该（应当）也能够：一方面则采用现象学观念直观方法，描述地还原出规定性任意性在公民社会公共政治领域和私人生活领域即日常生活世界中"实践自由""民俗的""民俗性""表演性"正常（或非正常）义务 – 责任内容；另一方面采用先验论理念演绎方法，还原反思性任意性作为公民社会公共政治领域和私人生活领域即日常生活世界的正当性权利形式条件的"公民性"，而且还要再进一步反思地还原出作为公民社会的正当性权利形式条件的"公民性"在反思性任意性"地域"中的"先验自由"起源。

　　现在，首先，在现代民主社会自由民主制度道德普遍立法（特别是道德外在立法）已具备的正常条件下，现象学地直观描述民俗对象最终目的的规定性任意性"实践自由""民俗的""民俗性""表演性"内容，"就已经是在通过'呈现社会事实'而维护、促进民众的表演权利"②的"公民性"正当性权利形式条件。其次，在现代民主社会自由民主制度道德普遍立法（特别是道德外在立法）尚不具

---

的（无关紧要的东西、中性物、完全有可能的事情）。"[ 德 ] 康德《道德形而上学》，张荣、李秋零译，《康德著作全集》第 6 卷，中国人民大学出版社 2007 年，S.223，第 230 页。

① [ 德 ] 康德《道德形而上学》，张荣、李秋零译，《康德著作全集》第 6 卷，中国人民大学出版社 2007 年，S.388，第 401 页。

② 吕微《民俗学：一门伟大的学科——从学术反思到实践科学的历史与逻辑研究》，中国社会科学出版社 2015 年，第十章"'表演的责任'与民俗学的'实践研究'——鲍曼《表演的否认》的实践民俗学目的 – 方法论"，第 374 页。

备或"无法有效地运作"①的非正常条件下，通过对规定性任意性的现象学观念直观进而先验论理念演绎而还原出反思性任意性的"共通感""共通感感觉"和"共同意志""源始共联性"的"公民状态""公民性""先验自由"能力，进而用"公民性""养成"公民、用"公民状态""建构公民社会"，就仍然是以民俗对象本身的最终目的为自身目的的现代民俗学必做的实践功课。

这里，将规定性任意性"实践自由""民俗的""民俗性""表演性"作为民俗学现象学经验的观念直观起点，之所以是重要的，乃是因为，无论在公民社会的正常条件下还是在前公民社会的非正常条件下，反思性任意性"共通感""共同体感觉"形式和"共同意志""源始共联性"纯粹理性形式的"公民状态""公民性""先验自由""能力"，也始终内在于每个人（所有人）特殊、个别的任意性当中而默默地被预设着。但现在的问题是，如果反思性任意性"先验自由""能力"作为规定性任意性"实践自由""实施"的必然可能性条件就内在于任意性本身；那么，无论对反思性任意性"先验自由"的先验演绎还是对规定性任意性"实践自由"的现象学直观，看起来都好像是一个同一性的分析命题，而且就目的和手段来说是一个假言命题——我意愿某一个目的，是因为我意愿另一个目的，而这一个目的只是我意愿另一个目的的手段——但康德认为，这并不是一个假言命题而是定言命题，更不是一个分析命题而是先验综合命题。而这正是康德关于"任意性"的思想最深刻、微妙之处，从而不仅为现代社会宪政制度奠定了任意性自由权利与道德责任－义务的形而上学基础，更为现代学术的自由实践提供了与实践目的论相统一的认识方法论的先验逻辑前提。

根据康德，我们首先现象学地直观到规定性任意性的"实践自由"，然后穿越对规定性任意性"实践自由"观念的现象学直观而先验论演绎地还原出反思性任意性"先验自由"理念："共通感""共同体感觉"形式以及"共同意志""源始共联性"纯粹理性形式的"公民状态""公民性"。反思性任意性的"先验自由"理念，不同于规定性任意性"实践自由"现象学观念的经验性现象——"实践的

①[美]马尔霍兰《康德的权利体系》，"导论"，赵明、黄涛译，商务印书馆2011年，第13页。

自由可以通过经验来证明""人作为感官存在者，按照经验来看，表现出一种不仅遵循法则，而且也违背法则作出选择的 [ 实践自由 ] 能力""尽管经验足够经常地证实 [ 实践自由任意选择 ] 这种事情曾经发生"；但"[ 先验 ] 自由概念……它是这样一个概念，不可能在某种可能的经验中给它提供任何恰当的例证，因此，它并不构成一种对我们而言可能的理论知识的任何对象"① 也"不能经验性地预设为解释现象的根据"——尽管看起来反思性任意性"先验自由"理念和规定性任意性"实践自由"的经验性概念表象了"同一个意志"。

　　任意的 [ 先验 ] 自由不能通过遵循或者违背法则来行动的 [ 实践自由 ] 选择能力（无区别的自由）来界定，虽然任意作为 [ 实践自由 ] 现象在经验中提供着这方面的一些常见的例子。因为我们只知道自由（正如我们通过道德法则才能够认识的那样）是我们的一种消极 [ 自由 ] 的属性，即不受任何感性的规定根据的强制而去行动。但是，作为本体，也就是说，按照纯然作为理智的人的 [ 先验自由 ] 能力来看，正如它就感性的任意而言是强制的那样，因而安置在其积极 [ 自由 ] 的性状来看，我们在理论上却根本不能展示它。我们只能清楚地看出这一点：尽管人作为感官存在者，按照经验来看，表现出一种不仅遵循法则，而且也违背法则作出选择的 [ 实践自由 ] 能力，但毕竟不能由此来界定他作为理知存在者的 [ 先验 ] 自由，因为现象不能使任何超感性的 [ 先验 ] 客体（毕竟 [ 先验 ] 自由的任意就是这类东西）得以理解。而且，[ 先验 ] 自由永远不能被设定在这一点上，即有理性的主体也能够作出一种与他的（立法的）理性相冲突的选择；尽管经验足够经常地证实 [ 实践自由的任意选择 ] 这种事情曾经发生（但我们却无法理解发生这种事的 [ 先验 ] 可能性）。——因为承认一个（经验的 [ 实践自由 ]）命题是一回事，而使之成为（自由任意的 [ 先验 ] 概念的）解释原则并且成为普

① [ 德 ] 康德《道德形而上学》，张荣、李秋零译，《康德著作全集》第 6 卷，中国人民大学出版社 2007 年，S.221，第 228 页。

遍的区分标志（与动物的或者奴性的任意相区分）则是另一回事：因为前者并没有断定这标志必然属于概念，但这却是后者所必需的。[①]

但是，也正因为还原出了反思性任意性"公民状态""公民性"的"先验自由"理念，规定性任意性"实践自由""民俗的""民俗性""表演性"等现象学经验的"任意"概念，才赢得了实践"自由任意的一个[正常性]活动空间"的自律性正当性条件。康德认为，这就是一个先验综合的定言命题，即用反思性任意性"公民状态""公民性"的"先验自由"理念综合地规定规定性任意性"实践自由""民俗的""民俗性""表演性"的现象学观念的经验现象。现在，以民俗对象的最终目的为民俗学的内在目的的反思性任意性"先验自由"理念，就是民俗对象的"目的王国"[②]的"先验自由"理念。这个反思性任意性"公民状态""公民性""目的王国"的"先验自由"理念（"当然这只是一个理想"），作为民俗对象最终目的的内在目的条件，一旦通过规定性任意性"实践自由"实现为公民、公民社会的现实（"通过我们的行为举止能成为现实"），公民、公民社会就会成为民俗对象最终目的的外在目的条件。即，在现代公民社会自由民主制度普遍立法条件下，"兼职公民"的"私人生活领域"才必然可能分离于公共政治领域，从而让日常生活世界赢得自身自律性正常性的正当性（合法性、合理性）条件。于是在正常地自律的日常生活世界或日常生活自律的正常世界中，我们才必然可能"允许""许可"前公民－"自然状态""宗教的虔诚、骑士的热忱、小市民的伤感"[③]以美德伦理学的规定性任意性名义正常地、自律地"实践自

---

① [德]康德《道德形而上学》，张荣、李秋零译，《康德著作全集》第6卷，中国人民大学出版社2007年，S.226—227，第234页。

② "目的论把自然当做一个目的王国来考虑，道德学把一个可能的目的王国当做一个自然王国来考虑。在前者目的王国是解释现存事物的一个理论的理念。在后者，它是一个实践的理念，为的是使尚未存在、但通过我们的行为举止能成为现实的事物，恰恰按照这一理念实现出来。"[德]康德《道德形而上学奠基》，杨云飞译，邓晓芒校，人民出版社2013年，S.436"康德注"，第74页。"理性存在者通过共同的客观法则而形成的一种系统的联合，即一个王国，而由于这些法则的意图正在于这些存在者互为目的和手段的关系，这个王国就可以叫做目的王国（当然这只是一个理想）。"同上引书，S.433，第70页。

③ [德]马克思、恩格斯《共产党宣言》，《马克思恩格斯选集》第一卷，人民出版社1972

由"其"民俗的""民俗性""表演性"的正当性①，也只有在法权"自由空间"条件下，美德伦理学也才必然可能成就规定性任意性"实践自由"出于道德的道德性。进而民俗学也就更能够宽容于"似乎往往具有一种更加温暖、积极、浪漫、田园诗般的或更易懂的［审美］内涵"的前公民－"自然状态"的"社区"②，在"国家在场"（高丙中）的准正常条件下，规定性任意性正当地"实践自由""双名制"（高丙中）"礼俗互动"③"民俗协商"④，进而宣称"为民俗复兴辩护就是为自由辩护"。⑤也只有在现代公民社会自由民主制度普遍立法条件下，公民也才必然可能且现实地过上一种"社区主义"的正当性、正常性"自主自如地生活"。⑥但是，在规定性任意性美德伦理学一统天下的前公民－"自然状态"下，"自主自如地生活"——普通人"心安理得、泰然处之的日常生活"，"自在、自得、自由的日常生活""不受外部力量强制介入的日常生活"的"不受干预的正当性"——其实是断不可能的。只有在现代公民社会自由民主制度普遍立法条件下，当"私人生活领域"分离于公共生活领域，根据道德外在立法"免于……"的"消极自

---

年，第253页。

① 户晓辉《什么是民间江湖的爱与自由》，《民俗研究》2016年第4期。

② ［比利时］马克·雅各布《不能孤立存在的社区——作为联合国教科文组织2003年〈保护非物质文化遗产公约〉防冻剂的"CGIs"与"遗产社区"》，唐璐璐译，《西北民族研究》2018年第2期。

③ 张士闪《礼与俗：在田野中理解中国》，齐鲁书社2019年；《礼俗互动：中国社会与文化的整合》，赵世瑜、张士闪主编，齐鲁书社2019年。

④ 高丙中《世界社会的民俗协商：民俗学理论与方法的新生命》，《民俗研究》2020年第3期。

⑤ 吕微《民俗学：一门伟大的学科——从学术反思到实践科学的历史与逻辑研究》，中国社会科学出版社2015年，第九章"民俗复兴与公民社会相联结的可能性——古典理想与后现代思想的对话"，第322页。

⑥ "说到'理想的民众生活'，中国古代的思想家已经提供了很经典的范式，简单地说来，中国古代的老百姓也基本上过一种散漫的生活，它就是本着习俗生活的，虽然散漫却和平，那是一种消极相安的日子。所以，中国的古人不晓得什么叫'国家'，他只晓得'天下太平'，这个'天下'是没有边界的，而'国家'是有边界的，国与国之间是抵抗性的，因此，'国家'相对于'天下'便是一种退步。中国人向来梦想着'天下太平'，希望朝廷及其各级官吏不要管他，希望统治者'无为而治'。作为一位古代中国的'民'不比现代社会的'公民'更理想吗？……中国古代思想理念中的'民'已经达到了'自主自如地生活'的境界，现在反过来提供一个'公民'理念，是否是一种倒退呢？"王杰文《"生活世界"与"日常生活"——关于民俗学"元理论"的思考》，《民俗研究》2013年第4期。

由"法权义务－责任，规定性任意性"实践自由""自主自如地生活"才是必然可能且现实的。所以，前现代－"自然状态"并不是民俗对象的自律性黄金时代、白银时代，而只是民俗对象他律的黑铁时代，至多是黄铜时代，只有进入现代公民社会以后，有了自由民主制度的道德普遍立法，民俗对象才迎来了自身任意性规定性"实践自由"自在自若的自律性人间天堂。因为现代公民社会自由民主制度的道德普遍立法（"建构公民社会"），"私人生活领域"独立于公共政治领域而回归正常的日常生活世界（"拯救生活世界""保卫日常生活"），是每个人（所有人）的规定性任意性"民俗的""民俗性""表演性""实践自由"的正当性、正常性外在目的条件；反过来说，每个人（所有人）反思性任意性"公民状态""公民性"的"先验自由"理念，又是公民、公民社会（公共政治领域＋"私人生活领域"即日常生活世界）的奠基性内在目的条件。这是因为，唯有通过作为个体主体的每个人（所有人）的规定性任意性"实践自由""民俗的""民俗性""表演性"，才必然可能（超验综合地）还原出反思性任意性"共通感""共同体感觉"形式和"共同意志""初始共联性"（纯粹理性先验交互共同体）的"先验自由"理念——而不是规定性任意性在时间中的"初始共联性""社会契约"（一般理性意志的经验性交往共同体），后者已经是前者在现实中的实现结果①——进而通过"去做……"的规定性任意性的"积极自由""实践自由"，才必然可能将"公民状态""公民性"现实地实现（实证）为公民和公民社会，从而让每个人都领受、享有因"公民性"而作为、成为公民的自由权利与道德能力的天赋尊严，进而让所有人的规定性任意性"实践自由""民俗的""民俗性""表演性"，都能够正当地、正常地或者选择"去做……"的"积极自由"而承担起道德责任－义务的美德，或者选择"免于……"的"消极自由"而仅仅承担起法权责任－义务。而这也就是说，现代公民社会自由民主制度道德普遍立

---

① "如果说伦理共同体是基于这种本原共在而生长起来的伦常共同体，那么国家共同体则是在这种本原共在与伦理共同体的基础上通过契约而成的法律共同体。"黄裕生《人类此世的一个绝对希望——论康德有关共和政体与永久和平的思想》，《江苏行政学院学报》2013年第1期，收入黄裕生《站在未来的立场上》，三联书店2014年，第269页。

法的规定性任意性既以自身（任意）为目的，也以自身（理性）为自身（任意）目的的目的条件，而这正是现代公民社会自由民主制度普遍立法条件下，公共政治领域和"私人生活领域"－日常生活世界共同的"先验自由"理念基础。尽管表面上看起来，反思性任意性和规定性任意性之间的"推论中包含着一个隐秘的循环"①，因为反思性任意性和规定性任意性作为"同一个意志"，按照形式逻辑，"一个不能用来解说另一个，以及［一个不能］为另一个提供根据"。②但这不仅混淆了任意性的反思性和规定性之间的差异，更混淆了规定性任意性"实践自由"（含"积极自由"和"消极自由"）的"实施"与反思性任意性"先验自由"的"能力"之间的理性辩证法。反思性任意性"先验自由"的"公民状态""公民性"，作为规定性任意性"实践自由"的公民社会的立法条件和前公民"自然状态""自愈机制"③的内在目的条件；规定性任意性"实践自由"的公民社会（公共政治领域）作为同样是规定性任意性"实践自由"的日常生活世界（"私人生活领域"）的外在目的条件；以及规定性任意性"实践自由"的日常生活世界（"私人生活领域"）作为反思性任意性"先验自由""公民状态"的内在目的，进而作为规定性任意性"实践自由"公民社会（公共政治领域）的目的，无论康

①"似乎在我们从自由到自律，又从自律到德性法则的推论中包含着一个隐秘的循环，也就是我们是不是把自由的理念仅仅只是为了德性法则才奠定为基础，以便然后再从自由中推论出德性法则……"［德］康德《道德形而上学奠基》，杨云飞译，邓晓芒校，人民出版社 2013 年 S.453，第 99 页。

②"显然，在此人们必须坦率地承认，这样一种循环看起来是无法摆脱的。我们假定自己在起作用的原因的秩序中是自由的，是为了在德性法则之下的目的秩序中来设想自己，接着，我们把自己设想为服从这些德性法则的，是因为我们已把意志自由赋予了自己；这是因为，自由和意志的自己立法两者都是自律，因而是可以互换的概念，但正是由于这一点，一个不能用来解说另一个，以及为另一个提供根据，而是最多只能是为了逻辑的意图，把同一对象的那些显得不同的表象归结为一个唯一的概念。"［德］康德《道德形而上学奠基》，杨云飞译，邓晓芒校，人民出版社 2013 年，S.450，第 95 页。

③张举文《非物质文化遗产与中国文化的自愈机制》，《民俗研究》2018 年第 1 期；张举文《文化自愈机制及其中国实践》，《北京师范大学学报》（哲学社会科学版）2018 年第 4 期。

德怎样表面地承认是一个"循环论证"①甚至是一个"拙劣的循环解释"②；但毕竟前者（反思性任意性"先验自由"的"公民性"）构成后者（规定性任意性"实践自由""民俗的""民俗性""表演性"）的"存在理由"③的同时，后者（"民俗的""民俗性""表演性"）也构成了前者（"公民性"）的"认识理由"，因而我们只有通过"拯救""保卫"后者（积极或消极的"实践自由"的规定性任意性）才可能还原出前者（"先验自由"的反思性任意性），从而让规定性任意性"实践自由"与反思性任意性"先验自由"相辅相成地成就民俗对象的最终目的以及与民俗对象的最终目的保持一致的实践民俗学内在目的论。

　　这样，如果说在传统的、经典的理论民俗学（家）眼中，民俗对象的最终目的就是民俗对象自身的"集体性"；那么，在瞬间民俗学（者）眼中，民俗对象本身的最终目的就是每一个普通人先天地都具有的"共通感"和任意的"源始共联性"，即先验的"集体性"。而先验的"集体性"同时也就是民俗对象本质最终目的的目的条件。

---

①"纠缠于循环论证之中。"［德］康德《道德形而上学奠基》，杨云飞译，邓晓芒校，人民出版社 2013 年，S.443，第 84 页。"在自己的原因论中陷入了循环论证。"［德］康德《道德形而上学》，张荣、李秋零，《康德著作全集》第 6 卷，中国人民大学出版社 2007 年，S.377，第 390 页。

②"假如那样做了，那将是怎样一个拙劣的循环解释。"［德］康德《道德形而上学奠基》，杨云飞译，邓晓芒校，人民出版社 2013 年，S.443，第 84 页。"前者如何才能通过后者得到解释呢？这是一个定义，它［仅仅］在实践［自由］的概念之上还附加了它的如经验所教导的实施，［而不是从实践自由还原到先验自由，就］是一个在错误的光照下展示这个概念的混血的解释（混合的定义）。"［德］康德《道德形而上学》，张荣、李秋零译，《康德著作全集》第 6 卷，中国人民大学出版社 2007 年，S.227，第 234 页。

③"当我现在把自由称为道德法则的条件，而在随后的著作里面又声称道德法则是我们能够最初意识到的自由所凭借的条件时，为了使人们不误以为在这里遇到了前后不一贯，我只想提醒一点：自由诚然是道德法则的存在理由（retio essendi），道德法则却是自由的认识理由（ratio cognscendi）。因为如果道德法则不是预先在我们的理性中被明白地思想到，那么我们就决不会认为我们有正当的理由去认定某种像自由一样的东西（尽管这并不矛盾）。但是，假使没有自由，那么道德法则就不会在我们内心找到。"［德］康德《实践理性批判》，韩水法译，商务印书馆 1999 年，S.4，第 2 页"注释①"。

## 第三节　家乡民俗学：认识论与伦理学

——安德明《家乡民俗学》的实践意义 ①

（2022 年 10 月 29 日）

安德明《家乡民俗学》2021 年由河北教育出版社出版了。作为学者，我首先向安德明的学术成绩表示祝贺！而作为读者，我也要向出版了安德明《家乡民俗学》的河北教育出版社表示感谢！

"家乡民俗学"，是安德明在 2003 年首先提出的命题，距今已有二十个年头。据安德明自己说，"2002 年前后，我在学术界一些同人的激励和启发下，结合学术史的梳理和个人的研究经验的总结，首次提出'家乡民俗学'的概念"②；但我手中没有明确的文本证据，故仍以 2003 年作为提出"家乡民俗学"命题的时间起点。在《家乡——中国现代民俗学的一个起点和支点》③ 这篇开创性的论文中，安德明首先描述了中国民俗学起步阶段，民俗学家们如何"以家乡民俗为主要搜集对象"的"潮流"，而且"从今天的情形来看，在全国各地，许多地方的民俗学研究者基本上都 [ 仍然 ] 是以自己的家乡民俗为研究对象"。

家乡民俗的研究，却 [ 至今 ] 仍然在学科中占有相当大的比重。这种从民俗学发轫之初就形成的传统，实际上一直贯穿在这门学科的发展

---

① 本节的内容是笔者 2022 年 10 月 29 日在安德明《家乡民俗学》出版座谈会上的发言。
② 安德明《家乡民俗学》，河北教育出版社 2021 年，第 1 页。
③《家乡——中国现代民俗学的一个起点和支点》是安德明 2003 年曾提交给民间文化青年论坛第一届会议的论文，载《民族艺术》2004 年第 2 期，收入陈泳超主编《中国民间文化的学术史观照》，黑龙江人民出版社 2004 年，第 231—251 页。"我在……《重返故园——一个民俗学者的家乡历程》[ 广西人民出版社 2004 年 ] 一书中，首次提出了'家乡民俗研究'的概念并对它进行了比较全面的论述。"安德明《家乡民俗学》，河北教育出版社 2021 年，第四章 家乡民俗学理念的发展历程与当代价值"，第 74 页。

过程中，构成了中国民俗学的一个显著特征。①

但是，中国民俗学的"家乡民俗研究"这一"传统"和"显著特征"，站在早期文化人类学的立场上看，只能被视为非客观、非科学的做法。

在 [文化人类学] 民族志研究兴起的早期，占主导地位的观点是：民族志是一门"文化科学"，通过田野调查和研究者的努力，我们能够发现客观的"真实"和科学的文化规律，发现人类社会的普遍特性。因此，研究者应该到陌生的异文化当中去进行田野作业，以寻找和发现有关人类社会与文化的"科学理解"，因为只有在异文化当中，研究者才容易保持客观的立场。这样的一种观点，在很长一段时间内都占据着统治地位，成了所有民族志学者不敢违背的指导原则。受这种观点的支配，研究者关于自己文化的研究，一直是被排斥、被禁止的，其主要的理由就是，研究者会因为过于熟悉自己的文化、对这种文化熟视无睹而忽略了其中的某些重要因素，更会因为主观因素的过多参与而破坏了研究的客观性。②

于是，

[当] 家乡成了中国民俗学中重要的田野场所，而民俗学由此也获致了一个先天的悖论：按照科学的原则建构起来的民俗学，却没有遵循与之密切相邻的经典人类学当中最强调的科学原则，即主张研究异文

① 安德明《家乡——中国现代民俗学的一个起点和支点》，载《民族艺术》2004 年第 2 期，收入陈泳超主编《中国民间文化的学术史观照》，黑龙江人民出版社 2004 年，第 231—251 页。
② 安德明《家乡——中国现代民俗学的一个起点和支点》，载《民族艺术》2004 年第 2 期；收入陈泳超主编《中国民间文化的学术史观照》，黑龙江人民出版社 2004 年，第 231—251 页；另见安德明《家乡民俗学》，河北教育出版社 2021 年，"第二章 从家乡走出的中国现代民俗学"，第 42 页。

化、禁止关于熟悉文化之研究的规则。①

但是，

　　20 世纪 60 年代以来，随着学术的发展，传统民族志所追求、标榜的田野调查的"客观性""科学性"，日益受到了质疑……越来越多的人类学者和民族志学家开始认识到，田野调查和民族志写作总是不可避免地包含着诸多人的、主观因素和意识形态的影响，研究者永远也无法达到所谓"纯粹的客观和科学"，而只能是通过描述来表达自己对社会、文化、人生的阐释，揭示部分的真理……这样的认识使得被追求"客观性""普遍性""真理性"等目的所遮掩和遏制的调查者的情绪、感受、经历等主观因素，开始越来越多地被当作严肃的话题引入学术研究领域，而研究者对自身文化的研究也不再因主客观之争而受到限制，从而逐渐打破了民族志研究中排斥自身文化的禁忌。由此，出现了一大批以自身文化为研究对象的著作。这种研究被概括为"本土民族志"（Indigenous Ethnography）或"局内人的民族志"（Insider Ethnography）。②

　　现在，我们越来越多地把民俗学理解成人与人之间富有人性的一系列相遇，田野调查，也不再是调查客观真理的文化科学，而变成了揭示

① 安德明《家乡民俗学》，河北教育出版社 2021 年，"第三章 当家乡成为田野：伦理与方法"，第 55—56 页。
② 安德明《家乡——中国现代民俗学的一个起点和支点》，载《民族艺术》2004 年第 2 期；收入陈泳超主编《中国民间文化的学术史观照》，黑龙江人民出版社 2004 年，第 231—251 页；另见安德明《家乡民俗学》，河北教育出版社 2021 年，"第二章 从家乡走出的中国现代民俗学"，第 42—43 页。"田野调查和民族志写作总是不可避免地包含着诸多人的主观因素和意识形态的影响，研究者永远也无法达到'纯粹的客观的科学'，而只能通过描述来表达自己对社会、文化、人生的阐释，揭示部分的真理。正是在这种思潮的变化中，'家乡的''本土的'研究得到了学界的接纳，出现了一大批以自身文化为研究对象的著作，它们逐渐形成了一种新的研究潮流，即'本土民族志'（Indigenous Ethnography）或'局内人民族志'（Insider Ethnography）。"同上引书，"第四章 家乡民俗学理念的发展历程与当代价值"，第 65 页。

部分真理的某种表达或交流的方式。①

安德明比较了中国民俗学的"家乡民俗研究"与西方 1960 年代以后兴起的"本土民族志"或"局内人民族志"。

中国民俗学当中的"家乡民俗研究",与西方的"局内人民族志"有着相似的地方。但两者又有着关键的不同:前者是在缺乏理论总结的情形下无意识地走出的一条道路,后者则属于一种经过反省之后的学术自觉。这样,二者在理论系统、方法基础等方面具有着较大差别,也就是自然而然的了。②

中国民俗学在发展的早期缺乏对家乡民俗研究 [ 科学方法 ] 的反思和总结,大概同以下原因有关:早年知识分子所做的搜集工作(主要集中在民间文学作品上),并不是严格意义上的田野作业,而只是针对文本所做的采录。其主要目的是为文学而不是为"科学",他们工作的重点主要是放在对民间文学作品的记录而不是整体生活文化的研究上。因此,搜集材料的过程——也即与人打交道的过程,并不是最为重要的问题……③

①安德明《家乡民俗学》,河北教育出版社 2021 年,"导论 作为范畴、视角与立场的家乡民俗学",第 9 页。"随着'研究者与被研究者互为主体'的观念逐渐被接受,田野作业从此变成了'人与人之间的一系列极富人性的相遇'……"同上引书,"第三章 当家乡成为田野:伦理与方法",第 59 页。
②安德明《家乡——中国现代民俗学的一个起点和支点》,载《民族艺术》2004 年第 2 期;收入陈泳超主编《中国民间文化的学术史观照》,黑龙江人民出版社 2004 年,第 231—251 页;另见安德明《家乡民俗学》,河北教育出版社 2021 年,"第二章 从家乡走出的中国现代民俗学",第 45 页。"西方的局内人民族志,是在经过长期的学术反思和理论争鸣之后才逐渐为学界所接受的,而中国民俗学中的家乡研究,则是在缺乏理论探索和处分自觉意识的情形下自然走出的一条道路,二者运用的理论和方法也有较大的差别。"同上引书,"第四章 家乡民俗学理念的发展历程与当代价值",第 65 页。"民俗学本来就在本国或本土开展,这和以异文化为研究对象的人类学在学术传统上有很大不同。后者出现关于本土或家乡研究的学术转向,是学术史和研究取向方面值得研究和反思的一件大事,而前者中出现对家乡的研究,只是一种自然结果。"同上引书,第四章,第 75 页。
③安德明《民俗学家乡研究的理论反思》,载《民间文化论坛》2005 年第 4 期。

安德明注意到中国民俗学特别是早期中国民俗学"学术的"和"文艺的""两个目的",前者的着力点是科学认识,而后者的着力点是文化－政治的伦理实践。随着 20 世纪西方人类学方法从科学认识论到解释学认识论的过渡,被研究对象(客体)与研究者(主体)之间(因客体被视为主体而产生的主体间)关系的伦理问题,被放在了更重要的位置上。但西方人类学的晚近关注,恰恰正是中国民俗学在其起步阶段的主流关切,即并不以科学认识而是以启蒙民众(文化－政治的伦理实践)为最终目的,尽管中国民俗学的先驱者们始终同时强调歌谣运动的两个目的。①

> 本会汇辑歌谣的目的共有两种,一是学术的,一是文艺的。我们相信民俗学的研究在现今的中国确是很重要的一件事情,虽然还没有学者注意及此,只靠几个有志未逮的人是做不出什么来的,但是也不能不各尽一分的力,至少去供给多少材料或引起一点兴味。歌谣是民俗学上的一种重要的资料,我们把他辑录起来,以备专门的研究:这是第一个目的。……从这学术的资料之中,再由文艺批评的眼光加以选择,编成一部国民心声的选集。意大利的卫太尔曾说,"根据在这些歌谣之上,根据在人民的真情感之上,一种新的'民族的诗'也许能产生出来。"所以这种工作不仅是在表彰现在隐藏著的光辉,还在引起当来的民族的诗的发展:这是第二个目的。②

在此基础之上,胡适进一步指出:

①吕微《民间文学－民俗学研究中的"性质世界""意义世界"与"生活世界"——重新解读〈歌谣〉周刊的"两个目的"》,《民间文学论坛》2006 年第 3 期;收入吕微《民俗学:一门伟大的学科——从学术反思到实践科学的历史与逻辑研究》,中国社会科学出版社 2015 年,题目改为"第三章 民间文学－民俗学研究中的'性质世界'与'意义世界'——重新解读〈歌谣〉周刊的'两个目的'",第 80—107 页。
②[周作人]《发刊词》,载《歌谣》第一号,《歌谣》合订本(一),中国民间文艺出版社 1985 年影印。

我以为歌谣的收集与保存，最大的目的是要替中国文学扩大范围，增添范本。我当然不看轻歌谣在民俗学和方言研究上的重要，但我总觉得这个文学的用途是最大的，最根本的。①

据此，安德明指出：

歌谣学运动的发起者，虽然强调搜集歌谣有"学术的"和"文艺的"两个目的，但他们对于"文艺的"目的，也即建设"民族的诗"的热情，显然要远远大于前者。②

当然，安德明并没有否定作为民俗学研究对象的"家乡"的在认识论中"何为'家乡'"③的客体化问题；进而，安德明把被研究客体的对象化与对研究主体的反思性，视为"家乡民俗学""学科定位"④的两大支点。关于"家乡民俗学"的研究者身份，安德明区分了"返乡的学者"和"在乡的学者"，二者之于"家乡民俗学"研究各有其优长，即具有（借用康德术语）"内在于"家乡和超越家乡的两栖身份。⑤而关于"家乡民俗学"的研究对象"家乡"，安德明写道：

我们可以对"家乡民俗学"这一词组中所谓的"家乡"做如下的界

---

① 胡适《复刊词》，载《歌谣》第二卷第一期，《歌谣》合订本（二），中国民间文艺出版社1985年影印。
② 安德明《家乡——中国现代民俗学的一个起点和支点》，载《民族艺术》2004年第2期；收入陈泳超主编《中国民间文化的学术史观照》，黑龙江人民出版社2004年，第231—251页；另见安德明《家乡民俗学》，河北教育出版社2021年，"第二章 从家乡走出的中国现代民俗学"，第40页。
③ 安德明《民俗学家乡研究的理论反思》，载《民间文化论坛》2005年第4期。
④ 安德明《家乡民俗学》，河北教育出版社2021年，"第四章 家乡民俗学理念的发展历程与当代价值"，第76页。
⑤ 安德明《家乡民俗学》，河北教育出版社2021年，"导论 作为范畴、视角与立场的家乡民俗学"，第5—6页。

定：它首先指的是研究者出生于此、生长于此并在此处有比较熟悉或稳定的社会关系，同时又可以被研究者对象化的地方，也就是说，这里的"家乡"，是民俗研究者的家乡，它既是研究者身处其间的母体文化的承载者，又是可以被研究者所超越和观察的一个对象。[①]

研究者把自己熟悉的家乡生活及家乡的父老乡亲对象化的过程，也就是"化熟为生"，即在熟悉的地方寻找陌生性的过程。……对家乡民俗学者来说，则始终存在着要把熟悉的人或事加以陌生化、对象化以便在一段距离之外进行观察和分析的过程。也就是说，在熟悉的地方，我们必须要在思维模式和心理机制上保持一种距离感，一种跳出固有生活圈子并承认观察与被观察、调查与被调查、研究与被研究之新关系的态度，唯此方能相对中立、冷静地去认识和分析我们的研究对象。这种态度，也意味着在具体研究中对主客位区别的认可和坚持。所谓主位，就是指调查者在具体民俗调查的特定活动当中应该处于主动位置，客位则是指北调查者所处的相对被动状态。承认和保存主客位之间的不同，就是要强调，不管是对一个地方也好，对这个对方的人也好，还是对我们曾经经历过而且非常熟悉的文化现象也好，我们都必须以一种观察的态度，以一种学术的视角把它加以对象化，使之成为我们的研究客体，成为技术处理层面客体化的对象。[②]

当然，在"得益于后现代思潮下对科学主义的反思"[③]语境下，仍然坚持有条件的"主客体"认识论做法，安德明并不是没有发出过自我疑问。

---

[①] 安德明《民俗学家乡研究的理论反思》，载《民间文化论坛》2005 年第 4 期。在该文中，安德明首次定义了家乡民俗学的"家乡"概念，见安德明《家乡民俗学》，河北教育出版社 2021 年，"第四章 家乡民俗学理念的发展历程与当代价值"，第 76 页。同样的定义，亦见该书"导论 作为范畴、视角与立场的家乡民俗学"，第 5 页。

[②] 安德明《家乡民俗学》，河北教育出版社 2021 年，"导论 作为范畴、视角与立场的家乡民俗学"，第 7—8 页。

[③] 安德明《家乡民俗学》，河北教育出版社 2021 年，"上篇 家乡民俗学：历史、理论与方法"，第 19 页。

在"主体间性"的概念已成为人文社会科学领域主导性观点的今天，我们却强调研究对象的客体化，强调研究者与被研究者的"主位"与"客位"关系，这是不是意味着与当下的学术潮流背道而驰了呢？①

安德明"家乡民俗学"命题甫一提出，我就表示了"赞成"（原话）与赞赏，并参与了安德明主持的"家乡民俗学：从学术实践到理论反思"的"前沿话题笔谈"。②受安德明"家乡民俗学"命题的启发，我提交给该"笔谈"的题目是《家乡民俗学——民俗学的纯粹发生形式》。什么是民俗学的"纯粹发生形式"？我所谓民俗学的"纯粹发生形式"，也就是作为民俗学"发生条件"（康德的说法叫"存在理由"）的"纯粹关系形式"。③那么，作为民俗学"发生条件"的"关系形式"究竟是怎样的"纯粹"呢？安德明的论述让我们注意到：一个就是认识论（主体－客体）的关系形式；另一个则是伦理学（主体－主体或主体间）的关系形式。因此，是暂时搁置了认识内容（具体意象）和道德内容（具体意向）的纯粹关系形式。在上述两种关系形式中，相对于前者（认识论），后者（伦理学）是更为根本的——用胡适的话说"最大的，最根本的"——民俗学"发生条件"，因此，我称之为"民俗学的基本问题"④，而当年的胡适早就用"我们"这个说法，反复地表达过中国民俗学的这一文化－政治的伦理实践的纯粹关系发生形式的基本问题：

①安德明《家乡民俗学》，河北教育出版社 2021 年，"导论 作为范畴、视角与立场的家乡民俗学"，第 8 页。
②"前沿话题笔谈 家乡民俗学——从学术实践到理论反思"（安德明主持），载《民间文化论坛》2005 年第 4 期。
③《民间文化论坛》的《家乡民俗学：从学术实践到理论反思》专栏中发表的吕微的文章《家乡民俗学——民俗学的纯粹发生形式》，就从发生学的角度，运用现象学的观点，对家乡民俗学给予了很高的定位，认为他就是民俗学的纯粹发生形式。当然，我自己更倾向于把家乡民俗学看作民俗学者观察生活文化、进行自身反思的一个角度……"安德明《家乡民俗学》，河北教育出版社 2021 年，"第四章 家乡民俗学理念的发展历程与当代价值"，第 77 页。
④吕微《家乡民俗学——民俗学的纯粹发生形式》，载《民间文化论坛》2005 年第 4 期。

若把雅俗两字作人类的阶级解，说"我们"是雅，"他们"小百姓是俗，那么说来，只有白话文的文学是"雅俗共赏"的。（胡适《答朱经农》，1918 年）

把社会分作两个阶级，一边是"我们"士大夫，一边是"他们"齐氓细民。（胡适《〈中国新文学大系〉第一集导言》，1935 年）

他们的最大缺点是把社会分作两部分：一边是"他们"，一边是"我们"。一边是应该用白话的"他们"，一边是应该做古文古诗的"我们"。……这种态度是不行的。（胡适《五十年来中国之文学》，1922 年）

我们是我们，他们是他们，那种态度是不行的，非我们就是他们，他们就是我们不可！（胡适《新文学·新诗·新文字》，1956 年）[1]

但是，随着中国民俗学的继续发展，

民俗学的基本问题久已被我们遗忘了，[因] 而提出家乡民俗学的命题可以使我们猛省，使我们意识到学科的基本问题至今仍然是需要学科中人时时自我提醒的事情。[2]

我曾经写道：

没有一门学科的学者像研究民间文学与民俗的学者那样，始终把"民"作为这门学问的基本问题了。……没有一门学科像民俗学这样直逼学科的主体性问题本身了，尽管我们是从"俗"和"文学"的角度直逼主体性的问题。这是民间文学和民俗学的运思传统，对于这个思想和

---

[1]《胡适学术文集·新文学运动》，姜义华主编，中华书局 1993 年，第 62 页，第 149 页，第 237 页，第 282 页。参见吕微《从"我们和他们"到"我与你"》，《民间文化论坛》2004 年第 4 期，收入吕微《民俗学：一门伟大的学科——从学术反思到实践科学的历史与逻辑研究》，中国社会科学出版社 2015 年，第四章，第 124 页。
[2] 吕微《家乡民俗学——民俗学的纯粹发生形式》，《民间文化论坛》2005 年第 4 期。

知识传统，我们不敢轻言放弃，我们将殚精竭虑地去领会先行者的大智慧。①

我不大同意邓迪斯以后的一种观点：既然任何"民"（群体）都有其"俗"（文化）——"对于 20 世纪 60 年代的当代美国民俗学家来说，'民'这个术语可以指至少拥有一个传统因素的任何一种民众群体"②——那么也就没有必要再定义"何为'民'？"了。

> 我们发现，几乎所有的学科都只强调自己研究的内容是什么，没有一个学科在确立它的学科地位的时候先探讨它的研究人群……似乎只有民俗学一直把"我们研究的是什么人的民俗"作为自己的一个重要话题……"民"的概念发展到现在，已经没有下定义的必要了……所以，我们认为"民"的概念发展到现在，应该定义为"全民"或"全人类"。③

但是，中国民俗学者仍然一如既往地、不断地去定义"民"这一概念或范畴，这是因为，研究者如何定义"民"（对象的客体化）？如何建构研究者与"民"（客体化对象）的关系形式（伦理的主体间性），始终是中国民俗学——正如上引胡适所言"最大、最根本"——的第一关切。所以说，中国民俗学在其起步的最初时刻，天生就不是纯粹的认识论，同时也是伦理学，甚至，中国民俗学的发生条件就是——西方人类学 20 世纪 60 年代以后才认识到的——关于"我与

---

① 吕微《从"我们和他们"到"我与你"》，《民间文化论坛》2004 年第 4 期，收入吕微《民俗学：一门伟大的学科——从学术反思到实践科学的历史与逻辑研究》，中国社会科学出版社 2015 年，第四章，第 123 页。
② [美] 邓迪斯《美国的民俗概念》，收入 [美] 邓迪斯《民俗解析》，户晓辉译，广西师范大学出版社 2005 年，第 30 页。
③ 王娟《民俗学概论》，北京大学出版社 2002 年，第 10—11 页，参见吕微《民俗学：一门伟大的学科——从学术反思到实践科学的历史与逻辑研究》，中国社会科学出版社 2015 年，"绪论'内在的'和'外在的'民间文学"，第 15 页。

你"－"我们"主体"间性"关系形式的纯粹伦理学，而《家乡民俗学》正是继承了中国民俗学自发端以来的这一最值得自诩的优良传统。

　　家乡民俗学视角的核心就是主体间性的立场，互为主体的观念，本来就是家乡民俗学者田野实践的指导原则，在具体操作中强调研究对象的客体化，恰恰是以对互为主体立场的坚持和对被研究者的足够尊重为前提的。①

当然，这也就意味着，中国民俗学的双重发生条件，即双重关系形式——主－客体的认识论关系形式与主体－主体之间（主体间性）的伦理学关系形式之间内在的自我矛盾。

　　中国民俗学……在这一学科一个世纪的历程中，许多研究者都是自然而然地以自己的家乡民俗为调查和研究对象，并由此造成了学科中的一个突出的悖论。即在科学主义原则下始终坚持为经典人类学"科学原则"所排斥的家乡研究。中国民俗学是在"五四"时期"民主""科学"精神引领下发展起来的一门学问，科学性是它始终倡导的重要标准。但是，对于被马林诺夫斯基视为"文化科学"的人类学所主张的"科学"规范，即必须在异文化而非熟悉的文化中开展研究的要求，中国民俗学者尽管都不陌生，却非但没有遵循，反而"示威似的"把家乡当成了天经地义的调查场所。结果造成了一方面强调科学、另一方面又忽略"科学原则"的矛盾。这使得民俗学者很长时间以来，始终处在一种困惑或不自信的状态：在坚持家乡研究的同时又在不断怀疑这种做法的科学性。②

①安德明《家乡民俗学》，河北教育出版社2021年，"导论 作为范畴、视角与立场的家乡民俗学"，第8页。
②安德明《家乡民俗学》，河北教育出版社2021年，"导论 作为范畴、视角与立场的家乡民

尽管民主、"文艺的目的"压倒了科学、"学术的目的"，但在具体的研究中，学术研究的科学方法却仍然占据了上风。

> 在以科学思想为主导的调查和研究活动中，研究者对学术的热情和兴趣远远大于其他任何因素；而按照民俗学和民间文学研究当时的学科定位与研究取向，研究的重点是对民俗资料文本的搜集和探讨，而不是语境，是民俗现象本身，而不是作为民俗主体的人。①

> 在研究过程中，民俗学却又时刻强调自己是一门社会科学或人文科学，强调科学方法的重要性……于是，具体方法和技术上对"科学性"的要求与学科基础层面对"科学原则"的忽略，就这样密切地统一在中国民俗学当中，并长期影响着家乡研究者的调查研究方向和心态。②

而这正是中国民俗学在坚持其基本问题的同时所面临的困境，即作为"具体方法和技术"的认识论与作为"学科基础"的伦理学之间的二论悖反，安德明称之为"民俗学先天具有的悖论"或"基本矛盾"③：一方面，认识论以伦理学为主观间客观性发生条件；另一方面，认识论却无法为伦理学提供客观性结果——只能提供胡塞尔所云"主观 - 相对"的"部分真理"④——"家乡民俗学"的命题将中国民俗学发生条件（"基本问题"）的二论悖反这一"自然辩证法"（康德），放

---

俗学"，第 8 页。

① 安德明《家乡民俗学》，河北教育出版社 2021 年，"第三章 当家乡成为田野：伦理与方法"，第 55 页。

② 安德明《家乡民俗学》，河北教育出版社 2021 年，"第三章 当家乡成为田野：伦理与方法"，第 56 页。

③ 安德明《家乡民俗学》，河北教育出版社 2021 年，"第三章 当家乡成为田野：伦理与方法"，第 56 页，第 60 页。

④ "尽管民族志的研究早已经放弃了通过文化科学探究客观真理的追求，却仍然承认通过'写文化'，我们能够反映部分的真实，揭示部分真理。这是学术的目标所在，也是迄今为止我们能够认识到的学科之所以安身立命的根本。"安德明《家乡民俗学》，河北教育出版社 2021 年，"第三章 当家乡成为田野：伦理与方法"，第 62 页。

大了给我们看，这是"家乡民俗学"在学术反思中的重要理论贡献。

所谓民俗学学科的"发生条件""关系形式"即主体间的纯粹形式关系，也就是我们民俗学者常说的"语境"（context，直译"文本间关系"）。张举文将context译作"承启关系"[①]，虽然没有沿用中国民俗学界的主流译法，但由于突出了 context 的"关系"涵义，却有助于我们更有效地使用"语境"这一民俗学的学科术语。"语境"不仅是指认识论曾经追求的主 – 客体间的自然"语境"——"一种相对自然、真实的语境"[②]"自然的传统语境""自然的交往状态""社区生活本来的状态"[③]——而且也是指的伦理学当下建构的主体间"人为""语境"。如果"自然语境"指的是认识论刻意追求的、不受干扰的经验性语境，那么，"人为语境"就指的是伦理学有意建构的、主动介入的"先验语境"，即先于经验性现实（实然）语境的先验理想（应然）语境。[④]

公民社会，就是在当代中国或在中国当下以实践的方式研究中国问题的先验语境条件，只有注意到公民社会是实践地把握当代中国或中国当下的任何问题的先验语境条件，我们才能准确地把握当代中国或中国当下的语境脉络中的根本问题的性质。……把一个先验理想的公民社会，

---

[①] [ 美 ] 丹・本 – 阿默思《在承启关系中探求民俗的定义》，张举文译，《民俗研究》1998 年第 4 期；丹・本 – 阿默思《承启关系中的承启关系》，张举文译，《民俗研究》2000 年第 1 期；丹・本 – 阿默思《民俗的承启关系：暗示与启示》，张举文译，《民间文化论坛》2018 年第 3 期；张举文《一位格物致知的民俗学家（代译序）》，《民俗学概念与方法——丹・本 – 阿默思文集》，中国社会科学出版社 2018 年，x。
[②] 安德明《民俗学家乡研究的理论反思》，《民间文化论坛》2005 年第 4 期。
[③] 安德明《家乡民俗学》，河北教育出版社 2021 年，"导论 作为范畴、视角与立场的家乡民俗学"，第 9 页，第 11 页。
[④] "家乡民俗学又是一种立场或态度。这种态度基于比较的视野，具有鲜明的'主体间性'特征。"安德明《家乡民俗学》，河北教育出版社 2021 年，"导论 作为范畴、视角与立场的家乡民俗学"，第 13 页。而我认为，主体间性的立场，并非基于比较的经验性视野，而是一种先验的态度；经验性的视野，只会产生"优劣"比较的态度，否则"一种被普遍接受的认识或信念，即'百里不同风，千里不同俗'。这种对于不同地域文化差异性的认识和承认，是中国古代十分重要的思想，也构成了不同地域、人群和文化相互之间共存、共处的基本原则"（同上引书，"第一章 对象化的乡愁：中国传统民俗志中的'家乡'观念与表达策略"，第 24 页），就是不可能的。

　　用作实践研究的语境条件，将公民社会的先验理想用作思考现实经验的民间文化、民俗生活的语境条件。……将公民社会的先验理想作为语境条件（以此我们称之为"先验语境"）引入了中国民俗学的实践研究。①

　　公民社会所追求的主体间自由、平等的关系形式——"以研究者和被研究者互为主体的观念，在民俗学、人类学的研究中的确具有革命性的意义，它赋予了研究者一个最基本的理念和视角，那就是要从平等的立场出发，在调查和研究中以平等、尊重的态度对待被研究者"②——当然是一种必然可能性即应然性的先验理想，却不一定就是必然地实然性经验现实。与前期的"家乡民俗学"命题相比，安德明刚刚出版《家乡民俗学》专著，更突出了民俗学研究的先验语境的纯粹关系形式条件，一览《家乡民俗学》的目录，这一倾向即可一目了然：家乡是"民俗学研究的重要场域"，不仅仅是认识论"重要的视角与方法"，更是具有"'[主体]间性'特征"的伦理学"立场和态度"。③借用马丁·布伯的话说，就是从"我与他"的主体－客体的认识论语境关系，过渡到"我与你"的主体－主体间性的伦理学语境关系。这就较之安德明自己前期表述的"家乡民俗学"命题有了更明确的当下表述。也许是不满意自己的前期表述，《家乡民俗学》的"主

---

① 吕微《民俗学：一门伟大的学科——从学术反思到实践科学的历史与逻辑研究》，中国社会科学出版社2015年，第十三章"民俗学的哥白尼革命"，第529页，第532页，第538页。

② 安德明《家乡民俗学》，河北教育出版社2021年，"第三章 当家乡成为田野：伦理与方法"，第61页。

③ "家乡民俗学，既是一个研究的范畴，又是一个视角与方法，还是一种有关文化交流的立场和态度。作为研究范畴，它指的是民俗学从兴起至今贯穿始终的一个重要学术取向，即研究者以其家乡民俗事象为调查、记录和研究对象的主张和相关成果，它占据了中国及世界许多国家民俗学的主体。作为视角与方法，它是指以新的学术思潮为参考，对这种取向所生发和呈现出的理论方法的提炼、总结和发展，具体可归纳为'平等交流、相互尊重''同情理解、共情批判'及'朝向当下'的理念和原则。这种视角与方法，不仅对有关熟悉文化的研究、对反思和调整传统民俗学'向后看'的学术取向具有指导意义，而且对有关一般文化的民族志研究也有积极的参考价值。作为文化交流的立场和态度，家乡民俗学则能够以根植其中的比较视野与'间性'特征，为地方性的社区文化同更大的区域文化、国家文化乃至全球文化的交融，为不同文化之间的相互理解与融合，发挥不容忽视的促进作用。"安德明《家乡民俗学》，河北教育出版社2021年，"结语 走出乡愁的民俗学"，第257—258页。

要参考文献"（第 313 页）中并没有列出《家乡——中国现代民俗学的一个起点和支点》这篇 2003 年的长文，而且只在一条注释中（第 50 页）列出了《民俗学家乡研究的理论反思》这篇 2005 年的短文。尽管 2003 年、2005 年论文的主要内容如今已大部分移置进 2021 年的专著，但我以为，2003 年的论文，不应该被抹去在中国民俗学史上的学术记忆。

当然，"家乡民俗学"的命题，尽管已提出了二十个年头，并且取得了不少的研究实绩，但我还是要指出，这方面的研究仍然是刚刚起步，自觉地参与讨论、实践的学者还不很多，也就是说，还有进一步拓展、深入的实践空间和理论空间。例如，其中一个可能的发展空间就是：如果民俗学者放弃了民俗学研究的自然语境、现实语境客观经验的虚幻性——"越来越多的人类学者和民族志学家开始认识到，田野调查和民族志写作总是不可避免地包含着诸多人的、主观因素和意识形态的影响，研究者永远也无法达到所谓'纯粹的客观和科学'，而只能是通过描述来表达自己对社会、文化、人生的阐释，揭示部分的真理"[1]；"现在，我们越来越多地把民俗学理解成人与人之间富有人性的一系列相遇，田野调查，也不再是调查客观真理的文化科学，而变成了揭示部分真理的某种表达或交流的方式"。[2] 言下之意，"在承认学术研究中各种主观因素的不可避免性并把它作为研究的必要组成因素予以接受的前提下"[3]，既然学术研究不可避免包含意识形态的主观因素，那么我们何不就选择政治正确的意识形态作为主观因素呢？——反而去追求民俗学研究的人为语境、理想语境主观间客观性先验性的必然可能性，那么，民俗学研究是否应该就此完全否定自然语境、现实语境的客观经验性现实性的存在呢？还是借用马丁·布伯的话说，除了主体间"我与你"的理想关系，民俗学研究是否还应该继续关注主－客体之间"我与他"的现实关系。回答是

---

[1] 安德明《家乡——中国现代民俗学的一个起点和支点》，载《民族艺术》2004 年第 2 期，收入陈泳超主编《中国民间文化的学术史观照》，黑龙江人民出版社 2004 年，第 231—251 页。

[2] 安德明《家乡民俗学》，河北教育出版社 2021 年，"导论 作为范畴、视角与立场的家乡民俗学"，第 9 页。

[3] 安德明《家乡民俗学》，河北教育出版社 2021 年，"导论 作为范畴、视角与立场的家乡民俗学"，第 60 页。

肯定的，但是现在，"我与他"的关系，不再是认识论的理论命题，而是经过了"家乡民俗学"洗礼之后的伦理学实践命题。尽管我们无法否认，现实的文化生活并不总是生活文化的理想化，正如胥志强在他的博士学位论文中指出的：

> 叙事性、表现性的文学艺术作品的卓越之处，绝不是仅仅塑造一个处处如意的诗意天堂，而恰恰是将生活的冲突保存在其中。换句话说，这也是着眼于对生活的"问题"意识：对出了"问题"的生活的关注，因为只有出了"问题"的生活才是需要关注的。①

于是，出了"问题"的生活——户晓辉称之为"日常生活出现的实践问题和出了实践问题的日常生活"②——即生活中的苦难重新引发了民俗学学者特别是"家乡民俗学"学者关于"他与我"的问题意识。与"我与你"的主体间自由、平等的理想关系形式不同，"他与我"的客体 - 主体关系形式——正如列维纳斯所言——是不平等的。这种面对"他者"（face to face），面对"他"那既熟悉又陌生的"面孔"和痛苦的"脸色"，"他与我"之间的现实关系形式的不平等性——在交往关系形式中，将"你"甚至"他"的地位置于"我"的位置之上——其实是人们先天地决定的。

> 当燕家台人提及拉家的对话循环时，一定将其描述为"你说我听，我说你听"，而不会描述为"我说你听，你说我听"。"你"优先于我的地位，似乎意味着参与者之间的友好关系是他们努力建立和维持的结果。③

---

① 胥志强《生活问题：民俗学"存在论研究"引论》，博士学位论文，中国社会科学院研究生院 2012 年。
② 户晓辉《日常生活的苦难与希望——实践民俗学田野笔记》，中国社会科学出版社 2017 年，第 11 页。除了他本人的著作，户晓辉还向我介绍了《世界的苦难——布尔迪厄的社会调查》（中国人民大学出版社 2017 年）。
③ 西村真志叶《作为日常概念的体裁——体裁概念的共同理解及其运作》，《民俗研究》2006 年第 2 期。

现在，在"你"甚至"他"面前，"我"完全不能够也不应该享有任意自由的优越感，"我"只能够（必然）也应该或应当（必须）接受"你"和"他"对"我"发出的道德"召唤"（户晓辉）、提出的伦理"任务"（鲍辛格）①，甚至规定的绝对（定言）实践"命令"（康德）。特别是"奥斯维辛"之后，在"你"和"他"面前，"我"的伦理位置、地位在纯粹形式的伦理关系中的进一步矮化。这样，在民俗学的研究对象面前，我们甚至可以把民俗学学者自我比喻为"田野中的弱势群体"。②当然，这已经不是认识论意义上的弱势群体，而是伦理学实践意义上的弱者，即由于历史经验特别是 20 世纪人为的大灾难、大苦难的历史经验，民俗学学者已经因集体的无所作为（即便是无能为力）而沦落为在道德上应该再次被拯救的对象，就像中国民俗学的先驱者们曾经背负的"原罪"那样。

> 就知识分子与民众的关系讲，他们要求自己与人民紧密结合，其实多少有一种原罪感。俄国民粹主义的一位思想之父拉夫罗夫讲，俄国特权阶层的理想青年，是由自己意识到人与人之间的不平等所带来的众多社会不合理现象和人民的苦难，才产生了一种负疚心理的。他们认为只有把自己的特权分给民众，与民众同甘共苦，才能使自己的社会原罪感得到消除。中国民间文学家也提醒那些受教育的青年学生，他们的历史前辈曾铸下忽视或压制民间文化的大错，这笔债只有靠现代学者把自己奉献给民众来偿还。……能够在这种使命感和原罪感中升华的人，便是"新人"。这种新人已不同于传统知识分子，他理解民众，欣赏民众的创造才能，随时准备同民众结合为一体。③

---

① 户晓辉《日常生活的苦难与希望——实践民俗学田野笔记》，中国社会科学出版社 2017年，第 3 页。
② 施爱东《学者是田野中的弱势群体》，《民族文学研究》2016 年第 4 期。
③ [ 美 ] 洪长泰《到民间去：1918—1937 年的中国知识分子与民间文学运动》，董晓萍译，上海文艺出版社 1993 年，第 296 页。

于是，在客观经验的语境关系中，民俗学学者与其研究对象的关系形式，再一次发生了语境倒转：从认识论的主体（研究者）- 客体（被研究对象）的纯粹形式关系，转换为伦理学的主体（研究者）- 主体（被研究者）的纯粹形式关系，再从主体间自由、平等的纯粹关系形式的先验、应然语境条件，反转为客体 - 主体间不平等（不同于认识论的主体 - 客体之间不平等）的纯粹关系形式的经验性实然语境条件。这样一来——由于不自觉地意识到并且进一步自觉地认识到这样的语境倒转——"家乡民俗学"就不仅推动了除实质性的认识论民俗学之外的纯粹形式化关系的伦理学民俗学，而且还进一步为伦理学民俗学奠定了除主观间客观性理想的先验观念发生即康德所云"发源"（可谓之民俗学的"支点"）条件之外，根据客观性现实经验以重新"开始"[①]（可谓之民俗学的"再起点"）的实践 - 认识基础，从而进一步要求民俗学研究的主体间自由、平等关系形式的先验实践语境，而这就是"家乡民俗学"命题可能进一步做出的重要学术贡献。

---

[①]康德区分了知识（无论理论知识还是实践知识）在时间中的经验性"开始"条件和先于时间的先验"发源"条件："我们的一切知识都从经验开始，这是没有任何怀疑的……但尽管我们的一切知识都是以经验开始的，它们却并不因此就都是从经验中发源的。"[ 德 ] 康德《纯粹理性批判》，邓晓芒译，人民出版社 2004 年，B1，第 1 页。

第二章

民俗学实践研究的概念

# 第一节　实践民俗学的"实践"概念

## ——王杰文主编《实践民俗学的理论与批评》的批评

### （2020 年 7 月 8 日）

　　王杰文主编《实践民俗学的理论与批评》，学苑出版社 2020 年 4 月出版，其中收录了新世纪以来中国民俗学者讨论"实践民俗学"的论文十四篇。王杰文在《前言》中写道，"不难看出，尽管大家都在使用'实践民俗学'这一术语，尽管在基本的原则上存在着相互的认同，但是，其间的差异也是十分明显的。"王杰文把对"实践"概念"认同的差异"归纳为：①"面向当下的"；②"田野作业的"；③"主体间的"；④"自由民主的"。通过梳理这些差异，王杰文意在说明，尽管来路不一：或者来自于对社会变迁的反思，或者来自于对田野方法的反思，或者来自于对学科观念的反思，或者来自于对学科历史的反思……最终都殊途同归于"可以被总称为'实践民俗学'"的概念，虽然这一概念"最初为户晓辉、吕微两位先生所发明与使用"而且"获得了民俗学界少数同人的理解与支持"——实际上"吕微与户晓辉的研究工作正是为高丙中'公民社会'的理想提供哲学论证"——进而"实践民俗学还有继续更新的巨大空间"，"还可能存在着其他不尽如人意的地方，然而无论如何，实践民俗学已经达成了某些学术共识，也激发了某些新的讨论，在 21 世纪以来的中国民俗学界产生了一定的影响"。①

　　在本节中，笔者将就中国民俗学者对"实践"概念"认同的差异"，重申我自己关于"自由民主的民俗学"主张，并兼及我对"主体间的民俗学"关于"即时构造性"②的温和批评。

　　实践，是人以"类"（共同体 – 社会）的形式而存在、生活的所有行为、行

---

①《实践民俗学的理论与批评》，王杰文主编，学苑出版社 2020 年，"前言"，第 1—4 页。
②《实践民俗学的理论与批评》，王杰文主编，学苑出版社 2020 年，"前言"，第 2 页。

动、活动方式，这是人所共识的经验事实。但如何认识、实施（perform）[①]实践，却因人而异。雅斯贝斯所谓"轴心时代"的亚里士多德，大概是最早系统地讨论实践问题的人。亚里士多德把人的理性行为分为有（外在）目的（以自身之外的其他目的为目的）的实践理性活动和无（外在）目的（以自身为目的）的理论理性活动。[②]后者，我们今天所谓"为学问而学问断不以学问供学问以外之手

---

① [英]奥斯汀《如何以言行事——1955年哈佛大学威廉·詹姆斯讲座》，杨玉成、赵京超译，商务印书馆2013年，第168页。

② 亚里士多德可能是最早对"理论知识"（θεορητικη/teoretical knowledge）和"实践知识"（πρακτικη/practical knowledge）加以区分的人，但亚里士多德说的"实践知识"是经验性的实用知识（故有译者直接译作"实用知识"），而不是像康德那样强调实践知识也可以有出于纯粹道德理性的先验实践知识。"理论知识的目的在于真理，实用知识的目的则在其功用。从事于实用之学的人，总只在当前的问题以及与之相关的事物上寻思，务以致其实用，于事物的究竟他们不予置意。"[古希腊]亚里士多德《形而上学》，吴寿彭译，商务印书馆1959年，第33页。"思辨知识以真理为目的，实践知识以行动为目的。尽管实践着的人也考虑事物是个什么样子，但他们不在永恒方面进行思辨，只虑及关系和此时。"[古希腊]亚里士多德《形而上学》，苗力田译，《亚里士多德全集》第7卷，苗力田主编，中国人民大学出版社1993年，第59—60页。"理论知识的目的是真理，而实践知识的目的是活动（因为即使为了实践活动的人考虑到事物是怎样的，但他们并不研究永恒的东西，而只研究那相对的东西和在当前的东西。"[古希腊]亚里士多德《形而上学》，李真译，上海人民出版社2005年，第52页。"理论的理性也必须有一个对仗。经院哲学的实践理智就已使这个对仗的名称跃然纸上了，而实践理智又是从亚里士多德的实践理性（《精神论》第三篇第十章，又《政治学》第七篇第一四章：'原来理性一面是实践的，又一面是理论的'）来的。然而在[康德]这里却完全是以此指另外一回事，和[亚里士多德]那儿[实践]理性是指技术而言的不同。在[康德]这里实践理性却作为人类行为不可否认的伦理意义的源泉，作为一切美德，一切高尚胸怀的源泉，也是作为可以达到的任何一程度上的神圣性的源泉和来历而出现的。"[德]叔本华《作为意志和表象的世界》，石冲白译，商务印书馆1982年，第699页。"实践认识"，见[德]康德《实践理性批判》，韩水法译，商务印书馆1999年，S.57，第61页；S.103，第113页。"实践认识"不同于"（道德）实践知识"或"[实践的]纯粹认识"，同上引书，S.134，第146页。在康德那里，"实践认识"是对"（道德）实践知识"的认识，康德指出："理性（具有）这种乐意对所提出的实践问题进行极其精细考察的倾向。"同上引书，S.154，第168页。"实践认识"即"纯粹实践理性的认识"，也就是"从概念出发先天地规定[实践的]认识"，同上引书，S.73，第79页。"实践认识"，康德也称之为"实践研究"，同上引书，S.26，第26页。"实践认识""实践研究"，康德也将其与"自然知识""自然研究"相对，称为"人的研究"，同上引书，S.146—149，第160—161页。"实践认识"，德文 Praktischen Erkenntnis，Immanuel Kant，*Kritik der praktischen Vernunft*，Siebente Auflage，Verlag von Felix Meiner，Leipzig，1920，S.57，S.103；英文 practical cognition，Immanuel Kant，*Critique of Practical Reason*，Translated and Edited by Mary Gregor，Cambridge University Press，1997，S.57，S.103. "实践研究"，德文 Praktischen Untersuchungen，Immanuel Kant，*Kritik der praktischen Vernunft*，Siebente Auflage，Verlag von Felix Meiner，Leipzig，1920，S.26；英文 practical investigation，Immanuel Kant，*Critique of Practical Reason*，Translated and Edited by Mary Gregor，Cambridge University Press，1997，S.26.

段"① 的 "纯学术" 庶几近之；而前者，即有（外在）目的的理性实践，用 "实用" 或者按照亚里士多德自己的说法 "技艺" "艺术"（τϵχνη/technic、art）也许会更适合。亚里士多德以后过去两千多年，康德把在亚里士多德还比较模糊的 "实践理性"（或 "实用理性"）② 进一步明确地区分为出于内在道德目的的纯粹理性实践（康德称为 "纯粹实践理性"）和出于外在功利性目的和技术性手段－自然能力的理性实践（康德称为 "一般实践理性"）。康德所谓 "纯粹实践理性" 是说，不是出于理性之外的其他经验性目的而仅仅出于纯粹理性之内自身目的的实践。理性实践的功利性目的都来自经验，而实现功利性目的的技术性手段－自然能力同样来自经验；反之，凡排除了经验性目的而先验出于纯粹理性目的（先验地以理性自身为目的）的实践就是纯粹实践理性。进而，由于只有绝非出于经验性考量只考究 "应该或应当……这样做" 的道德目的才称得上纯粹理性的先验目的，所以出于纯粹理性先验目的的实践就是道德实践——由于道德实践是以纯粹理性的先验目的为目的的实践，所以康德意义上的道德实践即纯粹实践理性与亚里士多德意义上以自身为目的的理论理性可有一比——道德实践以纯粹理性自身为先验目的，所以就道德实践的目的并非来自经验而言，也就不会以经验性的技术性手段－自然能力为发生条件（尽管仍然以之为实现条件，如果道德实践能够在经验现象中实现为道德行为、行动或活动）。这方面最方便例举的就是 "救人于溺水"：一个人在自己并不拥有（理论理性认为 "能够" 的）技术性手段－自然（游泳）能力条件（但纯粹理性认为 "应该" 或 "应当"）的无条件条件下，仍然奋不顾身、义无反顾地下水救人，无论成功与否，其实践活动本身都称得上道德行为。以此，道德行为之所以被人称道，人之所以能够通过道德行动而成就人作

① 梁启超《清代学术概论》，《梁启超史学论著四种》，岳麓书社 1985 年，第 99 页。
② "行为 [ 希腊词：*praxis*，源于动词 *prattein*，'做' ]……亚里士多德也在更为狭窄的意义上使用 *praxis*，意指以自身为目的，而不仅仅为了某种另外的目的所进行的理性行为。这层含义对应于生产（希腊词：*poiesis*），即为了某种目的而生产。按照这种对应，伦理行为不同于技艺行为，它们是由于自身的缘故而进行并被评判的。'[ 无条件的目的就是 ] 我们在行为之中所实现的东西，因为良好的行为乃是目的。'——亚里士多德：《尼可马可伦理学》，1139b3—4。"《西方哲学英汉对照辞典》，布宁、涂纪元编著，人民出版社 2001 年，第 19 页。

为人的尊严和伟大，正在于道德行为以出于纯粹理性自身的先验目的为目的，而绝不瞻顾技术性手段的自然能力（即不以之为发生条件，尽管仍然以之为实现条件，如果道德实践在经验现象中实现为道德行为、行动或活动）。所以，就无条件地以纯粹实践理性自身（应该或应当）为先验目的并且不依赖于理论理性对功利性（例如荣誉等）目的和技术性手段－自然能力（能够）的经验性条件来说，康德说，人"在这样一种[纯粹以理性自身为先验目的的实践]关系里面，他愿望什么，他也就能做什么"。① 至于一般实践理性以纯粹理性之外的功利性目的为目的，并且把自然能力用作实现功利性目的的经验性结果的技术性手段来说，我们同样可以模仿康德说，人在这样一种以纯粹理性之外的目的、手段－能力的实践关系里面，却不是他愿望什么，他也就能做什么；只有在依赖于理论理性对纯粹理性之外的功利性目的、技术性手段－自然能力的经验性认识条件下，他才有可能（也仅仅有可能，如果理论理性能够认识其目的、手段－能力关系而）愿望什么，他也就能做什么。

这样在康德眼中人就有了三种理性：出于认识目的的理论理性、出于先验道德目的的纯粹实践理性，以及出于经验性功利目的和技术性手段－自然能力的一般实践理性。但是，由于一般实践理性依赖于理论理性对功利性目的和技术性手段－自然能力的经验性认识条件，所以在康德看来，一般实践理性"既然属于"理论理性，前者作为后者的应用部分实际上构成了后者的"纯然补充"。② 而这也就意味着，唯当现象学地暂时搁置了理论理性的应用部分（用现象学的话说：不设定其存在），亚里士多德才有理由断言，理论理性以理性认识自身而不以理性认识之外的其他目的（例如应用）为目的——当然，这不是说理论理性不以应用

①[德]康德《实践理性批判》，韩水法译，商务印书馆1999年，S.37，第39—40页。
②"艺术[包括技术即广义的艺术]和一般技巧的规则，或者也有作为对人及其意志施加影响的一种技巧的明智的规则……交往艺术……都不可以被算做[纯粹理性的道德]实践哲学，或者这些东西根本不构成一般哲学[包括理论哲学和实践哲学]的第二部分[实践哲学]；因为它们全都仅仅包含技巧的规则，这些规则因而只是技术实践的，为的是产生一种按照原因和结果的自然概念而有可能的结果，这些自然概念既然属于理论哲学，就服从作为出自理论哲学（自然哲学）的纯然补充的那些规范，因而不能要求在一种被称为实践哲学的特殊[道德]哲学中有任何位置。"[德]康德《判断力批判》，李秋零译，《康德著作全集》第5卷，中国人民大学出版社2007年，S.172—173，第181—183页。

为目的，就不以经验现象为认识对象；其实经验现象是理论认识的唯一（外在）对象，即便亚里士多德现象学地搁置了理论理性的应用目的。与理论理性不同，纯粹实践理性则排除了任何依赖于理论认识的经验现象而仅仅以纯粹理性自身的先验目的即道德目的为其内在（唯一）对象——现在，如果一般实践理性以理论理性的外在对象即经验现象为发生条件，那么纯粹实践理性则断不以理论理性的外在对象即经验现象而仅仅以纯粹理性"实践认识"①的内在对象即先验目的亦即道德目的为发生条件；而且，理论理性根本上就无法认识纯粹实践理性的内在对象即先验目的亦即道德目的，就像康德说过的，

　　[即便]我们通过["实践认识"]最严厉的自省，也无法找到任何东西[作为理由]，除了义务的道德根据之外，能有足够的力量推动我们做出这样那样的善行、付出如此巨大的牺牲；但由此我们根本不能[从理论认识上]有把握地断定，确实完全没有任何隐秘的自爱[例如为了"千古留名"之类的经验性]冲动，藏在那个[道德]理念的单纯假象之下，作为意志真正的规定性的原因……事实上，即使进行最严格的[理论认识]审查，我们也决不可能完全走进背后隐藏的[经验性]动机……②

　　"救人于溺水"竟然不是在意识中为了内在于纯粹理性本身的先验目的即道

---

① "纯粹理性的认识在这里构成了实践应用的基础。"[德]康德《实践理性批判》，韩水法译，商务印书馆1999年，S.16，第14页。"一种法则，若事物的此在依赖于以它为根据的认识，就是实践的。"同上引书，S.43，第45—46页。"这种认识能够自己成为那些对象实存的根据。"同上引书，S.46，第49页。"与自由的无上原则相关联的先天实践概念立即成了认识，而毋需期待直观以获得意义。"同上引书，S.66，第71页。"实践理性与思辨理性，就两者都是纯粹理性而言，是以同样的认识能力为基础的。"同上引书，S.89，第97页。"实践理性并不处理对象以求认识它们，而是处理它自己（根据关于这些对象的认识）现实地实现这些对象的能力。"同上引书，S.89，第97页。"通过纯粹实践理性所能已经具有的认识的内容。"同上引书，S.91，第99页。"[实践]总是以理论意识[的认识]为媒介的"。张志刚《宗教学是什么？》，北京大学出版社2002年，第203页。
② [德]康德《道德形而上学奠基》，杨云飞译，邓晓芒校，人民出版社2013年，S.407，第32页。

德目的，而是在潜意识中为了实用理性"千古留名"的外在性、功利性目的。这说起来实在冷酷，从纯粹实践理性的角度说，没有人愿意这样"以小人之心度君子之腹"，如果人们还有一点道德良知；但是从理论理性的角度看，如果理论理性除了客观地认识自然的经验现象，也被用来客观地认识自由的经验现象——自由意志必然能实施、实现为经验现象，即便是失败于"救人于溺水"的经验现象——或许结果就是如此。理论理性之所以无法认识纯粹实践理性的先验道德目的，乃是因为，我们已经说了，理论认识的唯一对象就是感性直观的经验现象包括经验现象的原因－结果（二者都是现象）的必然性规律，而道德实践尽管也必然能实施、实现为经验现象的道德行为或道德活动，但道德现象的原因却不在经验现象之内，而是先于经验现象并且能够开启经验现象因果性系列的纯粹实践理性自由意志。① 当然，反过来说，尽管道德现象是人出于纯粹实践理性自由意志根据道德法则强制（应该或应当的）命令——康德称之为"定言命令"——的经验结果；但出于其自由意志，主体却并不必然地就服从道德法则。②

> 任意自由的概念 [ 作为概念 ]，并不是先行于对我们里面的道德法
> 则的意识 [ 的观念直观 ]，而是仅仅从我们的任意可被作为一种无条件
> 命令的道德法则所规定推论出来的。只要我们扪心自问，我们是否确定

---

① 纯粹实践理性"由自己肇始这个 [ 现象 ] 系列"。[ 德 ] 康德《实践理性批判》，韩水法译，商务印书馆 1999 年，S.95，第 103 页。
② "如果意志不是自在地完全合乎理性（这就像在人身上现实发生的那样）：那么被认为客观上必然的那些行动就是主观偶然的了……意志按照其自然本性而言并不是必然服从这些 [ 道德 ] 根据的……这个意志按照其主观性状来说，并不必然地由此被规定（并不成为一种强制）……该意志并不总是因为设想自己做某事会是善的就去做它。"[ 德 ] 康德《道德形而上学奠基》，杨云飞译，邓晓芒校，人民出版社 2013 年，S.413，第 40—41 页。"这个意志不会因为某个行动是善的就马上实施这一行动……因为即使知道这点，该主体的准则还是可能会违背实践理性的客观法则。"同上引书，S.414，第 43 页。"理性单单为了自己而会去做的事情并不总是会发生。"同上引书，S.449，第 93 页。"人出自主观原因的准则并非自动地与那些客观的原因相一致。"[ 德 ] 康德《道德形而上学》，张荣、李秋零译，《康德著作全集》第 6 卷，中国人民大学出版社 2007 年，S.214，第 221 页。"即便是最具理性的尘世存在者，为了规定自己的任意，有可能总是需要某些自己从偏好的客体获得的动机。"[ 德 ] 康德《纯然理性界限内的宗教》，李秋零译，《康德著作全集》第 6 卷，中国人民大学出版社 2007 年，S.26 "注释①"，第 25 页。

无疑地和直截了当地自觉到了一种能力，能够借助坚定的决心克服越轨
的任何无论多么大的动机，就会马上信服上面这种说法。每一个人都不
得不承认，如果出现这样一种情况，他并不知道自己是否会决心动摇。
但尽管如此，义务却无条件地命令他：他应该对自己的决心保持忠诚。
他由此正当地推论出：他必须也能够这样做，因而他的任意 [ 先于经验
现象的自然因果性规律的必然性而 ] 是自由的。①

正是由于上述的并不必然，也就因此而反证了自由意志不在经验现象之中，
而在经验现象之前，即道德现象不是自然因果性的必然结果，而是自由原因性的
或然结果，即自由意志可能选择服从道德法则，也可能选择不服从道德法则（道
德实践）却转而服从自然规律（功利性实践）。② 先于经验现象的自由意志可能服
从也可能不服从道德法则；于是现在，如果理论理性只能够客观地认识必然因果
性的经验现象，那么理论理性也就无法通过对经验现象的感性直观而客观地认识
即正面地证明或然原因性的自由意志了——即"这使他们 [ 这些实践民俗学者 ]
从根本上排除了通过经验研究来讨论'人的自由'问题的可能性"③——但这同时

①[ 德 ] 康德《纯然理性界限内的宗教》，李秋零译，《康德著作全集》第 6 卷，中国人民大
学出版社 2007 年，S.49"注释①"，第 50 页。"倘若问他说，如果他的君主以立刻将他处死
相威胁，要他提出伪证以控告一位这个君主想以堂皇的口实处死的正人君子，那么在这种情
形下他是否认为有可能克服他的贪生之念，而不论这个念头是多么强烈呢？ 或许他不敢肯
定，他会这样做还是不会这样做；但是他必定毫不犹豫地承认，这对于他原是可能的。因此
他就判定，他之所以能够做某事，乃是由于他意识到他应当做这事，并且在自身之中认识到
自由，而如无道德法则自由原本是不会被他认识到的。"[ 德 ] 康德《实践理性批判》，韩水
法译，商务印书馆 1999 年，S.30，第 31 页。
②"从一般实践原则到德性原则的过渡，不过仅仅以一种或然的方式，在此以后德性原则才
能够通过道德法则以一种教条的方式表述出来。"[ 德 ] 康德《实践理性批判》，韩水法译，
商务印书馆 1999 年，S.67，第 72 页。
③ 王杰文《"实践民俗学"的"实践论"批评》，《实践民俗学的理论与批评》，王杰文主编，
学苑出版社 2020 年，第 284 页。"没有任何经验能够提供哪怕只是推论出这样毋庸置疑的法
则之可能性的 [ 自由因果性 ] 理由。"[ 德 ] 康德《道德形而上学奠基》，杨云飞译，邓晓芒
校，人民出版社 2013 年，S.408，第 34 页。"所有的德性概念都完全先天地在理性中有自己
的 [ 自由 ] 位置和起源。"同上引书，S.411，第 38 页。"关于人的自然本性的某些被以为的
经验中并不足以阐明自由（当然这也是绝对不可能的，只能先天地加以阐明）。"同上引书，
S.448，第 91 页。"在我们自身中，以及在人的本性中，我们都不能证明自由是某种现实的东
西""好像它 [ 理性存在者 ] 的意志即使就自在的本身来说并在理论哲学中也会被有效地宣称

也就意味着，对人天赋地拥有自由意志的"存在设定"（胡塞尔）不可能是经验的证明（直观）而只可能是先验的演绎（推论），用胡塞尔的话说，对自由意志的先验演绎的"存在设定"其实只是一种"信仰"①（康德对此也并没有否认）。现在，如果对自由意志的存在设定是"信仰"，那就不是"科学"，尽管康德本人对自由意志先验演绎的"存在设定"充满信心。② 但胡塞尔却坚持，凡科学都必须

为自由的一样""这样我就可以不必承担在其理论方面也证明自由的责任了""这样我们就能够摆脱理论压给我们的负担了"。同上引书，S.448，第 93 页；S.448，第 91—92 页；S.448 "注释①"，第 92 页。"行动只是作为那种原因性的现象而被发现；然而，这些现象的可能性却不能从这种我们并不认识的原因性中看出来。"同上引书，S.453，第 100 页。"他意识到一个善良意志，这个善良意志按照他自己的认可，为他的作为感官世界成员的恶的意志制定了法则，他通过冒犯这一法则 [ 的道德反例 ] 而认识到了这一法则的权威。"同上引书，S.455，第 102 页。"自由不是经验概念，也不可能是经验概念，因为，即使经验表现出和在自由的前提下被设想为必然的那样一些要求的反面 [ 即反例 ]，这自由也仍然保持着……因此，自由只是理性的一个理念，其自在的客观实在性是可疑的。"同上引书，S.455，第 102—103 页。"自由是一个单纯的理念，它的客观性不能以任何方式按照自然规律被阐明，从而也不能在任何可能的经验中被阐明；所以，正因为它本身绝不能按照任何一种类比来配上一个实例，它就绝不能被理解，或者哪怕只是被认出来。"同上引书，S.459，第 108 页。"人们不能够在经验中找到如何完全遵守道德法则的实例。"[ 德 ] 康德《实践理性批判》，韩水法译，商务印书馆 1999 年，S.47，第 50 页。"在意志的概念之中已经包含了因果性概念，从而在纯粹意志的概念中就包含了具备自由的因果性概念……从而任何经验直观都是不能够作为其 [ 自由的因果性概念的 ] 实在性的证明的。"同上引书，S.55，第 59 页。"我们不能 [ 经验性地 ] 认识纯粹实践法则作为 [ 客观 ] 动力的力量 [ 的肯定性现象 ]，而只能 [ 经验性地 ] 认识对于感性动力的抗拒 [ 的否定性现象 ]。"同上引书，S.78，第 85 页。"实践理性之所以不能将其 [ 肯定 ] 作用表达在行为之中，只是因为主观的（本能的）原因妨碍了它。"同上引书，S.79，第 86 页。"然而依然还有许多人始终相信他们能够依照经验的原则诠释这种自由，就如诠释任何其他自然能力一样，并且将自由看作心理学的特性，对它的诠释仅仅取决于关于心灵性质和意志动力的精确研究，而不是将它看作关于位居感觉世界的存在者的因果性的先验断定。"同上引书，S.94，第 102 页。"自由概念是一个纯粹的理性概念，正因为如此，它对理论哲学而言是超验的，也就是说，它是这样一个概念，不可能在某种可能的经验中给它提供任何恰当的例证，因此，它并不构成一种对我们而言可能的理论知识的任何对象。"[ 德 ] 康德《道德形而上学》，张荣、李秋零译，《康德著作全集》第 6 卷，中国人民大学出版社 2007 年，S.221，第 228 页。"[ 自由 ] 不是按照我们关于人是怎样的经验性知识来评价，而是按照关于人依据人性的理念应当是怎样的理性知识来评价。"同上引书，S.405，第 417 页。"'自由'这一概念不是一个得自观察的经验概念，而最多只是能由经验观察反证它存在的一个超验概念。"黄裕生《有第三条道路吗？——对自由主义和整体主义国家学说的质疑与修正》，《江苏行政学院学报》2014 年第 1 期。

① "'设定'[Setzung/position] 这个概念与动词的'信仰'[Glaube/belief] 或'存在信仰'[Seinsglaube/belief] 是同义的。"倪梁康《现象学及其效应——胡塞尔与当代德国哲学》，三联书店 1994 年，第 42 页。

② "我们能够完满地证明的东西对我们来说，是与我们因亲眼目睹而确信的东西一样可靠的。"[ 德 ] 康德《实践理性批判》，韩水法译，商务印书馆 1999 年，S.147，第 160 页。

建立在直观（康德也说过"数学的直观"）的基础上，而不是仅仅建立在概念的判断－推理基础上（在这一点上，康德与胡塞尔的确有所不同）。当然，胡塞尔所谓"直观"也不再是康德意义上对客观性经验现象（物质现象）的实证论感性直观，而是对主观性观念现象（精神现象）的现象学观念直观。这就是说，胡塞尔一方面放弃了康德对自由意志的先验（论）演绎，另一方面又试图对自由意志予以现象学经验直观，甚至试图把对自由意志的观念直观安置在理论理性认识的科学基础上，而不是固着于纯粹理性"实践认识"的信仰范围内。这样，胡塞尔就在主观性观念现象的认识范围之内直观地证明了任意选择的自由意志，同时也就不再设定先于经验现象且肇始了经验现象的自由意志任意选择的自由原因性（康德意义上在现象背后的）"本体"存在。尽管胡塞尔在观念现象的范围内现象学地直观任意选择的自由意志的做法，在康德那里也有理论源头即康德认为，任意选择的自由意志即任意，一方面不能够视之为经验性概念而只能视之为先验理念，另一方面又能够在经验现象中被表象出来。

　　那种不依赖于感性冲动、也就是能通过仅由理性所提出的动因来规定的任意，就叫作自由的任意（arbitrium liberum），而一切与这种任意相关联的，不论是作为根据还是后果，都称之为实践的。实践的自由可以通过经验来证明。[①] 任意的自由不能通过遵循或者违背法则来行动的选择能力来［经验地］界定，虽然任意作为现象在经验中提供着这方面的一些常见的例子……作为本体［理念的任意］……尽管人作为感官存在者，按照经验来看，表现出一种不仅遵循法则，而且也违背法则作出选择的［或然性］能力，但毕竟不能由此来界定他作为理智存在者的自由，因为［经验］现象不能使任何超感性的客体（毕竟自由的任意就是这类东西）得以理解……尽管经验足够经常地证实［任意的］这种事曾经发生。[②]

---

① [德] 康德《纯粹理性批判》，邓晓芒译，人民出版社 2004 年，A802/B830，第 610 页。
② [德] 康德《道德形而上学》，张荣、李秋零译，《康德著作全集》第 6 卷，中国人民大学

胡塞尔 1900 年发表《逻辑研究》，标志现象学哲学思潮的兴起，且很快波及哲学以外的其他学科，索绪尔《普通语言学教程》1916 年出版，标志现象学语言学诞生，顾颉刚《与钱玄同书》1923 年、马林诺夫斯基《原始心理中的神话》1926 年发表[①]，标志现象学哲学 - 语言学思潮影响到人类学与民俗学[②]，到了 1960—1970 年代美国民俗学家提出"表演理论"，则进一步标志现象学民俗学正式确立。[③] 胡塞尔现象学秉承了康德先验论的问题意识，但胡塞尔是在理论理性认识论范围内——我一直认为，胡塞尔现象学为后现代文化相对论奠定了认识论的主观性方法论[④]——试图回答康德通过"悬搁 [ 理论理性的 ] 知识，以便给 [ 纯粹实践理性的 ] 信仰腾出位置"[⑤] 即在纯粹实践理性的先验或超验（本体）领域中尝试回答的问题：人出于纯粹理性自由意志的道德实践究竟是如何可能的？换句话说，胡塞尔与康德有类似的问题意识，他们都关注人的实践，而且是出于自由意志的实践。民俗学的表演理论同样如此——表演理论的"表演"概念不过是跨学科"实践"概念的民俗学学科术语，即如王杰文所言"'实践'[practice]……在民俗学界的对应术语是'表演'[performance]"[⑥]——以此，

---

出版社 2007 年，S.226，第 234 页。

[①] "目的神话。"[ 英 ] 马林诺夫斯基《巫术 科学 宗教与神话》，李安宅译，中国民间文艺出版社 1986 年，第 95 页。"神话……永远为一种目的而制造的……"同上引书，第 109 页。"在马氏那里，意义分析总是让位于操作理性，让位于基于人类满足的外部目的论的手段 - 目的的形式分析。"王杰文《"实践民俗学"的"实践论"界定》，《实践民俗学的理论与批评》，王杰文主编，学苑出版社 2020 年，第 261 页。

[②] 吕微《顾颉刚：作为现象学者的神话学家》，《民间文化论坛》2005 年第 4 期。

[③] "对言语艺术的本族命名体系是一个现象学的体系。"[ 美 ] 阿默思《分析类别与本族类型》，《民俗学概念与方法——丹·本 - 阿默思文集》，张举文编译，中国社会科学出版社 2018 年，第 120 页。"作为最早一批受到后现代主义影响的学者。"[ 美 ] 阿默思《我们需要理想的（民俗）类型吗？——致劳里·航柯》，同上引书，第 131 页。"我在强调'本族体裁'（ethnic genre）时（Ben-Amos，1969），他 [ 克罗齐的现象学美学理论 ] 将成为我的哲学基础。"同上引书，第 135 页。

[④] "前述的所有实践理论都基本停留在认识论的层面上，偶尔会涉及实践的伦理，但却较少深入到具体的实践内容上来，这对于倡导实践行动的哲学家们来说仍然是不够的。"王杰文《"实践民俗学"的"实践论"界定》，《实践民俗学的理论与批评》，王杰文主编，学苑出版社 2020 年，第 268 页。

[⑤] [ 德 ] 康德《纯粹理性批判》，邓晓芒译，人民出版社 2004 年，BXXX，第 22 页。

[⑥] 王杰文《"实践民俗学"的"实践论"界定》，《实践民俗学的理论与批评》，王杰文主编，

我们才可好理解民俗学家鲍曼的现象学问题意识：

> 我们可以利用什么来使我们成为社会的人？……究竟是人类的哪一
> 种基本特性导致我们成为社会的一员？ [①]

通过观念现象，我们的确能够现象学地直观到自我和他人任意选择的自由意志即"任意"，这也是康德承认的。但问题在于，通过对观念现象的现象学经验直观，我们固然能够直观到人通过任意选择"文化规则与交往原则"[②]（康德称之为"主观准则"）而作为伦理共同体的人的或然现实性，却不能直观到人通过普遍立法的实践原则（康德称之为"客观法则"）而成为道德社会的人的必然可能性。换句话说，尽管现象学主观性观念直观的还原方法，能够区别于认识论客观性感性直观的实证方法——后者只能客观地证明自然因果性的社会规律，而前者能够主观地还原任意意志自由地选择多样性文化准则（或者服从自然因果性的实用性规律或者服从自由原因性的道德法则）的"[下层]民众的实践逻辑"[③] 和

---

学苑出版社 2020 年，第 271 页。"20 世纪 70 年代以来，在语言学、社会学和人类学界，以布尔迪厄、吉登斯以及萨林斯为代表的学者再一次复兴并重新阐释了'实践'概念，引领了人文及社会科学界的'实践论转向'，使得'实践'的概念再次成为当前学术界的关键词。国际民俗学界也受到了'实践论转向'的影响，具有广泛影响力的口头艺术的'表演理论'即是实践论转向的具体表现之一。"同上引书，第 253 页。"表演研究就是一种'实践民俗学'，它是'实践'的思想观念在口头艺术研究领域的具体化与深入化。"同上引书，第 271页。

① [美] 鲍曼《作为表演的口头艺术》，杨利慧、安德明译，广西师范大学出版社 2008 年，第 241 页，第 234 页。值得注意的是在上述引文中，鲍曼两次提到的都是"社会"而不是"共同体"。滕尼斯已经从概念上界定了"社会"与"共同体"："共同体"指的就是那种沿袭"君权神授"专制意志下因情感习俗关系而自然地形成的（血缘、地域、语言等文化）群体、团体或集体、集团；而"社会"则是指的那种通过人与人（个体与个体）之间自由意志的理性契约关系而人为地建构的群体、团体或集体、集团。吕微《社区优先还是社会优先？——民俗学的逻辑出发点与〈保护非物质文化遗产公约〉修正案》，《民俗研究》2021 年第 3 期。

② 王杰文《"实践民俗学"的"实践论"界定》，《实践民俗学的理论与批评》，王杰文主编，学苑出版社 2020 年，第 260 页。

③ 王杰文《"实践民俗学"的"实践论"界定》，《实践民俗学的理论与批评》，王杰文主编，学苑出版社 2020 年，第 258 页，第 271 页。

"[地方]行动者的本土逻辑"① 的 "实践者的实践逻辑"②——但是，在没有彻底清除 "实证主义最后的遗迹"③ 的认识条件下，我们现象学地直观到的任意意志就仍然只能是康德已经界定过的 "一般实践理性"——而并非 "康德意义上的'[先验]人类学'"④——也就是王杰文所谓 "当前国际范围内的'「实践」民俗学的实用主义哲学基础'"⑤ 上的 "实用主义（意义上）的'实践[论]'" 或 "实用主义的'实践论'"⑥ 以 "实践一种追求[功利性]理性的现实政治学。"⑦ 而这是现象学地直观 "文化……实践理性"⑧ "实践行为"⑨ 等康德所谓 "一般实践[理性]"⑩ 的必然结果，即 "综合了[对任意和自然因果性的]现象学分析与结构性分析"⑪ 的 "混血的解释" 或 "混合的定义"⑫，因而最终还是没有跳出康德划分 "自然因果性" 与 "自由原因性" 的手掌心。只是在经历了现象学目光的格式塔转换之后，现在一般实践理性不是 "属于" 理论理性；而是应该反过来，理论理性构成了任意的 "补充"（其实康德站在实践的立场上就是这样认为的）。

---

① 萧放、鞠熙《实践民俗学：从理论到乡村研究》，《实践民俗学的理论与批评》，王杰文主编，学苑出版社 2020 年，第 225 页。

② 王杰文《"实践民俗学"的 "实践论" 界定》，《实践民俗学的理论与批评》，王杰文主编，学苑出版社 2020 年，第 258 页，第 267 页。

③ [美]阿默思《我们需要理想的（民俗）类型吗？——致劳里·航柯》，《民俗学概念与方法——丹·本-阿默思文集》，张举文编译，中国社会科学出版社 2018 年，第 132 页。

④ 王杰文《"实践民俗学"的 "实践论" 界定》，《实践民俗学的理论与批评》，王杰文主编，学苑出版社 2020 年，第 263 页。

⑤ 王杰文《"实践民俗学"的 "实践论" 批评》，《实践民俗学的理论与批评》，王杰文主编，学苑出版社 2020 年，第 274 页。

⑥ 王杰文《"实践民俗学"的 "实践论" 批评》，《实践民俗学的理论与批评》，王杰文主编，学苑出版社 2020 年，第 288 页。

⑦ [法]布尔迪厄、华德康《实践与反思：反思社会学导引》，李猛、李康译，中央编译出版社 2004 年，第 25 页；转引自王杰文《"实践民俗学"的 "实践论" 界定》，《实践民俗学的理论与批评》，王杰文主编，学苑出版社 2020 年，第 260 页。

⑧ [美]萨林斯《文化与实践理性》，赵丙祥译，上海人民出版社 2002 年。

⑨ [法]布尔迪厄《实践理性：关于行为的理论》，谭立德译，三联书店 2007 年。

⑩ "我们秉持的是有别于先验理性实践的一般实践。" 萧放、鞠熙《实践民俗学：从理论到乡村研究》，《实践民俗学的理论与批评》，王杰文主编，学苑出版社 2020 年，第 226 页。

⑪ 王杰文《"实践民俗学"的 "实践论" 界定》，《实践民俗学的理论与批评》，王杰文主编，学苑出版社 2020 年，第 263 页。

⑫ "混血儿。" [德]康德《道德形而上学奠基》，杨云飞译，邓晓芒校，人民出版社 2013 年，S.426，第 60 页。"混血的解释" "混合的定义"。[德]康德《道德形而上学》，张荣、李秋零译，《康德著作全集》第 6 卷，中国人民大学出版社 2007 年，S.227，第 234 页。

在 20 世纪 70 年代晚期至 80 年代早期这一较短的时间里，出现了深刻影响今天人文科学学术走向的三项关键性成果……[ 布尔迪厄、吉登斯、萨林斯 ] 共享的关键词正是"实践"。三位作者以各自不同的研究方法使社会行动者的"实践"与"结构""体系"相对应……但本质上它们都属于某种强调"制约性机制"的理论……不难看出，他们同时注意到了……[ 自然因果性的 ]"决定论"与 [ 任意的 ]"自由论"的理论思想并给予了必要的辩证统一。经过了"实践论"转向之后，"历史创造了人类，人类也创造了历史"这句看起来似是而非相互矛盾的陈词滥调，似乎不再相互独立，反而闪烁着"揭示了现实社会生活最终深刻的事实"的哲理的光芒。……上述"实践论"带有深厚的实用主义的哲学色彩，它综合了理性主义的自由意志理论与经验主义引证事实、强调事实、面对事实的踏实作风……这意味着经验主义的气质占优势地位，而理性主义的气质却被直率地抛弃了；它丢掉了独断、矫揉造作和狂妄的终极真理，却赢得了开放的气氛和面向未来的可能性。①

这样，我们就可以在逻辑上将王杰文归纳的中国实践民俗学四大认同差异进一步归纳为两大认同差异，即"纯粹实践理性的民俗学"与"一般实践理性的民俗学"，后者即萧放、鞠熙所言"我们秉持的是有别于先验理性实践的一般实践 [ 理性民俗学 ]"② 即"坚持 [ 一般 ] 实践理性的基础上进入具体的经验研究"③"以'[ 一般理性 ] 实践'为中心的经验研究"④ 的民俗学。但是，如果一般实践理性经

① 王杰文《"实践民俗学"的"实践论"批评》，《实践民俗学的理论与批评》，王杰文主编，学苑出版社 2020 年，第 287—288 页。
② 萧放、鞠熙《实践民俗学：从理论到乡村研究》，《实践民俗学的理论与批评》，王杰文主编，学苑出版社 2020 年，第 226 页。
③ 萧放、鞠熙《实践民俗学：从理论到乡村研究》，《实践民俗学的理论与批评》，王杰文主编，学苑出版社 2020 年，第 225 页。
④ 萧放、鞠熙《实践民俗学：从理论到乡村研究》，《实践民俗学的理论与批评》，王杰文主编，学苑出版社 2020 年，第 251 页。

验研究感性直观中的任意给我们带来的"开放的气氛和面向未来的可能性"总是"生成性"① 选择的或然性——即前述"即时构造性""'无系统的与偶发的'思维习惯"②——那么我们就是把人类社会－共同体的未来拱手交付给任意的"宿命论"③ 来随意安排了。

> 事实上，许多经验证据表明，自由选择的疆域远比许多人假定的要窄得多，现在也许还有人错误地相信这个疆域很大。然而，在因果性地决定的系统中，通常意义上的自由选择与道德责任观念便不复存在了，至少是没有用了，因此，[ 基于自由意志的 ]"实践"的观念也将不得不重新考虑。④

但其实这也恰恰是持纯粹实践理性立场的民俗学者的看法，正是以此，"伟大的卢梭曾经问道"的问题"为什么人生而自由却无往不在枷锁中"⑤，也是持纯粹实践理性立场的民俗学者的问题：在自然因果性的"决定论"⑥ 淫威之下，人们出于任意的自由意志，并不必然选择服从道德法则（"自由论"），而是也可能选

---

① 王杰文《"实践民俗学"的"实践论"批评》，《实践民俗学的理论与批评》，王杰文主编，学苑出版社 2020 年，第 292 页。
② 王杰文《"实践民俗学"的"实践论"界定》，《实践民俗学的理论与批评》，王杰文主编，学苑出版社 2020 年，第 269—270 页。
③ "这一义务仅仅是思辨哲学的责任，以便它为实践哲学扫清道路。因此，并不由哲学家的随心所欲来确定，是要清除这个表面上的冲突，还是要原封不动地保留着它；因为在后一种情况下，与此有关的理论就是无主的财产，宿命论者就能够理直气壮地占有这笔财产，并把一切道德从它的被以为是没有名目地占有的财产中驱赶出去。"[ 德 ] 康德《道德形而上学奠基》，杨云飞译，邓晓芒校，人民出版社 2013 年，S.456，第 104—105 页。"人们就必须给盲目的机会保留权利。"[ 德 ] 康德《实践理性批判》，韩水法译，商务印书馆 1999 年，S.51—52，第 55 页。"无异于把这个存在者交付给盲目的机运。"同上引书，S.95，第 103 页。
④ 王杰文《"实践民俗学"的"实践论"批评》，《实践民俗学的理论与批评》，王杰文主编，学苑出版社 2020 年，第 289—290 页。
⑤ 王杰文《"实践民俗学"的"实践论"批评》，《实践民俗学的理论与批评》，王杰文主编，学苑出版社 2020 年，第 291 页。"人生而是自由的，但却无往而不在枷锁之中。"[ 法 ] 卢梭《社会契约论》，何兆武译，商务印书馆 1980 年，第 8 页。
⑥ 王杰文《"实践民俗学"的"实践论"批评》，《实践民俗学的理论与批评》，王杰文主编，学苑出版社 2020 年，第 282 页，第 287 页。

择服从自然规律（"决定论"）。

> 人们不禁会质问：即使赋予每个人以自由，就一定能够保证他们发展出理性的能力吗？即使具有理性的能力，一定能确保人们都可以做出理性的 [ 正确 ] 选择吗？即使做出了理性的选择，就一定可以确保这种理性的选择就是人们想要的 [ 正确 ] 结果吗？①

而这也是康德的想法，因而绝非康德的"'自由'理论就显得十分粗略"②，倒是持一般实践理性立场的"'实践民俗学'恰恰是将'人类道德基础的 [ 理性 ] 概念'与'习俗、传统、法律、风俗、风尚、礼仪的 [ 任意 ] 概念'混为一谈了，他们混淆了'[ 纯粹 ] 理性实践'与'民俗'[ 的任意实践 ]，[ 以及 ] 哲学与民俗学的边界，试图把丰富多彩的民众日常生活还原成干巴巴的几条抽象的实践理性原则"。③

> 实用主义的"实践论"反对理性主义所谓 [ 自由 ]"无条件的有效性" [ 道德 ]"至上的责任"的真理观；在实用主义者看来，这种真理观尽管绝对正确，却也绝对地无意义。④

真的"绝对地无意义"吗？我想康德可以（也已经）这样回答：

> 尽管可能直到现在还没有过一个真诚的朋友，但每一个人还是有可

---

① 王杰文《"实践民俗学"的"实践论"批评》，《实践民俗学的理论与批评》，王杰文主编，学苑出版社 2020 年，第 279—280 页。
② 王杰文《"实践民俗学"的"实践论"批评》，《实践民俗学的理论与批评》，王杰文主编，学苑出版社 2020 年，第 280 页。
③ 王杰文《"实践民俗学"的"实践论"批评》，《实践民俗学的理论与批评》，王杰文主编，学苑出版社 2020 年，第 283—284 页。
④ 王杰文《"实践民俗学"的"实践论"批评》，《实践民俗学的理论与批评》，王杰文主编，学苑出版社 2020 年，第 288—289 页。

能不折不扣地要求在友谊中要有纯粹的真诚，因为这一义务，作为一般义务，先行于任何经验，而存在于通过先天根据来规定意志的理性的理念中。①

我想，每一个人也都会像康德一样，不会把"应该""应当"的"真诚友谊"看做是"绝对地无意义"的"真理观"，即使"在因果性地决定的系统中"的"决定论"条件下，"赋予每个人以自由"，他也未必就"能够""可以"践行"真诚的友谊"。而为什么人一方面普遍要求"应该""应当"的"真诚友谊"，另一方面又不一定"能够""可以"践行"真诚的友谊"？这是因为，人的自由意志并非被"污名"于康德的那"干巴巴的几条抽象的实践理性原则"。实际上我已经在多次提及"任意选择的自由意志"的同时暗示了"普遍立法的自由意志"，康德将人的自由意志区分为"纯粹实践理性普遍立法的自由意志"（Wille/will）和"一般实践理性任意选择的自由意志"（Willkür/choice）这两个层次，我们可以简称为"理性"和"任意"——这一划分在人类精神史上意义重大，康德称之为"理性的事实"（尽管还不是或然现实的经验事实，但却是必然可能的经验事实）——尽管康德有时甚至极端地说"只有任意才能被称做自由的"而纯粹理性意志"既不能被称为自由也不能被称为不自由，因为它[仅仅与立法有关而]与行动无关"。②分而言之，我们可以通过经验现象感性地直观到任意选择的自由任意，却无法经验地认识一般实践理性即"实践的自由"；通过经验现象，我们不可能感性地直观到普遍立法的自由意志，但可以理性地推论、演绎（设定、信仰）纯粹实践理性即"先验的自由"。

---

① [德]康德《道德形而上学奠基》，杨云飞译，邓晓芒校，人民出版社2013年，S.408，第34页。
② "法则来自[纯粹理性]意志，准则来自任意。任意在人里面是一种自由的任意；仅仅与法则相关的[纯粹理性]意志，既不能被称为自由也不能被称为不自由，因为它与行动无关，而是直接与为行动准则立法（因此也是实践理性本身）有关，因此也是绝对必然的，甚至是不能够被强制的。所以，只有任意才能被称做自由的。"[德]康德《道德形而上学》，张荣、李秋零译，《康德著作全集》第6卷，中国人民大学出版社2007年，S.226，第233页。"伦理学不为行动立法（因为这是法学的事），而是只为行动的准则立法。"同上引书，S.388，第401页。

如果它 [ 实践的欲求能力 ] 与自己产生客体的行为能力的意识相结合，那它 [ 欲求能力 ] 就叫做任意 [arbitrium]……意志 [Wille] 就是欲求能力，并不（像任意那样）是与行动相关，而是毋宁说 [ 意志是 ] 与使任意去行动的 [ 立法 ] 规定根据相关来看的，而且意志本身在自己面前真正说来没有任何规定根据，相反，就理性能够规定任意 [Willkür] 而言，意志就是实践理性本身。就理性能够规定一般欲求能力而言，在意志之下可以包含任意，但也可以包含纯然的愿望 [Wollen]。可以受纯粹理性规定的任意叫做自由的任意 [arbitrium liberum]，而只能由偏好（感性冲动、刺激）来规定的任意则是动物的任意（arbitrium brutum）。相反，人的任意是这样的任意：它虽然受到冲动的刺激，但不受它规定，因此本身（没有已经获得的理性技能 [ 自然能力 ]）不是纯粹的，但却能够被规定从纯粹意志出发去行动。任意的自由是它不受感性冲动规定的那种独立性。这是它的自由的消极概念。积极的概念是：纯粹理性有能力自身就是实践的。但是，这只有通过使每一个行动的准则都服从它适合成为普遍法则这个条件才是可能的。因为作为纯粹理性，运用于任意而无视它的这个客体，它作为原则的能力（而且在此是实践原则的能力，因而是作为立法的能力）就可能由于缺少法则的质料，只是使任意的准则对普遍法则本身的适应性的形式成为任意的至上法则和规定根据，而且既然人出自主观原因的准则并非自动地与那些客观的原因相一致，所以，它只能绝对地把这个法则当做禁令或者戒律的命令式来颁布。①

人之所以能够成就道德实践，乃是因为，人必然可能出于纯粹实践理性给自由意志普遍地立法，进而出于一般实践理性的任意意志必然可能选择服从道德法

---

① [ 德 ] 康德《道德形而上学》，张荣、李秋零译，《康德著作全集》第 6 卷，中国人民大学出版社 2007 年，S.213—214，第 220—221 页。

则且行出德性的德行，这就是道德自律。换句话说，只有自由地出于客观的德性而自由地行出主观的德行，人才可能为自己的实践行为、活动负责。反过来说，如果一个人行了恶，人们也判定他行了恶，乃是因为人们认为，他的行为、活动是出于自我的自由意志，而不是被他人意志所强制。换句话说，即便我们无法通过经验现象理论地认识自由意志（可以现象学地直观到任意），但我们实际上仍然设定人的意志是自由的；否则我们就没有理由让每一个人都为自己的行为、行动、活动负责①，例如，如果不是因为自由意志，鲍曼就不可能要求一种负责任的表演。②而这也就意味着，如果"在因果性地决定的系统中"的"决定论"条件下，"通常意义上的自由选择与道德责任观念便不复存在了，至少是没有用了"，

---

① "在某些情况下，有人纵然曾从亦施于他人的同样的教育中受惠，却从儿童起就早露恶毒，并且变本加厉，直至成年，以致人们把他们看作天生的恶棍，并认为他们就事关思想方式而言乃是完全无药可救的；人们却仍然按照他的所作所为来评判他们，依然斥责他们对他们的恶行负有责任，甚至他们（儿童）自己也觉得这种斥责完全有根据，似乎他们与其他人一样依旧是负责任的，而不论他们被断言为毫无希望的心灵的自然本性如何。这种情形之所以可能发生，乃是因为我们假定，一切由他们的意愿产生的东西（每一个有意实施的行为毫无疑问皆是如此）都有一个自由的因果性作为根据，这种因果性从少年时起就把他们的品格表现在他们的种种现象（行为）里面，而这种行为由于举止的类似性揭示了一种自然联系，但是这种联系没有使意志的邪恶性质成为[自然因果性的]必然，而相反是自愿服膺的恶的和不可改变的[自由]原理的后果，这些原理只是使这个[任意选择的]意志更加卑鄙下流和更其应受惩罚。"[德]康德《实践理性批判》，韩水法译，商务印书馆1999年，S.99—100，第109页。"一个人可以尽力矫揉以把他耿耿于怀的一件违反法则的事情粉饰为无意之举，粉饰为人们决不可能完全避免的过失，从而粉饰为某种他为自然必然性的洪流裹入其中的事件，因此把自己解释为清白无辜的；不过，如果他意识到他在犯下那过错的当下他原是清醒的，亦即原是正在使用他的自由的，那么他就会发现，为他辩护的律师根本不可能钳制他心中的原告之口；他虽然解释他的违法行为出于某种不良习惯，后者由于日积月累的疏忽放任竟养成到了这个地步：他能够把这个违法行为看作这个不良习惯的自然后果，但这并不能使他免于他施于自己的责备和警告。人们在每一次回想许久以前所行之事时而起的悔恨之情也是以此为基础的；这是一种由道德意向引起的痛苦感受，由于它无法有助于挽回已经形成的事件，所以在实践上是空洞的，甚至会是荒谬的，但是这种悔恨之情作为痛苦仍然是完全合法的，因为当事关我们理智的实存的法则（道德法则）时，理性并不承认任何时间差别，而只是追问：这个事件是否作为行动而属于我，然后总是从道德上把它与这种感受结合起来，不管这个事件是刚才发生的，或是早已发生的。"同上引书，S.98—99，第107—108页。

② "表演在本质上可被视为和界定为一种交流的方式。"[美]鲍曼《作为表演的口头艺术》，杨利慧、安德明译，广西师范大学出版社2008年，第8页。"承担责任这一作为判断表演的标准的[本质性]因素。"同上引书，第86页。"承担责任对于我们所说的意义上的表演是本质性的。"同上引书，第108页。"[表演的]本质在于表演者对观众承担着展示交流能力的责任。"同上引书，第131页。"[表演的]本质就在于[表演者]要对观众承担展示交流能力的责任。"同上引书，第161页。

那么，人类的未来不仅不会"赢得了开放的气氛和面向未来的可能性"；恰恰相反，只能"踏实"再"踏实"地将"未来的可能性"封闭在单一"决定论"的"气氛"中，而每一个人都不再需要为自己的实践行为、行动、活动（无论是善行还是恶行）承担道德责任甚至"一般义务"①，而继续认同其"俗民"甚至"臣民"的身份了。

　　建立在"决定论"的基础上？还是建立在"自由论"优先于"决定论"（应然的"自由本体论"从不否定实然的"现象决定论"）的基础上？是所有古代共同体和现代社会的根本区别。没有"自由论"对每一个人作为"公民"建立在纯粹实践理性普遍立法的自由意志的天赋权利暨责任能力基础上的宪法规定（这也是一种普遍强制的"决定论"②），现代社会就不可能是道德上的自律共同体；同时，现代社会又通过民法、刑法规定了每一个人作为"公民"的道德底线，正是考虑到每个人出于一般实践理性任意选择的自由意志，并不一定就服从道德法则——康德把人的"同一个"自由意志划分为纯粹理性普遍立法的自由意志（理性）与任意选择的自由意志（任意），为现代社会的宪法＋民法－刑法体系的法律制度奠定了先验的形而上学基础——相反，任何单一、单向的"决定论"都是古代共同体的完美标志，因为"决定论"不相信、也不保证人天赋地拥有纯粹实践理性普遍立法自由意志的普遍权利暨责任能力，从而"将'人类道德基础的[理性]概念'与'习俗、传统、法律、风俗、风尚、礼仪的[任意]概念'混为一谈"。但是，在给予了"决定论"与"自由论"以"必要的辩证统一"之后，情况是不是会变得好一些呢？这取决于"决定论"与"自由论"在逻辑上的先后排序。如果"决定论"在逻辑上先于"自由论"的"工具性的重新安排"③，就会

---

①"绝对命令……它只是一般地表达什么是责任"，"义务就是使任何人都受其约束的那类行动"。（康德《道德形而上学》）转引自黄裕生《权利的形而上学》，商务印书馆2019年，第252页。

②"一个自由的意志和一个服从德性法则的意志完全是一回事。"［德］康德《道德形而上学奠基》，杨云飞译，邓晓芒校，人民出版社2013年，S.447，第90页。"法权不可以被设想为两个部分，亦即根据一个法则的责任和一个通过其任意约束另一个人的人来强制此人这样做的权限复合而成的。"［德］康德《道德形而上学》，张荣、李秋零译，《康德著作全集》第6卷，中国人民大学出版社2007年，S.232，第240页。

③王杰文《"实践民俗学"的"实践论"界定》，《实践民俗学的理论与批评》，王杰文主编，

提出"实践是否必须以先验目标为指导"之类的问题。

> 对于实践而言，一个终极的关于"好"的判断既不是充分的（关于"好"的标准有很多，而且可能都是利他的、理性的），也不是必要（讨论什么是"最好"的，并不能帮助我们解决现实问题，正如知道了珠穆朗玛峰世界最高，对于判断乞力马扎罗与麦金利山之间孰高毫无帮助一样），"尽管'什么是一个公正的社会'这一问题在思想上具有一定的吸引力，但对于一个有用的正义理论来说，这个问题并不是一个好的出发点"，我们无法通过理性获得"什么是一个公正的社会"的答案，但我们可通过比较获得"什么更不公正"的共识，恰恰是这一共识，更有利于推进公正和减少不公正。而"如何把公正原则的运作与人们的实际行为结合起来，这才是对社会公正进行实践理性思考的核心"。……实践并不一定需要事先确定先验目标，因为那既不充分、也不必要。实践应该是基于现实情况和理性对话，通过比较之后确定自己的具体目标。①

但是，如果"决定论"真的在逻辑上先于"自由论"，因而没有"先验目标"，那么人们如何分辨哪个"具体目标""更公正"或"更不公正"？固然，珠穆朗玛峰的海拔高度"对于判断乞力马扎罗与麦金利山之间孰高 [ 孰低可能 ] 毫无帮助"，但"海拔"本身作为标准"对于判断乞力马扎罗与麦金利山之间孰高 [ 孰低，不是必然 ] 毫无帮助"，而这个"海拔"的"先验目标"普遍标准即"公正原则"，恰恰是需要人们通过主体间先验意向形式的"对话"而达成的普遍理性标准。对于一般实践理性来说，通过"灵活性、反思性"②"不断的协商"③而经

---

学苑出版社 2020 年，第 262 页。
① 萧放、鞠熙《实践民俗学：从理论到乡村研究》，《实践民俗学的理论与批评》，王杰文主编，学苑出版社 2020 年，第 242—243 页，第 247 页。
② 萧放、鞠熙《实践民俗学：从理论到乡村研究》，《实践民俗学的理论与批评》，王杰文主编，学苑出版社 2020 年，第 233 页。
③ 萧放、鞠熙《实践民俗学：从理论到乡村研究》，《实践民俗学的理论与批评》，王杰文主编，学苑出版社 2020 年，第 232 页。

验地比较哪一个"具体目标""实际行为""更好""更公正"当然是重要的"社会与发展的现实问题，而不是去维护社会结构与社会系统的稳定性"①；但对于纯粹实践理性来说，通过"对话"首先确定"先验目标"才是最重要的，这不仅事关"维护社会结构与社会系统的稳定性"，而且事关"社会与发展的现实问题"。对于康德来说，通过"对话"首先确定"先验目标"本身就是道德义务甚至道德法则，因为道德法则首先就意味着主体间"对话"的先验交互意向形式——"如果有人想向他人的理性提问某种东西，那就只能以对话的方式进行"②——康德甚至反对在先验交互意向形式的道德法则之前就先行确定一个善的目标。就此而言，康德纯粹意向形式的道德法则本身就已经"丢掉了独断、矫揉造作和狂妄的终极真理，却赢得了开放的气氛和面向未来的[先验但不是经验性]可能性"。这样，根据康德从道德法则的意向形式方面说，

> 平常的人类知性的以下准则虽然不属于这里作为鉴赏判断的部分，但却毕竟能够用做其原理的阐明。它们是如下准则：1. 自己思维；2. 站在别人的地位上思维；3. 任何时候都与自己一致地思维。第一个准则是无成见的思维方式的准则，第二个准则是开阔的思维方式的准则，第三个准则是一以贯之的思维方式的准则。③至于思维方式的第二个准则，我们通常都习惯于把其才能不堪大用的[普通]人称为有局限的（狭隘的、不开阔的对立面）。然而在这里，我们说的不是[理论]认识能力，而是合目的地运用认识能力的思维方式：这种思维方式，无论人的自然天赋所达到的范围和程度多么小，仍表明一个[普通]人具有开阔的思维方式，如果他把如此之多的别人都如同被封闭在其中的主观的私人判

---

①王杰文《"实践民俗学"的"实践论"界定》，《实践民俗学的理论与批评》，王杰文主编，学苑出版社 2020 年，第 265 页。

②[德]康德《道德形而上学》，张荣、李秋零译，《康德著作全集》第 6 卷，中国人民大学出版社 2007 年，S.478，第 488 页。

③[德]康德《判断力批判》，李秋零译，《康德著作全集》第 5 卷，中国人民大学出版社 2007 年，S.294，第 306 页。

断条件置之度外，并从一个普遍的立场（他惟有通过置身于别人的立场才能规定这个立场）出发对他自己的判断加以反思的话。①

而从道德法则的意向内容方面说，

> 如果善的概念不是从一个先行的实践法则［的意向形式］推论出来的，而相反应该充任这个法则［意向形式］的基础：那么这个［善的］概念只是某种东西的［理论］概念，这种东西的实存预示快乐，并因此决定了主体造成这种东西的因果性，亦即［实践的］欲求能力。因为既然我们无法先天地洞见到，什么表象伴随着快乐，什么表象相反伴随着不快，那么要辨别什么是直接地善的，什么是直接地恶的，就惟有取决于经验了。②

这样，在"缺少法则的质料"的纯粹形式规定条件下，道德法则就"只是使任意的准则对普遍法则本身的适应性的［意向］形式成为任意的至上法则和规定根据"——康德的道德法则其实只是一个纯粹意向形式的普遍规定性，其意向质料（先验目的）是由意向形式自我推论地"补充"给自己的③——那么，怎样才能保证道德法则的主体间"对话"的交互意向形式"至上"的先验条件呢？按照康德的想法，这就是要确立宪法体系的法律制度——康德称之为"道德的外在立法"，不仅区别于伦理规范的"道德内在立法"，更首先是区别于自然因果性共同

---

① [ 德 ] 康德《判断力批判》，李秋零译，《康德著作全集》第 5 卷，中国人民大学出版社 2007 年，S.295，第 307 页。
② [ 德 ] 康德《实践理性批判》，韩水法译，商务印书馆 1999 年，S.58，第 62 页。"凡是在必须把意志的某个客体当做根据，以便向意志颁布那决定意志的规则的地方，这规则就只是他律。" [ 德 ] 康德《道德形而上学奠基》，杨云飞译，邓晓芒校，人民出版社 2013 年，S.444，第 85 页。
③ "对 [ 经验性 ] 质料加以限制的法则的单纯形式，同时就是将 [ 合法则形式的先验 ] 质料补充给意志但并不以其为先决条件的根据。" [ 德 ] 康德《实践理性批判》，韩水法译，商务印书馆 1999 年，S.34，第 36 页。" [ 意志 ] 自己造就它们与之关联的东西（意志意向 [ 先验对象 ]）的实在性。"同上引书，S.66，第 71 页。

体文化制度的任意原因性比较普遍性社会制度——没有宪法体系的法律制度，连自由、平等地对话、协商的先验条件都不具备，当然也就谈不上出于自由意志而平等对话、协商的经验性实践。实践民俗学者之所以满眼看到的都是"人生而自由却无往不在枷锁中"的经验现象，正是因为，我们一方面经验地面对传统的、基于自然因果性的现实共同体，另一方面又面向未来的、自由原因性的先验社会理想。以此，民俗学要实现从"历史学"向"当代学"（钟静文）的实践转型，就不能仅仅意味着"眼光向下（层）"或眼光朝向经验性语境中的当下，而是还应该眼光朝向先验语境中的未来即真正的当下。① 如果我们使用理论理性认识论方法感性地直观民俗实践的经验现象，那么我们经验地直观到的就只可能是服从自然因果性共同体规律下他律的"俗民"；如果我们使用现象学认识论方法现象学的直观民俗实践的观念现象，那么我们现象学地直观到的尽管可能是服从道德法则但也可能是服从自然规律即在自律的权利与权力下因他律而任意选择却犹豫不定的"新民"；但是，如果我们使用先验论客观性理念演绎方法，那么我们就必然能够演绎－还原出自己给自己立法并自己服从自己给自己立的道德法则的自律的"公民"。在最后一项条件下，"公民"就不是历史的或文化的"物种"、自由也不是历史的或文化的"现象"，而是逻辑上的先验和普遍之物；反之，无论对于认识论的实证论还是现象学的经验论来说，自由和"公民"当然都是历史或特定文化的"创造物"，因为看起来它们的确都好像是在时间中被创造的。

> 实践民俗学家们视为"天生的"（natural）自由个体不仅是相当少的物种，而且不过存在于一定区域内的现象。自由个体，远远不是一种人类的普遍状态，而是一种历史和社会的创造物。② 没有任何实践不是

① 吕微《民俗学：一门伟大的学科——从学术反思到实践科学的历史与逻辑研究》，"第十三章 民俗学的哥白尼革命——高丙中的民俗学实践'表述'的案例研究"，"二'公民社会'：民俗学实践研究的先验语境"，第 527 页。
② 王杰文《"实践民俗学"的"实践论"批评》，《实践民俗学的理论与批评》，王杰文主编，学苑出版社 2020 年，第 291 页。

文化的实践。①

而一旦否认了自由是人天赋（生而具有、与生俱来）的普遍权利与责任能力，民俗学者（即便是一般实践理性的民俗学者）就可能以历史和区域文化特殊性例如"差序格局"（费孝通）的经验性语境的"国情"名义，将他律的"民"拒绝于自律性"公民"的大门之外；进而，即便揭露了"权力与斗争"②，并对"权力"给予了"批判和抵抗""批判和反抗"③，在匮乏"公正原则"的实践条件下，也会"搁置'自由、人的尊严与人的权利'的问题"④，这就会断送民俗学先验地"站在未来的立场上"⑤朝向当下的可能性。

现在，在区分了人的纯粹实践理性普遍立法的自由意志（理性）和一般实践理性任意选择的自由意志（任意）之后，我们回过头来重读王杰文主编《实践民俗学的理论与批评》收录的十四篇论文，我们就可以根据对"实践"概念的进一步分析说明，再区分出两种实践民俗学，一种是先验论的实践民俗学，一种是现象学和实证论"混合定义"的实践民俗学。借用鲍曼的话说，前者最不看轻"理想的道德[观念]体系"，而后者更看重"真实的道德[实践]体系"。⑥而在我看来，如果我们只看重经验性语境中的"实际行为"，而更看轻先验语境中的"公正原则"，那么"民"，也就始终只能够作为、成为随波逐流（用王杰文的话说

---

① 王杰文《"实践民俗学"的"实践论"界定》，《实践民俗学的理论与批评》，王杰文主编，学苑出版社 2020 年，第 265 页。
② 王杰文《"实践民俗学"的"实践论"界定》，《实践民俗学的理论与批评》，王杰文主编，学苑出版社 2020 年，第 265 页。
③ 王杰文《"实践民俗学"的"实践论"界定》，《实践民俗学的理论与批评》，王杰文主编，学苑出版社 2020 年，第 264 页。
④ "'经验的'与'实证的'两个术语……之间并没有必然的联系，经验研究并不一定是实证研究……经验研究并不一定会搁置'自由、人的尊严与人的权利'的问题，[欧美]民俗学家们很早就已经意识到了民俗学学术伦理的问题，制订了并一再修订着学科的伦理指南。"王杰文《"实践民俗学"的"实践论"批评》，《实践民俗学的理论与批评》，王杰文主编，学苑出版社 2020 年，第 285 页。
⑤ 黄裕生《站在未来的立场上》，三联书店 2014 年。
⑥ [美]鲍曼《作为表演的口头艺术》，杨利慧、安德明译，广西师范大学出版社 2008 年，第 34 页。

"不断地生成性"）的"新民"，即便是"日新日日新又日新"的"新民"。① 但如若实践民俗学者想通过主体间对话而将"俗民"转换成为"公民"，就不能仅仅凭借"新民"自由意志"私意"任意选择的偶然性或或然性，而是首先要仰仗"公民"自由意志"公意"普遍立法的必然可能性，而通过主体间对话的先验交互意向形式而达成公民公意的"公正原则"，正是持纯粹实践理性立场的民俗学者追求的目标。

> 公众给自己启蒙，这更为可能；甚至，只要让公众有自由，这几乎是不可避免的。……启蒙所需要的无非是自由；确切地说，是在一切只要能够叫做自由的东西中最无害的自由，亦即在一切事物中公开地运用自己的理性的自由。……我把对其理性的公开运用理解为某人作为学者在读者世界的全体公众面前所作的那种运用。……对其理性的公开运用必须在任何时候都是自由的，而且惟有这种使用能够在人们中间实现启蒙。②

在这样的理想目标的指引下，实践民俗学重新规划了与经验民俗学的关系：并非"实践民俗学家武断地否定了'经验民俗学'的基本研究方法与历史文献，另起炉灶另开张"③；而是主张，实践民俗学"一般实践"理性或许应该在经验研究中落实实践民俗学者之间的共识，即继续追问卢梭的问题：在"真实的道德[实践]体系"中，"为什么人生而自由却无往不在枷锁中"？进而思考：如何打破限制自由的枷锁（"决定论"条件），还每个人以其自由、平等的天赋权利与责任能力？而不仅仅"最好被理解为是对民众日常生活实践的复杂性与丰富性的理

---

① 《大学》之道，在明明德，在亲民 [ 程子曰 '亲，当作新' ]，在止于至善。……汤之《盘铭》曰：'苟日新，日日新，又日新。'" 宋·朱熹《四书章句集注》，中华书局 1983 年，第 3 页，第 5 页。
② [ 德 ] 康德《回答这个问题：什么是启蒙？》，李秋零译，《康德著作全集》第 8 卷，中国人民大学出版社 2007 年，S.36—37，第 41 页。
③ 王杰文《"实践民俗学"的"实践论"批评》，《实践民俗学的理论与批评》，王杰文主编，学苑出版社 2020 年，第 285 页。

解与阐释，是对貌似荒诞的日常生活实践的无奈与无聊的理解与容忍"。①

　　哈贝马斯所说的没有内在和外在压力制约的"理想沟通情境"还是一个有待实现的理想。但是，理想沟通情境既是有效对话得以实现的条件，同时也是有效对话所要实现的目标。哈贝马斯认为，理想沟通情境只有在一个自由和开放的社会里才能够实现；但是，如果没有理想沟通行为自身的努力也就谈不上理想沟通情境本身的实现，而学术研究所实践的理想沟通行为且试图营造的理想沟通情境恰恰应当也可以成为社会实践的先行试验。理想沟通情境和理想沟通行为，二者之间具有一种互为因果的关系。②

　　这就是说，先验论的实践民俗学与经验论的实践民俗学之间应该也能够相互配合：前者先验地阐明"实际行为"的"公正原则"的应然"希望"条件，后者经验地证明"实际行为"促进实现或阻碍实现"公正原则"的亦"希望"亦"苦难"的实然条件。③从而依靠我们自己的"理性"拯救、捍卫我们自己的"任意"——后者是前者的目的；前者是后者的目的条件——尽管我们每个人的"任意"并不见得就怎么可靠。"显然，无论对于口头艺术的表演研究，还是对于中国的'实践民俗学'，这都是一项有待完成的学术使命。"④

2020 年 7 月 8 日

---

① 王杰文《"实践民俗学"的"实践论"界定》，《实践民俗学的理论与批评》，王杰文主编，学苑出版社 2020 年，第 271 页。
② 吕微《民俗学：一门伟大的学科——从学术反思到实践科学的历史与逻辑研究》，中国社会科学出版社 2015 年，"第三章 民间文学 – 民俗学的'真理宣称''规范宣称'与'真诚宣称'"，第 118 页"注释①"。另参见阮新邦等《解读〈沟通行动论〉》，上海人民出版社 2003 年，第 28 页，第 77 页。
③ 户晓辉《日常生活的苦难与希望——实践民俗学田野笔记》，中国社会科学出版社 2017 年。"以民俗自由检验人的自由在何种程度以特定的文化形式在他们的生活中实现。"高丙中《世界社会的民俗协商：民俗学理论与方法的新生命》，《民俗研究》2020 年第 3 期。
④ 王杰文《"实践民俗学"的"实践论"界定》，《实践民俗学的理论与批评》，王杰文主编，学苑出版社 2020 年，第 271 页。

# 第二节　实践民俗学还需要中层概念

## ——《民俗》周刊九十年之后的中国民俗学 ①

### （2018 年 12 月 27 日）

从民开始，从民、国民、公民，直到人，过去我们理解的民就是在俗中的小人，不是在礼中的君子，由此，民就是小民、草民、庶民，即臣民，这是传统的"民"的概念。我们民俗学一开始面对的也是这种"民"的概念，也把民当做与小人等同的民来理解。但也正因为民是臣民、是小民、是草民、是庶民，所以我们民俗学才要改变民的臣服地位，使民成为国民、成为公民，这就是民俗学起源时的目的。民俗学和风俗学不仅仅是一字之差，同时也是现代目的理念和传统目的理念之间的差别。所以我们说，虽然汉代就有了风俗研究例如应邵《风俗通义》，但那时的风俗研究和我们今天的民俗学相比，只是民俗学的前史，却并不是民俗学本身。这一点区分非常重要。借用我们民俗学前辈的话说，风俗学是为统治阶级（官方）服务的，是为统治阶级出谋划策的学问；而民俗学是为被统治阶级（民间）服务的，是为了使民成为现代国民、现代公民而努力的学术。以此，民俗学的"民"的概念所指应该只是"公民"，甚至用"国民"都难以定义民俗学的"民"的概念。"国民"的概念还局限在柳田国男所谓"一国民俗学"的框架之内来定义"民"，有国家的目的在上，"民"就仍然有可能被规定为以国家为目的的属民（尽管已不是庶民）。与"国民"不同的是，"公民"的概念就不再可能用民之外的其他目的（例如以国家为外在目的）来定义"民"，而只能用民自身的内在目的来定义"民"。所以我很赞赏夏循祥与他的老师高丙中合写的一篇文章《作为当代社团的家族组织》。在这篇文章中，高丙中和夏循祥提出了

---

① 本节的内容是笔者 2018 年 12 月 27 日在中山大学中文系、非物质文化遗产研究中心举办的"《民俗》周刊创刊九十周年学术研讨会"上的发言。

如何看待传统社团例如家族组织的问题：家族组织究竟应该被视为传统社团还是应该被视为现代社团？站在现代社会的实践立场上，高丙中和夏循祥认为，应该把现代社会中的家族组织看做是合目的－自组织有机体式的现代公民社团。这看起来似乎只是一个学术观点上的变化，实则却是一种学科范式的转换，即从认识论范式（理论民俗学）向实践论范式（实践民俗学）的转型。当大家都还在把家族组织认知为传统社团的时候，夏循祥和他的老师高丙中却反其道而行之，坚持认为这就是现代社会的公民组织。由此，我们主要要做的事情，就不是批判、改造家族组织在道德上他律的传统性或非现代性——站在理论理性的客观性（其实是主观性）立场，从经验上看待家族组织，其道德上他律的传统性或非现代性，或许都是难以否认的事实——而是要站在实践理性的主观间客观性立场，从观念上为家族组织提供机会，让民（间）能够根据自己作为公民天赋的理性意志的自由权利和道德能力，自律地将自我提升为合于甚至出于普遍的伦理原则和法律秩序，从而在道德上有尊严的公民以及公民结社。这就是民俗学所主张的现代性道德自律（而非传统性道德他律）的实践目的论。换句话说，所谓"实践民俗学"就是一个有着自身内在的实践目的的民俗学，而民俗学自身内在的实践目的其实也就是民自身内在的实践目的——如果民俗学是以民自身的目的为目的的学术——而民自身内在的（主观间客观性）实践目的就是：成为自由的公民。而我们的经典民俗学，在很长时间里，却只是一门仅仅发展了认识目的的民俗学，而遗忘了自身起源时的实践目的论初衷。于是，在遗忘了自身内在的实践目的初衷之后，民俗学的认识目的就有可能被利用为实现自身之外的其他实践目的例如意识形态目的的手段（但这样一来，现代民俗学与传统的民俗研究也就又难分彼此了）。现在，如果所谓"认识"只能以经验现象为对象，那么，作为认识论的民俗学也就顺理成章地只能视民俗为社会现象甚至自然现象，以认识其中的社会规律甚至自然规律，进而认识民在社会规律甚至自然规律中外在于民自身内在目的的他律存在条件，用理论民俗学的认识论话语来说，就是通过俗来认识民。其结果是，如果我们研究的民只是服从社会规律乃至自然规律的他律的客体，那么服从社会规律乃至自然规律的民，就不再可能是自律的自由主体，随之，民自身内在的自由目的、自律目的，也就烟消云散了。于是，现在，如果实践民俗学仍然希望坚持内在于自身的目的也就是民自身的内在目的——自律地使自身成为自由的主体即公民——那么，实践民俗学者就会发现，在理论民俗学的认识论语境条件下，甚至"公民"的概念也难以成就民自身的内在目的。因为，如果现代公民的自由权利仅仅起源于社会契约，进而，如果社会契约仅仅起源于卢梭所言理性的众意甚至公意，那么公民就仍然可能以不得不服从外在于自身的其他目的的他律客体而存在。有鉴于此，户晓辉通过重新阐释赫尔德"民"的概念，将赫尔德"民"的概念表述为"（人）民"的理念。户晓辉在"民"的前面添加的这个"（人）"当然是一个大写的"人"，而把这个大写的"人"添加在"民"的前面，就意味着：一个没有人的自由灵魂的民，也就只能够是一个国民，最多只能够是一个公民，即无论国民还是公民，都只可能通过法律契约在国家里面、在社会里面人为地被赋予国民或公民的自由权利和平等地位，用康德的话，这就叫做实证法权。换句话说就是，民必须借助法律契约的人为约定，才可能被赋予国民地位和公民权利。但是，通过法律契约的国家赋权和社会赋权，其国家和社会本身以众意甚至公意自居的赋权权力甚至赋权能力又是从哪里来的呢？国家和社会的众意甚至公意有这个权力、有这种能力吗？如果有，那么除了法权赋权，国家和社会以众意甚至公意的名义也就同样有权力、有能力收回已赋权的法权（以此，通过人为契约的赋权就仅仅是临时的、暂时的，而不是永久的）。但是，现在，如果"民"的背后站立着一个大写的"人"的自由灵魂；进而，如果这个大写的"人"的自由灵魂，就代表了人作为人自身而存在的内在目的，那么，自由作为人的灵魂就是人生而具有的自由权利与能力，同时也就是人作为人自身而存在的道德地位与尊严。以此，我们每一个人作为有自由灵魂的人自身，才有资格在无须任何法律赋权的"目的条件"（户晓辉）的条件下，就自豪地自我称谓为"人"。进而，如果"人人生而自由"，那么人人生而自由的自由，就不是任何法律契约所能够赋予的权利，法律契约所能够成就的事情，只是恢复、维护每一个人作为自由的人天赋的自由权利、能力、地位与尊严。法律契约没有创造人的自由权利的能力，更没有创造人的自由能力的权力——这就是说，尽管人的自由权利事实上（在经验中）或许是通过法律契约人为地被赋予的，但我们却不能把人的自由权利设想为通过法律契约被赋予，而只能（先于经验地）设想——能够创造人的自由的"人"，用宗教的话说，唯有上帝；用哲学的话说，则是自然法——即"不是通过纯然的契约，而是通过法则发生的"①——所谓"自然法"，意思是说，人之所以是自由的，是因为人的自由是自然赋予即生而具有、与生俱来的（因而也就是永久的、永恒的，而不是临时的、暂时的），所以，人的自由才是天赋人权。自然法，是人类理性的思考结果，是人类理性追问到最后所能够思想的人自身存在的内在目的即自由这一无条件的目的条件。如果，一个概念的经典定义方法，就是亚里士多德所言"属加种差"：那么我们要定义一个概念，只能用一个较之将被定义的概念更高一级的概念，展开其下属的二级概念分类体系（将被定义的概念就是其中的二级概念之一），然后给其中的一个二级概念加上一个限定性概念（定语），这样才可以定义那个将被定义的二级概念。但是，当我们追问自由这一人的存在的无条件目的条件时，因为在"自由"的概念之上我们再也找不到一个更高一级的概念了，于是"自由"本身就成了一个无法定义、无法认知甚至无法理解的最高级概念。对"自由"这一人的存在的无条件目的条件的最高级概念，康德《道德形而上学奠基》的最后一句话是这样说的："我们固然不理解道德命令的 [ 自由 ] 实践的无条件的必然性，但我们毕竟理解这命令的 [ 无条件目的条件即自由的 ] 不可理解性，这就是对一门力求在原则中达到人类理性的边界的哲学所能公正地要求的一切。"直白地说，人为什么生而自由？为什么自由是人的天赋权利与能力？进而为什么自由是人的本质规定性？这是我们人类理性所无法认识甚至无法理解的问题。但是，尽管我们人类理性无法认识、无法理解人的自由，我们人类理性毕竟理解"人生而自由"这一结论的不可理解性，所以邓晓芒说，"实践理性批判导致的是一个极其低调的结论"。这一个低调的结论是对我们人类理性的自觉限制，也是对我们学术理性的自觉限制，由此，我们才可能知道我们能够做什么、应该做什么；同时也就知道了我们不应

---

① [ 德 ] 康德《道德形而上学》，张荣、李秋零译，《康德著作全集》第 6 卷，中国人民大学出版社 2013 年，S.276，第 286 页。

该做什么、不能够做什么。而我们能够做的、应该做的，就是相信人生而自由、自由是人的天赋权利、自由是人的本质；反过来说，我们不应该做也不能够做的就是认识人的自由。对于人的自由，我们只应该也只能够去相信它，进而信仰它，此外别无他途。这样，我们人类理性、我们的学术理性追问到人自身存在的无条件目的条件即"自由"，就只能是一个"理性的信仰"（vernünftigen Glaubens/rantional faith）①的对象。但在这里就出现了一个问题：就像我们民俗学研究民间信仰，我们民俗学自身有没有信仰呢？在我看来，民俗学自身也有信仰，就像我们人类理性包括一般的学术理性，追问到人自身存在的无条件目的条件，就走上了信仰之路。我们过去信仰神、信仰上帝，经过现代性自律性的信仰转换，神、上帝已被我们束之高阁，于是在"上帝死后"，我们还应该、还能够信仰谁呢？也许，我们只应该也只能够信仰我们人自身，信仰我们人自身天赋的自由权利和道德能力，而这也就是人类理性包括学术理性为现代民族国家、民主社会普遍奠基的信仰对象的立法根据；而根据这样一个信仰对象的立法根据，我们才有可能进一步以自然法权的神圣名义，通过实证法权的人为契约，恢复、维护每一个人生而具有（但在历史中一度丧失了）的自由权利与道德能力。这样，有了对人自身的自由权利与道德能力的自由信仰在先，当我们说到人的其他信仰例如民俗、民间信仰的时候，我们才有充分的理由坚持说，民俗、民间信仰也自有它天赋的自由权利（即民俗、民间信仰的自由意志形式而非其意向内容）。于是，我们民俗学根据自身内在的实践目的论应该且能够做的事情，就不再仅仅是教育民如何俗、教育民间如何信仰。教育，不是我们民俗学自身内在的实践目的即先验的实践目的（而只是民俗学的经验性实践目的），民俗学自身内在的实践目的只是先验地阐明，民有俗的自由权利、民间有信仰的自由权利——正如穆勒所言"为信仰辩护就是为自由辩护"——而这也就是我们实践民俗学先验地应该做也能够做的事情。而为了做好这些事情，至少从 20 世纪 90 年代至今，中国民俗学学者共

---

① [ 德 ] 康德《道德形而上学奠基》，杨云飞译，邓晓芒校，人民出版社 2013 年，S.462，第113 页；Immanuel Kant, *Groundwork of the Metaphysics of Morals*, A German-English Edition, English translation by Mary Gregor, Cambridge University Press 2011, S.462, p.152, p.153.

同体已付出了近三十年的努力，通过反复的论证，艰难地但也依然只是部分地取得了上述共识，尽管这一论证程序至今仍未完成。而进一步的问题是，实践民俗学经过反复论证已取得的上述共识，是否应该且能够首先用通俗的话语发表出来，让作为公民的每一个普通人都能够理解并接受呢？这的确又是一个问题。如果公民就是能够公开地运用自己的理性——特别是能够像学者那样以学术的方式公开地运用自己的理性——的自由主体（康德的理想），那么，让作为自由主体的公民，都能够理解、接受并使用民俗学的实践目的理论，确实合于民俗学自身内在的实践目的。但是，康德仍然不赞成"正在进行时"的实践理论在"未来完成时"之前的通俗化，康德的理由是，任何论证过程中的通俗化都将有损于理论的纯粹性和彻底性——因为通俗化就必定要使用日常词语，而日常词语做不到像学术词语那样能够以亚里士多德的方式准确地定义概念——这样就会导致理论论证的前功尽弃。那么，"正在进行时"或"未来完成时"的实践理论，应该首先让谁来理解、接受并使用呢？这里，或许可以举一位作家的例子，大家都知道博尔赫斯的作品神秘莫测，一般人很难读懂，所以博尔赫斯的小说被称为"写给小说家的小说"，事实上，也的确有很多小说家从博尔赫斯那里获取了写作的灵感。以此类比，我们民俗学实践研究的学术成果，就像博尔赫斯的小说一样，首先是写给同行看的，特别是当实践理论的论证过程仍处在"正在进行时"或"未来完成时"的当口，我们更不应该为迎合普通人暂时一般的阅读能力而通俗化。康德的大部头理论著作首先都是写给同行看的，但他同时又特别强调：我做学问是为了恢复和维护每一个人做人的自由权利，如果我的学问不能够对恢复和维护每一个人做人的自由权利有用，那我宁可不做这个学问。我们民俗学者也应该像康德那样扪心自问，我们民俗学的学问是不是出于（至少是合于）为恢复和维护每一个人做人的自由权利的实践目的论呢？我想，我们大多数民俗学者都怀有这样的实践目的的实践希望，而实践民俗学就是想自觉地提出这样一个明确的目的论问题。当然，这个目的论问题原本也就是内在于我们民俗学自身的实践目的，而今天我们旧话重提，只是为了让这个明确的目的论问题能够随时随地被我们用来检验自己的学问是否合格？能否合格？如果合格，那么普通人一时半会儿不能领会也就没有关系；因为实践民俗学原本主张的就是通过生产观念（观念而不是事实才是学术的最终产品）来从事观念性实践——阿伦特"世界旁观者"（a world-spectator）①的实践庶几近之——而非一时一地的实用性实践。②所谓"观念性实践"，是我根据胡适当年的主张提出的一个实践民俗学任务口号。胡适在20世纪30年代曾经说过，新文化运动、新文学运动到了今天，回想起来，我们做了哪几件事情呢？其实我们做的只是给社会、给中国提供了几个关键性的观念。在这些观念中，就有作为公民的"民"的概念或理念，这些观念影响了中国社会的历史发展，新文化运动、新文学运动就凭借着这几个关键性的观念，改变了中国历史发展的命运。除此之外，胡适还做了哪些实用性的事情呢？胡适自己也作新诗、作白话诗，但他作的新诗、白话诗，没有人认为是成功的。胡适《尝试集》中收录的新诗、白话诗，现在看起来写得都很幼稚甚至很拙劣。但是，尽管胡适的新文化、新文学实用性实践以失败告终，却没有人否认他的新文化、新文学观念性实践大获成功，因为胡适提出的实践性观念，的确为我们从民国到共和国的公民自由实践举行了，观念性的立法奠基。换句话说，胡适之于现代中国社会、历史的观念性奠基，具有无用之大用。当然，实践性观念的无用之大用，或者说，无用之大用的实践性观念之所以不至于导致大而无当的观念性实践，又有赖于连结实践性观念与观念性实践的中层理论。在座的同人中，有曾经跟随高丙中老师学习人类学的学生，我的看法是，民俗学与人类学在曾经一度共奉同一些大师、共享同一些经典（例如泰勒《原始文化》、弗雷泽《金枝》）而分手之后，人类学已经创造了诸多本学科的中层理论——如昨天张超的发言《赋魅与驱魔：附身民俗中的主体交互经验》所展示的——而这就是民俗学与人类学之间的学科差距。我在这里不是比较民俗学与人类学在学术成果方面的差距，而是说差距

---

① [美] 阿伦特《康德政治哲学讲稿》，贝纳尔编，曹明等译，上海人民出版社2013年，第68页。

② "迈内克曾写道：'学术必须间接地、而非直接地服务于生活，通常，它越是精确而严格地封闭自己，就越能有效地做到这一点。'……学者就必须力图厘清学术'应用'的理论前提。" [德] 鲍辛格《技术世界中的民间文化》，户晓辉译，广西师范大学出版社2014年，第160页。

在于人类学有很多中层理论而民俗学很少，而这是民俗学应该向人类学学习的。前年在中山大学开会的时候，王霄冰老师提出的问题是："实践民俗学如何实践呢？"如果实践民俗学已经给出了观念性自由实践的内在性目的理念，那么现在，我们缺乏的主要是适合于实践民俗学目的理念且可操作的中层理论。当然，关于中层理论，户晓辉和我在这些年也做了一些尝试。2006年，户晓辉针对《母题：他者的言说方式》批评我，然后又把批评我的文章修订、收入《返回爱与自由的生活世界》。在这之后，关于民间文学的母题、类型、形态研究方法，我们还写过多篇论文。母题、类型、形态研究是我们民间文学－民俗学学科的学术看家本领，在这些方面我们还有很多事情可做。今年，我给李扬《中国民间故事形态研究》写了一篇书评，我借着给李扬写书评的机缘，重读了汤普森、普罗普和列维－斯特劳斯。我发现，列维－斯特劳斯在与普罗普争论时，使用了"任意性"这个概念，斯特劳斯的意思是说，民间故事的母题、类型和形态都出自故事讲述人即普通人的自由意志。列维－斯特劳斯使用的法文词语"任意性"（arbitraire，索绪尔也曾经用这个法文词语界定语言的特质），也就是康德使用过的拉丁文词语"任意"（arbitrium）。① 列维－斯特劳斯的确是一位哲学家，他不仅仅是一般人说的人类学家，他自己也自认为是一名哲学家，所以列维－斯特劳斯的思想－学术背景，并不像我们想象得那么单一。而根据列维－斯特劳斯联结哲学与民间文学－民俗学的做法，我想，我们民间文学－民俗学的母题研究、类型研究、形态研究是可以与民间文学－民俗学的实践目的衔接起来的。而这些年中国实践民俗学学者的工作内容之一，也包括通过"激活"（高丙中）本学科的古典概念（高丙中的另一说法是"古典新用"），尝试将民间文学－民俗学的理论理性概念转换成为实践理性理念。或者说，让那些认识论概念被活用为实践论理念，以阐明民作为人的自由存在权利和道德实践能力，用户晓辉的话说就是：让民在我们的存在论概念中作为自由存在者再存在一回！现在，开发适合于民俗学实践目的论的中层理论这项工作还只是开了个头，如果进一步展开，仅仅依靠一二老朽是不够

---

① [德]康德《纯粹理性批判》，邓晓芒译，人民出版社2004年，A802/B830，第610页。

的，而是要仰仗在座诸位的年轻一代。现在，对于实践民俗学来说，立法的道路已经开启，可选择的任务也已经明确，任重道远，就看我们民俗学者愿不愿意、能不能够公开使用我们的理性意志的自由权利，并付出我们的努力了。

2018 年 12 月 27 日

于中山大学中文系、非物质文化遗产研究中心

（张寒月根据录音整理，吕微修订）

# 第三节　白话：我们日常生活的建构－描述性概念

## 李小玲《二十世纪初中国白话文学研究及当代意义》申论[①]
### （2020 年 11 月 5 日）

　　《二十世纪初中国白话文学研究及当代意义》是继《胡适与中国现代民俗学》[②] 之后李小玲"胡适民间文学－民俗学研究之研究"的第二部曲，如果前者着重于对胡适学术－思想内涵中民间文学理论事实的"历史还原"[③]，那么后者则着力于胡适民间文学学术－思想本身——特别是"白话""白话文学"概念作为民间文学学科的"理论前提""关键词"——能否实践地直观－认识"我们"[④] 作为民众的普通文化－日常生活"本真状态"（2022：260）"本真形态"（2022：269）的现象学－先验论"价值"还原[⑤]，尽管前者已经蕴含了后者，而后者仍然包含着前者。

---

① 本节内容是笔者为李小玲《二十世纪初中国白话文学研究及当代意义》写的序言，收入本书时有修订。
② 李小玲《胡适与中国现代民俗学》，学苑出版社 2007 年。本节引此著或在正文中注明出版年代、页码。
③ 李小玲《二十世纪初中国白话文学研究及当代意义》，华东师范大学出版社 2022 年，第71 页。本节引此著或在正文中注明出版年代、页码。
④ 吕微《从"我们和他们"到"我与你"——反思的民间文学－民俗学的学术伦理》，《民间文化论坛》2004 年第 4 期；收入吕微《民俗学：一门伟大的学科——从学术反思到实践科学的历史与逻辑研究》，中国社会科学出版社 2015 年，第 121—131 页。王光东《民间文学传统与"我们"》，《当代作家评论》2012 年第 2 期。户晓辉《民间文学的自由叙事》，社会科学文献出版社 2014 年，"'我们'：民间文学体裁叙事行为的纯粹发生形式"，第 134 页。
⑤ "各家都还他一个本来真面目，各家都还他一个真价值。"胡适《新思潮的意义》，《胡适全集》第 1 卷，季羡林主编，安徽教育出版社 2007 年，第 699 页。

一

在中国民间文学界，提起本学科的先驱者，少有人说到胡适，例如洪长泰《到民间去：1918～1937年的中国知识分子与民间文学运动》第二章"开拓者"就只列了刘复（半农）、周作人、顾颉刚三个人的名字。[①] 当然，当年的胡适自己也无意于开创一门叫作"民间文学"的现代学科；胡适更看重的是自己作为"中国文艺复兴之父"的功臣角色。但李小玲更愿意为胡适辩护，至少证成胡适也是中国现代民间文学学科之父，就像赫尔德是德国浪漫主义民间文学运动之父一样；而且不仅仅是精神之父同时也是具体"尝试"民间文学研究的先行者。但如果我们进一步说，胡适开创了中国现代浪漫主义民间文学运动，又是胡适本人定会"不赞同"的，就像胡适"不赞同"新文学运动是启蒙主义运动一样，而这一点"不赞同"正是胡适定义中国现代新文学运动乃至中国现代民间文学运动的独特性与深刻性之所在。

胡适所谓"文艺复兴"不同于"启蒙主义"也不同于"浪漫主义"，合并胡适与康德的话说，如果启蒙主义是开启民智，浪漫主义是想象"民情"[②] 甚至民德，那么文艺复兴就是"让公众给自己启蒙"[③] "人人可以提出 [ 自己 ] 的假设"（胡适）（2022:190、193-194）以"开启官智"（2022:84）[④]；由此构成了胡适与

___

① [ 美 ] 洪长泰《到民间去：1918～1937年的中国知识分子与民间文学运动》，董晓萍译，上海文艺出版社1993年，"开拓者"，第53—78页。

② "'Folklore'——这个字不容易译成中文，现在只好译作'民情学'，但这是很牵强的。……民间文学是民情学的一部分，而且是最重要的部分。"愈之《论民间文学》，收入《中国民俗学论文选》，王文宝编，中国民间文艺出版社1986年，第4页。

③ "但是，公众给自己启蒙，这更为可能；甚至，只要让公众有自由，这几乎是不可避免的。因为在这里，甚至在广大群众的那些被指定的监护人中间，也总是有一些自己思维的人，他们在自己甩脱了受监护状态的桎梏之后，将在自己周围传播一种理性地尊重每个人的独特价值和自己思维的天职的精神。……但是，这种启蒙所需要的无非是自由；确切地说，是在一切只要能够叫做自由的东西中最无害的自由，亦即在一切事物中公开地运用自己的理性的自由。……我的回答是：对其理性的公开运用必须在任何时候都是这样的，而惟有这种使用能够在人们中间实现启蒙……"[ 德 ] 康德《回答这个问题：什么是启蒙？》，《康德著作全集》第8卷，李秋零译，中国人民大学出版社2007年，2010年，第41页。

④ "胡适……坚持反对'开民智'，主张'开官智'，不赞同'启蒙运动'之说法，而坚持

中国现代新儒学诸先贤自上而下的"亲民"理念不同的原始儒学自下而上"人皆可以为尧舜"(《孟子·告子下》)①的"新民"②理想。据此胡适原始儒学自下而上的"新民"理想，我们才可能更准确地判断中国现代文学之于古代文学的"质"的转折点，既不是"晚清"、"19世纪末20世纪初"、"民国元年"的"亲民"时间标准，也不是1919年五四运动的"亲民"事件标准——这些标准都缺乏内在于文学自身而从旧文学向新文学转折的"'质'的差异"(2022：247)——而就是1917年1月《新青年》第二卷第五号发表胡适《文学改良刍议》"有意的主张"③(2022：155)"新民"的实践标准，尽管"就胡适本人来说，他始终坚持新文学自1916年[与梅光迪讨论'文学革命']始"(2022：24)。

> 每一种文学史的显性叙述中都潜存着叙述者对文学现代转型的阐述视角，而通行版本的现代文学史无论是持"五四说""新文化运动说""民国说"还是"晚清说""通俗文学说"，无一例外都忽视了民间文学对现代文学建立的意义，而民间文学文学价值的确认恰恰是现代文学与古典文学裂变的标志，是现代文学发生的起点。(2022：146)

---

'中国文艺复兴'之说，都可以显见其态度的明确和立场的坚定。"李小玲，2022：277。"胡适对民间文学的兴趣和关注并不是出于学科建构的意图，甚至还不完全是面向民众和民间文学本身，而是面向上层和知识分子，希望以此影响和辐射到政府和知识阶层，以此改变他们对民众和民间文学轻视的态度和眼光，即不是'开民智'，而是'开官智'，这是胡适和其他学人很不一样的地方。"同上引书，283。

①"问曰：'人皆可以为尧舜，有诸？'曰：'尧舜之道，孝弟而已，子服尧之服，诵尧之言，行尧之行，是尧而已矣。'"杨伯峻《孟子译注》，中华书局1960年，第276—277页。

②"大学之道，在明明德，在亲民，在止于至善。"朱熹注："程子曰：'亲，当作新。'……新者，革其旧之谓也，言既自明其明德，又当推己及人，使之亦有以去其旧染之污也。"宋·朱熹《四书章句集注》，中华书局1983年，第3页。"'作新民'之'新'，是自新之民……'安百姓'便是'亲民'，说'亲民'便兼教养之意。"明·王阳明《阳明先生集要》，中华书局2008年，上册，第28—29页。"自新之谓也，新民之谓也。"梁启超《新民说》，中州古籍出版社1998年，第50页。

③"自觉的，有意的主张""自觉的主张"。胡适《〈中国新文学大系〉第一集导言》，《胡适学术文集·新文学运动》，姜义华主编，中华书局1993年，第247页。"提倡有心。"胡适《中国文艺复兴运动》，同上引书，第295页。"提倡有心。"胡适《评〈梦家诗集〉——复陈梦家的信》，同上引书，第461页。

正因为对民间文学的发现构成了中国现代文学改良－革命的"质"的"界碑"（2022：148）或"分水岭"（2022：147），胡适以起源于民间的大众文学、平民文学、俗民文学、通俗文学、白话文学的"活的文学"对中国现代新文学的"形式"（工具）规定性，与周作人以"人的文学"对中国现代新文学的"质料－内容"（目的）规定性的相辅相成，才构成了"创造出具有民众性和民间性即民俗学学科意义上的中国现代文学"（2007：50）的"民间"逻辑起点——否则，单单文学工具（形式）的改良，而没有文学目的（质料－内容）的革命，新文学相对于旧文学就只是消极自由（例如"八不主义"）的独立性，而不是积极自由的自立性——而中国现代文学－"文化民主"（汉森，详见下文）运动的胡适式"白话文学""活的文学"形式规定性逻辑起点，据李小玲的研究，竟起源于胡适童少年时代无意识接受的原始儒学"亲民"观念与青年时代有意识接受的康德哲学"自由"理念的"无缝对接"（2022：6）。

浸润于本土传统儒家伦理学的中国士人在思想上接纳现代西方道德哲学（特别是德国古典实践哲学），在中国现代学术史上不乏其例，中国民间文学的先驱者胡适、周作人都未出其外。对胡适来说，从父亲胡传的"言传"和母亲冯顺弟"身教"的儒学氛围中授受的诸如"歉让""容忍"的品德，构成了胡适"生命的永恒底色"（2007：34）——"如果我能宽恕人、体谅人，我都得感谢我的慈母"（2007：35）——"胡适从平凡普通和农家出身的母亲身上，看到了民众的伟大和不凡。或许可以说，胡适的平民意识和民众观念的最初基原是由他人生的第一位老师——母亲铺设的"（2007：36）；而胡适那早年去世的父亲"给胡适留下了两本充满理学气息的自编四言韵文书[《原学》《学为人诗》]，亦成为胡适最早的启蒙教材"（2007：45）。

　　　　为人之道，在率其性。求仁得仁，无所尤怨。因亲及亲，九族克敦；因爱推爱，万物同仁。（2007：45）

"《学为人诗》宣传了仁爱之心、推己及人、人人平等友爱的思想"（2007：

45），"中国传统文化中潜藏的民主基质"（2022：72）、儒家学说"民主主义的思想精华，培养了[胡适的]一种宽以待人、严以律己的人生态度"（2007：46）。在李小玲看来，正是"母体文化或本土文化"（2007：58）决定了胡适最终选择和吸纳了具有普遍性价值的自由主义思想的"前基础和前理解"（2022：74；2007：58）条件。

> [胡适]满怀热情欣然接受的，是那些他的早期教育已为他奠定下根柢的思想，而且，他只是吸收了与他到美国之前虽未坚定于心却也显露端倪的观点最为合拍的那些当代西方思想……也只是证实和强化了他已经有了的思想。①

"正是那个因为接触新世界的科学、民主、文明而复活起来的人本主义与理智主义的[传统]中国"（欧阳哲生）（2007：83）让当年初到美国的胡适旋踵之间就把自己思想的目光首先投向了康德（2022：73），而不是首先投向杜威——此前几乎没有人认真看待胡适与康德的思想联系（2022：73），李小玲对"这一段史实"（2022：74）的重新发掘令人耳目一新——正像胡适自己说过的："我对他[厄德诺]以道德为基础的无神宗教十分折服，因为事实上这也是中国留学生所承继的中国文明的老传统"（2022：74）。②

> 厄德诺是"伦理文化运动"新宗教的发起人……"这一新宗教的基本观念是相信人类的品格和人类本身的行为是神圣的"。而他[厄德诺]的这一思想又起自康德，是"康德的抽象观念具体化"。胡适也说，从

---

① [美]格里德《胡适与中国的文艺复兴——中国革命中的自由主义（1917－1937）》，鲁奇译，江苏人民出版社1996年，第46页。
② "我们所讨论的古代中国人，他们不知道创世者、没有自然宗教，更是很少知道那些关于神圣启示的记载。所以，他们只能够使用脱离一切宗教的、纯粹的自然之力以促进德性之践行。然而，他们对自然之力的使用却卓有成效……"[德]沃尔夫《中国人实践哲学演讲》，李娟译，华东师范大学出版社2016年，第13页。

厄德诺的语录里"很容易看出康德和康德哲学的至高无上的道德规律对他 [ 厄德诺 ] 的影响"。……在胡适的留学日记里，记录了很多条厄德诺语录，如："精神上的关系是人与人之间的参互交错的关系。就是爱。……"这些格言凸显了爱与道德的力量，肯定了道德的存在是作为人为自己立法的自律存在，强调通过个体的道德完善，学会尊重他人，看重他人的价值和作用……胡适在 1915 年 2 月 1 日给韦莲司的信中，提到自己受到康德思想的影响："无论是对你自己，还是对别人，在任何情况下，都要将人道本身视为一个目的，而不仅仅是个手段。"他概括这句话的中心思想为"尊重每一个人，并将这种感觉升华为一种敬意。"这无疑就是康德宣称的"人是目的，而非手段"的表述和观念的翻版。……"对人与人之间乃至对人本身的一种判断和认识，即对每一个独立个体的绝对尊重乃至敬意"。( 2022：74-75 )

而且，即便在接受了杜威"实验主义"即英美式功利主义、实用主义思想之后，对自由主义理想，胡适也始终都没有放弃；同时，胡适也先于"五·四"同侪同人而更准确地理解了自由的深意："民主的生活方式，在政治制度上的表现，好像是少数服从多数，其实他的最精彩的一点是多数不抹杀少数，不敢不尊重少数，更不敢压迫少数，毁灭少数"( 胡适 )( 2022：81 )"其得力所在，全在一'恕'字，在于'己所不欲勿施于人'八字"( 胡适 )( 2007：63 )。美国七年的留学生活，让胡适一方面满怀敬意地认识了康德对人的自由本性的先验设定，另一方面又满眼惊异地直观了以自由为原则的民主制度的经验性实践。

美国国民对政治的关心和热情及美国民主政治体现出的平等平权的意识给予胡适以极大的心灵震动。……他在 1912 年参加过许多次政治集会，在一次有诸多教授到场的集会上，令他惊奇万分的是此次大会的主席竟是学校里的一位管楼工人，"这种由一位工友所支持的大会的民主精神，实在令我神往之至"。……尤令他 [ 胡适 ] 感触颇深的是议会成员的组成，"会员一为大学教习，余皆本市商人也"。其中有雪茄烟商、煤商和建筑工师等。现任市长是大学女子宿舍执事，前任是洗衣工，现在做洗衣店主人。胡适不由感叹"其共和平权之精神可风也"。（2007：62）

也许，这些美国经历都唤醒了胡适的早年记忆，让胡适想起了只给他留下了两本启蒙读物的父亲和"对我本身垂久影响"的母亲。

朱子记陶渊明，只记他做县令时送一个长工给他儿子，附去一封家信，说，"此人亦人子也，可善遇之。"……长工在家里跟小孩一样的称呼别人，家里待他称呼客；当作家中人一样的看待。……我检阅我已死的母亲的生平，我追忆我父亲对她毕生左右的力量，及其对我本身垂久的影响，我遂诚信一切事物都是不朽的。……伏念先母一生行实，虽纤细琐屑不出于家庭闾里之间，而其至性至诚，有宜永存而不朽者。……那英雄伟人可以不朽，那挑水的、烧饭的，甚至于浴堂里替你擦背的，甚至于每天替你家掏粪倒马桶的，也都永远不朽。（2007：46、40、36）

这就是胡适。在胡适身上，故土的、传统的东西和异域的、现代的东西"无缝对接"；而胡适之所以能够做到这一点，乃是因为，本土的、传统的文化与异域的、现代的文化各个包含可以相互贯通的普世价值。① 正是因于本土、传统与

---

①"1947 年 1 月，在由来自澳大利亚、智利、中国、法国、黎巴嫩、苏联、英国和美国等 18 个国家组成的人权委员会召开的第一届第一次会议上，中国常驻联合国代表张彭春（1892—1957）当选为人权委员会副主席，负责起草一份对全人类具有普遍意义的人权标准。当时的主要起草者有 7 人，但起主要作用的是张彭春和黎巴嫩哲学家查尔斯·马利克、法国律师勒内·卡森，其中前两人为《世界人权宣言》奠定了哲学基础。马利克是基督徒，主张给这份宣言融入基督教色彩，张彭春主张该宣言应有世界性和普遍性，因而在宗教方面应保持中性色彩，避免过度西方化。张彭春特别关注的是法国启蒙哲学和儒家的伦理传统，而且非常强调《世界人权宣言》的普遍目标在于人的人道化（humanization of man）和提升人的道德高度（to raise the moral staure of man）。他吸收了儒家思想元素，但并没有生搬硬套，而是把'仁'翻译为'two-man mindedness'，即人所共有的内在善和对他人的同情心（sympathy for

异域、现代的普世价值之间的纯粹综合，让青年的胡适"激情满怀"："少年中国相信民主，相信通向民主之唯一道路就是拥有民主……所以她现在必须拥有民主。他［胡适］反复申明民众自决是民主政治的根本要义，充满了对民众智慧的自信"（2007：65）"民主的真意，'就是承认人人各有其价值，人人都应该可以自由发展'，'民治制度的本身便是一种教育，人民初参政的时期，错误总免不了，但我们不可因人民程度不够便不许他们参政。人民参政并不需多大的专门［理论］知识，他们需要的是参政的［实践］经验。民治主义的根本观念是承认普通民众的［普通］常识是根本可信任的。「三个臭皮匠，赛过一个诸葛亮」。这便是民权主义的根本。'胡适的潜台词很明确，只要民众享有了自治政府制度，他们就知道怎样执行这些制度。……我们甚至可以说，高度的民众自觉意识正是胡适发动文学革命的逻辑起点和思想基础"（2007：66）。

二

周作人与胡适同为中国现代新文学运动的旗手，他们二人联手"活的文学"工具形式与"人的文学"目的内容的文学改良－革命主张相辅相成。

我们现在应该提倡的新文学，简单的说一句，是"人的文学"。应该排斥的，便是反对的非人的文学。……人的文学，当以人的道德为本。……养成人的道德，实现人的生活。……这人道主义的文学，我们前面称它为人生的文学，又有人称为理想主义的文学；名称尽有异同，实质终是一样，就是个人以人类之一的资格，用艺术的方法表现个人的

---

others），并把它和'理性'视为人类共同具有的两种普遍特质。这种理解得到委员会成员的一致赞同，体现为《世界人权宣言》第一条'良心'和'兄弟关系'：'人人生而自由，在尊严和权利上一律平等。他们赋有理性和良心，并应以兄弟关系的精神相对待。'张彭春还强调社会权利与经济权利是人权的重要组成部分，这一主张得到苏联阵营国家和拉美国家的支持，《世界人权宣言》最终将社会经济权利和公民政治权利置于同等重要的地位。他对权利和义务对等问题的阐述，最终体现在《世界人权宣言》第 29 条中。"户晓辉《日常生活的苦难与希望——实践民俗学田野笔记》，中国社会科学出版社 2017 年，第 373—374 页。

感情，代表人类的意志，有影响于人间生活幸福的文学。①

对于周作人来说，文学在本质上就应该是"人的文学"，因而"人的文学"首先不是一个能够实然地"表现"的经验描述性理论认识概念，而首先是一个应然地"提倡"的先验建构性实践自由理念②，即根据"人道主义"③理念"提倡"而有待"实现"的"人间本位"④的"人的生活""'人的'理想生活"⑤"人间生活幸福的文学""人生的文学""人性的文学"⑥"人道主义文学""理想主义的文学"，因而"人的文学"就应该是"实现""以人的道德为本"的"标准"而"无限的超越的发展""出世"的"超人化"文学。但这样一来，根据周作人的观点，"人的文学"就基本上不属于胡适意义上通俗文学、白话文学的俗民文学、民间文学、大众文学和平民文学，而更多地属于贵族文学。

---

① 周作人《人的文学》《新文学的要求》，收入《周作人民俗学论集》，吴平、邱明一编，上海文艺出版社 1999 年，第 269 页，第 273 页，第 277 页，第 286 页。"事实上，像周作人的《人的文学》一文仍然相当完备地表述了古典的'个人主义的人道主义'思想……"汪晖《中国现代历史中的"五四"启蒙运动》，《文学评论》1989 年第 3、4 期，收入《汪晖自选集》，广西师范大学出版社 1997 年，第 320 页。

② "当我们已经从我们的实践理性的普通运用中引出我们前述的义务概念之后，绝不能由此推出，我们是把它当做一个经验概念来处理了。"[ 德 ] 康德《道德形而上学奠基》，杨云飞译，邓晓芒校，人民出版社 2013 年，S.406，第 31 页。

③ "所谓利己而又利他，利他即是利己，正是这个意思。所以我说的人道主义，是个人做起。要讲人道，爱人类，便须先使自己有人的资格，占得人的位置。耶稣说，'爱邻如己'。如不先知自爱，怎能'如己'的爱别人呢？"周作人《人的文学》，收入《周作人民俗学论集》，吴平、邱明一编，上海文艺出版社 1999 年，第 272 页。

④ "我所说的人道主义……乃是一种个人主义的人间本位主义。"周作人《人的文学》，收入《周作人民俗学论集》，吴平、邱明一编，上海文艺出版社 1999 年，第 272 页。"人的文学也应该是人间本位的。"周作人《新文学的要求》，同上引书，第 283 页。

⑤ "这样'人'的理想生活，应该怎样呢？首先便是改良人类的关系，彼此都是人类，却又各是人类的一个。所以须营一种利己而又利他，利他即利己的生活。"周作人《人的文学》，收入《周作人民俗学论集》，吴平、邱明一编，上海文艺出版社 1999 年，第 271—272 页。"这样'人的'理想生活，实行起来，实于世上的人无一不利。"同上引书，第 272 页。"人道主义的理想是他的信仰，人类的意志便是他的神。"周作人《新文学的要求》，同上引书，第 286 页。

⑥ "人间性……文学的主位的人的本性上……文学的本质上……人性的文学。"周作人《新文学的要求》，收入《周作人民俗学论集》，吴平、邱明一编，上海文艺出版社 1999 年，第 284 页。

　　我们说贵族的平民的，并非说这种文学是专做给贵族，或平民看，专讲贵族或平民的生活，或是贵族或平民自己做的。不过说文学的精神的区别，指它的普遍与否，真挚与否的区别。……就 [ 语体、文体 ] 形式上说，古文多是贵族文学，白话多是平民文学。但这也不尽如此。古文的著作，大抵偏于部分的，修饰的，享乐的，或游戏的，所以确有贵族文学的性质。至于白话这几种现象，似乎可以没有了。但文学上原有两种分类，白话固然适宜于"人生艺术派"的文学，也未尝不可做"纯艺术派"的文学。纯艺术派以造成纯粹艺术品为艺术唯一之目的，古文的雕章琢句，自然是最相近的，但白话也未尝不可雕琢，造成一种部分的修饰的享乐的游戏的文学。那便是虽用白话也仍然是贵族的文学。……文学的 [ 白话与古文从 ] 形式上，是不能定出 [ 普遍与真挚的 ] 区别，现在再从内容上说。内容 [ 普遍与真挚 ] 的区别，又是如何？……贵族文学形式上的缺点，是偏于部分的，修饰的，享乐的，或游戏的，这内容上的缺点，也正是如此。所以平民文学应该着重与贵族文学相反的地方，是内容充实，就是普遍与真挚两件事。……平民文学决不单是通俗文学。白话的平民文学比古文原是更为通俗，但并非单以通俗为唯一之目的。①

　　拿了社会阶级上的贵族与平民这两个称号，照着本义移用到文学上来，想规分两种阶级的作品，当然是不可能的事。即使如我先前在《平民的文学》一篇文里，用普遍与真挚两个条件，去做区分平民的与贵族的文学的标准，也觉不很妥当。我觉得古代的贵族文学里并不缺乏真挚的作品，而真挚的作品便自有普遍的可能性，不论思想 [ 内容 ] 与 [ 语体、文体 ] 形式的如何。我现在的意见，以为在文艺上可以假定有贵族的与平民的这两种精神，但 [ 贵族的与平民的这两种精神 ] 只是对于人生的两样态度，是人类共通的，并不专属于某一阶级，虽然它的分

①周作人《平民文学》，收入《周作人民俗学论集》，吴平、邱明一编，上海文艺出版社1999 年，第 278—279 页，第 281 页。

布最初与经济状况有关，——这便是两个名称 [ 之历史而非逻辑 ] 的来源。……前者 [ 平民文艺 ] 是要求有限的平凡的存在，后者 [ 贵族文艺 ] 是要求无限的超越的发展；前者完全是入世的，后者却几乎有点出世了。……我想文艺当以平民的精神为基调，再加以贵族 [ 精神 ] 的洗礼，这才能够造成真正的人的文学。……从文艺上说来，最好的事是平民的贵族化，——凡人的超人化，因为凡人如不想化为超人，便要化为末人了。①

周作人根据自己几经修订的对 "人的文学" 的内容 "要求"②，最终将平民文学设定为以 "无限的超越的发展" 的贵族文学精神－态度为应然理想而自身抱持实然现实的精神－态度而 "有限的平凡的存在"。即，在现实中，平民文学与贵族文学固然各有其历史的起源（"最初与经济状况有关"）；但在理想中，"最好的事是平民 [ 文学 ] 的贵族化"，即应该用贵族文学 "无限的超越的发展" 的精神－态度 "洗礼" 平民文学 "有限的平凡的存在" 的精神－态度——"文学家须是民众的引导者。倘若照我直说，便是精神的贵族……贵族的精神是进取的，超越现在的"（周作人《文学的讨论》）（2007：95）——但这样一来，根据周作人 "人的文学" 理想，胡适推崇的古代白话 "活的文学" 大部分都入不了周作人的法眼："中国文学中，人的文学本来极少，从儒家道教出来的文章，几乎都不合格"③ "旧剧正是平民文学的顶峰，只因为它的 [ 内容 ] 缺点太显露了，所以遭大家的攻击"。④ 弄得胡适也不得不 "一面夸赞这些旧小说的文学工具（白话）。一

①周作人《贵族的与平民的》，收入《周作人民俗学论集》，吴平、邱明一编，上海文艺出版社 1999 年，第 287—289 页。
②周作人《新文学的要求》，收入《周作人民俗学论集》，上海文艺出版社 1999 年，吴平、邱明一编，第 282 页；周作人《贵族的与平民的》，同上引书，第 287—289 页。
③周作人《人的文学》，收入《周作人民俗学论集》，吴平、邱明一编，上海文艺出版社 1999 年，第 273 页。
④周作人《贵族的与平民的》，收入《周作人民俗学论集》，吴平、邱明一编，上海文艺出版社 1999 年，第 289 页。周作人举例 "非人的文学"：《封神传》《西游记》《绿野仙踪》《聊斋志异》《子不语》《水浒》《七侠五义》《施公案》《三笑姻缘》《笑林广记》。同上引书，第 273—274 页。"许多民间的习惯与传统的观念，往往是极顽强的黏附于其 [ 作品内容 ] 中，

面也不能不承认他们的思想内容实在不高明，够不上'人的文学'。用这个新标准去评估中国古今的文学，真正站得住脚的作品就很少了"。① 于是，若想追溯"人的文学"的现实和历史起源，就只能到贵族文学中去寻根了②；进而，若想把平民文学、大众文学、民间文学、俗民文学、通俗文学、白话文学"活的文学"提升为"人的文学"，就只能依赖于自上而下"将平民的生活提高，得到恰当的一个地位"③的"亲民""洗礼"的启蒙，而不是像胡适相信的那样，"活的文学"被提升为"人的文学"可期待于平民自己自下而上"新民"地自我"要求"、自我启蒙的"文艺复兴"，尽管周作人与胡适一样，视新文学改良－革命为现代中国的"文化民主"运动。

胡适和周作人都没有刻意地区分通俗文学、俗民文学、大众文学、民间文学、平民文学④；但胡适与周作人的不同之处却在于，胡适"把'白话文学'的范围放得很大，故包括旧文学中那些明白清楚近于说话的作品"⑤，以寄希望于"活的文学"的通俗文学、俗民文学、民间文学、大众文学、平民文学能自我"实现"为"表现人生的白话文学"⑥即"以人的道德为本"的"人的文学""普遍与真挚"的"本真状态""本真形态"，从而成就平民自己自下而上"亲民"地自我"要求"、自我启蒙的"文艺复兴"，进而证明普通人的日常生活即"全体的人

---

任怎样也洗刮不掉。所以，有的时候，比之正统文学更要封建的，更要表示民众的保守性。"郑振铎《中国俗文学史》，作家出版社 1954 年据商务印书馆 1938 年版排印，第 5 页。
① 胡适《〈中国新文学大系〉第一集导言》，《胡适学术文集·新文学运动》，姜义华主编，中华书局 1993 年，第 258 页。
②"胡适之的'八不主义'，也即是复活了明末公安派的'独抒性灵，不拘格套'和'信腕信口，皆成律度'的主张。只不过又加多了西洋的科学哲学各方面的思想，遂使两次运动多少有些不同了。而在根本方向上，则仍无多大差异处。"周作人《中国新文学的源流》，华东师范大学出版社 1995 年，第 57 页。"今次的文学运动，其根本方向和明末的文学运动完全相同。"同上引书，第 58 页。
③ 周作人《平民文学》，收入《周作人民俗学论集》，吴平、邱明一编，上海文艺出版社 1999 年，第 280 页。
④"来书论宋元文学，甚启聋聩。文学革命自当从'民间文学'( Folklore, Popular poetry, Spoken language, etc. ) 入手，此无待言；惟非经一番大战争不可，骤言俚俗文学，必为旧派文家所讪笑攻击。但我辈正欢迎其讪笑攻击耳。"胡适《逼上梁山——文学革命的开始》，《胡适全集》第 18 卷，季羡林主编，安徽教育出版社 2007 年，第 109 页。
⑤ 胡适《白话文学史》，上海古籍出版社 2019 年，第 8 页。
⑥ 胡适《白话文学史》，上海古籍出版社 2019 年，第 19 页。

[ 包括贵族与平民 ] 的生活"① 在道德上"便自有普遍 [ 与真挚 ] 的可能性"甚至就是"普遍 [ 与真挚 ] 的思想与事实"。② 胡适主张把白话提升为国语、把白话文提升为国文、把白话文学提升为国语文学,"使文学不再成为大众的禁地"(胡愈之《关于大众文学》)(2022:106),就是意在让白话、白话文、白话文学既能够是先验建构性地"要求"国民(公民)"实现""人的生活"的实践自由理念;同时也能够是经验描述性地"表现"平民(俗民)自己自下而上"亲民"地自我"要求"、自我启蒙以"实现""人的生活"的先验道德能力与天赋自由权利的理论认识概念。③ 也许就是因为接受过康德关于"公众给自己启蒙"的天赋能力与自由权利的先验哲学思想,胡适坚信,民众作为主体在道德上自律地自我启蒙的天赋能力与自由权利,即便无法证明于白话文学的精神 – 态度目的内容,也能够且已经证明于白话文学的语体、文体工具形式;一部《白话文学史》就是通过白话文学的语体、文体工具形式对民众作为主体在道德上自律地自我"要求"、自我启蒙的先验建构性实践自由能力与权利的"大胆假设"–"小心求证"的经验描述性"表现"的理论认识。

　　"文学者,随时代而变迁者也。一时代有一时代之文学"④ "文学史上有一个逃不了的公式。文学的新方式 [ 新文体 ] 都是出于民间的"(2022:68)"一切新文学 [ 新文体 ] 的来源都在民间……这是文学史的通例,古今中外都逃不

---

① "平民文学不是专做给平民看的,乃是研究平民生活——人的生活——的文学""平民文学所说,近在研究全体的人 [ 包括贵族与平民 ] 的生活,如何能够改进到正当 [ 即普遍与真挚可能性 ] 的方向"。周作人《平民文学》,收入《周作人民俗学论集》,吴平、邱明一编,上海文艺出版社 1999 年,第 279—281 页。

② "平民文学应以普通的文体,记普遍 [ 与真挚可能性 ] 的思想与事实。"周作人《平民文学》,收入《周作人民俗学论集》,吴平、邱明一编,上海文艺出版社 1999 年,第 279—281 页。

③ "实践的自由可以通过经验来证明。" [ 德 ] 康德《纯粹理性批判》,邓晓芒译,人民出版社 2004 年,A802/B830,第 610 页。"任意作为现象在经验中提供着这方面的一些常见的例子……经验足够经常地证实这种事曾经发生。" [ 德 ] 康德《道德形而上学》,张荣、李秋零译,《康德著作全集》第 6 卷,中国人民大学出版社 2007 年,S.226,第 234 页。

④ 胡适《文学改良刍议》,收入《胡适学术文集·新文学运动》,姜义华主编,中华书局 1993 年,第 21 页。"一代有一代之文学。"胡适《文学进化观念与戏剧改良》,同上引书,第 74 页。"一时代有一时代之文学。"胡适《历史的文学观念论》,转引自李小玲《胡适与中国现代民俗学》,学苑出版社 2007 年,第 118 页。

出这条通例"①"中国三千年的文学史上，那一样新文学 [ 新文体 ] 不是从民间来的？"②"中国文学史没有生气则已，稍有生气者 [ 新文体 ] 皆自民间文学而来"③……因而在胡适看来，白话语体、文体工具形式几乎就是文学的本质规定性，进而语体、文体文学工具形式的改良就是文学革命的根本目的，即从旧文学向新文学转折的"'质'的差异"。胡适提出"文学语体、文体工具形式改良论"不知与其接受过的西方思想有无渊源关系；但胡适"意识到文字形式与文学本质之间的内在关联"（2022：38），的确符合亚里士多德以来西方哲学关于事物的形式而不是事物的质料－内容才必然是事物本质的逻辑命题。④当然，说"一件事物的形式就是它的本质"⑤，却不是说事物的所有形式都是事物的本质；如果只有事物的内在形式才必然是事物的本质，那么事物的外在形式则必然不是事物的本质。⑥当年的胡适就碰到了这样的问题：语体、文体究竟是文学的内在形式

---

① "一切新文学 [ 新文体 ] 的来源都在民间。"胡适《白话文学史》，上海古籍出版社 2019 年，第 9 页，第 20 页。

② 胡适《白话文学史》，上海古籍出版社 2019 年，第 20 页。

③ 胡适《中国文学的过去与来路》，《胡适学术文集·新文学运动》，姜义华主编，中华书局 1993 年，第 185 页。

④ "我们可以从一个大理石像着手，在这儿大理石是质料，而雕刻家所塑造的形状便是形式。或者，用亚里士多德的例子，如果一个人制造了一个铜球，那么铜便是质料，球状便是形式；以平静的海为例，水便是质料，平静便是形式。至此为止，一切全都是简单的。……正是凭借着形式，质料才成为某种确定的东西，而这 [ 形式 ] 便是事物的实质。亚里士多德的意思似乎就是平易的常识：一件'东西'必定是有界限的，而界限便构成了它的形式。……现在我们就来看一种新的表述，这种新的表述看起来似乎是很困难的。他告诉我们说，灵魂是身体的形式。这里的'形式'并不意味着'形状'，那是很明白的事。……灵魂就是使身体成为一件东西的东西……因而看起来，似乎'形式'就是把统一性赋予某一部分物质的那种 [ 本质的 ] 东西。……形式是实质，它独立存在于它所由以体现的质料之外。"[ 英 ] 罗素《西方哲学史》，何兆武译，商务印书馆 1963 年，上册，第 215—217 页。

⑤ [ 英 ] 罗素《西方哲学史》，何兆武译，商务印书馆 1963 年，上册，第 215—217 页。

⑥ "内容并不是没有形式的，反之，内容既具有形式于自身内，同时形式又是一种外在于内容的东西。于是就有了双重的形式。有时作为返回自身的东西，形式即是内容。另时作为不返回自身的东西，形式便是与内容不相干的外在存在。我们在这里看到了形式与内容的绝对关系的本来面目，亦即形式与内容的相互转化。所以内容非他，即形式转化为内容；形式非他，即内容转化为形式。这种相互转化是思想最重要的规定之一。但这种转化首先是在绝对关系中，才设定起来的。形式与内容是成对的规定，为反思的理智所最常运用。理智最习于认内容为重要的独立的一面，而认为形式为不重要的无独立性的一面。为了纠正此点必须指出，事实上，两者都同等重要，因为没有无形式的内容，正如没有无形式的质料一样，这两者（内容与质料或实质）间的区别，即在于质料虽说本身并非没有形式，但它的存在却表明

本质，还是文学非本质的外在形式？这实在是事关文学工具形式是否文学的本质，进而是否应当被"提倡"为文学革命的根本目的的大问题——即便如黑格尔所言"《伊利亚特》之所以成为有名的史诗，是由于它的诗[体]的形式，而它的内容是遵照这[诗体]形式塑造或陶铸出来的"①；我们也不敢说"诗体"就是荷马史诗的内在形式即荷马史诗的本质规定性——但是，如果语体、文体并不就是文学的内在形式，即不是文学的本质规定性；那么语体、文体等文学工具形式的改良也就不可能是文学革命的根本目的。以此，周作人起而用"文学精神 – 态度目的内容革命论"补正胡适"文学语体、文体工具形式改良论"之不足，直接从内容上规定文学的本质和文学革命的根本目的，就是更合法也更合理的新文学主张，即的确带来了从"非人的文学"到"人的文学"精神 – 态度"质"的转折——对于文学来说，不可能还有比"人的文学"更根本的革命目的了——但这里仍然存在的问题是，如果"人的文学"的目的不是从文学的内在形式中推论出来，而是从文学之外"强加"（汉森，详见下文）给文学的，那么"人的文学"质料 – 内容与"活的文学"形式的联结，在逻辑上就不可能是自文学之内而及文学之"表"（平民文学自下而上"亲民"）地自我"要求"且能够通过旧文学自我"表现"的"文艺复兴"，而只可能是自文学之外而及文学之"里"（贵族自上而下"亲民"）地被"要求"且不能够通过旧文学被"表现"的政治启蒙。于是，

---

了与形式不相干，反之，内容所以称为内容是由于它包括有成熟的形式在内。更进一步来看，我们固然有时也发现形式为一个与内容不相干、并外在于内容的实际存在，但这只是由于一般现象总还带有外在性所致。譬如，试就一本书来看，这书不论是手抄的或排印的，不论是纸装的或皮装的，这都不影响书的内容。但我们并不能因为我们不重视这书的这种外在的不相干的形式，就说这书的内容本身也是没有形式的。诚然有不少的书就内容而论，并非不可以很正当地说它没有形式。但这里对内容所说的没有形式，实即等于说没有好的形式，没有[名实相符的]正当形式而言，并不是指完全没有任何形式的意思。但这正当的形式不但不是和内容漠不相干，反倒可以说这种形式即是内容本身。譬如，试就一本书来看，这书不论是手抄的或排印的，不论是纸装的或皮装的，这都不影响书的内容。但我们并不能因为我们不重视这书的这种外在的不相干的形式，就说这书的内容本身也是没有形式的。诚然有不少的书就内容而论，并非不可以很正当地说它没有形式。但这里对内容所说的没有形式，实即等于说没有好的形式，没有[名实相符的]正当形式而言，并不是指完全没有任何形式的意思。但这正当的形式不但不是和内容漠不相干，反倒可以说这种形式即是内容本身。"[德]黑格尔《小逻辑》，贺麟译，商务印书馆1980年第2版，第278—279页。
① [德]黑格尔《小逻辑》，贺麟译，商务印书馆1980年第2版，第279—280页。

本应该是内在于文学而（"平民主义"）客观必然的先验构成性实践自由理想，就沦落为外在于文学而（"精英主义"）主观偶然的理论调节性、引导性先验自由理念。① 也许正是因为无法通过"活的文学"语体、文体等非本质规定性的非内在形式推论出"人的文学"精神–态度的文学革命根本目的，从而无法通过文学的工具形式证明每一个普通人作为主体天赋的道德目的的先验能力与自由权利，胡适才退而言之："人权并不是天赋的，是人造出来的。所谓民主自由平等，都是一个理想，不是天赋的。"（2022：80、92）

对于周作人来说，新文学运动的根本目的不单是语体、文体工具形式的改良，更是精神–态度目的质料–内容的革命。现在，如果"文化民主"是新文学运动的本质规定性，那么蕴含了"民主"理想的"人的文学"的确就应该是文学

---

① "理性概念（理念）对科学知识来说是调节性 [、引导性 ] 的作用，但对实践 [ 的自由 ] 意志而言，则是规定性 [、建构性 ] 的，即它有一种客观的、'树立一个对象'的制定规则（立法）作用。前者是自然的世界，后者是自由的世界。在自然的世界，[ 先验的自由 ]'理念'只是调节的作用，在自由的世界，[ 实践的自由 ]'理念'则是规定的作用。"《无尽的学与思——叶秀山哲学论文集》，云南大学出版社 1995 年，第 234 页。"一个主观的必然法则（作为自然法则）在客观上也云是一个完全偶然的实践原则，而且能够并也必然随着主体 [ 理论 ] 的不同而大相径庭。" [ 德 ] 康德《实践理性批判》，韩水法译，商务印书馆 1999 年，S.25，第 25 页。"那些主动地把握了自然法则的精英（无论'优等种族'还是'先进政党'）当然就拥有了支配普通人、普通事的权力。"吕微《民俗学：一门伟大的学科——从学术反思到实践科学的历史与逻辑研究》，中国社会科学出版社 2015 年，"第九章 民俗复兴与公民社会相联结的可能性——古典理想与后现代思想的对话"，第 304 页。"如果人文科学的社会理想不能从社会科学所提供的社会事实（民俗主体和民俗实践的经验现象）中抽象（更不要说演绎地推论）出来，那么，民俗学的人文理想就仍然是、且只能是由知识人站在普通人之外，自外而内地输入给'民间'的（像胡适、周作人曾经做过的那样），而不是民间、民众自我启蒙的结果。以此，这样的人文科学兼社会科学的民俗学，就仍然如'五·四'时代一样，难以褪尽精英主义的色彩，而无论知识人在态度上、在言辞上，如何地尊重民众、敬重民众，如何把民众当作自己人'你'，把自己和民众视为'我们'。所以，如果一门学科（我说的是学科）能够始终坚持其人文理想，靠的一定不是学者个人的主观态度，而是一定要靠该学科本身所秉持的客观方法，而这也就是我不能认同用'人文科学兼社会科学'的说法来界定民俗学的双重属性的根本理由。因为，如果我们不能使用社会科学的经验方法，从社会事实中抽象出共同体必然的集体理想（当然能够呈现偶然的个人愿望），那么作为社会事实（经验现象）的实践主体，即作为并不必然地拥有先验的人文理想的普通民众，又如何能够在认识结构中，作为被研究的客体（对象）在客观上具有与研究者主体平等的道德地位呢？尽管作为学者个人，我们的确对作为实践主体的普遍民众在主观上都抱有发自内心的、真诚的尊重和敬重，并且希望自己与被研究的对象即民众之间，建立起基于学术伦理的道德关系；但是在没有客观方法的支持下，仅凭主观态度，学者与民众之间的关系，最终仍然会退回到'哀其不幸'的同情甚至'怒其不争'的怨恨（就像伟大的鲁迅那样）。"同上引书，"为什么用'实践民俗学'界定民俗学的学科范式？"，第 523—524 页。

革命根本目的"至上的限制条件"。①但是现在，周作人"文学精神－态度目的质料－内容革命论"也碰到了与胡适"文学语体、文体工具形式改良论"同样的实践理论困难，即，如果"人的文学"并不能从"活的文学"的现实（或历史的现实）中引申出来；相反，从历史（曾经是现实的历史）上"活的文学"中引申出来的多半是"非人的文学"；那么，对于"活的文学"来说，"人的文学"就只能止步于自外而内、自上而下"精英主义""新民"的理论调节性、引导性先验自由理念，尽管其原本应该是"平民主义""亲民"自内而外、自下而上的先验建构性实践自由理想。胡适"活的文学""白话文学"似乎能够从历史和现实中引申出来，因而能够被用作经验描述性地"表现"平民生活的理论认识概念；但作为文学工具的外在形式，语体、文体却不可能是文学的本质规定性暨文学革命的根本目的。但是现在，如果只有文学的内在形式才必然是文学的本质规定性，进而能够被用作文学革命的根本目的；那么，什么条件才必然可能是文学的内在形式即文学的本质规定性，并由此文学本质规定性的文学内在形式推导出的"人的文学"先验质料－内容的目的理想，以作为文学革命根本目的"至上的限制条件"？就像康德说过的，如果实践的本质规定性就是内在于主观实践准则的单纯普遍性形式的客观道德法则②；那么我们就能够从主观实践准则的单纯普遍性形式

①"人性以及一般的每个有理性的自然，作为自在的目的本身……这是任何一个人行动自由的至上的限制条件。"[德]康德《道德形而上学奠基》，杨云飞译，邓晓芒校，人民出版社2013年，S.430，第66页。
②不支持法则形式内在于准则的康德论述如下："准则在这种方式之下决不能在自身之中包含普遍的－立法的形式。"[德]康德《实践理性批判》，韩水法译，商务印书馆1999年，S.33，第35页。支持法则形式内在于准则的康德论述如下："所有的准则都具有……一种立足于普遍性的形式。"[德]康德《道德形而上学奠基》，杨云飞译，邓晓芒校，人民出版社2013年，S.436、第74页。"作为一个法则的准则之普遍有效性条件……仅仅按照其[准则的]形式条件，即依照作为法则的意志准则之普遍性[形式]。"同上引书，S.458，第107页。"作为法则的准则的普遍性[形式]。"同上引书，S.460，第110页。"作为法则的准则之普遍有效性这一单纯的[形式]原则。"同上引书，S.461，第111页。"在剥离一切质料，即客体的知识之后，给我剩下的只是形式，即……准则的普遍有效性[形式]的实践法则。"同上引书，S.462，第112页。"实践准则的纯然形式……自行获得普遍立法的资格。"[德]康德《判断力批判》，李秋零译，中国人民大学出版社2007年，S.300，第312页。"行动的准则可以是任意的，而且仅仅受制于作为行动的形式原则的、一种普遍立法的资格的限制性条件。"[德]康德：《道德形而上学》，张荣、李秋零译，载《康德著作全集》第6卷，中国人民大学出版社2007年，S.389，第402页。"准则的普遍合法则性的纯然形式。"[德]康德：《纯然理性

的客观道德法则推导出 "对每一个理性存在者的意志都有效"① 的客观道德法则

---

界限内的宗教》，李秋零译，载《康德著作全集》第 6 卷，中国人民大学出版社 2007 年，S.3，第 4 页。"通过实践规则的单纯形式决定意志。"[ 德 ] 康德：《实践理性批判》，韩水法译，商务印书馆 1999 年，S.24，第 23 页。"如果一个理性存在者应当将他的准则思想为普遍的实践法则，那么，他只能把这些准则思想为这样一种原则，它们不是依照 [ 内在的 ] 质料而是依照 [ 内在的普遍 ] 形式包含着意志的决定根据。"[ 德 ] 康德《实践理性批判》，韩水法译，商务印书馆 1999 年，S.27，第 26 页。"倘若我们抽去法则 [ 应为 '准则'，下同——笔者补注 ] 的全部质料，即意志的每一个对象（作为决定根据），那么其 [ 准则 ] 中就剩下普遍立法的单纯形式了。于是，一个理性存在者或者完全不能把他主观的－实践的原则，亦即准则同时思想为普遍法则，或者他就必须认定，它们据以使自己适应普遍立法的那个纯粹 [ 准则 ] 形式，就可以使它们自为地成为实践法则。"同上引书，S.27，第 26—27 页。"准则……它是否能够采取一个法则的形式。"同上引书，S.27，第 27 页。"准则之中的哪些形式适合于普遍立法，哪些不适合，这一点极其庸常的知性不经指教也能区别。"同上引书，S.27，第 27 页。"实践法则 [ 即准则 ]……它在 [ 内在于自身的 ] 普遍法则的形式下……"同上引书，S.28，第 27 页。"法则 [ 即准则 ] 的单纯形式。"同上引书，S.28，第 28 页。"准则 [ 内在 ] 的单纯立法形式。"同上引书，S.28，第 28 页。"准则的单纯立法形式。"同上引书，S.29，第 29 页。"在一条法则 [ 即准则 ] 里面，除了法则 [ 即准则 ] 的质料之外，无非就只包含着立法的形式。因此，这个立法形式，就其包含在准则之中而言，是唯一能够构成意志的决定根据的东西。"同上引书，S.29，第 29 页。"[ 准则 ] 单纯的法则形式。"同上引书，S.31，第 32 页。"就意志准则的形式先天地决定意志的一个规则……把一条只服务于原理的主观形式的法则 [ 即准则 ] 通过一般法则 [ 即准则 ] 的客观形式设想为一个决定根据，就至少不是不可能的了。"同上引书，S.31，第 32 页。"通过一个准则必定具有的单纯的普遍立法形式来决定意志。"同上引书，S.33，第 34 页。"道德法则无非表达了纯粹实践理性的自律，亦即自由的自律，而这种自律本身就是一切准则的形式条件。"同上引书，S.33，第 34—35 页。"一般法则可能性的 [ 准则 ] 形式条件。"同上引书，S.34，第 35 页。"那么这个准则就不是让自己表现在 [ 自身 ] 普遍立法的形式之中。"同上引书，S.34，第 35 页。"法则的单纯形式。"同上引书，S.34，第 36 页。"单纯的法则形式。"S.34，第 36 页。"对质料加以限制的 [ 内在于准则的 ] 法则的单纯形式。"同上引书，S.34，第 36 页。"准则的立法形式。"同上引书，S.35，第 37 页。"依照这个纯粹理性的形式、实践的原则，那通过我们的准则而可能的普遍立法的单纯形式必定构成意志无上的和直接的决定根据。"同上引书，S.41，第 44 页。"意志准则的普遍立法形式。"同上引书，S.48，第 51 页。"准则的法则形式。"同上引书，S.62，第 67 页。"法则无视 [ 准则的 ] 对象而给准则颁行单纯的法则形式。"同上引书，S.63，第 69 页。"唯有形式的法则，亦即唯有那条规定理性只让其普遍立法的形式成为准则的无上条件的法则，能够先天地是实践理性的决定根据。"同上引书，S.64，第 69 页。"道德法则是纯粹意志的唯一决定根据。但是，因为这个法则是单纯形式的（这就是说，它单单要求准则的形式是普遍立法的），所以它作为决定根据抽掉了 [ 准则的 ] 一切质料，从而抽掉了愿欲的一切客体。"同上引书，S.109，第 120 页。"准则形式。"同上引书，S.112，第 123 页。"伊壁鸠鲁派主张，幸福是整个至善，德行仅仅是谋求幸福的准则形式，亦即合理地应用谋求幸福的手段的准则形式。"同上引书，S.112，第 123 页。如果准则的形式不是普遍立法的单纯形式的客观法则，那么恶的准则的自我矛盾（"意志与自身相矛盾"即准则的特殊质料与普遍形式相统一的自行瓦解）就不能成立了；进而，如果法则是外在于准则的意志决定根据，即 "出于附加一个外在的动力"（同上引书，S.34，第 36 页），那么意志的内在立法即自律同样也就不能成立了。

① [ 德 ] 康德《实践理性批判》，韩水法译，商务印书馆 1999 年，S.19，第 17 页。

的先验质料－内容，并将此先验质料－内容"补充"① 给主观实践准则的单纯普遍性形式即客观道德法则，作为"形式转化为内容"并"返回 [ 形式 ] 自身的东西"，成就道德实践的普遍性形式综合质料－内容的先验建构性实践自由。但这样的实践理论难题，却是 20 世纪初中国现代新文学运动的旗手们尚难以回答的，尽管胡适与周作人从一开始就已经认识到新文学改良－革命的形式与内容"这两方面"② 的"要求"。这就是说，在还没有发现文学的内在形式或者说文学的内在"形式没有取得应有的现代独立性"③ 的实践理论语境条件下，无论周作人还是胡适都很难从逻辑上阐明文学的本质规定性即文学的单纯普遍性形式（客观道德法则）——并非语体、文体等文学的外在工具形式——与其质料－内容之间先验综合的必然可能性，即从内在于"活的文学"语体、文体工具形式的普遍性形式必然地推导出"人的文学"精神－态度的质料－内容的目的理想，从而在实践上（出于实践自由）先验建构性地"要求"同时也在理论上（出于先验自由）经验描述性地"表现"文学革命的根本目的，从而"活的文学"内在普遍形式与"人的文学"先验质料－内容的联结不是偶然现实的经验性综合，而是必然可能的先验综合——唯有通过"活的文学"与"人的文学"内在的必然可能性联结，我们才好理解，何以主张"活的文学"的胡适立即就接受了周作人"人的文学"主张，因为"人的文学"原本就内在于"活的文学"因而也就是胡适自己所主张的"健全的个人主义""真正纯粹的个人主义"④ 文学——进而中国现代新文学运动就

① "对质料加以限制的法则的单纯形式，同时就是将质料补充给意志但并不以其为先决条件的根据。"[ 德 ] 康德《实践理性批判》，韩水法译，商务印书馆 1999 年，S.34，第 36 页。"伦理学还提供了一种质料（自由任意的一个对象），即纯粹理性的一个目的，这个目的同时被表现为客观必然的目的，亦即对人来说被表现为义务。——因为既然感性偏好把人诱导到可能与义务相悖的目的（作为任意的质料），所以，立法的理性要阻止它们的影响，只能再次通过一个相反的道德目的，因而这个道德目的必须不依赖爱好而先天地被给予。"[ 德 ] 康德《道德形而上学》，张荣、李秋零译，《康德著作全集》第 6 卷，中国人民大学出版社 2007 年，S.380，第 393 页。
② "我最初……都顾及到形式和内容的两方面。……都是内容方面的问题。……也不曾把内容和形式分开。……也不曾把这两方面分开。"胡适《〈中国新文学大系〉第一集导言》，收入《胡适学术文集·新文学运动》，姜义华主编，中华书局 1993 年，第 244 页。
③ 李泽厚《中国现代思想史论》，东方出版社 1987 年，第 92 页。
④ "[1916 年，胡适写道：] 吾又以为文学不当与人事全无关系；凡世界有永久价值之文学，皆尝有大影响于世道人心者也。"胡适《觐庄对余新文学主张之非难》，据《藏晖室札

不仅仅是自上而下、自外而内单纯应然的"新民""要求"的理论调节性、引导性先验自由的精英主义、启蒙主义，同时也是自下而上、自内而外应然且实然地"亲民"自我"要求"、自我"表现"的先验建构性实践自由的"平民主义"，进而也就是能够通过理论上的先验自由调节性、引导性而经验描述性地"表现"的"文艺复兴"。①

白话当然首先是语言的工具形式，其次是文学的工具形式，但这样的白话就仍然是且始终是语言、文学的外在形式而不是其内在形式即不是语言、文学的本质规定性；那么，什么条件才必然可能是语言、文学的内在形式呢？当年胡适使用的语言意义上的"语体"（language-style）②概念，以及其继承人郑振铎使用的文学意义上的"文体"（"体裁"，即literature-genre）概念，都曾经接近于回答了文学改良－革命真正的实践理论难题，即他们都已经有意识地从白话中分离出与"语言"（langue）语法形式不同的"言语"（parole）③语用形式如"表达方式""表现形式""话语形式""交谈形式"。

记》卷13，《胡适学术文集·新文学运动》，姜义华主编，中华书局1993年，第9页，另见胡适《逼上梁山——文学革命的开始》，同上引书，第205页。"民国七年[1918年]……在那篇文章里，我借易卜生的话来介绍当时我们新青年社的一班人公同信仰的'健全的个人主义'……'真正纯粹的个人主义'。"胡适《〈中国新文学大系〉第一集导言》（1935年），同上引书，第256页。"[1918年]《新青年》（5卷6号）发表周作人先生的'人的文学'。这是当时关于改革文学内容方面的一篇最重要的宣言。……这是一篇最平实伟大的宣言。周先生把我们那个时代所要提倡的种种文学内容，都包括在一个中心思想里，这个观念他叫做'人的文学'。他要用这一个观念来排斥中国一切'非人的文学'，来提倡'人的文学'。他所谓'人的文学'，说来极平常，只是那些主张'人情以内，人力以内'的'人的道德'的文学。"胡适《〈中国新文学大系〉第一集导言》（1935年），同上引书，第258页。"[1919年，胡适写道：]我们也知道单有白话未必就能造出新文学；我们也知道新文学必须要有新思想做里子。"胡适《〈尝试集〉自序》，同上引书，第382页。

①"中国民间文学研究自一开始就绝非单纯的'自下而上'，而是先有理念的'自上而下'作为理论上'大胆的假设'，再有现实的'自下而上'作为实践路径，而且事实上'自上而下'与'自下而上'本是同一条路，只不过这里的'上'并非指知识分子，而是指理性的理念或理想型。"户晓辉《序二　时人不识凌云木，直待凌云始道高——喜读李小玲教授新著有感》，李小玲，2022：12。

②胡适《白话文学史》，上海古籍出版社2019年，"第一章 古文是何时死的？"，第9页。

③"在我们看来，语言（langue）就是言语活动（langage）减去言语（parole）。它是使一个人能够了解和被人了解的全部语言习惯。"[瑞士]索绪尔《普通语言学教程》，高名凯译，岑麒祥等校，商务印书馆1980年，第115页。

　　"白话"概念不仅有"日常生活"的意指，更有对"日常生活"现象的描述。就一般而言，我们往往只是将白话视为相对于文言的口头语言或书面语言，但就拆解来看，"白"与"话"两个字本身都兼有语言和叙说的双重意味。所谓"白"既是"说"，也是"话"，"话"也包含有"说"与"话"的意思。（2022：50）①

　　在这里胡适又进一步拓展了"说""说话"的概念，并以"话"的概念一以贯之……更侧重强调文学是一门关于"说话"的艺术，并以此体悟文学［形式］的本质属性。值得注意的是，这里的"说话"并不是我们今天通俗意义上的说话的行为概念，而是一种表达方式，"话"是指文学创作的内容、情感、思想，也是中国传统的一种文学表现形式，如话本的简称就是"话"，而"说"则是行文组织以传递"话"的［形式］过程。（2022：42）

　　"白话"是一种说话的行为。说话这个行为本身，就预设了交流行为的双方、说话的情境等多方面因素。这是一个互动的［形式］过程，正因为是互动的，所以话语的走向是不固定的，每个参与在其中的因素都可能会对最后完整的话语呈现造成影响。而在这个过程中，对于民间主体地位的凸显是明确无误的，每个人都可以说话，每个人都可能参与到这个话语行为之中，每个人也都可能成为创作的主体。（2022：264）

　　胡适认为文学的价值在于民间的传诵，只有传诵才能有交流，而只有有交流，才能实现情感的表达、思想的互换，而文学的生命力也在这传诵的过程中产生。（2022：43）

　　胡适的"白话"概念已不是单纯的语言概念、区别于文言的一种语言。其更为深远的意义在于这是一种日常用语，是一种民众日常交流的

---

①"'白话'有三个意思：一是戏台上说白的'白'，就是说得出，听得懂的话；二是清白的'白'，就是不加粉饰的话；三是明白的'白'，就是明白晓畅的话。"胡适《白话文学史》，上海古籍出版社 2019 年，第 8—9 页。

生活用语。白话，相较于文言，是一种有场景有表情的语言。正如胡适本人所一直强调，话怎么说，文就怎么作。这种表达的［形式］过程的凸显才是胡适提出"白话"最为有力的理论意义。（2022：263）

白话作为普通人的日常用语，平民文学、大众文学、民间文学、俗民文学、通俗文学作为能够"表现人生的白话文学"，胡适几乎就道出了内在于语言、言语、文学的外在工具形式的单纯普遍性形式（维特根斯坦"生活形式"）。[①] 但白话、白话文学作为日常生活的表达方式、表现形式、话语形式、交谈形式，仍然只是语言、言语、文学的外在形式，还不就是其真正的即内在的单纯普遍性形式。这是因为，无论话语也好、表达也好、表现也好、交谈也好，都可能限定于"特定的言语共同体"（speech community 即索绪尔 langage）[②] 或"方言（dialect）共同体"之内，而并不必然向（周作人所谓"人类共通的，并不专属于某一阶级"的）全人类开放。换句话说，通过各种言语形式的比较普遍性，我们只可能直观（"描述"）地还原出一般主体（经验现象中的人）；而唯有通过内在于各种比较普遍性言语形式的严格普遍性（周作人所谓"便自有普遍的可能性"）形式，我们才必然可能演绎（"建构""描述"）地还原纯粹交互性主体（先验自由的人）。但是，由于内在于白话、白话文学的比较普遍性外在形式的严格普遍性形式，对于新文学运动的旗手们来说还是闻所未闻的事情，于是，言语、文学的本质规定性，就还有待于胡适、周作人、郑振铎……的后来者，给予白话、白话文学的各种比较普遍性外在形式以进一步的严格普遍性内在性还原。

---

① 吕微《民俗学：一门伟大的学科——从学术反思到实践科学的历史与逻辑研究》，中国社会科学出版社 2015 年，"民间文学：生活世界的实践形式"，第 157 页。"生活形式"是维特根斯坦使用的一个奠基性概念，简单地说，"生活形式"就是："我们学会在其中工作的参照框架。""生活形式"是共同体的先天共识，是我们的日常生活的不可置疑的基础，当我们为思考和交谈中所使用的概念寻找更深层或更基本的合理根据时，维特根斯坦总是求助于这个概念，"如果我对正当性的证明已经走到尽头，那么我就会碰到坚硬的岩石墙壁，我的铁锹就挖不动了"（维特根斯坦《哲学研究》第 217 条）。Grayling《维特根斯坦与哲学》，张金言译，译林出版社 2008 年，第 95—96 页。
② ［美］鲍曼《作为表演的口头艺术》，杨利慧、安德明译，广西师范大学出版社 2008 年，第 19 页，第 86 页，第 105 页，第 107 页。

　　胡适、周作人、郑振铎没有做到的事情，正是户著[①]的努力方向，于是，在胡适的白话文学形式研究（1922年[《白话文学史》]）之后九十多年，郑振铎的俗文学形式研究（1938年[《中国俗文学史》]）之后的近八十年，户著终于接过了先驱者们手中的民间文学实践的纯粹形式和内在目的研究的接力棒，竟然实现了先驱者们未竟的遗愿，进而超越了前人，完成了从民间文学－民俗学实践的内容目的论到形式目的论的哥白尼革命。[②]

　　户晓辉受鲍曼从表演"框架"（"准"体裁形式）直观地还原出内在于表演的

---

[①] 户晓辉《民间文学的自由叙事》，社会科学文献出版社2014年。

[②] 吕微《民俗学：一门伟大的学科——从学术反思到实践科学的历史与逻辑研究》，中国社会科学出版社2015年，"第十二章 接续民间文学的伟大传统——从实践民俗学的内容目的论到形式目的论 户晓辉《民间文学的自由叙事》解读"，第513页。"这使得我们不得不重新考虑康德对理性的理论使用和实践使用（从亚里士多德以来就被不断完善）的划分，以及由此而生发的对学科的理论（经验）范式与实践（先验）范式的思考。因为，在康德那里，实践理性对实践主体（包括研究者主体和被研究者主体）所拥有的人文理想的先验阐明，不是借助于对经验现象（实践主体和主体实践也必须作为经验表象而显现为可直观的现象）的自然原因（社会现实）的经验证明的直观（归纳）方法，而是依据的对经验现象（实践主体和主体实践行为、活动）的自由条件（人文理想）的先验阐明的还原（演绎）方法而推论出来的。当然，对经验现象的先验条件的还原阐明，又不可能通过实践现象的'正面'直观而直接地归纳（证明）出来，而只能通过实践现象的最充分发展的形式或阶段的'反例''反向'地演绎（推论）地还原（阐明）出来。所以，尽管先验阐明（演绎性推论）的还原方法，康德早已提出，并且成功地以此阐明了我们每一个普通人都必然地就拥有先验的人文（道德）理想，但是，囿于我们早已习以为常的理论认识的经验论即科学研究的方法论传统，在我们的民俗学学科中，我们还从来没有一个人像康德和胡塞尔那样，哪怕尝试过一次'实践研究'的先验论现象学方法。为此，我们必须感谢户晓辉！他做了我们以及我们的国际同行们还从来都没有做过的事情，即用现象学的先验悬搁与先验还原的方法，证明了民间文学的实践主体（我们的研究对象、认识客体）必然地拥有先验的（'求民主、争自由'的）人文理想。这样，我们就根据康德、胡塞尔所开创并且成功地践行的对于经验现象的先验条件的先验阐明（演绎性推论）和现象学悬搁与现象学还原的科学方法论，把民俗学的目的论（人文价值）和方法论（包括了理论科学的经验方法论和实践科学的先验方法论）统一在了同一个民俗学学科的自身内部，从而让民俗学——民俗学自己让自己——成为一个'无求于外'，即不再需要成天担忧'民俗学何以安身立命''民俗学与人类学相距究竟有多远'的'自给自足'的实践科学。"同上引书，"为什么用'实践民俗学'界定民俗学的学科范式？"，第525—526页。

比较普遍性交流责任形式即"小群体内艺术性交流"① 的"本质"规定性的启发②，进一步演绎地还原出民间文学的严格普遍性交流责任"内在形式"（inner form）"纯粹形式"（pure form）。③ 内在于民间文学的严格普遍性交流责任形式当然也就是任何文学类型（包括周作人说的"平民文学"与"贵族文学"）的内在形式或纯粹形式——即交流责任"要求"的严格普遍性形式——进而，通过内在于白

---

① "民俗是小群体内的艺术性交际（folklore is artistic communication in small groups）。"［美］阿默思《在承启关系中探求民俗的定义》，《民俗学概念与方法——丹·本－阿默思文集》，张举文编译，中国社会科学出版社 2018 年，第 15—16 页。

② "表演在本质上可被视为和界定为一种交流的方式。"［美］鲍曼《作为表演的口头艺术》，杨利慧、安德明译，广西师范大学出版社 2008 年，第 8 页。"承担责任这一作为判断表演的标准的［本质性］因素。"同上引书，第 86 页。"承担责任对于我们所说的意义上的表演是本质性的。"同上引书，第 108 页。"［表演的］本质在于表演者对观众承担着展示交流能力的责任。"同上引书，第 131 页。"［表演的］本质就在于［表演者］要对观众承担展示交流能力的责任。"同上引书，第 161 页。"表演理论更关注的是交流的形式而非内容。"户晓辉《民间文学的自由叙事》，社会科学文献出版社 2014 年，第 97 页。"总之，我们非常需要的是：表演是一种形式诗学……"同上引书，第 97 页。"本质在于这种表演的形式而非表演的内容……"同上引书，第 99 页。"民间文学体裁叙事的表演行为是一种交流实践形式，形式本身也是一种实践……是对语境中的口头艺术形式的主动运用。"同上引书，第 101 页。"民间文学体裁叙事的表演行为不仅具有自身的形式，而且具有自身的实践目的，它不是为了其他目的或者服务于其他，而是为了实践自身的形式或目的。……民间文学的形式意志（Formwille）、形式风格或形式冲动（Formstreben）。其实，形式就是目的，形式意志也是目的意志。"同上引书，第 103 页。"'我们'：民间文学体裁叙事行为的纯粹发生形式。"同上引书，第 134 页。"'我们'不仅作为内容出现在民间文学体裁叙事行为之中，而且是作为形式和公共伦理条件伴随着民间文学体裁叙事行为的发生和存在。换言之，'我们'是民间文学体裁叙事行为发生和存在的形式和公共伦理条件。"同上引书，第 138 页。"民间文学不同于作家文学的地方就在于，它扬弃了作家文学在创作上的独揽大权，它为每个人的话语权预留了平等的位置和同样的空间并且为听众赋予了积极参与和评价的责任。谁都可以参与民间文学体裁行为传统并且从中找到自己的叙事方式，对此，'我们'都拥有同样的权利和责任。"同上引书，第 144 页。"真正的对话伴随各种角色之间的独白，即便这种独白有可能采取对话的形式，而是发生在平等人格之间的相互讲述和相互倾听。"同上引书，第 166 页。"民间文学的体裁叙事形式也不会随着口头或书面这些避免形式的此消彼长而改变它的内在存在形式。"同上引书，第 174 页。

③ "内在的形式。"［美］鲍曼《作为表演的口头艺术》，杨利慧、安德明译，广西师范大学出版社 2008 年，第 161 页。"内在形式。"户晓辉《民间文学的自由叙事》，社会科学文献出版社 2014 年，第 106 页。"内在存在形式。"同上引书，第 174 页。"卡西尔关注的是神话的'形式'，在《符号形式的哲学》第 2 卷（神话思维）的'前言'和'导论'中，他也称之为神话的内在形式（inner form）或纯粹形式（pure form）。"户晓辉《返回爱与自由的生活世界——纯粹民间文学关键词的哲学阐释》，江苏人民出版社 2010 年，第 238—239 页。"卡西尔的神话形式是把纯粹的观念直观分析方法用于神话而发现的纯粹形式，实际上等于神话的本质或纯粹现象。"同上引书，第 241 页。"神话之'内在形式'（inner form）。"［德］卡西尔《神话思维》，黄龙保等译，中国社会科学出版社 1992 年，第 7 页。

话、白话文学交流责任的严格普遍性形式，我们就可以推导出合于（甚至出于）白话、白话文学的内在性严格普遍性形式（道德法则）的先验质料－内容，即唯一能够承担起内在于文学的严格普遍性形式及其先验质料－内容的目的理想对象，即先验地拥有纯粹理性－自由意志的天赋能力与自由权利因而必然可能"无限的超越"每一个人自己的经验性自然目的而合于（甚至出于）所有的人、每一个人共同的先验道德性目的的人本身或人自身（"以人的道德为本"的"超人"）①的每一个作为个体的"个人"②并且作为先验地交互的复数主体的"我们"③由此，新文学运动就必然可能从内在于"活的文学"语体、文体工具形式的严格普遍性形式推导出"人的文学"精神－态度的先验质料－内容即"人是目的"的先验建构性实践自由"内在的要求"（2022：56）即文学革命根本目的"至上的限制条件"。就像胡适说过的，"中国新文学运动的一切理论都可以包括在［'活的文学'和'人的文学'] 这两个中心思想的里面"④，而且这两个中心思想不是"人的文学"

①"理性的自然区别于其余的自然，就在于它为自身设定了一个目的。这一目的将会是任何一个善良意志的质料……因而这个目的必须绝不是单纯作为工具，而是在任何时候都同时当做目的在每个意愿中受到尊重。现在，这一［严格普遍形式的先验质料－内容］目的只能是所有可能［的经验性］目的的主体［即'人'] 本身，因为这一主体同时也是一个可能的绝对善良的意志的主体。"［德］康德《道德形而上学奠基》，杨云飞译，邓晓芒校，人民出版社2013年，S.437，第76页。

②"我相信人生的文学实在是现今中国唯一的需要。……这［人生的］文学是人类的，也是个人的；却不是种族的，国家的，乡土及家族的。"周作人《新文学的要求》，收入《周作人民俗学论集》，吴平、邱明一编，上海文艺出版社1999年，第283页。

③胡适已经意识到从"活的文学"形式推导出"人的文学"目的的逻辑可能性："若那雅俗两字作人类的阶级解，说'我们'是雅，'他们'小百姓是俗，那么说来，只有白话的文学是'雅俗共赏'的。"胡适《答朱经农》（1918年），《胡适学术文集·新文学运动》，姜义华主编，中华书局1993年，第62页。"他们的最大缺点是把社会分作两部分：一边是'他们'，一边是'我们'。一边是应该用白话的'他们'，一边是应该做古文古诗的'我们'。……那种态度是不行的。"胡适《五十年来中国之文学》（1922年），同上引书，第149页。"把社会分作两个阶级，一边是'我们'士大夫，一边是'他们'齐氓细民。"胡适《〈中国新文学大系〉第一集导言》（1935年），同上引书，第237页。"我们是我们，他们是他们，这种态度是不行的，非我们就是他们，他们就是我们不可！"胡适《新文学·新诗·新文字》（1956年），同上引书，82？第282页。吕微《民俗学：一门伟大的学科——从理论反思到实践科学的历史与逻辑研究》，中国社会科学出版社2015年，"第四章 从'我们和他们'到'我与你'——反思的民间文学－民俗学的学术伦理（二）"，第124页"注释①"。

④"中国新文学运动……的两个中心理论只有两个：一个是我们要建立一种'活的文学'；一个是我们要建立一种'人的文学'。前一个理论是文字工具的革新，后一个是文学内容的革

对"活的文学"自上而下、自外而内的（"精英主义"）先验自由偶然现实的理论调节性、引导性综合，而是"人的文学"从"活的文学"自下而上、自内而外的（"平民主义"）实践自由必然可能的建构性先验综合。

但是，当年的胡适、周作人都没有可能认识到，新文学的工具改良论与目的革命论——从前者（"活的文学"）内在的严格普遍性形式推导出后者（"人的文学"）的先验质料－内容（"形式转化为内容""作为返回［形式］自身的东西"）——之间实践自由建构性先验综合的必然可能性，即新文学改良－革命的"人的文学"目的质料－内容先验地内在于"活的文学"工具形式的严格普遍性形式当中，即能够从内在于"活的文学"现实工具的严格普遍性形式中必然地推导出"人的文学"先验质料－内容的目的理想。这样，唯当内在于文学的严格普遍性形式与先验目的质料－内容的形而上学结构的实践理论条件下，无论"人的文学"还是"活的文学"才能够先验综合地同时被用作建构性"要求"的实践自由理念和描述性"表现"的理论认识概念。于是，新文学改良－革命"人的文学"目的理想才不是精英主义偶然现实地自上而下、自外而内"新民""要求"的启蒙运动（无法经验性地描述的理论调节性、引导性先验自由），而是"平民主义"必然可能地自下而上、自内而外"亲民"自我启蒙而可"表现"的"文艺复兴"（可经验性地描述的先验建构性实践自由），进而也就为新文学改良－革命运动旗帜下民间文学作为经验学科的实证研究方法论（"实验主义"）奠定了先验理想的目的论基础，即为我们直观地认识普通人日常生活或人的日常普通生活"以言行事"（奥斯汀）地践行（perform）各种语言、言语和文学形式，提供了"理想类型"（内在严格普遍形式＋先验质料－内容的形而上学结构）的"至善"①

---

新。中国新文学运动的一切理论都可以包括在这两个中心思想的里面。"胡适《〈中国新文学大系〉第一集导言》，《胡适学术文集·新文学运动》，姜义华主编，中华书局1993年，第244页。"新中国的新文学……活的文学，人的文学。"同上引书，第226页。"我们在那个时候提出的两个目标，一个是'活的文学'，一个是'人的文学'，——我相信这两个目标到今天还是值得我们继续努力的。"胡适《〈中国新文学运动小史序〉》，同上引书，第296页。

①"但是，不言而喻的是，倘若道德法则作为无上的［普遍形式］条件已经包含在至善的［目的］概念里面，那么不单至善是一个［目的概念的］客体，而且它的［目的］概念和它通过我们实践理性而可能的实存的［目的］表象同时就是纯粹意志的决定根据；因为，事实上正是已经包含在这个［目的］概念里面并且被同一思想的道德法则［的普遍形式］，而不是别的

（"活的文学"＋"人的文学"）目的理想理念条件下的建构－描述性直观－认识概念条件。这样，现代中国新文学运动的旗手们尽管没有在理论上明确地明示，但毕竟在实践中坚信地坚持了这一"至善"理念的"理想类型"概念条件，以此，新文学改良－革命运动才占据了历史性的高地；但同时，也因为胡适、周作人等新文学运动的先驱者毕竟没有在理论上自觉地完构"至善"理念的"理想类型"概念条件，就为日后经验主义实践理论家们（例如汉森，详见下文）不自觉地解构这一"至善"理念的"理想类型"概念条件的形而上学先验结构预留了现实性的余地。

三

发端于 1917 年的中国现代新文学运动，到今天已过去了整整一百年。一百年后的今天，几经更名的标准化汉语 "官话"①"白话"②"国语"③"普通话"④ 书面语言、口头言语工具形式作为新文学改良－革命的成果——这成果当然包括了以 "鲁郭茅巴老曹" 为代表的 "人的文学" 的现代汉语白话文学，却也包括了现代白话通俗文学如 "鸳鸯蝴蝶" 派小说和大众艺术电影——已成为我们今天日常生活习焉不察的 "正常" 条件——"今日中国，无论是大众的日常交流，还是政府的公文或作家的写作，使用的基本上都是白话"（陈平原）（2022：46）——而 "白话" 概念本身似乎也已经沉淀为语言、言语、文学史上的一个曾经有待 "日常"、

---

[目的概念] 对象依照自律的原则决定意志。关于意志决定的 [目的] 概念的这种秩序不应当忽视；因为否则我们会误解自己，并且在一切都处于彼此极其和谐的地方，以为陷入了自相矛盾。"[德] 康德《实践理性批判》，韩水法译，商务印书馆 1999 年，S.109—110，第 121 页。
①"[官话] 普通话的旧称。作为汉语共同体的基础方言的北方话也统称官话。"《现代汉语词典》2002 年修订版第 3 版（增补本），商务印书馆第 464 页。
②"[白话] 现代汉语（普通话）的书面形式。它是唐宋以来在口语的基础上形成的，起初只用于通俗文学作品，到五四以后才在社会上普遍应用。"《现代汉语词典》2002 年修订版第 3 版（增补本），商务印书馆第 23 页。
③"[国语] 本国人民共同使用的语言。在我国是汉语普通话的旧称。"《现代汉语词典》2002 年修订版第 3 版（增补本），商务印书馆第 483 页。
④"[普通话] 现代汉语的标准语。"《现代汉语词典》2002 年修订版第 3 版（增补本），商务印书馆第 989 页。

有待"正常"的历史范畴（2022：46–47）。

　　胡适"白话"概念在世纪之交重新被"激活"①，当然首先要归功于美国芝加哥大学教授汉森 1999 年《大批量生产的感觉：作为白话现代主义的经典电影》以及 2000 年《堕落女性，冉升明星，新的视野：试论作为白话现代主义的上海无声电影》这两篇论文提出的"白话现代主义"（Vernacular Modernism）命题②；而随着"白话现代主义"命题被引进中国学界，中国学者使用该概念 – 命题也已经生产了一批重新认识现代电影的学术论文。③同样，汉森的论文也为李小玲《二十世纪初中国白话文学研究及当代意义》打开了"新的研究视域"（2022：35）——"当下，'日常生活'概念已为 [ 国际民间文学 – 民俗学 ] 学界普遍接受和普遍谈论，但美国学者却没有直接套用这一概念，却另辟蹊径，以中国传统概念'白话'④一词以涵盖之，并赋予其更为丰富的内涵，这为我们重新理解'白

① 高丙中《日常生活的现代与后现代遭遇：中国民俗学发展的机遇与路向》，《民间文化论坛》2006 年第 3 期。"激活"，高丙中又称之为"古典新用"。高丙中《社团合作与中国公民社会的有机团结》，《中国社会科学》2006 年第 3 期。"我有意识地选用一些很旧的概念，尝试让它们在中国当下的社会情境里获得解释的生命。"高丙中《民间文化与公民社会——中国现代历程的文化研究》，北京大学出版社 2008 年，"序言"，第 5 页。
② Miriam Bratu Hansen, *The Mass Productiong of the Senses: Classical Cinema as Vernacular Modernism*，Modernism/Modernity，6.2（1999）59–99，The Johns Hopkins University Press，1999；Linda Williams，Chrisitine Gledhill，Reinventing Film Studies，London：Edward Arnold，2000；[ 美 ] 汉森《大批量生产的感觉：作为白话现代主义的经典电影》，刘宇清、杨静琳译，《电影艺术》2009 年第 5 期。Miriam Bratu Hansen, *Fallen Women, Rising Stars, New Horizons: Shanghai Silent Film As Vernacular Modernism*，Film Quarterly，2000，No.1，pp.10–22；[ 美 ] 汉森《堕落女性，冉升明星，新的视野：试论作为白话现代主义的上海无声电影》，包卫红译，《当代电影》2004 年第 1 期。"这篇论文原发表于《电影季刊》（Film Quarterly），于 2002 年获得美国电影与媒介研究协会的论文大奖。与汉森的另一篇论文 [The Mass Production of the Senses：Classical Cinema as Vernacular Modernism 即《大批量生产的知觉：作为白话现代主义的经典电影》] 成为姊妹篇。这两篇论文在美国当代电影研究中有重要意义，芝加哥大学于 2002 年 4 月曾就'白话现代主义'问题召开专题国际会议。"[ 美 ] 汉森《堕落女性，冉升明星，新的视野：试论作为白话现代主义的上海无声电影》，包卫红译，《当代电影》2004 年第 1 期，"译者按"。
③ 张英进《阅读早期电影理论：集体感官机制与白话现代主义》，《当代电影》2005 年第 1 期；解建峰《白话现代主义与当代中国电影研究》，《当代电影》2007 年第 6 期；高山《试论作为白话现代主义的〈银汉双星〉》，《当代电影》2009 年第 1 期；薛蕾、石磊《感官体验与现代启蒙：白话现代主义视角下的经典好莱坞电影》，《当代电影》2019 年第 12 期。
④ Vernacular 的意思是：本国语、本地话、土话、方言、白话、行话、习惯语。"胡适指称'白话'用的最多的英文词或词组是 spoken[ 口头的 ] language，还有 vulgate[ 公认的 ] Chi-

话'概念也打开了新的窗户"（2022：49-50）——李小玲借助此"新的窗户""新的研究视域"的启示，重新认识了胡适"白话""白话文学"等概念所蕴含却一直被忽略的实践理论意义和价值，于是就有了"'白话'作为'民间'与'文学'的话语表达""白话文学作为民间文学的理论前提""'白话'作为中国民间文学学科关键词""地地道道的中国式理论"等一系列崭新的学术命题（见李小玲《二十世纪初中国白话文学研究及当代意义》目录）。

汉森"白话现代主义"命题，意在打破现代主义美学的一元论框架，赋予现代主义美学以多元化的后现代主义再解释，用汉森自己的话说，就是用"'后现代性'或'第二现代性'"解构"思想更单一、更正统、更简单的'第一现代性'"，在"后现代性视野里[呈现]另类的现代主义"。[①]

> 无论人们能在何种程度上赞同或者反对后现代主义对现代主义和现代性的挑战，它的确为我们理解现代主义现象开拓了更广泛、更多元的空间，避免陷入……任何一种单一逻辑体系。十多年后，学者们已经开始摆脱那个[单一逻辑]体系，转而描述现代主义的其他[更广泛、更多元的美学]形式。无论是在西方还是在世界的其他地区，现代主义的[美学]形式都会根据自身的地缘政治位置做出[更广泛、更多元的自我]调整。地缘政治位置的形成，常常与殖民/后殖民的轴线以及他们所应对的地缘政治位置特殊的次文化和本土传统密切相关。除了拓展现代主义[的单一逻辑体系为多元]原则之外，这些[后现代性]研究设

---

nese，也用过 plain[明白的、平易的] language，最后这个词，他还在后面注明'白话'二字。胡适在《文艺复兴》《中国文学革命》等文中频繁使用 vulgar[粗鄙的、庸俗的] language，vulgar tongue[口语]，vulgar dialect[方言、土语]等概念。别人介绍胡适的白话文学运动时会用到 vernacular 这个词，有文章就直接把胡适的白话明确指称为 vernacular"，如：he vernacular（pai-hua）as the literary mediu；pai-hua or kuo-yü wen-hsüeh（literature in a national vernacular language）and wen-hsüeh kuo-yü（a national vernacular language which may be used as a literary medium）；their vernacular to tell stories. 参 见 Vincent Y. C. Shih，A Talk with Hu Shih，The China Quarterly，1962，No.10，pp.49-165.——引自李小玲 2020 年 10 月 10 日来信。
① [美]汉森《大批量生产的感觉：作为白话现代主义的经典电影》，刘宇清、杨静琳译，《电影艺术》2009 年第 5 期。

想：现代主义的概念，不仅只是 [ 精英的 ] 艺术风格的仓库，也不仅只是一群群艺术家和知识分子追求的一套套 [ 先验 ] 理念。相反，现代主义包含了文化、艺术实践的整个范畴，即对现代化过程和现代性体验的获得、回应与反思，包括艺术生产环境、传播环境和消费环境的范式性转变。换句话说，正如现代主义美学无法简化成 [ 任何一种单一逻辑体系的精英 ] 风格范畴一样，他们 [ 后现代主义者 ] 倾向于抹平传统的 [、精英的 ] 艺术基本原则（在 18、19 世纪，就是 [ 例如康德式 ] 自律性审美理想的具体化）界线，高级艺术与低俗艺术的区隔，以及自律性艺术和 [ 自律性 – 非自律性"混杂"的 ] 大众流行文化的对立。①

这样，被后现代主义者重新解释过的"现代主义美学"就是"获得 [ 反映 ]、回应 [ 反应 ] 与反思""现代化过程""现代性体验"的一种"更加广义的美学观念"。

关注现代主义和现代性之间的联系，也意味着一种更加广义的美学观念，即将各种艺术实践置于更加广阔的历史和感知体系中……随着城市工业技术的大范围扩散、社会（和性别）关系的大批量开掘以及引发真正破坏与流失过程的大规模消费转向，又诞生了组织视觉与感官认知的新模式，与可见 / 可感的"事物 / 世界"的新关系，模拟经验表情、情感、时间和内省活动的新方式，以及日常生活、社交和娱乐结构的改变。从这个角度，我选择了 [ 可以用后现代主义重新解释的多元 ] 现代主义美学研究来涵括既表现又传播过现代性经验的各种文化实践，比如大规模生产和大规模消费的时装、设计、广告、建筑和城市环境，以及摄影、广播和电影等。我把这类现代主义称为"白话现代主义"（以避免"大众"一词在意识形态上过于武断），因为"白话"一词包括了平

---

① [ 美 ] 汉森《大批量生产的感觉：作为白话现代主义的经典电影》，刘宇清、杨静琳译，《电影艺术》2009 年第 5 期。

庸、日常使用的层面，具有流通性（circulation）、混杂性（promiscuity）和转述性（translatability），而且兼具谈论（discourse）、习语（idiom）和方言（dialect）的意涵。①

在《堕落女性，冉升明星，新的视野：试论作为白话现代主义的上海无声电影》一文中，汉森用"语言"（language）替换了discourse "谈论"（discourse）。

这一 [ 后现代主义 ] 主张使现代主义美学的视野得以延伸，从而纳入大批量生产、经大众媒体传播，并由大众消费的现代性的各种文化表现。这些表现包括时装、设计、广告、建筑及城市环境、日常生活质地的转化，以至新形式的经验、交流及公共形态。它们构成纷繁的话语形式，一方面是经济、政治、社会现代化进程的体现，同时也对这一进程做出反应。我选择"白话"（vernacular）一词，以其包括了平庸（quotidian）、日常（everyday usage）的层面，又兼具语言（language）、习语（idiom）、方言（dialect）等涵义，尽管词义略嫌模糊，却胜过"大众"（popular）一词。后者受到政治和意识形态多元决定（overdetermined），["在意识形态上过于武断"，因 ] 而在历史上并不比"白话"确定。②

---

① [ 美 ] 汉森《大批量生产的感觉：作为白话现代主义的经典电影》，刘宇清、杨静琳译，《电影艺术》2009 年第 5 期。Miriam Bratu Hansen, *The Mass Production of the Senses:Classical Cinema as Vernacular Modernism*, *Disciplining Modernism*, P. L. Caughie（ ed. ）, Palgrave Macmillan, a division of Macmillan Publishers Limited, 2009, p.243. " 谈 论 "（discourse），在稍晚的一篇文章中，汉森用的是 language，包卫红译作"语言"。Miriam Bratu Hansen, *Fallen Women, Rising Stars, New Horizons: Shanghai Silent Film As Vernacular Modernism*, Film Quarterly, 2000, No.1, p.11；[ 美 ] 汉森《堕落女性，冉升明星，新的视野：试论作为白话现代主义的上海无声电影》，包卫红译，《当代电影》2004 年第 1 期。

② [ 美 ] 汉森《堕落女性，冉升明星，新的视野：试论作为白话现代主义的上海无声电影》，包卫红译，《当代电影》2004 年第 1 期。Miriam Bratu Hansen, *Fallen Women, Rising Stars, New Horizons: Shanghai Silent Film As Vernacular Modernism*, Film Quarterly, 2000, No.1, p.11. 有时，汉森"白话""大众"几乎是等价的："'大众现代主义'（ popular modernism ），或更确切地说，'白话现代主义'（ vernacular modernism ）。"同上引文。

李小玲指出，

　　美国电影评论家汉森深受中国白话文学运动的启迪，延引"白话"（vernacular）术语进入到电影领域，提出"白话现代主义"概念，涵括"既表现又传播现代性经验的各种文化实践"。她认为过往的现代主义美学一直局限于艺术的经院化，体现为精英现代主义，她主张应扩大现代主义美学的视野，将大众传媒之下的大批量生产、大批量消费的现代性的各种文化表现也一并纳入进来，并以"白话"概念来统摄这一广义现代主义美学的范畴。她认为，"白话"包括了平庸、日常的层面，又兼具谈论[或"语言"]、习语和方言等涵义。她特别强调白话作为纷繁的话语形式，有着日常生活经验和日常生活表现的指向，并在注释中特别说明，这一白话现代主义概念与五四运动所倡导的中国文学艺术现代主义实践有关，并明确这一观点是参见了胡适、傅斯年等人的相关论述[，尽管汉森本人"无法读讲中文"[①]]。（2022：47）[②]

汉森以美国好莱坞经典电影为例解释了经过她再解释的"现代主义美学研

①Miriam Bratu Hansen, *Fallen Women, Rising Stars, New Horizons: Shanghai Silent Film As Vernacular Modernism*, Film Quarterly, 2000, No.1, pp.10–22；[美]汉森《堕落女性，冉升明星，新的视野：试论作为白话现代主义的上海无声电影》，包卫红译，《当代电影》2004年第1期。

②"汉森在使用'vernacular'一词时，主要基于这一语汇在西方历史文化中的诸多涵义，同时也受到她对中国五四白话运动重新认识的重要影响。由于这两方面的涵义，加上汉森强调'vernacular'在语言学上实体层面和寓意层面的内涵，译者将'vernacular modernism'译作'白话现代主义'，而非'通俗现代主义'。也参见本文注释第19条。有关将上海二三十年代商业大众文化（尤以电影为集中体现）看作广义的五四白话运动，并对后者补充扩展的论述，见张真的博士论文，详见本文注释第23条。"[美]汉森《堕落女性，冉升明星，新的视野：试论作为白话现代主义的上海无声电影》，包卫红译，《当代电影》2004年第1期，"译者注"。"这一白话现代主义与五四运动所倡导的中国文学艺术现代主义实践并非毫不相干。有关五四当时和稍后的论述，可参见胡适《尝试集》作者自序；胡适选集（上海，1930），第41页，'被迫反抗，文学革命的开始'，选自赵家璧《中国新文学大系》，1935，第3–27页；傅斯年《'五四'二十五周年》，《大公报》，重庆，1944年5月4日，等等。"同上引文，"著者注"第19条。

究""范式"。

> 我更愿意将它 [ 现代主义 ] 看作一个能够兼容并包、兼收并蓄各种
> 美学效果和经验的舞台、母体或者网络——换句话说，它是一种文化构
> 型，比从任何一个单一 [ 逻辑的美学 ] 体系出发的最精确的功能阐释更
> 复杂、更有活力，需要一种更自由（无结论、无确定答案、无时间限
> 制）、更漫无边际、更具有想象力的研究方式。①

经过后现代主义者再解释的"现代主义美学""研究方式"或"范式""不再
受利益追逐、扩张意识和 [ 特别是 ] 意识形态控制等目的所驱动"②"拒绝对该术
语 [ '现代主义' ] 的任何 [ 评价性、建构性 ] 价值性的用法（不管是赞同的还是
批评的），代之以非评价性的、科学描述性的解释"。③ 这样，对比笔者在上一节
阐明的、内在于中国现代新文学 – 民间文学运动的严格普遍性形式 + 先验质料 –
内容的形而上学结构"更单一、更正统、更简单"也"最精确的功能阐释""单
一逻辑体系"——按照汉森的说法我们可以称之为——"现代主义改良 – 革命美
学"，我们就可以认识到，汉森再度"激活"但同时也解构了胡适、周作人联手
贡献的"活的文学" + "人的文学"的描述性 + 建构性、"批评性""评价性""白
话"概念，现象学地还原"白话"为"活的文学""非评价性""表现"的单纯描
述性概念，即还原到"人的文学"纯粹理性自由状态"至上的限制条件"逻辑之
前的"活的文学"感性自然状态的"白话"概念。这样，汉森后现代主义"白
话"概念就有理由"拒绝任何价值性用法""不管是赞同的还是批评的"而取
"无结论、无确定答案"的"非评价性"；而现代主义"白话"概念建构性"要

---

① [ 美 ] 汉森《大批量生产的感觉：作为白话现代主义的经典电影》，刘宇清、杨静琳译，
《电影艺术》2009 年第 5 期。
② [ 美 ] 汉森《大批量生产的感觉：作为白话现代主义的经典电影》，刘宇清、杨静琳译，
《电影艺术》2009 年第 5 期。
③ [ 美 ] 汉森《大批量生产的感觉：作为白话现代主义的经典电影》，刘宇清、杨静琳译，
《电影艺术》2009 年第 5 期。

求"的"价值性用法"＋描述性"表现"用法"自我强加的一致性"①（康德式"先验综合"）就被解构掉了；而只剩下后现代主义现象学对普通人日常生活或人的普通日常生活"表皮"②"描述性的解释"——汉森误以为是"科学的描述性"——当然，也正是在解构了与"白话""活的文学"内在地联结的"人的文学"而"更单一、更正统、更简单"（或许）也"最精确的功能阐释"的现代主义美学形而上学先验结构的"单一逻辑体系"之后，"白话"作为现象学"表现"的单纯描述性概念，似乎才有助于呈现在现代主义美学的"总体性描述中被抛弃、边缘或者压制的 [ 多元化、多样性 ] 现象"③，包括在道德价值上"低俗类型"④的大规模消费的大众艺术的正当性，以"赞美生活的任何东西"（everything that cel-ebrates life）。⑤ 于是，借助以"白话"为概念条件的后现代主义"以动感为基础的'集体感官机制'"⑥"文化感官机制"⑦，像"物质""身体""感官""感觉""感

---

① [ 美 ] 汉森《大批量生产的感觉：作为白话现代主义的经典电影》，刘宇清、杨静琳译，《电影艺术》2009 年第 5 期。

②"身体性、事物的外表或者'皮肤'、日常生活的表现，即路易·阿拉贡所说的'真正的普通生活、真正热爱生活的一切事物，而不是某些人为的 [ 道德 ] 成规'。"[ 美 ] 汉森《大批量生产的感觉：作为白话现代主义的经典电影》，刘宇清、杨静琳译，《电影艺术》2009 年第 5 期。"身体性、率直、速度、它们与事物外部表面或'表皮'的亲和力（安东尼·阿尔多），日常的物质存在——正如路易·阿拉贡所说，'真正普通的事物，赞美生活的任何东西，而不是某些人为的成规，从而排斥了盐腌牛肉和罐装鞋油。'"[ 美 ] 汉森《堕落女性，冉升明星，新的视野：试论作为白话现代主义的上海无声电影》，包卫红译，《当代电影》2004 年第 1 期。

③ [ 美 ] 汉森《大批量生产的感觉：作为白话现代主义的经典电影》，刘宇清、杨静琳译，《电影艺术》2009 年第 5 期。

④ [ 美 ] 汉森《大批量生产的感觉：作为白话现代主义的经典电影》，刘宇清、杨静琳译，《电影艺术》2009 年第 5 期。"现两种美国主义 [ 之一 ] 的……'低俗'类型。"[ 美 ] 汉森《堕落女性，冉升明星，新的视野：试论作为白话现代主义的上海无声电影》，包卫红译，《当代电影》2004 年第 1 期。

⑤ [ 美 ] 汉森《堕落女性，冉升明星，新的视野：试论作为白话现代主义的上海无声电影》，包卫红译，《当代电影》2004 年第 1 期。Miriam Bratu Hansen, *Fallen Women, Rising Stars, New Horizons: Shanghai Silent Film As Vernacular Modernism*, Film Quarterly, 2000, No.1, p.12. everything that celebrates life，刘宇清、杨静琳译作"真正热爱生活的一切事物"。[ 美 ] 汉森《大批量生产的感觉：作为白话现代主义的经典电影》，刘宇清、杨静琳译，《电影艺术》2009 年第 5 期。

⑥ 张英进《阅读早期电影理论：集体感官机制与白话现代主义》，《当代电影》2005 年第 1 期。

⑦"汉森的学生张真将'白话'理解为'一个相互的连续体，一种现世的技术，一个翻译的机器，一种文化的感官机制'[ 张英进《阅读早期电影理论：集体感官机制与白话现代主义》，

受"① 等 "意味着不同 [ 于道德类型 ] 的事物"② 的 "非评价性" 单纯描述性概念都获得了合法且合理的使用权限，从而创建了 "一种大众介入的 [ 单纯感官 ] 公共领域"。③

从创建全球大众文化 - 生活公共领域、公共空间的角度，汉森肯定美国好莱坞经典电影在全球的现代性成功。④ 而现代主义美学之所以能够成就全球现代大众文化 - 生活的公共领域、公共空间，汉森认为，端在于创建了现代大众文化 - 生活公共领域、公共空间的 "白话" 感官形式具有自我反思（"反身性"）能力⑤，即反思地意识到自身作为自由普遍的 "交谈形式"⑥（discursive form；比较前引汉森 "白话兼具谈论 [discourse] 的意涵"）。

反身性 [reflexivity]（自我反思）是下列主张的关键：电影不仅是

---

《当代电影》2005 年第 1 期 ]。这里对 '白话' 的理解已远远超脱了其仅作为 '文言' 相对的概念，已带有鲜明的文化指向和文化意义。" 李小玲，2022：49。

① "肯定 '白话' 概念与日常生活的联系，'因为白话用以界定现代主义主要是因为它与日常生活的联系（或更确切地说，我认为是与现代生活中物质、质体和感官层面的联系）'。" 张英进《阅读早期电影理论：集体感官机制与白话现代主义》，《当代电影》2005 年第 1 期。"关心外在面貌……感官的、物质的层面。" [ 美 ] 汉森《大批量生产的感觉：作为白话现代主义的经典电影》，刘宇清、杨静琳译，《电影艺术》2009 年第 5 期。

② [ 美 ] 汉森《大批量生产的感觉：作为白话现代主义的经典电影》，刘宇清、杨静琳译，《电影艺术》2009 年第 5 期。"如果经典好莱坞电影作为大众化的国际现代主义的俗语取得了成功，这并非归功于所谓全球通用的叙事结构，而是在于它对不同的个人、不同的公众来说代表着不同的事物，不仅在国内，而且在国外……" [ 美 ] 汉森《堕落女性，冉升明星，新的视野：试论作为白话现代主义的上海无声电影》，包卫红译，《当代电影》2004 年第 1 期。

③ [ 美 ] 汉森《大批量生产的感觉：作为白话现代主义的经典电影》，刘宇清、杨静琳译，《电影艺术》2009 年第 5 期。

④ "与现代性经验等价的文化实践，即工业生产的、以大众为基础的白话现代主义。" [ 美 ] 汉森《大批量生产的感觉：作为白话现代主义的经典电影》，刘宇清、杨静琳译，《电影艺术》2009 年第 5 期。

⑤ "现代化必然会引起对自身的反思。" [ 美 ] 汉森《大批量生产的感觉：作为白话现代主义的经典电影》，刘宇清、杨静琳译，《电影艺术》2009 年第 5 期。"现代性的反身关系。" [ 美 ] 汉森《堕落女性，冉升明星，新的视野：试论作为白话现代主义的上海无声电影》，包卫红译，《当代电影》2004 年第 1 期。

⑥ [ 美 ] 汉森《大批量生产的感觉：作为白话现代主义的经典电影》，刘宇清、杨静琳译，《电影艺术》2009 年第 5 期。Miriam Bratu Hansen，*The Mass Production of the Senses:Classical Cinema as Vernacular Modernism*，*Disciplining Modernism*，P. L. Caughie（ed.），Palgrave Macmillan，a division of Macmillan Publishers Limited，2009，p.253，p.255.

现代型公共空间 [modern type of public sphere] 的特殊代表 [represented a specifically]，而且发挥了作为"交谈形式"（discursive form）的功能。在这里，"公共空间"被认为是"[现象学]经验的社会视域"：通过这种交谈形式个体的经验可以得到表达，不管是主体、他者还是陌生人都可以从中发现认同……电影是另一种可供选择的公共空间，一种想象的公共空间，一种具有实际意义的、类似于文化民主的东西在其中逐渐形成。用克拉考尔的话说，就是"大众主体在机械化进程中的自我呈现"。电影之所以可能成为一种新型的公共空间，不仅因为它吸引了主流文化，而且因为它把自己以及先前被主流文化忽视的甚至鄙弃的社会 [非主流文化] 展现出来，放到公众的视野之中。电影作为一种新媒介还提供了另一种选择，从感觉的层面参与进现代性的各种矛盾。正是在感官的层面上，现代技术对人类经验的影响最刻骨铭心、最不能忽视。换句话说，电影不仅交换大量生产的感觉（senses），同时为大众工业社会提供了审美视野（aesthetic horizon）。……一旦我们将好莱坞电影看成是对现代化的朴素反应，或者是表达各种不同的可比性经验的白话（习语），我们将会明白，……[各种类型的白话现代主义感官形式的] 反身性都可以呈现出不同的形式和不同的情感方向；反身性并非永远都必须是批评性 [、"评价性"即建构性] 的或者确定性的。相反，这些影片的反身性恰恰在于它们允许自己的观众以各种不同方式 [描述性、"非评价性"地] 面对现代性带来的矛盾情绪。①

这就是说，尽管汉森现代主义美学"反身性""白话"概念与胡适"白话"概念，粗看起来或许形似但细想起来却并非神似；然而，凭借感官（sense）现象

①[美]汉森《大批量生产的感觉：作为白话现代主义的经典电影》，刘宇清、杨静琳译，《电影艺术》2009 年第 5 期。Miriam Bratu Hansen，*The Mass Production of the Senses:Classical Cinema as Vernacular Modernism*，*Disciplining Modernism*，P. L. Caughie（ed.），Palgrave Macmillan，a division of Macmillan Publishers Limited，2009，p.253.

学还原，白话作为"交谈形式"的"非评价性"单纯描述性功能还是被汉森"选择"用作了"想象"现代大众文化－生活公共领域、公共空间"文化民主"的"朴素"机制。但我们也就认识到，汉森对"白话""交谈形式""非评价性"单纯描述性功能的感官现象学还原，"和我们[中国学者]理解的日常生活是对民间生活的一种[严格普遍性形式的建构性＋描述性功能的现象学－先验论]判断还是很不一致的"（李小玲，详见下文）。具体地说，中国学者一方面坚持对白话工具形式非价值描述性功能的现象学主观性（"活"的）观念直观还原，另一方面也坚持对白话目的内容价值建构性功能的先验论客观性（"人"的）理念演绎还原，而这正是中国民间文学研究的现象学－先验论"反思性"范式与汉森电影美学的单纯现象学（"反身性"）范式在立场和方法上重大而细微的差别。但这也就意味着，汉森真正启发中国学者的"新的研究视域""新的窗户"，反而是汉森把"白话"感官形式"想象"为现代大众文化－生活公共领域、公共空间（"想象的公共空间"）"特殊代表"的"反身性"思路，而不是单纯的感官"反身性"本身；以此，中国学者才没有走上汉森对现代主义美学的后现代主义现象学还原之路，而是继续坚持走在现代主义美学本身的现象学－先验论还原的道路上。

　　就胡适而言，他理解的白话文学不只是单纯的语言变革，而是指向操持这种语言的整个生存空间，即民间，也是日常生活中的民间，而在此基础上提出的民间文学就不再单纯是民间传说、神话故事等单纯意义上的文学形式，而是扩展至所有民间的话语表达。（2022：32）其实，白话一如民间，指向的是特定的生活空间，即汉森所说的"日常生活"，以此观之，"白话"就不仅是一语言概念，"民间的白话文学"完全可简缩为"白话文学"以对等于"民间文学"，因为白话本身就寓意民间。（2022：131-132）

　　与汉森不同，胡适眼中普通人日常的生活空间、生存空间即"白话"的"民间"，不是"非评价性"的单纯描述性概念，而是以"人的文学"的"评价性""批评性"－建构性的"确定性"为"至上的限制条件"的"活的文学"的现代大众文化－生活公共领域、公共空间。正是在此"人是目的""至上的限制条件"的"公共视野"中，胡适才有条件"把白话文学的范围放得很大"，进而"白话现代主义"美学的"总体性描述"也才有条件容纳各种被"抛弃、边缘或者压制"的"现代性带来的矛盾情绪"，就像周作人一方面"评价"《水浒》为"非人的文学"（见上引文），另一方面也被允许"评价"《水浒》并非"海盗的小说"。①

汉森在她的两篇电影美学论文（《堕落女性……》《大规模生产……》）中分别用 language（语言）和 discourse（交谈）界定 vernacular（白话），说明汉森（至少无意识地根据索绪尔划分"语言"和"言语"的做法）认识到白话兼具日常生活的外在语言形式和同样外在的言语形式"实体层面和寓意层面的双重内涵"（2022：130），而后者正是我们通过白话日常生活"活的文学"工具的外在言语形式进一步还原出内在于日常生活的生活世界严格普遍性形式（即道德法则的生活形式）及其"人的文学"质料－内容目的理想的先验逻辑途径。汉森"激活""白话"概念的实践理论效果，李小玲归纳为两者："一者是打破精英的［意识形态］局限"，现象学地搁置了"白话"语言形式"实体层面"的价值建构性（"评价性""批评性"的"确定性"）功能；"一者是破除封闭式的［感官形式］传统"，现象学地还原了"白话"言语形式"寓意层面"非价值描述性（"非评价性"）功能，即普通人的日常生活或人的日常普通生活"纷繁的话语形式""涵括""统摄"民间多元化、多样性"复调""狂欢"（巴赫金）（2022:47、51-52、253）文化、生活现象的直观"表现"形式条件。

---

① "从前的人们都以《水浒》为海盗的小说，在我们看来正相反，它不但不海盗，且还能减少社会上很多的危险。每一个被侮辱和被损害者，都想复仇；但等他看过《水浒》之后，便感到痛快，仿佛气已出过，仿佛我们所气恨的人已被梁山伯的英雄打死，因而自己的气愤也就跟着消灭了。"周作人《中国新文学的源流》，华东师范大学出版社 1995 年，第 14—15 页。"金圣叹的思想很好，他的文学批评很有新的意见，这在他所批点的《西厢》《水浒》等书上全可看得出来。他留下来的文章并不多，但从他所作的两篇《水浒传》的序文中木业可以看得出他的主张来的，他能将《水浒》《西厢》和《左传》《史记》同样当作文学书看，不将前者认为海淫海盗的东西，这在当时实在是一件很不容易的事。"同上引书，第 29—30 页。

[汉森和鲍辛格]他们以"白话"和"日常生活"概念来指称现代性背景下的纷繁复杂的文化现象。一者是打破精英的局限，一者是破除封闭式的传统，但殊途同归，都将眼光转向了大众传媒和现代技术等日常生活领域，即发生了由传统到当下，由静态的、闭锁式的研究转为动态的、整体性的研究的转变。汉森认为"白话"概念作为日常生活的指向，既体现了经济、政治、社会现代化进程，诸如时装、设计、广告等日常生活物质表现形式的转换，同时，也是对这一进程的诸种感受和反应，以突破传统与现代之间的令人遗憾的两极对立的二元划分。……显见，相较于西方"folklore"作为历史"遗留物"的指称意义，白话文学更多地指向日常和日用。（2022：49-50）

李小玲肯定汉森"白话"概念的"日常生活"后现代性用法的积极意义，并认为应该将"'白话'作为中国民间文学学科关键词"、将"白话文学作为民间文学的理论前提"，李小玲的上述想法得到国际民间文学–民俗学"日常生活"实践转向的理论支持。李小玲发现，汉森"避免'大众'一词在意识形态上过于武断"或者"受到政治和意识形态多元决定"的做法，与德国民俗学家鲍辛格对"民众"一词的负面感觉如出一辙。

1934年，在一份名为"书写真实的五个困难"的传单中，贝托尔特·布莱希特曾要求我们这个时代说[个体的]"居民"，而不要说[集体的]"民众"：谁做出了这种替换，谁"就已经不再支持许多谎言"。这份传单印在一本非法的反法西斯主义杂志上，它的背景是纳粹国家对"民众"概念的片面政治化。不过，布莱希特的说法并非仅仅受到时代的束缚，好像我们今天就不需要对它再加思考了；恰恰是我们这样一本研究当今"民间文化"的著作[指鲍辛格《技术世界的民间文化》——

笔者补注]，必须正视并思考他提出的要求……①

在二十世纪七十年代，伴随着现代技术下大众传媒的兴起，"日常生活"成为社会学、历史学、民俗学等相关学科关注的问题域，图宾根学派鲍辛格等人甚至将民俗学学科的对象定位为"普通人日常生活"，即将日常生活中的事物、习惯和态度作为研究领域和反思对象，以告别旧有的名称"民俗学"（Volkskunde）。虽然汉森和鲍辛格分别从电影现代主义美学和民俗学学科不同领域出发，但他们都将自己研究的触角触碰到技术世界中的大众文化领域，同时都不满于"大众"[和"民众"]的概念而分别以"白话"和"日常生活"为关键词予以取代，两者在研究对象、研究方法和研究思路上均存在诸多重合之处，这为我们理解"白话"概念及把握民俗学（含民间文学）学科转型问题提供了新的思路。（2022：48）

这真是"一件很值得玩味的事情"，

当我们大量借鉴和引入西方的术语、理论和方法，并感觉不借助于西方的术语和思维方式就难以进行思考的时候，美国学者却舍弃西方诸多固有的语言选项，单挑"白话"一词亦以概括自己所要表述的内容，意义不言而喻。……[汉森]从浩瀚的汉语词汇中找到了"白话"一词，并透析出其中所包含的日常[语言 –language"实体形式"]与言说[discourse"寓意形式"]的二重性，且以日常[语言]和言说为圆心

---

① [德]鲍辛格《技术世界中的民间文化》，户晓辉译，广西师范大学出版社 2014 年，"导论"，第 15—16 页。"民俗学对个人的关注是从民到公民这个理论命题的前奏以及具体实现的一种形式。"户晓辉《从民到公民：中国民俗学研究"对象"的结构转换》，《民俗研究》2013 年第 3 期。"作为人格的人并非抽象的人，而仍然是活生生的具体的人。"户晓辉《民间文学的自由叙事》，社会科学文献出版社 2014 年，第 165 页。"从个人的故事讲起。"吕微《民俗学：一门伟大的学科——从学术反思到实践科学的历史与逻辑研究》，中国社会科学出版社 2015 年，第 259 页。

辐射到更大的 [ 大众文化－生活 ] 空间，从而跳脱了"白话"作为单纯的语言符号，用"一种以物质 [ '表现' ] 形式接近思想的方法"，把捉住符号背后的深意，进而将"白话"与"现代主义"对接，赋予了"白话"概念的现代性和现代主义因子，传统的词语由此获得了重新阐释的可能。（2022：130-131）不过，需要说明的是，汉森提到的"白话"概念不仅与中国传统意义上以语言作为区分度的白话相距甚远，而且，她对白话所作的"日常生活"的理解也有其特定的指向，白话（包括诸多方言习语）的混杂性构成纷繁的话语形式，是与大规模生产、大规模消费和大规模毁灭的现代性结合在一起的，或更确切地说，"是与现代生活中物质、质体和感官层面"相联系，这和我们理解的日常生活是对民间生活的一种 [ 建构性＋描述性 ] 判断还是很不一致的。汉森的误读源自于异质的文化记忆和文化符码，概念的旅行也是一个去语境化与再语境化的过程。由此，又提醒我们不论是对概念的输出还是输入，都应该进行重新的认知和分析。（2022：132）

"汉森的误读"一方面源自"异质文化"的"概念旅行"，另一方面则源自"去语境化与再语境化过程"所掩盖的不同语境条件下出于不同思想立场的学术目的论和方法论。这正如笔者在上文中已阐明的，汉森对"现代主义美学"的后现代主义再解释，意在现象学地搁置胡适"白话"概念原本蕴含的（"人的文学"目的的）价值建构性，而现象学地还原"白话"概念另外包含的（"活的文学"工具）"以物质 [ '表现' ] 形式接近思想"的文化多样性、生活多元化"集体感官形式"的单纯描述性，因而与"我们理解的日常生活是对民间生活的一种 [ 建构性＋描述性 ] 判断还是很不一致的"。但汉森做法的有效性，有其特定的依赖条件，这条件就是能够保证普通人的日常生活或人的日常普通生活的现代大众文化－生活公共领域、公共空间的制度建设，就像汉森（不无乐观）的反问："由一国发展出的、以大众为基础的、工业生产的'白话'为何、如何在一（多）个特

定历史阶段 [ 和一（多）个特定文化共同体 ] 达到了全球性的国际统治地位？"①

　　文化输出与美国大众文化共享基本特征，这一文化不光指文化产品及其相应 [ 集体感官 ] 形式，还包括第一个资本主义大众社会的公民价值观及其社会关系（cultural exports shared the basic features of American mass culture，intending by that term not only the cultural artifacts and asso-ciated forms，but also the civic values and social relations of the first capi-talist mass society）。②

---

① "由一国发展出的、以大众为基础的、工业生产的'白话'为何、如何在一（多）个特定历史阶段达到了全球性的国际统治地位，并带来什么影响。……就电影而言，这一看法意味着好莱坞产品在海外的普遍吸引力及活力可能源于好莱坞成功地汇集了在本土层面上纷繁并相互竞争的各种传统、话语、利益，从而由一个种族及文化混杂的社会制造出一个大众公共（如果这种公共通常以异类种族 [ 被压制 ] 为代价的话）。" [ 美 ] 汉森《堕落女性，冉升明星，新的视野：试论作为白话现代主义的上海无声电影》，包卫红译，《当代电影》2004 年第 1 期。"美国电影在经典电影时期提供了有史以来第一个全球白话。" 同上引文。"这一白话在调节有关现代性与现代化的文化话语中起的主导作用；因为它表述、传播了一种特定的历史体验，并将这种体验带入视觉意识（optical consciousness）。因为电影不仅是技术和工业资本主义现代化的一部分和鼓吹者，它更是唯一最富有包容力的公共视野（public horizon）。在这一视野中，富于解放性的冲动与现代性的症候同时被反映、拒斥或否认，或被改变或得以协商；新的大众公共也让自己和社会看到自己的形象。更重要的是，好莱坞与现代性的反身关系或许触发了观众的认知行为，但这些认知效应更关键地基于感官体验和感动，驻扎在常常比封闭的 [ 经典 ] 叙事意义更偏激、更过分的模仿认同的时刻中。" 同上引文。"如果我认为电影或某一特定种类的电影为现代性充满矛盾的体验提供了感知反应场的论述有其价值的话，其他现代化进程中的大都市也应该同样出现着各种可相比拟而又与其不同的白话现代主义，而不仅仅是在西方。" 同上引文。"新兴的、不稳定的、多样共存的大众公共敞开了多重大门。" 同上引文。"其成功是因为它们为多元异质的大众公共提供了一个感知反应场，让他们体验上海这一独特的半殖民地国际性大都市的现代性。" 同上引文。"使这样的公共有所参与，并表达他们特殊的需要和幻想，电影必须既强牢不拔却又同时留有充分的余地以允许不同形式的解读：情节剧式的感伤、鉴赏家式的批评、异性恋的或同志的——从而唤起与鲁迅所责难的观影不同而更主动 [、更多元 ] 的观影行为。换言之，上海电影必须允许观众在散场后能够想象他们自己的生存、表演和社会策略，从而使他们在极端不平等的时空和社会条件的缝隙中的生活富有意义。" 同上引文。"经典时期的美国电影提供了某种类似于最早的全球白话的东西。" [ 美 ] 汉森《大批量生产的感觉：作为白话现代主义的经典电影》，刘宇清、杨静琳译，《电影艺术》2009 年第 5 期。
② [ 美 ] 汉森《堕落女性，冉升明星，新的视野：试论作为白话现代主义的上海无声电影》，包卫红译，《当代电影》2004 年第 1 期。"文化输出与美国的大众文化具有共通的特征，这里的文化不仅指文化产品及其相应形式，还包括首席资本主义大众社会的公民价值观及其社会关系。" [ 美 ] 汉森《大批量生产的感觉：作为白话现代主义的经典电影》，刘宇清、杨静琳译，《电影艺术》2009 年第 5 期。**Miriam Bratu Hansen，*Fallen Women, Rising Stars, New***

以此，如果没有把每一个人都当做目的的"大众社会的公民价值观及其社会关系"垫底，"文化产品及其相应的 [ 对多样性、多元化对象的集体感官 ] 形式"就不可能具有正当性；但如果"大众社会的公民价值观及其社会关系"即现代大众文化–生活公共领域、公共空间及其"自治政府制度"的外在立法条件还没有被确立，当"苦难变成我们日常生活的常态""我们共同的日常生活出现的实践问题或者是出了实践问题的日常生活"①，面对"大规模消费"但也"大规模毁灭的现代性"②，我们如何还能够反复地"赞美"（celebrates）"生活的任何东西"？也许正是因为意识到价值建构性作为非价值描述性有效性"至上的限制条件"，汉森才没有决绝地拒绝现代主义美学价值"确定性"的"批评性""评价性"建构性功能，因而只是"建议更广义地理解美学这一观念，[ 即 ] 美学可视为关乎人类 [ 理性 ] 认知和 [ 感性 ] 感觉的整个领域，属于感知史及不断变化的感知体制 [ 及其公共条件 ] 的一部分"而并没有执意"将现代主义美学这一澡盆中 [ 先验建构性实践自由 ] 的婴儿连同精英现代主义 [ 理论调节性、引导性的先验自由 ] 这盆洗澡水一同泼出"③；而鲍辛格也在他的专著中"仍然保留了'民间文化'这个概念，尽管它 [ '民间文化 ] 与民俗学学科 [ 转向当下'日常生活' ] 的通常对象有所不同，因为民俗学的历史发展使本书 [ 指鲍辛格《技术世界中的民间文化》——笔者注 ] 既不能够也不允许丢开'民间'这个词"④，因为"民间"这个词，尽管饱经意识形态政治风霜的侵染和裹挟，却仍然能够演绎还原出"人

---

*Horizons: Shanghai Silent Film As Vernacular Modernism*，Film Quarterly，2000，No.1，pp. 12.
① 户晓辉《日常生活的苦难与希望》，中国社会科学出版社 2017 年，第 9 页，第 11 页，第 25 页。
② [ 美 ] 汉森《大批量生产的感觉：作为白话现代主义的经典电影》，刘宇清、杨静琳译，《电影艺术》2009 年第 5 期。
③ "与其将现代主义美学这一澡盆中的婴儿连同精英现代主义这盆洗澡水一同泼出，我建议更广义地理解美学这一观念，美学可视为关乎人类认知和感觉的整个领域，属于感知史及不断变化的感知体制的一部分。"[ 美 ] 汉森《堕落女性，冉升明星，新的视野：试论作为白话现代主义的上海无声电影》，包卫红译，《当代电影》2004 年第 1 期。
④ [ 德 ] 鲍辛格《技术世界中的民间文化》，户晓辉译，广西师范大学出版社 2014 年，"导论"，第 15—16 页。

是目的"的"精神－态度"（"公民价值观"）的先验建构性实践自由理念的目的理想即"对于民间文学主体的预设"（2022：23）[1]；而如若没有对"人"的"精神－态度"的先验建构性实践自由理念的目的理想，仅仅凭借"白话"感官形式的单纯描述性，人间善恶"相溷"的苦难和希望就无法通过"人"的"态度"被"区别"地"表现"出来[2]，甚至"白话"本身能否就是摒弃了"谎言"而诚实的

[1]"据说在国际学界，folklore（民间文学）这个词已经不时兴了。前些年，在美国民俗学界发生过一场不大不小的争论：要不要在民间文学研究中废止 folklore 这个概念？其背景是，指称学科本身的 folklore，总让人联想起民间文学－民俗学术曾经服务于集权政治意识形态（如在民间文学－民俗学的发源地德国）的那段并不光彩的学科历史；而指涉学科对象的 folklore，则往往被认为仅仅圈定了民间文学一贯传承但即将消亡的传统体裁和题材文本，因而妨碍了当下语境化实践的非传统学科对象进入学术视野。但是在中国，不仅民间文学－民俗学界仍然坚持'民间文学'的说法（当然也不乏追随世界学术潮流主张弃之不用者）以指称学科本身。而且，学界以外的各界人士，也广泛地认同'民间文学'的用法，如用'网络民间文学'指涉反映民情、民意的网络'生活现象'。以此，能够同时用以指涉'生活现象'并作为'学科对象'并指称学科本身的'民间文学'，至少在中国，还远远没有走到面临被淘汰的地步。同时，我们也不得不思考，除了表面上的命名指涉、指称功能，人们继续使用'民间文学'这个词，或许还因为民间文学自身（学科对象和学科本身）的目的还没有完全实现——用户晓辉的话说就是，民间文学的'内涵还没有被耗尽，它在中国还有未了的心愿'——所以在中国，学界内外都还在坚持民间文学的理论命名和实践命名，以实现民间文学的自身目的。所以，不仅不抛弃、不放弃'民间文学'的说法，而且还延续传统的、经典的'民间文学'的用法，这首先是一个中国问题，当然，也是一个世界问题，只是我们的国外同行们还不曾站在 folklore 自身内在的实践目的，及承载了 folklore 的内在目的的民间文学的纯粹实践形式的立场上，思考 folklore 的客观价值；而只是根据其外在目的，仅仅考虑了其主观的使用价值（曾服务于政治角色认同的实用功能），于是才导致了 folklore 的使用价值（实用功能）即外在目的（主观性内涵）已被耗尽（以此才应该通过更名而服务于文化身份认同等新的外在目的、使用价值或实用功能）的理论认识。其实，无论在中国还是在世界各国，folklore－民间文学的价值（纯粹意义），即其内在目的（客观性内涵）都还远远没有耗尽，也永远不会被耗尽，不仅在中国，民间文学的内在目的，仍然是'现代精神的一个未完成的方案'；而且在世界上，也永远是人类精神的一个'将来完成时'的指南，因为民间文学的内在目的，实在就是人作为自由主体而存在、实践或生活的根本原则或逻辑前提。"吕微《序 接续民间文学的伟大传统——从实践民俗学的内容目的论到形式目的论》，户晓辉《民间文学的自由叙事》，社会科学文献出版社2014年，第2—4页；吕微《民俗学：一门伟大的学科——从学术反思到实践科学的历史与逻辑研究》，中国社会科学出版社2015年，第十二章"接续民间文学的伟大传统——从实践民俗学的内容目的论到形式目的论·户晓辉《民间文学的自由叙事》解读"，第467—469页。

[2]"写人的平常生活，或非人的生活，都很可以供研究之用。这类著作，分量最多，也最重要。因为我们可以因此明白人生实在的情状，与理想生活比较出差异与改善的方法。这一类写非人的生活的文学世间每每误会，与非人的文学相溷，其实却大有分别。……这区别就只在著作的态度不同。……人的文学与非人的文学的区别，便在著作的态度，[还是以]是以人的生活为是呢，非人的生活为是呢这一点上。"周作人《人的文学》，收入《周作人民俗学论集》，吴平、邱明一编，上海文艺出版社1999年，第273页。周作人所谓"态度"，并非

语言－言语形式都成问题①；而唯有对"人"的"精神－态度"的先验建构性实践自由理念的目的理想之情理所衷，我们才有条件通过内在于"白话"言语形式的诚实而负责任的严格普遍性形式，以及从"白话"的严格普遍性形式推导出的"人是目的"质料－内容的先验综合，"尽可能地接近"对"日常生活的苦难与希望"的建构性－描述性直观－认识。② 即，如果只有"白话""活"的描述性感性工具形式而没有"人"的建构性理性目的质料－内容（"精神－态度""公民价值观"），进而如果没有内在于"白话"言语工具形式的严格普遍性形式及其"人是目的"的质料－内容先验综合"可能结果"的道德外在立法条件（胡适"自治政府制度"、汉森"现代大众文化－生活公共领域、公共空间""社会关系"、康德"目的王国"③）——这道德外在立法条件作为"摹本"，依赖于实践的内在严格

---

"五·四"人物"对于对象的一种带有倾向性的比较稳定的心灵状态"；而是胡适说的理性态度："据我个人的观察，新思潮的根本意义只是一种态度。这种新态度可以叫做'评判的态度'……'重新估定一切价值'八个字，便是评判的态度的最好解释。"汪辉《中国现代历史中的"五四"启蒙运动》，《文学评论》1989 年第 3、4 期，收入《汪辉自选集》，广西师范大学出版社 1997 年，第 311 页。

① "1919 年周作人发表于《每周评论》的《思想革命》一文中就明确指出，荒谬的思想同样可以用白话来写，因此，不可对于文字的一面而过于乐观。"李小玲，2007：200。"语言腐败严重破坏了语言的交流功能，导致人类智力退化、道德堕落，以及社会走向的高度不确定和不可预测。"张维迎《向语言腐败开战》，《时代人物》2012 年第 6 期；张维迎《语言腐败导致道德堕落》，《决策与信息》，2013 年第 6 期；"语言腐败……使语言失去了交流功能。"张维迎《语言腐败使体制不可预测》，《当代工人》2015 年第 1 期。

② "表现道德法则的三种方式，从根本上说只是同一法则的多个公式而已，其中任何一种自身都结合着其他两种。然而在它们之中毕竟有一种差别，虽然这差别与其说是客观－实践上的，不如说是主观的，即为的是使理性的理念（按照某种类比）更接近直观，并由此更接近情感。……但是，如果人们同时想给道德法则提供一个入口，那么引导同一个行动历经上述三个［'所有的准则都具有'的普遍形式、先验质料即目的和自律］概念，并由此使它尽可能地接近直观，这是很有用的。"［德］康德《道德形而上学的奠基》，李秋零译，中国人民大学出版社 2013 年，S.436—437，第 74—75 页。因为在经验中，任意的准则总是形式与质料相互一致或相互不一致地自我规定的，即"其中任何一种自身都结合着其他两种"。

③ "实践命令将如下所述：你要这样行动，把不论是你的人格中的人性，还是任何其他人的人格中的人性，任何时候都同时用做目的，而绝不只是用做手段。"［德］康德《道德形而上学奠基》，杨云飞译，邓晓芒校，人民出版社 2013 年，S.428—429，第 62—64 页。"每个理性存在者都服从这条法则：他们中的每一个都应当绝不把自己和所有其他的理性存在者仅仅当做手段，而是在任何时候都同时当做自在的目的本身来对待。"同上引书，S.433，第 70页。"我理解的目的王国，指的是不同的理性存在者通过共同的法则形成的系统联合。"同上引书，S.433，第 69 页。这样，"实践命令"就从道德的内在立法（伦理）推出了道德的外在立法（法律）的"目的王国"概念。道德外在立法（法律）毕竟是道德内在立法（伦理）第

普遍性形式与先验质料－内容综合统一性的道德内在立法"原型"①，而不可能仅仅依赖于实践的外在比较普遍性形式——因为，感官形式不可能单单依赖于自身就保证对多样性文化、多元化生活现象包括"地缘政治位置"关系中"特殊的次文化和本土传统"例如儒家文化－生活传统的直观－认识的正当性，却必然停滞于单一感官形式从痛苦到快乐（或者反过来从快乐到痛苦）的不同感觉程度②而在价值上"无结论、无确定答案"的非理性感受。但是现在，李小玲的新著已经为我们提供了"白话"这一兼具"活"的外在语言、言语、文学工具形式和内在生活责任形式及其"人是目的"的质料－内容先验综合的"理想类型"的"全体性或总体性"（康德）理念——而不是单纯"以物质['表现']形式接近思想的方法"——作为民间文学学科理性地认识并感性地直观"我们"日常文化－生活和文化－生活世界的"学科关键词"甚至"理论前提"，做出了重要的"范式性"尝试。那么，我们通过李小玲的新著，再次走近胡适，就是重温新文学－民间文学运动"让公众给自己启蒙"而"亲民"的"文艺复兴"，就是通过能够"表现人生的白话文学"建构而描述地走进我们每一个人"自己就是民众"③的日常文化－生活和文化－生活世界，以民主之"恕"道，经受地"赞美"尽管苦难却仍然且始终充满希望的人生。

2020 年 11 月 5 日

---

一原则（普遍性形式）的与第二原则（先验质料－内容）的先验综合（目的王国）的建构结果。"通过那个［道德法则的］公式给全部准则一个完整规定，即：所有出于自己的立法的准则，应当与一个可能的目的王国协调一致。这一进程在这里，就如同通过意志的形式的单一性（它的普遍性），质料的（客体的，即目的的）多数性，和其系统的全体性或总体性这些范畴那样进行。"［德］康德《道德形而上学奠基》，杨云飞译，邓晓芒校，人民出版社 2013 年，S.436，第 74—75 页。

① "我们可以称前者为原型世界……后者因为包含作为意志决定根据的第一个世界的理念的可能结果，我们称之为摹本世界。"［德］康德《实践理性批判》，韩水法译，商务印书馆 1999 年，S.43，第 46 页。

② "［情感］所刺激起来的是在欲求能力中表现出来的同一个生命力，并且在这样一种关系中，它与其他决定根据无非只能有程度上的差异而已。"［德］康德《实践理性批判》，韩水法译，商务印书馆 1999 年，S.23，第 21—22 页。

③ 顾颉刚《〈民俗〉发刊辞》，收入《中国民俗学论文选》，王文宝编，中国民间文艺出版社 1986 年，第 15 页。

第三章

民俗学实践研究方法论

# 第一节 "礼俗互动"研究的现代性与后现代性问题意识

## ——张士闪"在田野中理解中国"的现象学理解①
### （2020年9月9日）

我们除了相信自己的"社会"，是完全没有别的选择的。社会总让我们失望，但是我们的希望所唯一依赖的也是社会，而社会能够自己组织起来，按照我们个人意志，经过平等协商而组织起来，我们的希望就真正有了希望。

——高丙中《社会领域的公民互信与组织构成》②

一

收到齐鲁书社惠赠"田野中国·当代民俗学文库"丛书一套六册，我写给主编张士闪先生的信中有一段话：

张士闪先生自述："自20世纪80年代末进入华北乡村田野，我对'官民文化交错'的问题甚感兴趣。"③一晃三十年过去了，张士闪不变初心，但移舟求剑，提法已从"官民交错"变成了"礼俗互动"。这一"变"非同小可。何谓"礼"？何谓"俗"？"礼"者"理"也，天下

① 本节内容是根据笔者 2023 年 6 月 8 日在山东大学儒学高等研究院民俗学研究所与《民俗研究》《节日研究》编辑部举办的"中国艺术民俗学的理论与实践研究"系列讲座第 5 讲的讲座稿修订而成。
② 高丙中《社会领域的公民互信与组织构成——提升合法性和应责力的过程》，社会科学文献出版社 2016 年，第 315 页。
③《礼俗互动：中国社会的文化的整合》，赵世瑜、张士闪主编，齐鲁书社 2019 年，第 360 页。本节引此著或在正文中注明编著者、出版年代、页码。

公理;"俗"者"束"也,自我"约束"。① 以理入俗,以俗复礼,才是人道。所以,"礼俗互动"并非仅仅是中国乡村问题,甚至不仅仅是中国问题,而就是世界问题,是全世界的现代性与后现代性问题。② 现代社会建立在自由、平等等普遍理性人格的基础上,但建立在文化情感人性基础上的传统共同体,就从此不再有效了吗?现在,如果后者首先以前者为目的进而也以前者为手段,而前者不仅以后者为手段同时也以后者为目的;那么,"礼俗互动"的理性(仁)-情感(爱),不正是人类千年的大同梦想吗?有鉴于此,现代性之后,才发展出了一种叫做"后现代性"的学术思潮,现象学地直观传统共同体的"非物质文化遗产",以证成其在后现代的正当性。也正是因此,张士闪才于后现代性现象学哲学与方法(例如梅洛-庞蒂《知觉现象学》)心与神会。于是,新诸子时代中国"乡村建设运动"以来的现象学中国农村研究,方才一脉相承地凸显出其以现代性为目的条件的后现代性世界意义。

对于我说的"'礼'者'理'也天下公理",张士闪当然不会反对,而且会进一步强调"俗"也是"理"(张士闪,2019:16-17),张士闪引钱穆"中国的士人是相当具有世界性的。……所谓乡俗、风情和方言只代表某一地区。要理解这一区别必须理解'礼'这个概念"(张士闪,2019:262)时说过,"礼""与一般意义上的'中国原理'相联系"(赵世瑜、张士闪,2019:5)即"'本应如此'的生活秩序感与'不证证明'的绝对价值"(赵世瑜、张士闪,2019:158)以及"民俗文化必定包含着人同此心的全人类性"(张士闪,2019:217)的"天下范"(赵世瑜、张士闪,2019:180)——尽管"这种全人类性不是指文化内涵与形式上

① "中国的社会是被'礼仪'或者说'俗'所约束的一个社会。"赵世瑜、张士闪,2019:361。

② "民间生活中'俗的存在',与国家政治中'礼的运用',是一种普遍存在的人类社会现象,内在于迄今已知的任何一种社会中……"赵世瑜、张士闪,2019:361。"'礼''俗'都代表了自古及今中国社会的某种普遍现象与社会思想的一般特征。"张士闪《礼与俗:在田野中理解中国》,齐鲁书社2019年,第1页。本节引此著或在正文中注明编著者、出版年代、页码。

的趋同，而是指在现实境遇中主动建构自身生活世界的积极主观能动性方面的相通"（张士闪，2019：217）——那么，张士闪作为一名"长期行走在田野中"（赵世瑜、张士闪，2019：5；张士闪，2019：2）且一门心思对中国民间社会日常生活世界"表一了解之同情"（陈寅恪）的现象学民俗学家，自然不会反对我说的"理者天下公理"了；因为"理"作为"礼俗互动"的先验综合条件，也是普通人主观间普遍地"自我表达"（赵世瑜、张士闪，2019：6）"自我表述"（张士闪，2019：2）的"民众感受"（赵世瑜、张士闪，2019：6）即"人民共同的想象"（萧凤霞）（赵世瑜、张士闪，2019：11）。但是面对"礼俗互动"体量庞大的课题成果，我却一时难以"找到一条 [ 单纯的 ] 线索来理解"（张士闪，2019：4）张士闪及其研究团队的田野路径，即便我跟随张士闪行走的脚步走进了他们的"田野中国"。

> "田野"究竟意味着什么呢？这是我一直萦绕于心的问题。我所理解的"田野"，就是我等众生于其中生老病死的日常生活世界……何谓"下田野"？即学者走进民众的日常生活（赵世瑜、张士闪，2019：1、5）①……聊以自慰的是，这些年我一直未曾离开田野，田野 [ 即"日常生活世界"] 是我看待世界的方式，也是我思考的支点，我愿意将我的研究称作"田野研究"。（张士闪，2019：1）

我有保留地同情张士闪关于"国家政治与民间社会之间一直是互动共生关系，这是西方政治传统所一直忽视的命题"（张士闪，2019：21）的现代性批判，但无保留地同意张士闪关于"在现代西方文化研究转向中，日常生活被提升到空前高度予以关注"（赵世瑜、张士闪，2019：2）的后现代性评判。以此，"日常生活"可以成为我理解张士闪田野路径的有效线索，因为"日常生活"本是张士闪本人"看待世界的方式"和"思考的支点"。

---

① "在田野中理解中国"，张士闪也唤作"在日常生活中理解中国"，见"田野中国·当代民俗学文库"丛书封底，齐鲁书社 2019 年。

　　"理"是关乎现实公平的生活常识，与"俗"相联系；"礼"则是来
自上层集团的处世法则，并在悠久历史中积累了巨大的权威性，代表
着更高层次的"理"。……在社会实践层面，"礼"所代表的国家制度的
规约性，与"俗"所代表的民间生活的自发性之间存在很大张力。……
"礼"是指制度化的国家礼仪，"俗"是指民众自然生成的生活习惯……
"礼"本是先秦时期上层社会的建构，"俗"则是各地民众长期相处的生
活习惯。……前者偏重于国家政治局面的制度规定，后者偏重于民众社
会层面的自发性传承。（张士闪，2019：2-15）

　　但我已经说了，张士闪最初行走的田野路径不是"礼－俗"（伦理准则－生
活模式）——"日常生活模式""民俗生活方式"[1]——关系的问题意识，而是"官－
民"（国家统治－社会自治）关系的问题意识。但是，从"官－民"（并不准确的
"国家－社会"）关系的问题意识到"礼－俗"（正确的"伦理－生活"）关系的
问题意识转换，与世界性（无论西方世界还是中国都不能例外）的现代性－后现
代性转型命题——对学术来说，就是从现代性问题意识到后现代性问题意识的转
向——密切相关；刘铁梁认识到张士闪问题意识中存在的上述"国家－社会"和
"伦理－生活"的两个层面（赵世瑜、张士闪，2019：355-359）。[2]

　　张士闪对"礼俗互动"的意思给予了一个基本的说明，认为这是对
中国历史上国家政治与民间自治二者联合起来运作过程的一种概括[3]，

---

[1] 张兴宇《梅花拳与乡村自治传统：冀南北杨村考察》，齐鲁书社 2019 年，第 10 页，第
280 页。本节引此著或在正文中注明编著者、出版年代、页码。
[2] 赵世瑜认识到"官－民"关系并非直接就是"礼－俗"关系："像包括礼与俗在内的这类
范畴，是不是就可以和上与下那么严格地画上等号，我觉得这是一个可以商量的问题。"赵
世瑜、张士闪，2019：347。"实际上，对所谓的'近现代'究竟具备什么样的表征，应该持
一种怀疑的或批判的态度，不是把所谓近代的或现代的所努力倡导的一种［国家－社会的］
价值标准，放到'礼'或'俗'的［伦理－生活的价值标准］讨论里面就可以了。"同上引
书，347。
[3] "国家政治与民间自治。"张士闪，2019：8、14。"民间'微政治'。"同上引书，8。"国家

指出这也是"中化文明内部的一种自我制动、制衡机制，是理解中国传统社会运行与近代变迁的可能路径，可能是中国有别于西方的本质性所在"。……礼俗互动，这是将中国社会与西方社会进行比较的视野下所提出的一个问题。……是在对中、西社会进行类型比较中而得出的一个认识。……主要是在中国社会与西方社会的比较中，从政治制度和权力文化的类型来说的。……我更愿意指出，中国是一个由礼乐制度上下贯通起来的国家与社会。……民间的礼俗作为基层社会中用于维持生活秩序的政治文化传统，对于国家礼治目标的实现具有决定性作用。……有力地维系了由国家统一管辖下的地方社会的生活秩序。（赵世瑜、张士闪，2019：355—357）

刘铁梁认为，"礼俗互动"（"伦理–生活"互动）是在"官民交错"（"国家–社会"交错）的问题意识基础上"提出的一个问题"，并引费孝通《乡土中国》为其使用"社会"概念同时指称"中国社会与西方社会"作正当性证明。

费孝通先生在《乡土中国》一书中将德国社会学家滕尼斯的"共同体"与"社会"这一对概念，转译成中文的"礼俗社会"与"法理社会"，指出中国的乡土社会就是属于礼俗社会。费老是想说明中国 [ 的古代文明 ] 与西方的近代文明社会，也就是工业文明社会，有一个很大的不同，中国的乡土社会在维持秩序时所用的力量和所依据的规范，是礼俗（礼），而不是法理。也可以说中国 [ 古代文明 ] 的乡土社会是"礼治社会"，而西方 [ 近代文明的工业 ] 社会则是"法治社会"。（赵世瑜、张士闪，2019：356）

---

政治与民间 '微观政治'。"同上引书，16。"'微政治'。"同上引书，16。"国家政治与民间 '微政治'。"同上引书，21。"国家政治与民间社会。"同上引书，21。"民间生活与国家政治。"同上引书，35。"国家政治与民间自治。"同上引书，36。

这里暂不说排除了时间条件下将"中国 [ 古代文明 ]"与"西方近代文明"作同时性"类型比较"是否恰当——恰当的比较还是如刘铁梁，他把中国古代社会与西方古代社会做同时性的"类型比较"："中国是一个'有礼乐制度的社会，而西方大致是'有教会的社会'。"（赵世瑜、张士闪，2019 年：357 ）——考《乡土中国》原文，费老是这样说的：

> 在社会学里，我们常分出两种性质不同的社会，一种并没有具体目的，只是因为在一起 [ 自然地 ] 生长而发生的社会，一种是为了要完成一件任务 [ 的目的 ] 而结合的社会。用 Tönnies[ 滕尼斯 ] 的话说：前者是 Gemeinschaft[community/ 共同体 ]，后者是 Gesellschaft[society/ 社会 ]；用 Durkheim[ 涂尔干 ] 的话说：前者是"有机的团结"，后者是"机械的团结"。用我们自己的话说，前者是礼俗社会，后者是法理社会。①

费老"用涂尔干的话说"，尽管不符合涂尔干的本意——按照涂尔干的本意：前现代共同体因血缘关系而形成的团结是"机械团结"而现代社会因分工关系而形成团结才是"有机团结"②——但却符合滕尼斯的原意。③滕尼斯《共同体与社会》"开篇的'主题'中就点明"：

---

① 费孝通《乡土社会》，三联书店 1985 年，第 5 页。

② "机械团结，或相似性所致的团结""分工形成的团结，或有机团结"。[ 法 ] 涂尔干《社会分工论》，渠东译，三联书店 2000 年，第 33 页，第 73 页。

③ "涂尔干关于社会团结的两个类型的概念一直以来都广为学界所沿用，同时也不断遭受后人的批评。其中一个主要的问题就是他对'机械'和'有机'的词语选用。他论证传统时代 [ 的机械团结 ] 与现代的社会 [ 有机 ] 团结是不同的类型的观点被广泛接受，但是他所用的词语造成了很多的困惑：在传统社会，人们基本生活在小社区里，人与人的联系是全面的包括信仰、道德、习俗、情感、记忆、经济各个方面的，更像是'有机'这个词所包含的整体关系的性质；在现代陌生社会，人与人的联系更多的是单面的、制度的，因而是僵硬的、冷冰冰的，这种关系更像是'机械的'。并且，按照这种语感，'机械'是人为的，由外力所驱使的，而前现代社会被倾向于认为是自然状态，人们基于内在的同质性而自动合作，我们说它是'有机的'才顺畅。"高丙中《社团合作与中国公民社会的有机团结》，《中国社会科学》2006 年第 3 期，收入高丙中《日常生活的文化与政治——见证公民性的成长》，社会科学文献出版社 2012 年，第 249—250 页。

共同体的本质被看作"实在的和有机的生活"（reales und organisches Leben），"社会"的概念则被看作"观念的和机械的构造"（ideelle und mechanische Bildung）……共同体本身应该被理解为一种活生生的有机体（ein lebendiger Organismus），而社会应该被理解为一种机械的聚合和人工制品（ein mechanisches Aggregat und Artefakt）。[①]

这样，综合滕尼斯、涂尔干和费孝通三人的说法：前"一种并没有具体目的，只是因为在一起[自然地]生长而发生的社会"是"有机团结"的"礼俗-礼治共同体"，后"一种是为了要完成一件[自由权利的目的-]任务而结合的社会"是"机械团结"的"法理-法治社会"。但是，如果按照费老自己的说法，"维持[礼俗-礼治共同体的]礼这种规范的是传统"[②]——刘铁梁转述为"在维持秩序时所用的力量和所依据的规范"——那么"一种并没有具体目的，只是因为在一起[自然地]生长而发生的社会"就不能称为"社会"，尽管人们已约定俗成地把"两种性质不同的社会"都说成是"社会"；而严格说来，前现代"社会"只能称为"共同体"或"自然共同体""传统共同体"即道德-伦理政治共同体，或"礼俗互动"的生活共同体。

"社会"可以有两种用法，其一是广义的用法"社会（A）"，包括传统的、自然的"礼俗-礼治共同体"和现代的、人为的"法理-法治社会"；其二是狭义的用法"社会（B）"，专指从"礼俗-礼治共同体"中"生长"出来而成为"法理-法治社会"中坚力量的资产阶级或中产阶级"市民社会""公民社会"（Burgerliche Gesellschaft/civil society）。而一旦从共同体中生长出"社会（B）"来，前现代共同体就转型为现代的"有社会（B）的国家"或"有社会（B）的

---

① 引自户晓辉 2000 年 9 月 3 日给笔者的来信。参见 [ 德 ] 滕尼斯《共同体与社会》，林荣远译，商务印书馆 1999 年，"主题"，第 52 页以下。本文写作过程中，笔者多次请益于户晓辉，谨致谢忱！
② 费孝通《乡土社会》，三联书店 1985 年，第 50 页。

社会（A）"。而前现代共同体也就相应地被称为"没有社会（B）的国家"或"没有社会（B）的社会（A）"。以此，"国家－社会"的命题反映了共同体→社会现代性转型的现代性问题，而"国家－社会"的现代性问题意识，是从共同体（没有社会的社会）向社会（有社会的社会）的现代性转型中生长出来的现代性学术命题。我正是在此意义上认为，"国家－社会"的现代性命题及问题意识，不能够同时性地对应于"官－民""礼－俗"的前现代性命题及问题意识。因为"国家与社会的分离"是现代性的先验综合命题，而无论"官－民"（"统治－自治"）还是"礼俗"（"伦理－生活"）"上下贯通起来"（刘铁梁）的"一体化""连续体"① 都是前现代性的同一性分析命题。

共同体→社会的现代性转型，即前现代"没有社会（B）的国家"因内部"市民社会""公民社会"的生长、成长而转型为现代"有社会（B）的国家"，也制造了相应的问题：在西方世界，就是对前现代共同体的遮蔽与遗忘；而在中国，则是对前现代共同体的批判和改造。之所以会造成这样的转型差距，乃是因为西方世界的现代性转型是与"市民社会""公民社会"的生长、成长同步的；而中国现代性起步时，在前现代共同体中还没有自然地生长、成长出"市民社会""公民社会"来，或者只能发现一个勉强可以被称为"社会"的"民间"，即前现代共同体中的"地方"或"基层"，也就是"没有社会（B）的国家"的"官－民""礼－俗""一体化""连续体"（同一性的分析）之一端，而这一端才"代表着中国'社会'的原意"（张兴宇，2019：21）。

---

① "国家政治的礼俗一体化。"张士闪，2019：20。"传统时代城乡一体化""传统时代原本城乡一体化"。同上引书，208、219。"'东方专制主义'……'家国一体化'传统。"赵世瑜、张士闪，2019：4。"民众以贴近国家正统为正途""以贴近国家礼仪正统自命"。同上引书，5。"'国－家'之间的同构关系""'国－家'之间本有的同构关系""特别值得注意的是梅花拳文场的'家''国'理念，以及由此推行的'官''民'关系"。同上引书，162。"礼与俗就在很大程度上被紧密地结合起来，越来越密不可分。"同上引书，349。"礼与俗在很大程度上是合一的""或者就干脆看成是同一个东西"。同上引书，350。"中国是一个由礼乐制度上下贯通起来的国家与社会。"同上引书，356。"'俗'和'礼'之间是没有鸿沟的。实际上，中国的社会是被'礼仪'或者说'俗'所约束的一个社会。"同上引书，第361页。"村落自治和国家官治的分野，事实上最终结果还是殊途共轨。'民治'实质上乃'官治'的延伸和变异。"张兴宇，2019：24。"传统中国作为一个复杂社会系统，在民间生活与国家政治之间有着复杂而深厚的同生共存关系。"同上引书，197。

　　"五四"以来，对于本土的民间社会是否有能力充分地表达"人"的现代主题是有过争论的，争论的起因在于中国民间社会性质的模糊性。在汉语的常识语汇中，"民间（非官方）"一词始终需要其否定的方面"官方"来定义①，这说明民间不是一个具有自身统一规定的实体，而是一个与官方保持既分既合关系的价值－社会连续体，因此民间才无法自我定义，也就是说民间始终没有生成为与国家真正分离的社会（称民间为"社会"只是临时性的，或者说将民间认同于现代西方意义的社会只是"五四"以来的知识错觉）。现代性社会的实质在于人的本质是由人自身（自我）自由且自律地定义而不是由神（或官方）来他律地定义的。现代以来中国民间的本质仍然需要官方从其否定方面加以定义，说明民间仍然或者只能作为传统文化秩序－价值结构中的反文化、反价值力量而很难作为具有现代性质的新文化、新价值力量而存在。②

　　现代性起步之初，中国"民间"的两可性质，让中国现代化的主张者们——"主要是由部分接受了西方思想的现代知识分子"（赵世瑜、张士闪，2019：351）——对本土传统的"社会"即"民间"陷入或肯定或否定的自相矛盾态度，于是就使用看似客观的理论原则来代替实践原则以处理现代性过程中主观间普遍的实践目的－"任务"③，从而造成了"民俗之剑注定要有一个变钝的过程"（张士

---

① "何谓'俗文学'？'俗文学'就是民间的文学，也就是大众的文学。换一句话说，所谓俗文学就是不登大雅之堂，不为士大夫所重视，而流行于民间，成为大众所嗜好，所喜悦的东西。"郑振铎《中国俗文学史》，商务印书馆 1938 年，作家出版社 1954 年重印，上册，第 1 页。

② 吕微《民俗学：一门伟大的学科——从学术反思到实践科学的历史与逻辑研究》，中国社会科学出版社 2015 年，第 53—54 页。

③ "20 世纪初以后的产物，出于一种近代科学的语境。"赵世瑜、张士闪，2019：3—4。用客观的科学理论代替主观间客观性实践法则的"中国民俗学原罪"说，参见吕微《民俗学：一门伟大的学科——从学术反思到实践科学的历史与逻辑研究》，中国社会科学出版社 2015年，第九章"民俗复兴与公民社会相联结的可能性"，第 302 页。

闪，2019 年：208）（赵世瑜、张士闪，2019：347、351）①，尽管这一"变钝"的过程原本是"为了要完成一件 [ 自由权利的目的 –] 任务"，即"很多现代学术的建立，都是出于现代民族国家建立 [ '有社会（B）的国家' ] 的需要，不消说，最明显的一种就是民俗学"（赵世瑜、张士闪，2019：359）。

[ 现代民俗学 ] 对传统文化采取了一种总体性的批评态度，并以偏激的意识形态、强大的国家政治力量，试图改造人民，改造日常生活，革传统文化之命，由此带来了严重的后果。（张士闪，2019 年：263）②"移风易俗"的话语在传统时代一直是有的，但将"陋俗""封建迷信"等话语那么集中地加在传统上，是近代以后才有的现象。当现代性被凸显出来以后，人们都以这样的价值体系去评判原则是非问题，这就把现代性本身推向了它的反面，推到现代性起初的时候它所反对的那

①"传统社会中的'礼''俗'二分并不是简单地与'官''民'二分叠合，但'新式精英'们基于'启蒙'之需，将文化范畴的'礼''俗'与社会身份的'官''民'直接对位，开启现代意义上的'礼''俗'对立或对抗之先河。"张士闪，2019:6。"一批知识精英致力于'民众在学术史上光荣的抬头'，'礼俗社会'的传统框架受到空前的冲击。……以此为旨归，就必然要将当下社会和文化理解成'礼''俗'分立甚且对立的状态。"同上引书，8、5。"这一场'眼光向下的革命'，并非要在乡土社会寻找田园牧歌，而意在寻找一种'反抗精神'，即革命性。纵观整个 20 世纪，中国文化精英经过艰难的运作，有意地割舍了民俗文化更为丰富、多元的内涵与意义，完成了对中国的现代性和革命性需求的配合。"同上引书，209。"到了 20 世纪初，以'俗'作为主要研究对象特别是以'民俗'作为主要研究对象的中国民俗学，作为一门现代学科兴起之后，就更加强调了礼与俗的二元对立性，其背后所依托的意识形态就是'五四新文化运动'。在民主思潮之下，民俗学的学科存在及其发展，无疑是将原来的礼与俗之间的对立关系更加强化了。也就是说，礼俗分立是一个历史的产物，是一些特定的学者在那样一个特定的时代所做的工作。今天我们脑海里所存在的一种礼与俗的观念，背后有一个层累的历史过程。那么，是不是在中国几千年来的社会发展过程中，就像'五四'人物所描述的那样，当下就应该用'老百姓'的'俗'来代替、改变、改造传统社会的所谓'礼'，用一种新的代表广大人民群众根本利益的社会秩序来取代甚至改造原来的士大夫所制定的、菅建的那样一种社会秩序？我们应该将这视作是一种有意与传统社会有关亦有别的'发明'，这本身就是一个历史过程。"赵世瑜、张士闪，2019：347。"把经过遴选后的民间文艺定位于一种'礼'，或者改造为'礼'，就发动、组织、教育群众的功能需要来说，配合了当时民族国家独立和社会变革过程，是相当成功的。"同上引书，351。
②"民俗文化基本上处于被改造的地位。"张士闪《温情的钝剑：民俗文化在当代新农村建设中的意义》，张士闪，2019：208。"从而 [ 民俗 ] 成为被改造的对象，'民俗'一词被赋予了明显的贬义色彩。"同上引书，209。"民俗文化受到前所未有的重创。"同上引书，209。

种方式去，以它的是非为是非，以它的好恶为好恶。（赵世瑜、张士闪，
2019：347）……因此又生出一些新的问题。（赵世瑜、张士闪，2019：
351）

　　张士闪所谓"由此带来了严重的后果"，赵世瑜所谓"这就把现代性本身推
向了它的反面，推到现代性起初的时候它所反对的那种方式去"，都是指的：或
者用不够格的"民间社会"勉强顶替"市民社会""公民社会"，或者批判"民间
社会"……因而这两种做法，使得在现代中国，始终未达成现代化的预期结果，
即完成"有社会（B）的国家"即现代社会的现代性建构目的－"任务"；相反却
延续了现代性"所反对的那种方式"即"没有社会（B）的国家"的前现代共同
体，即：经济上和政治上均"上下贯通"的"全民－集体所有制""民主－集中
制"，亦即伦理治国、道德治国（人人当尧舜、全民学雷锋）——我们甚至可以
称之为"强制的礼俗互动"——的"现代"中国国家体制。

　　　　这一事实似乎包含着一种矛盾，我们可以通俗地叫做"强制的牌"。
　　人们对语言说："您选择罢！"但是随即加上一句："您必须选择这个符
　　号，不能选择别的。"[①]

　　而对"没有社会的国家"的"现代"国家体制的认识，仍然是以建构"有社
会（B）的国家"的现代性命题和问题意识为参照条件的；而据此参照条件，本
土传统的"官－民"（"统治－自治"）"礼－俗"（"伦理－生活"）"一体化""连
续体"的前现代性同一性分析命题，就更不能与无论中、西的"国家－社会"的
现代性先验综合命题相提并论甚至做同时性（只能做历时性）"类型比较"了。

---

① [瑞士]索绪尔《普通语言学教程》，高名凯译，岑麒祥等校，商务印书馆1980年，第
107页。

二

事实上，类似甚至相同的事实也出现在前现代性→现代性转型过程中的西方世界，即上文说过的现代社会对前现代共同体的"遮蔽与遗忘"——尽管西方世界的事实不如中国"批判与改造"的事实那样极端——从而导致了现代"法理 – 理治社会"因"讲究绝对法制"（张士闪，2019 年：21）的理性却忽略了情感习俗而可能（仅仅是"可能"）造成人情冷漠乃至道德失范甚至社会失序。但是，按照胡塞尔现象学时间观，"过去"的时间并不会完全消失，而是"下沉"（刘铁梁）（赵世瑜、张士闪，2019：第 357）在"现在"时间的底层。

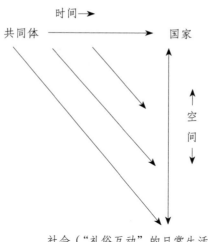

共同体与国家 – 社会（日常生活）关系形式的现象学时空图式

于是，用胡塞尔现象学时间观观察现代性过程，我们可以说"有社会（B）的国家"取代"没有社会（B）的国家"之后——无论这取代是"遮蔽与遗忘"还是"批判和改造"——后者都没有彻底消失，而是洗尽"官民交错"（"国家 – 社会"）"政治 – '微政治'"经验性内容的凡尘，而还原为"并没有具体目的"的"礼俗互动"（"伦理 – 生活"）"生活形式"（维特根斯坦）（赵世瑜、张士闪，

2019：2）①的纯粹交互性空洞意向形式——康德称之为"普遍合法则性"或"合普遍法则性"即纯粹形式的道德法则——的自由意志（任意选择）剩余物，即"自我－授权"（柯林伍德）（赵世瑜、张士闪，2019：1）"自行其是"（黄遵宪）（赵世瑜、张士闪，2019：3）地"主动建构自身生活世界的积极主观能动性"，"下沉"在"有社会（B）的国家"的"社会（B）"底层，并构成了其奠基性尊严"沉甸甸的神圣感"（赵世瑜、张士闪，2019：1）。用张士闪的话说就是"生活是文化之根"的"根性"（张士闪，2019年：16、261），是"人类文化的起点与载体"（张士闪，2019：7），只是"久而久之，人们甚至会淡忘'生活是文化之根'的常识"（赵世瑜、张士闪，2019：7）。

在西方世界的现代性过程中，古典自由主义思想家贡斯当很早就主张要保卫奠基于日常生活世界之上的私人生活领域——所以我才有保留地同情张士闪关于国家与社会之间的互动"是西方政治传统所一直忽视的命题"的现代性批判——贡斯当认为，古代人（特指古代雅典人）只有公共政治领域的自由，而没有私人生活领域的自由 。②将私人生活领域分离、独立于公共政治领域以建构"有社会（B）的国家"，是世界各国也包括中国在内的现代性过程的目的－"任务"的共同理想。

二次大战以后，以赛亚·伯林把贡斯当私人生活领域、公共政治领域的命题与康德"消极自由"（"外在自由"）"积极自由"（"内在自由"）③的概念进一步联结为"免于……"和"去做……"的纯粹形式逻辑命题④，更赋予了贡斯当命题以

---

①"生活形式"是维特根斯坦使用的一个奠基性概念，简单地说，"生活形式"就是："我们学会在其中工作的参照框架。""生活形式"是共同体的先天共识，是我们的日常生活的不可置疑的基础，当我们为思考和交谈中所使用的概念寻找更深层或更基本的合理根据时，维特根斯坦总是求助于这个概念，"如果我对正当性的证明已经走到尽头，那么我就会碰到坚硬的岩石墙壁，我的铁锹就挖不动了"（维特根斯坦《哲学研究》第217条）。Grayling《维特根斯坦与哲学》，张金言译，译林出版社2008年，第95—96页。
②[法]贡斯当《古代人的自由与现代人的自由之比较》，李强译，《公共论丛·自由与社群》1997年第4辑，三联书店1998年，第309页。
③[德]康德《道德形而上学》，张荣、李秋零译，《康德著作全集》第6卷，中国人民大学出版社2007年，S.380，第393页。
④[英]伯林《两种自由概念》，陈晓林译，《公共论丛·市场逻辑与国家观念》1995年第1辑，三联书店1995年；[英]伯林《两种自由概念》，[英]伯林《自由》，收入[英]伯林《自

更普泛（包括现代性与后现代性过程）的指涉功能。这样，综合康德、贡斯当、涂尔干、费孝通与伯林，我们可以说，古代人的自由是"一种并没有具体目的，只是因为在一起 [ 自然地 ] 生长而发生"的"有机团结""礼俗 – 礼治共同体"的公共政治领域"去做……"的"积极自由"；而现代人的自由除了公共政治领域"去做……"的"积极自由"，还有"一种为了要完成一件 [ 自由权利的目的 –] 任务而结合"的"法理 – 法治社会"中分离、独立于公共政治领域的私人生活领域 – 日常生活世界"免于……"的"消极自由"。联系张士闪的命题，可以表述为："礼俗互动"从传统共同体公共政治领域"去做……"的积极自由，"下沉"在现代社会消极自由"免于……"的私人生活领域中。

我之所以视贡斯当"私人生活领域"与胡塞尔"日常生活世界"为"家族相似"（维特根斯坦）的概念或命题，乃是因于二者均重合于平常人的普通生活或普通人的平常生活；而二者之间的差异仅仅在于：相对于私人生活领域的公共政治领域，日常生活世界则相对于普遍的科学世界。但由于公共政治领域和普遍的科学世界又不过是"理性"的同一表象在不同领域中的不同面象——二者的结合如"技术官僚""科层制度"——所以，我有理由把私人生活领域与日常生活世界相联结。

对贡斯当来说，古代人的自由之所以比不上现代人的自由更自由，端在于在古代人那里，只有公共政治领域"去做……"的"积极自由"，因而只是伦理责任 – 义务能力即从统治权力（外部）分得的自治权力——所以"民间"无法自我定义——反过来说，现代人的自由之所以比古代人的自由更自由，端在于在现代人这里，实现了私人生活领域对公共政治领域也就是"社会（B）"对"社会（A）"即社会对国家的分离与独立，因而有了私人生活领域"免于……"的"消极自由"，因而是从自身（内部）赢得的自治权利。对贡斯当而言，私人生活领域分离、独立于公共政治领域而"免于……"的"消极自由"命题，就是"为了要完成一件 [ 自由权利的目的 –] 任务"的现代性问题意识；但对胡塞尔来说，日

---

由论》，胡传胜译，译林出版社 2011 年。

常生活世界则是伴随着普遍科学世界对日常生活世界的遮蔽、遗忘——在贡斯当看来，就是私人生活领域被重新回收于公共政治领域——才凸显出来的后现代性问题意识。"如果我们没有科学 [ 理论世界，] 我们就不需要 [ '日常生活世界' ] 这个概念"（阿隆·古尔维奇）①；同样，如果不是因为公共政治领域的"普遍立法"（康德），造成了私人生活领域与自身的分离与独立，我们就谈不上普遍科学世界对日常生活世界的遮蔽与遗忘。与贡斯当认为私人生活领域是每一个人"免于……"的"消极自由"的真正栖息地一样；"对于胡塞尔来说，真正的人性的东西就是自由"②，而日常生活世界是每一个人的"人性……自由"即"主动建构自身生活世界的积极主观能动性"（张士闪）的最后保留地。

合并考虑胡塞尔与贡斯当，日常生活世界是现代社会取代前现代共同体之后，潜藏于"有社会（B）的国家"的私人生活领域即"社会（B）"底层的奠基性匿名领域。但是，"一种并没有具体目的，只是因为在一起 [ 自然地 ] 生长而发生"的前现代共同体"有机团结"地"去做……"的"积极自由"伦理责任 - 义务能力暨自治权力，现在却改换门庭地成为"一种是为了要完成一件 [ 自由权利的目的 –] 任务而结合"的现代社会私人生活领域"免于……"的"消极自由"权利的奠基性条件，这件旧时王谢堂前燕飞入寻常百姓家的现象学时间性事实本身，无论怎样令人费解，都毕竟直观地证明了：如果没有"有社会（B）的国家"的现代社会，没有因公共政治领域的"普遍立法"而分离于自身的私人生活领域的独立性，就断不会有前现代共同体的"生活形式"以"日常生活世界"命题和问题意识的名义正当地浮出"社会（B）"水面的现象学事实。由此我们也就可以理解，何以张士闪"自 20 世纪 80 年代末"以"官民交错"（不很准确的"国家 – 社会"）地建构"有社会（B）的国家"的现代性命题及其问题意识进入田野，却能够正当地转换为"礼俗互动"（正确的"伦理 – 生活"）的"日常生活世

---

① 转引自户晓辉《返回爱与自由的生活世界——纯粹民间文学关键词的哲学阐释》，江苏人民出版社 2010 年，第 290 页。
② [ 德 ] 胡塞尔《生活世界的现象学》，[ 德 ] 黑尔德编，倪梁康、张廷国译，上海译文出版社 2002 年，"导言"（黑尔德），第 40 页。

界"的后现代性命题及其问题意识。张士闪的这一转变，一方面体现了他在理论上敏锐的"实践感"（布迪厄）；另一方面也因为，前者已成功地为后者即后现代性主观"体验"（赵世瑜、张士闪，2019：358）亦即张士闪所云"看待世界的方式""思考的支点"奠定了现代性的客观语境的基础。

20世纪80年代以后，由于"国家也释放了更大的社会文化空间"（李松）（赵世瑜、张士闪，2019：352），导致"中国改革开放近40年的一项成果是'社会[B]'的（重新）出现"①即"中国当下改革进程中社会[B]日益获致其相对独立于国家的自主性"②——这正是20世纪初中国革命"为了要完成一件[自由权利的目的-]任务"却"未完成的现代性方案"（哈贝马斯）——即因公共政治领域的"普遍立法"而使得私人生活领域即"社会（B）"拥有了"免于……"（"不被干预"③）的"消极自由"权利，于是以"日常生活世界"的命题及其问题意识的

---

① 高丙中《社会领域的公民互信与组织构成——提升合法性和应责力的过程》，社会科学文献出版社2016年，第26页。"我们十分肯定地说，经过近40年改革开放条件下的不懈创新，中国已经形成了一个清晰可辨的社会[B]领域。"同上引书，第2页。

② 邓正来《〈国家与市民社会——一种社会理论的研究路径〉导论》，邓正来、[英]亚历山大编，中央编译出版社1999年。邓正来《市民社会理论的研究——序〈国家与社会〉》，邓正来《国家与社会——中国市民社会研究》，四川人民出版社1997年，第159页。"在中国80年代的改革进程中，随着中国1978年以前的城乡二元结构向变迁着的城乡结构与新生的主要发生在城市中的体制内与体制外的结构并存的双二元结构的转换，中国的一些学者就已经提出了种种市民社会式的观点。"《国家与社会》张静主编，浙江人民出版社1997年；邓正来《国家与社会——中国市民社会研究》，四川人民出版社1997年，第107页。"中国论者并不是在国家高度统合社会的时期，而是在国家变更其职能而逐渐地撤出其不应干预的社会经济领域或者说以一些新形式与社会经济领域发生互动以及社会体制从基础社会撤出这样一个社会转型时期展开市民社会研究的。指出这一点的目的是要说明中国学者的市民社会观，从知识社会学的角度看，很难摆脱中国现代化实际发展境况的规定性……"同上引书，第110页。另参见梁治平《"民间""民间社会"和CIVIL SOCIETY——CIVIL SOCIETY概念再检讨》，《云南大学学报》（社会科学版）2003年第1期。

③ "回顾中国民俗学的历史，展望它的发展前景，我们不能不联系到普通中国人的日常生活在过去150多年不断被批判、反复被否定的遭遇。普通人的日常生活和日常心理都被持续的冲击扭曲得颠三倒四。一种可以心安理得、泰然处之的日常生活，或者至少不受外部力量强制介入的日常生活，对于平民百姓来说，多少年来就是可遇而不可求的了。普通人的日常生活在近代以来不再具有不受干预的正当性，这在过去是民俗学参与制造的后果，这在现在也是民俗学要参与解决的问题。当我们的社会发展到人民可以奢望一种自在、自得、自由的日常生活的时候，原来可以轻易被牺牲掉的日常生活领域正在成为重点关注的对象。"高丙中《日常生活的现代与后现代遭遇：中国民俗学发展的机遇与路向》，高丙中《日常生活的文化与政治——见证公民性的成长》，社会科学文献出版社2012年，第42页。

名义，从"社会（B）"的底层打捞出已"下沉"为"礼俗互动"（"伦理 - 生活"）"生活形式"的纯粹交互性意向形式的前现代共同体"有机团结"地"去做……"的"积极自由"能力——但不再是统治权力他律性自治分权的现实性，而就是自由权利自律性"自治权"的可能性——就不再像 20 世纪初"接受了西方思想的现代知识分子"那样只能纸上谈兵了。但仍然需要注意的是，即便在已经完成了"现代性方案"即"有社会（B）的国家"的自由权利目的 - "任务"的"社会（B）"条件下，国家吞噬"社会（B）"、公共政治领域侵蚀私人生活领域、普遍科学世界遮蔽、遗忘日常生活世界的现实可能性，仍然像达摩克利斯剑一样随时随地悬在现代人的头顶，威胁着现代人的自由。以此，我们才好理解，为什么胡塞尔念念不忘"欧洲科学的 [ 理性 ] 危机"，为什么"晚近的布迪厄则以人的'习性'为关键性概念，通过对其历史养成与现实运用的观察，试图理解日常生活实践"（赵世瑜、张士闪，2019：2）。这不仅是因为"在他 [ 布迪厄 ] 看来，'习性'研究的特别意义，在于它代表了一种相对稳定的社会行为规范，在日常生活与社会运行之间提供了一条便捷的阐释路径"（赵世瑜、张士闪，2019：2）；更在于，主观相对的日常生活情感世界对于客观普遍的政治实践、科学理论……的理性世界来说，总是一副补救可能的僵硬理性的"生活形式"情感良方。这无疑是一个反费孝通——"陌生人所组成的现代社会是无法用乡土社会的习俗来应付的"[①]——命题。

> 促动他们 [ 人类学家 ] 这样做的力量，在于他们意图启发读者去认识异文化的生活方式，并通过异文化的描写对西方文化的自我满足状态加以反思。因此，当民族志作者对异文化进行详尽的描述和分析时，他们同时也隐含了对自身文化进行批评的目的……[②]

---

① 费孝通《乡土中国》，三联书店 1985 年，第 7 页。
② 马尔库斯、费彻尔《作为文化批评的人类学——一个人文学科的实验时代》，三联书店 1998 年，第 157 页。

为了"寻绎"（张士闪，2019：9）业已消失的前现代共同体的日常生活世界，西方世界的人类学家、社会学家把目光投向了"时间中的他者"（费边）即域外的"野蛮人"；而在中国，民俗学家（包括研究中国的西方世界汉学人类学家）却有一种特殊的便利，他们可以"礼失求诸野"地将目光投向本土当下"基层""地方"的"乡下人"[①]，因为前现代共同体仍然以"日常生活世界"（在中国是以"礼俗互动"）的整体"生活形式"——而不是以"碎片"（赵世瑜、张士闪，2019：10、353）[②]形式——匿名地"下沉"在一定程度上实现了"有社会（B）的国家"的"现代性方案"的私人生活领域即"社会（B）"的"田野"底层——无论"野蛮人"还是"乡下人"都不过是日常生活世界的方便入口而不是日常生活世界本身——但"乡下人"毕竟与"野蛮人"在"文明"程度上有所不同。

西方人类学家最初在讨论中国问题的时候，不得不突破他们原有的研究所谓 [ 国家与社会未分化的 ] 野蛮社会的经验，提出如何去认识一个 [ 国家统治与民间自治之间分化的 ] 文明国度的问题。弗里德曼在进行中国研究时就意识到，他是在研究一个有国家的社会，所以必须要注意到国家与社会如何衔接这个维度，否则就不能理解这个社会。他的研究路线是，在这个有国家的社会中找到一些基层的地方，然后去理解国家制度怎样渗透到基层，基层又通过怎样的制度来回应国家。他的答案

---

① "中化传统文化……其精髓仍在当今社会生活中潜在传承。"赵世瑜、张士闪，2019：7。"在田野中遭逢的一切，既是现实，也是历史。"同上引书，9。"用费先生的话说就是'今中之昔'……"同上引书，1。"对主题概念的反思，也可以证明费先生的'昔'，或者反过来说，是'昔中之今'。"同上引书，2。"这一传统其实并未真正失去传承，而是在地方社会生活中一直有所维系。"张士闪，2019：22。"儒家文化传统其实失去传承，而是在以村落为单元的乡土文化体系中一直有所维系……乡土世界对儒家文化的葆育传承能力是惊人的……儒家文化的精髓至今仍以较为完整、活态的形式继续传承，并借助乡土社会逻辑，在与现代性进程的对撞中产生了创新发展。"同上引书，263。

② "乡民之碎片式的'理解'……碎片式的'感受'。"张兴宇，2019：36。高丙中认为，将"碎片"聚拢的，不是"下沉"在"现在"时间底层的"过去"时间，而就是"当下"时间的"现场"。"从中国社会本身来说，各种'现场'（尤其是成为媒介事件的现场）具有把过去的时间碎片复活、把空间碎片聚拢的魔法……"高丙中《社会领域的公民互信与组织构成——提升合法性和应责力的过程》，社会科学文献出版社 2016 年，第 312 页。

是都需要通过宗族 [ 而不是 "社会（B）" ] 的组织和制度。弗里德曼的宗族 [ 而不是 "社会（B）" ] 范式研究与我们这里所说的 "礼俗互动"，特别是在仪式制度层面上下互动的意思，有很大的关联。（赵世瑜、张士闪，2019：356）

"有国家的社会（A）" 不同于 "有社会（B）的国家"，前者可以没有 "社会（B）" 但可以有 "基层" "地方" 即 "民间"。以此，"国家政治（统治）与民间自治" 即 "官方 – 民间" "庙堂 – 江湖" 之间的互动就只有 "礼俗" 的手段而没有 "法理" 自由权利的目的 – "任务"。① 所以我们才说，"官民" "一体化"、"礼 – 俗" "连续体" 的前现代中国 "是一个由礼乐制度上下贯通起来的国家与社会"。现在，回到本文伊始的问题意识，如果 "俗" 就是 "礼"，"礼" 就是 "理"，而 "维持礼这种规范的是传统" 之 "理"，作为道德规范或伦理准则，不是建立在自由权利的 "社会（B）" 基础上；那么在古代中国，无论庙堂绝对地统治江湖，还是江湖相对于庙堂而自治，在制度上就始终是 "家国一体" 的 "超稳定结构"；说它是 "东方专制主义"（赵世瑜、张士闪，2019：4）也就并非没有道理，只要我们并不否认其一定的 "弹性实践机制"（赵世瑜、张士闪，2019：5）。而这与贡斯当说的古代人（特指古代雅典人）只有公共政治领域的 "积极自由" 的伦理责任 – 义务，而没有私人生活领域的 "消极自由" 道德权利，其揆一也；因而就古代中国人与古代希腊人同样没有私人生活领域的自由权利而言，实在没有什么 "中国有别于西方的本质性所在"。②

古代中国人与古代希腊人（即便古希腊有民主政治）一样，没有私人生活领域 "免于……" 的 "消极自由" "社会（B）" 权利，只有公共政治领域 "积极自由" "去做……" 的 "社会（A）" 伦理责任 – 义务。古代中国，"民间" 从 "官

①"民间的礼俗作为基层社会中用于维持生活秩序的政治文化传统，对于国家礼治目标的实现具有决定性的 [ 手段 ] 作用。" 赵世瑜、张士闪，2019：357。
②"某些学者以西方社会构成和变革的历史经验为根据，强调某些所谓普世的价值和发展模式，这并不能说明中国社会变革的历史轨迹与发展模式特殊性的问题。" 赵世瑜、张士闪，2019：357。

方""行政权"分享的"自治权"①，绝非消极意义上自律可能性自由权利；而只是积极意义上他律现实性的伦理责任－义务权力－能力。换句话说，在"没有社会（B）的国家""社会（A）"条件下，"礼－俗"不可能是民间用以维护自身自由（自律）目的的自治权利，而只可能是维持他人统治权力的不自由（他律）手段。但奇妙的是，在"有社会（B）的国家"的"社会（B）"条件下，把古代中国民间的自治权力，实现为贡斯当"私人生活领域"或胡塞尔"日常生活世界"的自由权利，又并非不可想象；而是说在"社会（B）"的"消极自由"条件下，他律的自治就能够转换为自律的自主并通过其"消极自由"的权利而保持其"积极自由"的能力。我们看到，当年的费孝通正是这样做的，通过主观"体验"——这主观"体验"并不绝对地依赖于客观语境——的有意误读，费孝通把滕尼斯的"共同体"说成"社会"，又把涂尔干的"共同体""机械团结"说成"有机团结"，就以一种格式塔式的目光转换，为实然现实的"礼俗－礼治社会"树立了"法理－法治社会"的应然理想，即把现代社会的诸多优点（下意识甚至无意识）想象地安置在——能够"不断扩展的开放系统……缓慢地发展、成熟"（赵世瑜、张士闪，2019：223）的——前现代共同体身上。②

　　费孝通明明知道滕尼斯"共同体"－"社会"的概念与涂尔干"机械团结"－"有机团结"的命题之间的错位指涉，却仍然执意称"乡土中国"为"有机团结"的"礼俗－礼治社会"。"礼俗""礼治"而"社会"而"有机团结"，不管对滕尼斯来说还是对涂尔干而言，都是自相矛盾的。但如果我们同意弗洛伊德，没有什么口误或笔误，凡口误或笔误都是潜意识下意识地对意识表层的突破；那么，我们就有理由说，费孝通用他的口误或笔误道出了现代中国一代学者共同的学术－政

---

① "工业化之前的中国社会，有着强大的民间自治传统……在中国乡村内部通过自治权来管理，乡村外部由地方行政权来控制，乡村社会内部的自治权与源自乡村外部的行政权体现出二元互构且有机结合的特点。"张兴宇，2019：23。

② "窃以为费老在《乡土中国》中主要讨论的是礼俗社会与法理社会的理想型，或者偏重于用法理社会的理想型来说中国礼俗社会的理想型；如果以滕尼斯的区分来较真的话，可能费老应把礼俗社会称为礼俗共同体而不是礼俗'社会'吧，但他好像并未'把现代社会（A）的所有优点都想象地安置在……前现代共同体身上'，而是重点突显礼俗'共同体'的理想型特征以及两种理想型的不同。"引自户晓辉9月7日的来信。

治理想。因为，没有人不希望中国的未来甚至当下就能够成为"一种为了要完成一件 [ 自由权利的目的 -] 任务而结合"的"法理 - 法治社会"①，而仍然延续"一种并没有具体目的，只是因为在一起 [ 自然地 ] 生长而发生"的"礼俗 - 礼治共同体"。退一步说，即便当年的费老是口误、是笔误，但今天的张士闪已可以不再口误、笔误，而是在一定程度上已具备了"社会（B）"——这是当年费老梦寐以求——的条件下，以"日常生活世界"的命题及其问题意识的名义，秉笔直书了前现代共同体的纯粹生活形式在现代社会的现象学时间中显现其自身的可能性与现实性，即在已经确立了"社会（B）""免于……"（"不被干预"）的"消极自由"权利的现代性客观语境条件下，前现代共同体"礼俗互动"（"伦理 - 生活"）"生活形式"作为纯粹交互性意向形式"积极自由""去做……"的后现代性"有机联合的重要力量"（张士闪）。

在当今乡村社会，由 [ 市民社会 ] 资本和经济关系所规定的市场等

---

① "公民社会是否能够被当作民俗学的实践研究的语境条件，本身仍然是一个被理论科学不断地质疑的问题，因为在对现实经验的理论认识中，关于当代中国或中国的当下，能否被表象为'已经迈进'公民社会，还是只能被表象为'正在迈向'公民社会，在从事理论 - 经验研究的学者中间是有争论的。但'公民社会的范畴''公民社会的理念'，作为实践学科的先验理想，站在'关注社会的主流价值'的立场上，却又是凡参与争论的学者都不可能不认同的'新价值'或'新知'，也就是说，'公民社会的理想境界'，不仅作为当下中国'社会领域的公共目标'，也作为'所有社会都有待构建的理想社会目标'，'在当前世界实际上是各个国家的公民表述社会领域的建设目标的总范畴'，即'人类的公民社会理想'。……正是以此，'尝试用「公民社会」的概念指涉中国现实'，才成为'过去二十年中国学术界的一项重要工作'，因为，无论中国正在迈向公民社会，还是'中国已经迈进公民社会的门槛里。公民社会的逐渐成形是中国过去近三十年改革开放的一项伟大成就'，把一个先验理想的公民社会，用作实践研究的语境条件，即'引入公民社会的概念来思考草根民间组织的社会作用'，将公民社会的先验理想用作思考现实经验的民间文化、民俗生活的语境条件，'把民俗学 [ 实践研究 ] 的可能性与一个民主的共同体 [ 作为先验标准 ] 的可能性结合成一体'，对于高丙中来说，无论是在面对经验的理论研究（无须考虑民众的自我意识，而仅凭学者的自我判断）还是着手先验的实践认识（必须考虑民众的自我意识），都仍然是一项严重的挑战，特别在实践研究中，如果'从意志来说，一切人都把自己设想为自由的'或每个人都'自以为自己拥有一个 [ 自由 ] 意志'（康德《道德形而上学奠基》），那么，你的研究对象——也就是民众——难道不会客观、普遍、必然地认为，自己应该生活在公民社会之中，而不是'生活在别处'吗？"吕微《民俗学：一门伟大的学科——从学术反思到实践科学的历史与逻辑研究》，中国社会科学出版社 2015 年，第 530—532 页，字句有微调。

级日益凸显，上述由民间信仰重振而趋于活跃的民间组织，以传统礼仪教化的方式谋求乡村建设的发展，业已成为乡村内部有机联合的重要力量。（赵世瑜、张士闪：2019：163）①

面对张士闪的直抒胸臆，刘铁梁再一次惺惺相惜地表达了他的同情 - 理解与支持：

> 的确，关于礼俗互动的想法是以礼俗 [ 共同体 ] 二元对立的 [ 理论 ] 认知为前提的，而这种 [ 理论 ] 认知很大程度上是根据我们处于现代 [ 性客观语境条件 ] 的政治与文化变革中的 [ 后现代性主观 ] 体验，这些 [ 在现代性客观语境条件下的后现代性主观 ] 体验不能简单地套用在现代化以前的中国历史上。不过，我们仍然可以说，礼俗互动，或者说国家的政治文化与民间的政治文化的脱节与衔接，作为历史现象应该不是在中国现代化变革以后才出现 [ 而是现象学地 "下沉" 在当下时间的 "社会（B）" 底层 ] 的，出现的只是话语与实践 [ 的现代性客观语境条件与后现代性主观体验 ] 方式的变化。在这些变化中间，现代的学术起了很大的作用，因此，我们有必要反思学术建构背后的问题，这种学术建构是否配合甚至支配了 [ 从礼俗对立到 ] 礼俗互动的新格局。（赵世瑜、张士闪，2019：358）②

---

① "尊重乡土社会的文化传统和创造性能力，这应当是避免进入现代性发展误区，为后现社会发展奠定良好文化基础应该秉持的基本文化态度。" 赵世瑜、张士闪，2019：355。
② 刘铁梁 "现代的政治与文化变革中的体验"，李松称为 "现代性意识……的语境"。赵世瑜、张士闪，2019：352。赵世瑜也指出，"我们的问题意识从哪里来？是从今天观察到的现实生活中来，这是与传统的历史研究不同的……因为我们是从当下入手，而不是从史书上的某一个感兴趣的时间点入手，所以这种出发点绝对是人类学的……" 同上引书，348。"对多元的中国如何成为一体进行重释，就成为摆在我们面前的重要任务。" 同上引书，8。赵世瑜倡导的人类学历史学共时性＋历时性 "逆推顺述" 研究方法，同上引书，348。"存在着一种微妙的顺向逻辑关系。" 同上引书，162。将人类学历史学 "共时性＋历时性" 研究方法改造为从 "俗" 逆推 "礼" 从 "礼" 顺述 "俗" 的民俗学纯粹共时性研究方法，即 "从下而上地对中国社会传统予以上溯与寻绎，然后进行整体性的理解和阐释，这无疑是具有创造性的"。张士闪，2019：9。张士闪认为，不能 "总是以 ' 客观描述 ' 人类生活，规避自身主观倾向

正是在"社会（B）"的现代性客观语境中，前现代共同体"有机团结""去做……"的"积极自由"能力，才可能且现实地在现代社会私人生活领域"免于……"的"消极自由"权利条件下，通过后现代性主观"体验"——其"体验"形式，张士闪称之为"看待世界的方式"和"思考的支点"；而其"体验"的内容，刘铁梁称之为"体现生活理想的主题"（赵世瑜、张士闪，2019：357）——以"日常生活世界"命题及其问题意识的名义"被选择性地赋予不同 [ 于现代性批判的后现代性认同 ] 价值"（赵世瑜、张士闪，2019：2）。反过来说，设若我们退回到现代性起步之初，如果私人生活领域没有独立、分离于公共政治领域，"有社会（B）的国家"没有实现为现实，就断不会有自由地选择"没有社会（B）的国家"的"礼俗互动"（"伦理－生活"）"生活形式"的纯粹交互性意向形式在现实中的自主性浮现和展现；尽管这并不意味着张士闪不能够独立于现代性客观语境，就自觉地实现从"官民交错"（不准确的"国家－社会"的经验内容）到"礼俗互动"（正确的"伦理－生活"的纯粹交互性意向形式）的命题及其问题意识的后现代性主观"体验"转换，就像当年的费孝通那样，即便没有客观现实的事实，也可以有主观可能的理念。但是，"社会（B）"的现代性客观语境条件，仍然是"礼俗分立"甚至"礼俗对立"的现代性否定性事实现实地转换为"礼俗互动"的后现代性肯定性事实的决定性前提；就像曾经的秘密宗教，只有在"免于……"（"不受干预"）的"消极自由"权利的现代性客观语境条件下，才能够现实地被表象为"有机团结""积极自由""去做……"的现实性，而无论学者学术的后现代性主观"体验"如何表象其可能性。

---

自许"。同上引书，64。"我们需要将书写对象、书写对象的本质和我们看待问题的方式区分开来……'变'与'不变'，并非对象的本质，而是我们认知主体对于观察对象的不同想象方式。"同上引书，63。

三

曾几何时，"民间宗教≈秘密社会"<sup>①</sup>乃不刊之确诂，但时过境迁，即随着现象学时间的"下沉"以及现代性语境→后现代性"体验"的转换，有些学者开始怀疑，"近世中国是否真的有'秘密社会'，如果没有，为什么要制造，怎样制造"（赵世瑜、张士闪，2019：361）了"民间宗教≈秘密社会"说？甚至有"'秘密社会'最大的秘密就是没有秘密"（张兴宇，2019:277）的惊世之论。其实，在"实证"<sup>②</sup>认识的理论条件下，"客观"地讲，"民间宗教≈秘密社会"说并不是一个认识的幻象乃至有意识制造的假象；而只是说，基于不同的客观"任务"语境，对象表象了不同面像；以及出于不同的主观目的"体验"，对象被表象了不同面像。

> [中国]民间宗教……不为统治秩序所承认，被污为邪教、匪类，屡遭取缔镇压，往往只能在下层潜行默运……遂自成体系，发展成独立教团，并被迫走向下层社会……构筑了一个个地下宗教王国。<sup>③</sup>

重要的是，面对曾经的客观认识结果，民俗学家为什么会口出"制造秘密社会"的骇俗之说。自然，这一方面是因为在民俗学家那里发生了从现代性到后现代性认识目的的主观"体验"变化，看出了以往没看出的东西<sup>④</sup>，因而对现代性

---

① 李世瑜《现在华北秘密宗教》，华西协和大学中国文化研究所 1948 年；李世瑜《现代华北秘密宗教》上海文艺出版社 1990 年影印。《民间秘密结社与宗教丛书》，李世瑜主编，河北人民出版社 1990 年。平山周《中国秘密社会史》，河北人民出版社 1990 年。戴玄之《中国秘密宗教与秘密会社》，台湾商务印书馆股份有限公司 1990 年。蒲文起《中国民间秘密宗教》，浙江人民出版社 1991 年，南天书局有限公司 1996 年。蒲文起《秘密教门：中国民间秘密宗教溯源》，江苏人民出版社 2000 年。

② "以参与式观察获得实证材料。"赵世瑜、张士闪，2019：1。"需要做大量的实证研究""需要以非常具体的、微观的实证研究为前提"。同上引书，345。"这种认识还特别需要通过大量的实证性研究来不断加以检验和充实。"同上引书，355。"显示出实证研究的鲜活。"同上引书，361。

③ 马西沙、韩秉方《中国民间宗教史》，上海人民出版社 1992 年，第 3 页，第 11 页。

④ "长期以来的中国社会，是一种超稳定的结构，过于强调官民之间的疏离与对抗，而轻忽

客观认识的理论成果，采取了现象学"不设定"的屏蔽态度；另一方面，在建构"有社会（B）的国家"的"现代性方案"或部分实现的客观语境条件下，民间宗教也确实在实践中做出了一些自我调整，让民俗学家看到了以往没看到的东西。

"民间宗教≈秘密社会"，原本并不一定就是绝对的正相关判断。民间宗教被认定为"秘密会社"，从政治上来说，是因为被"统治秩序"逼成了"地下宗教王国"；从信仰上来看，则是因为任何宗教都有分殊局内－局外的格局。以冀南乡村梅花拳为例，"梅花拳文场向来有秘不示人的规矩"（赵世瑜、张士闪，2019：155），"梅花拳的文场修炼，通常以'秘不示人'的神秘形象展示给外界"（张兴宇：2019：116）；于是"'外松内紧'的文场组织的存在"（赵世瑜、张士闪，齐鲁书社2019：163）本身就会给人以"秘密社会"的普遍印象。① 当然，仅仅根

---

民间力量与国家集权之间的多样合作，必有失偏颇。"张士闪，2019：9。

① "在梅花拳内部有'文管武'的说法。"赵世瑜、张士闪，2019：155。"梅花拳文场向来有内闭性传统，不会向社会主动展示其完整形象，这可能是当地人形成'梅花拳烧香'的'刻板印象'的重要原因。在经历战乱、'文革'的多重洗礼后，北杨庄梅花拳大致延续了这种传统。"同上引书，222。"'文场领导武场'的传统制度，已经预设了梅花拳这一特殊的组织方式。当地梅花拳文场展现给外部世界的神秘形态，恰恰说明了它还承担着干预并影响村落生活的实际角色。"同上引书，223。"自从20世纪50年代，梅花拳被定性为'会道门'之后，练武活动受到明令禁止，被迫转入地下状态长达50余年。不过，梅花拳的信仰活动（所谓'文场'）在这期间并没有消失，频临失传的是梅花拳的武术（所谓'武场'）。"张士闪，2019：174—175。"以梅花拳诸多术语为标志的社交边界的设置，实际上是作为自我体系的梅花拳与外部世界有意保持距离状态的手段。"同上引书，178。"乡村梅花拳……的文场运作机制通常是以一种神秘形象展示给外部世界。大致说来，梅花拳与其他中国传统武术项目相比，其中一个非常明显的区别就是对文、武场的典型划分。"张兴宇，2019：8。"乡村梅花拳……组织，通常以相对秘密的运作方式融入乡村自治生活。"同上引书，11。"梅花拳在某种程度上超越家族、宗族关系而存在，他们在日常生活实践中主要依托'推行社区公益'和'组织秘密团体'两种方式来营造乡村自治生活图景。"同上引书，12。"乡村梅花拳组织主要通过运作'社区公益'和'隐秘团体'这两种特殊方式来维持组织内部的平衡关系。"同上引书，35。"在梅花拳组织内部至今仍传承着相对严苛的文教理念和组织规矩。这促使乡村梅花拳组织可以在村落日常生活凸显更多作用。"同上引书，38。"乡村梅花拳所呈现给外部社会的'神秘'形态和'秘密化'色彩，也反映出这一民间组织还发挥着干预、影响乡村自治传统的关键角色。"同上引书，39。"梅花拳练习过程中一般采用文场、武场相结合的训练方式。尤其是梅花拳的文场修炼，通常以'秘不示人'的神秘形象展示给外界，因而显异于中国其他民间拳派门类。"同上引书，115—116。"梅花拳内部拥有一个相对稳定的秘密拳会组织群体。"同上引书，116。"历经这两次农民运动，一度以相对'秘密'的状态潜默运行于冀、鲁、豫乡村地区的梅花拳武术群体也因此声名远扬。"同上引书，118。"一直以来，乡村梅花拳具有秘密传承的典型特征……至于文场烧香磕头敬拜祖师之事，则知晓不多。"同上引书，121。"乡村梅花拳作为清代诸多民间秘密结社方式之一……"同上引书，

据后者并不能武断地断言"梅花拳就是秘密宗教",因为任何宗教都可能有自己的"秘籍""秘仪"——"通常作为一种内部知识秘不外宣"(张士闪,2019:19)的"'秘密'是人类社会极为常见的一种文化现象"(张兴宇,2019:261)——

121。"毋庸讳言,乡村梅花拳自传入广宗地区伊始,就被赋予了一层神秘的民间结社面纱。"同上引书,121。"对广宗乡村梅花拳组织来说,他们大多数时间在村落社会都处于秘密发展状态。"同上引书,122—123。"受国家临时性宗教管控政策影响,广宗县乡村梅花拳逐渐进入隐秘不发的状态。这主要是因为梅花拳文场涉及烧香敬拜等宗教性仪式活动,尚难摆脱民间秘密结社的教门群体属性。"同上引书,124。"梅花拳的文场活动在广宗乡村继续以隐秘状态缓慢发展,武场传承也受到了较大的冲击和约束。"同上引书,124。"梅花拳在广宗乡村的武场传承进一步式微,而文场信仰活动也变得更加秘密化。"同上引书,124。"梅花拳弟子对门外人绝口不谈梅花拳之事,至于梅花拳的经书、拳谱等文字资料,更是不能外传。"同上引书,125。"在'文化大革命'期间,村梅花拳因其文场'烧香磕头'的秘密性质,一度被认定为'黑拳'。"同上引书,129。"北杨庄文场师傅内部之间以秘密交流方式进行,并不轻易展示给外人。"同上引书,132—133。"拳之秘密。"同上引书,136。"20世纪70年代末之前,还曾长期处于秘密运行的生存状态。"同上引书,136。"表面看来,梅花拳……并无什么特殊隐秘之处。但该拳派以'祖师敬拜'为典型特征的文场秘密修炼模式,以及相对严格的师承架构关系,无形中强化了梅花拳的秘密属性。"同上引书,136。"北杨庄梅花拳经历了不断走向'秘密化'的过程。而这种拳派的秘密属性,一方面深受社会时局的政策性影响,拳民们为求自保不得不隐秘运行;另一方面,他们自身也有将梅花拳'神秘化'的传承需求。在不同历史发展时段,对梅花拳弟子自身而言,拳派秘密属性的不断强化,实属一种自然而然的应对防护机制。"同上引书,第136页。"乡村梅花拳同样经历了一个从'秘密化'到'合法化'的身份更新过程。"同上引书,164。"北杨庄梅花拳弟子将'点灯'练拳神秘化的过程,其实也是在寻求群体的观念、情感认同。"同上引书,195。"梅花拳文场所内含的隐性信仰能量更容易使村民'久而生信'。"同上引书,212。"梅花拳自身呈现出的'秘密化'传承倾向,是其能够在乡村社会保持潜默运行的典型特征。"同上引书,212。"在乡村梅花拳内部,由于其自身的'秘密'传播特性,形成了一系列被'神圣化'的门内规矩。"同上引书,219。"乡村梅花拳的秘密规矩与民众日常生活密切相关。"同上引书,219。"从武场视角来看,梅花拳的武术属于公开展示型;从文场视角来看,梅花拳的文场敬拜属于秘不示人型。"同上引书,231。"北杨庄梅花拳文场、武场传承目前仍以保持秘密性为主要核心要素,否则它在当下村落社会很难凝聚日益离散的村落人心。"同上引书,245。"不可否认的是,乡村梅花拳组织曾在很长一段时期内都处于秘密传承的发展状态,这主要与其以'烧香'敬拜为主的文场习俗有关。"同上引书,264。"自秘化……乡村梅花拳组织在地方社会中一度处于被'边缘化'的生存发展状态,主要是因为梅花拳在过去无法避免'秘密团体'的组织属性。"同上引书,264。"乡村梅花拳组织曾在很长一段时期内都处于秘密传承的发展状态,这主要与其以'烧香'敬拜为主的文场信仰习俗有关。"同上引书,264。"相较于乡村梅花拳武场拳术的开放属性,北杨庄梅花拳文场的内部知识对外来人通常是处于封闭或秘密状态。即便面对乡村中的普通民众,他们也多采用'陌生化''神秘化'等处理方式来强化乡村梅花拳组织的秘密属性。"同上引书,276。"[梅花拳]信仰机制又和所谓秘密甚至是神秘的信仰力量发生联系,它也是乡村梅花拳内在传承的重要推动力……这种秘密化、'神圣化'的村落语境营造其实也是乡村梅花拳组织长期以来面对地方社会自发生成的一种惯性保护机制。"同上引书,278。

而自视因而同时也被他人视为"秘教"或"秘宗"。所以，站在局内和局外的不同立场上，判断梅花拳既不是秘密宗教同时又是"秘密宗教"——而不是"'秘密社会'最大的秘密就是没有秘密"（张兴宇，2019：277）——才是深入田野的甘苦之言。

> 梅花拳在过去属于"秘密社会"的组织形式之一。不过需要厘清的问题是，此处所谓的"秘密社会"，大致内涵包括两个方面：一是组织内部为应对外部世界而被动建立的"秘密"社会情境；二是组织面向内部成员的主动"自密化"行为。乡村梅花拳组织实际上集中糅合了这两层含义。（张兴宇，2019：277）

冀南乡村梅花拳素有"文场"与"武场"之分，如今，"梅花拳……'武场'以习武强身为号召，面向社会作公益性开放；'文场'以信仰运作来凝聚人心"（赵世瑜、张士闪，2019：154）。梅花拳之所以可能且现实地实现从秘密宗教到自由信仰的"华丽转身"（张兴宇，2019：137），当然首先是得益于 20 世纪 1980 年代以来"有社会（B）的国家"在一定程度上承认了可分离于、独立于公共政治领域的私人生活领域的言论、结社、信仰"免于……"（"不被干预"）的"消极自由"权利；以此，梅花拳才能够浮出"秘密社会"或"秘密会社"的水面，以"并没有具体目的"的"礼俗互动"（"伦理－生活"）"生活形式"的纯粹交互性空洞意向形式"再语境化"（鲍曼）地选择、接纳现代性、后现代性诸多经验性内容，表现出"极具自由生发的能量和不断出新的创造力"（赵世瑜、张士闪，2019：357）①，从而"梅花拳在此时展现给外部世界的景象，不再是文场秘不示人的神秘感，而是通过爱国、爱家的无畏、无私精神释放出来梅花拳的巨大社会能量"（赵世瑜、张士闪，2019：225）。但是，能够让张士闪等一干"行走在田

---

① "叠加在此事之上的现代社会的个人主义倾向十分明显。"赵世瑜、张士闪，2019：354。"包含全社会中多元主义之间的文化对话，这也是在公众社会兴起过程中凸显出来的现象。"同上引书，359。

野中"的民俗学家通过对冀南乡村梅花拳"文场"宗教"秘密"的田野发现（张士闪，2019：16），客观地证实民间宗教完全可以不是"秘密宗教"而就是自由、公开的"自组织"（赵世瑜、张士闪，2019：226）"自愿性宗教"① 作为道德信仰的开放性、自愿性，又是在除了现代性客观语境"有社会（B）的国家"命题以及后现代性主观"体验"的"日常生活世界"问题意识——"在中国社会语境中，'礼''俗'既是一种社会现象，又是一种话语形式"（张士闪，2019：1）② ——的双重实践判断条件下，才可能顺畅地予以表象的。

梅花拳在组织上"'子不拜父为师'的讲究，可能出于对梅花拳私家垄断的预防，所谓'师徒可以称父子，父子不可以成师徒'"（赵世瑜、张士闪，2019：159），尽管梅花拳又名"父子拳"。③ 根据古典宗教学家缪勒关于"神名"命名

---

① 在《中国社会中的宗教——宗教的现代社会功能与其历史因素之研究》中，杨庆堃区分了"公众性宗教"与"自愿性宗教"，以及介于二者之间的"自愿公众性［宗教］"。杨庆堃《中国社会中的宗教——宗教的现代社会功能与其历史因素之研究》，范丽珠译，四川人民出版社 2016 年，第 89 页，第 140 页。

② "当代社会有一种奇妙的机制，个别或少数现象要较快成为常见的社会现象，必须把它说出来（不管是从正面说还是从反面说），成为众所周知的事情。"高丙中《日常生活的现代与后现代遭遇：中国民俗学发展的机遇与路向》，高丙中《民间文化与公民社会——中国现代历程的文化研究》，北京大学出版社 2008 年，第 47 页；高丙中《中国人的生活世界——民俗学的路径》，北京大学出版社 2010 年，第 186 页；高丙中《日常生活的文化与政治——见证公民性的成长》，社会科学文献出版社 2012 年，第 51 页。

③ "梅花拳又名父子拳""北杨庄梅花拳拜师讲究不能拜父为师，即'师徒可以称父子，父子不可称师徒'。这就是梅花拳所谓'父子道'。"赵世瑜、张士闪，2019：214、222。"梅花拳，民间俗称……父子拳……"张兴宇，2019：7。"乡村梅花拳组织特殊的身份界定和认同机制，使其成为乡村社会'拟亲属'意义上的地域组织形式；虽然在日常生活中乡民善于借用'拟亲属'称谓，但在梅花拳内部又刻意让家族亲属关系属弱化。"同上引书，35。"北杨村村民口中的'没有派性''邢王不骂'等说法……"同上引书，39。"'父子道'是形容梅花拳师徒之间的关系像父子一样亲密。"同上引书，131。"梅花拳又被称为'父子拳'，形容师徒之间的关系如同父子一般亲密，这无疑也是在强调梅花拳弟子专家安的一种'拟亲属'关系。"同上引书，141—142。"北杨庄梅花拳的另外一种传播流布方式则是通过家族内部'秘密'传承的形式得以实现……长期以来，北杨庄梅花拳文场在村落社会的传承也借助了这种家族秘密传播的方式。"同上引书，142—143。"乡村梅花拳在当地又被称为'父子拳'，即师徒之间可以称父子，但父子之间不能互称师徒。"同上引书，160。"对于拜师后师徒之间的维系，则主要在于营造、培养一种'情同父子'的亲密关系。乡村梅花拳内部流传'梅花拳，父子道''天下梅拳是一家'等说法，梅花拳师徒之间可以互称'父子爷们'。如果从'师'的角度来讲，师徒之间具有'义'的职责。这种师徒关系表面上看来与上述'子不拜父为师'的规矩有所矛盾……"同上引书，161。"过去梅花拳文场男女有别，讲究传男不传女，如今北杨庄村中的女性家户也可以申请'立架'。"同上引书，179。"在北杨庄流传着梅

遗留物以及古典人类学家摩尔根关于"亲属称谓"残存物的"语言疾病说","父子拳"的命名－称谓也许真的透露了梅花拳曾经是自然形成的家族信仰的可能信息。但是,梅花拳在"改革开放"中断然抛弃了家族信仰而自我调整并且完善了组织上开放、信仰上自愿的自由信仰的宗教属性。"北杨庄梅花拳原来极为严格的'文场立架'要求,现今条件逐渐放宽,甚至出现女性立架的情形"（赵世瑜、张士闪,2019:226);"以前北杨庄并没有遇丧事时家家'架鼓送殡'的习惯,此俗仅在梅花拳内部适用。1978 年以后,梅花拳内部决定北杨庄男女老少不论穷富,只要有白事都会去义务'架鼓送殡',这种习俗一直延续至今"（赵世瑜、张士闪,2019:227—228）。[①] 正是依托这些"自我价值得以提升的重要渠道"（赵世瑜、张士闪,2019:229）,梅花拳才可能且现实"不同程度地担当着沟通亲情、弥合代沟、聚拢人气、劝化人心、提升道德、运作公益等 [更广泛的社会] 角色"（赵世瑜、张士闪,2019:161）,从而"以现实在场的方式获得空间意义上的公共性体认"（赵世瑜、张士闪,2019:164）,自我成就为自律地出于伦理责任－义务的自由信仰权利实践,即努力地承担起民俗实践"承责性"（responsibilitive）的"承责力"。

中国 20 世纪 80 年代建设"有社会（B）的国家"的"改革开放"实践以来,梅花拳在信仰和组织上的自愿性、开放性,让现代性客观"任务"语境条件下怀着后现代性主观目的"体验"期待情怀的张士闪以"日常生活世界"的名义看到了匿名地"下沉"在私人生活领域即"社会（B）"底层的"并没有具体目的,只是因为在一起 [自然地] 生长而发生"的"礼俗－礼治共同体"的"礼俗传统下的自治能力"（赵世瑜、张士闪,2019:227）[②],在"为了要完成一件 [自

---

花拳'传男不传女'的说法,但目前这一传统的'立架'规矩已经发生较大变化。"同上引书,183—184。

① "近几十年来北杨庄村形成的梅花拳'架鼓送殡'习俗……"张兴宇,2019:39。"'架鼓送殡'……过去仅限于在梅花拳弟子之间流行……在北杨庄,最近十几年来已经形成了面向全体村民的具有村落社区公益性质的'架鼓送殡'新习俗。"同上引书,第 202 页。"北杨庄正式兴起了梅花拳'架鼓送殡'的新习俗。"同上引书,第 203 页。

② "乡土自治传统。"张士闪,2019:210。"民间社会这类公共仪式的周期性表演,意在与'国家'共享文化,而并非竞争权力。"同上引书,18。杜赞奇认为,民间社会"不只是角逐权力的场所"。赵世瑜、张士闪,2019:226。

由权利的目的－]任务而结合"的"法理－法治社会"私人生活领域"免于……"的"消极自由"权利条件下，自我纯粹化为"有机团结""去做……"的"积极自由"能力的可能性和现实性。与张士闪一样，也正是基于现代性客观"任务"语境条件和后现代性主观目的"体验"条件，世界各国（不独中国）的民俗学者才不约而同地视各种起源于前现代共同体的家族、宗族以及宗教等民间组织为现代公民基于自由权利而自律地选择的自愿组织。① 换句话说，只有在"一种是为了要完成一件[自由权利的目的－]任务而结合"的"有社会（B）的国家"的现代性客观语境条件下，"一种并没有具体目的，只是因为在一起[自然地]生长而发生"的"没有社会（B）的国家"，才可能也能够在私人生活领域即"社会（B）""免于……"（"不被干预"）的"消极自由"② 天赋权利的现代性客观"任务"语境，以及后现代性主观目的"体验"的双重实践判断条件下，以"日常生活世界"的理论名义，现实地实现其天赋的纯粹交互性意向形式"生活形式"出于自由意志权利"积极自由"的自律性自治能力（"主动建构自身生活世界的积极主观能动性"）；而不再仅仅是被赋予了历史性意向内容的他律性"积极自由"的"礼俗传统下的自治能力"暨统治权力的自治分权。在这方面，因民俗学学者共同体已大体取得的共识，张士闪可聊以自慰其吾道不孤了。③

①"维护市民发言权的潜力"（王斯福）。张士闪，2019：18页。
②"社会自治组织……是实现社会成员之消极自由权的一道重要屏障。"张兴宇，2019：15。
③"家族组织在结社形式上是传统的，但是家族作为组织实体却是当代的。大量关于家族组织的研究忽视了这样一个基本事实，未能把城乡各地在近三十年涌现的家族组织作为当代的公民自愿结社看待。……传统社会的家族属性不能够轻易套用在当代家族组织上，当代家族组织再怎么具有传统的属性，我们也不能否认它们是当代公民的结社。……我们高兴地看到，个别学者已经在尝试用公民社会[这一'体现生活理想的主题'语境]来认识家族组织，这是我们非常认同的研究方向。……农民作为公民，进行各种结社活动本来是再正常不过的，无论他们采用何种结社形式。可是，我们的社会长期简单地把家族组织当做'过去时'，当做与官方正式制度和各种现代性相对立的事物。这种社会认知使人们把家族组织当做特殊的例外看待，妨碍了人们把家族组织当做一般的社团来看待。"高丙中、夏循祥《作为当代社团的家族组织——公民社会的视角》，《北京大学学报（哲学社会科学版）》2012年第4期。"我们要把龙牌会放在'公民社会'的[语境]范畴里来审视是很具有挑战性的。显然，龙牌会初看起来与中国学界关于公民社会的常识有很大的距离。但是，过去十多年对于龙牌会的跟踪观察让我们见证了传统草根社团迈向公民社会的历程。我们在多年的观察和思考中认识到，恰恰是够远的距离让这一案例具有更大的理论潜力和更强的说服力。"高丙中、马强《传统草根社团迈向公民社会的历程：河北一个庙会组织的例子》，《中国公民社会发展蓝皮

　　我曾把"体现生活理想的主题"内容表述为主观间客观的先验实践（而非理论）语境。[①] 主观间客观的先验实践语境可能也能够在经验中现实地实现其"有社会（B）的国家"的现代性目的－"任务"；但是，即便没有在经验中现实地实现"现代性方案"，主观间客观的先验实践语境仍然实然更应然地是每一个人（公民）主观间客观的目的－"任务"理想 [②]，而这也就是后现代性主观目的"体验"的现代性客观"任务"目的论起源。在实践地认识经验现实中的实践现象时，出于不同的实践目的，实践认识主体会使用不同的理论认识概念把同一现象表象为不同的面象 [③]，呈现给不同实践目的的不同实践认识主体，尽管这些面象都客观地是现象的表象。而这也就意味着，实践现象例如"礼俗"并非是自命为主人的学者任意打扮的仆人，正如在"法理－法治社会"的现代性客观语境条件

---

书》，高丙中、袁瑞军主编，北京大学出版社 2008 年；高丙中《日常生活的文化与政治——见证公民性的成长》，社会科学文献出版社 2012 年，第 265 页。

① 吕微《民俗学：一门伟大的学科——从学术反思到实践科学的历史与逻辑研究》，中国社会科学出版社 2015 年，"'公民社会'：民俗学实践研究的先验语境"，第 529 页以下。

② "不是用学者所制定的关于公民社会的种种客观性的理论标准（但从实践的观点看，这些理论标准恰恰只是根据理论家们个人主张的主观性），而是用民众自己在主观上把自己认同于公民的主观间客观性共识的实践标准"，即"你的研究对象（民众）难道不是认为自己应该生活在公民社会之中，而不是'生活在别处'吗"？吕微《民俗学：一门伟大的学科——从学术反思到实践科学的历史与逻辑研究》，中国社会科学出版社 2015 年，"'公民社会'：民俗学实践研究的先验语境"，第 533 页，第 532 页，字句有微调。理论认识在实践中是主观，实践认识本身才可能是客观的，即"无论是在客观上就 [ 实践的 ] 意愿而言，还是在主观上就 [ 理论地 ] 能够而言"。[ 德 ] 康德《纯粹理性界限内的宗教》，李秋零译，《康德著作全集》第 6 卷，中国人民大学出版社 2007 年，S.3，第 4 页。"一个主观的必然法则（作为自然）在客观上也就是一个完全偶然的实践原则，而且能够并也必然随着主体的不同而大相径庭，因而决不能充任一个法则。"[ 德 ] 康德《实践理性批判》，韩水法译，商务印书馆 1999 年，S.25，第 25 页。

③ 例如中国大陆学者多把 civil society 译作"公民社会"以强调"礼俗互动"下"民众以贴近国家正统为正途"；而中国台湾学者多把 civil society 译作"民间社会"以突出"礼俗分立""礼俗对立"下民对官的"反抗"。邓正来《〈国家与市民社会——一种社会理论的研究路径〉导论》，邓正来、[ 英 ] 亚历山大编，中央编译出版社 1999 年，第 16 页。邓正来《市民社会理论的研究——序〈国家与社会〉》，邓正来《国家与社会——中国市民社会研究》，四川人民出版社 1997 年，第 160 页。"在'民间社会'这一看上去相当简单的中文词中，实际隐含着一种极其根深蒂固的、中国人看待政治生活和政治社会的传统方式，这就是'民间对官府'这样一种二分式基本格局。民间社会者，说穿了，对立于乃至对抗于官府者也。"甘阳《"民间社会"概念批判》，《国家与社会》，张静主编，浙江人民出版社 1998 年，第 26 页。

下，"礼俗互动"才可能且现实地是自律的自由权利；而在"礼俗 – 礼治共同体"的前现代性客观语境条件下，"礼俗互动"只可能且现实地是他律的自治权力。因此如果有哪一天，"法理 – 理治社会"的客观语境条件不再，"礼俗互动"由自律的自由权利变回他律的自治权力，民间宗教从自由信仰退回秘密宗教，都不是不可能的事情。这是理性的认识，不是"情绪化担忧"。[①]

回到本节伊始的问题，张士闪和他的"礼俗互动""中国社会文化整合"研究团队，之所以能够从"有社会（B）的国家"的现代性客观"任务"语境和"日常生活世界"的后现代主观目的"体验"的双重实践判断条件进入田野并"愉悦"[②]地"行走在田野中"，乃是因为现代性已经为后现代性提供了分离、独立于公共政治领域的私人生活领域"免于……"（"不被干预"）的"消极自由"权利，在此由自由权利的现代性客观性理念铺就的坚实地面上，以"日常生活世界"的名义被表象的"礼俗互动"后现代性主观性观念才有了建筑于其上的可靠基础。

> 国家政治的礼俗一体化追求，必须借助全社会广泛参与的生活实践才能实现。（张士闪，2019 年：20）近现代意义的地方自治是资本主义商品经济和民主自治发展的产物。所以，它是以国家和社会分离、公共事务与私人事务的分离为前提背景的。……地方自治将国家与社会、公与私相分离，此时民间自治组织也就有了发挥能力和作用的社会空间。……作为近代民主社会革命的成果之一，地方自治的施行不仅反映了民众自由、平等的政治管理理念要求，而且极大激发了民众参与政治的动力。（张兴宇，2019：17）

以此，"礼俗互动"的命题和问题意识固然离不开学者出于实践目的的主观

---

[①]"虽然目前乡村梅花拳文场以'烧香磕头'为代表的敬拜规制性约束已被暂时解除，但大部分村民其实依旧存续着一种情绪化担忧。"张兴宇，2019：164。
[②]"由此体会到无限自由甚至忘我的愉悦感觉。"张士闪，2019：213。

"体验"，更离不开"公众社会"（刘铁梁）（赵世瑜、张士闪，1999：359）"社会公共领域"（张士闪，2019 年：20）特别是"乡土公共领域"①即公共政治领域"社会（A）"为维护私人生活领域"社会（B）""免于……"的"消极自由"天赋权利"普遍立法"的"公共话语"（张士闪，2019：18）。

> "乡土公共领域"指在乡土社会中民众公开表达其意志的生活空间、文化形式与组织形态……绝不能以农民的民主素质为借口拒绝推进乡土社会的民主化进程。（张士闪，2019：216）

"礼俗互动"（"伦理－生活"）的后现代性命题与"官民交错"（"国家－社会"）——我们临时借用这一类比的表述——的现代性命题是相辅相成的：后者是前者的客观性语境条件，而前者是后者的主观性"体验"条件。前者之所以又能够被用作后者的主观间客观性奠基条件，乃是因为，前现代"礼俗－礼治共同体""礼俗互动"的"生活模式"或"生活方式"在现代"法理－法治社会"中已现象学地整体"下沉"在"社会（B）"时间的底层，并且还原为"伦理－生活""生活形式"的纯粹交互性意向形式"去做……"的"积极自由"能力，即能够在"免于……"（"不被干预"）的"消极自由"权利得到保障的特定时间和空间之中，从他律的自治转换为自律的自主，亦即不仅发生了"位移"而且产生了"质变"——而后者在"积极自由"的强制下是不可能有可能的——以此，在"法理－法治社会"中"沿着法律途径"②用艺术的眼光自由地直观"礼俗互动"的实践现象，也就是一个并非一定会"把民间艺术整得不是艺术"（张士闪，

---

① 张士闪《温情的钝剑：民俗文化在当代新农村建设中的意义》，张士闪，2019：216—217。"乡土社会中的公共领域""乡土社会的公共生活""乡村公共领域。"同上引书，213—214。"村落公共生活领域。"张兴宇，2019：11、138、213。"社区民众的日常公共生活。"同上引书，16。"乡村公共生活。"同上引书，165。"乡村公共生活。"同上引书，210。"民众自治生活领域。"同上引书，210。"村落内部的礼俗公共秩序。"同上引书，239。"乡村公共生活领域。"同上引书，279。
② "人们沿着法律途径应当只把通过自由而生产，亦即通过以理性为其行动之基础的任意而进行的生产称为艺术。"[德]康德《判断力批判》，李秋零译，《康德著作全集》第5卷，中国人民大学出版社2007年，S.303，第315页。

2019：6 ）①的"真问题"②——如果一个命题暨问题意识普遍地被认同为值得穷就的"真问题"，那就已经赢得了学界"应许"的学术荣誉——这正如康德所言：

> 自然 [ 例如"自然共同体"——笔者补注 ] 惟有在其下才能实现自己这个终极意图的那个形式条件，就是人们相互之间的关系中的法制状态，在其中，对彼此之间交互冲突的自由的损害，是由一个叫做公民社会的整体中的 [ 外在立法 ] 合法的强制来限制的；因为只有在这种 [ 允许私人生活领域"免于……"的消极自由权利的公民 ] 状态中，[ 人的 ] 自然禀赋的最大发展才可能发生。③

但囿于篇幅的限制，这里不能进一步阐明了。

"田野中国·当代民俗学文库""五部六册"体量庞大，一时间还难以卒读，现只能就其中部分著者著述问题意识的现代性客观语境条件与后现代性主观"体验"条件之间的关系，管中窥豹地以小孔成像之见，就教于著者本人和学界同人。

2020 年 9 月 9 日一稿
2023 年 5 月 9 日修订

---

①"宗教音乐……在'礼俗互动'的过程中被过滤掉了。这种倾向实际上一直延续到现在……对民间艺术的社会语境做了切割……又将艺术的一部分抽出来。"赵世瑜、张士闪，2019 年：352。另参见吕微《民俗学：一门伟大的学科——从学术反思到实践科学的历史与逻辑研究》，中国社会科学出版社 2015 年，"民间文学：'纯艺术化处理'的现代性普遍模式"，第 168 页。
②"对于'真问题'的探讨刚刚起步。"张士闪，2019：265。
③[ 德 ] 康德《判断力批判》，李秋零译，《康德著作全集》第 5 卷，中国人民大学出版社 2007 年，S.432，第 450 页。

# 第二节 拉家：民俗实践的承责意识

## ——民俗学实践认识的现象学直观与先验论演绎方法论①
### （2020 年 9 月 27 日）

一

在以上章节中，我们已经讨论了，道德法则对所有的人都是先验（客观、普遍、必然）地有效的，而每一个人即民俗学称之为"民"的所有普通人都先验（主观间普遍、必然）地具有对道德法则的意识。借用美国民俗学家鲍曼界定的"表演"为例：客观的道德法则既先验地内在于表演的主观准则——即鲍曼眼中作为文化规则、内部规矩的交流"责任"（responsibility）②——当中；表演者（演员/观众、听众）对道德法则的意识——用民俗学的术语，我们也许可以称之为"民俗传承的责任意识"简称"承责意识"（responsibilitive）或"承责感""承责

---

① 本节内容是根据作者 2016 年 11 月 27 日在中山大学（珠海校区）面向文学院本科生，以及 2017 年 5 月 18 日在上海大学（宝山校区）面向文学院研究生的学术讲座稿补充、修订而成，补充、修订过程中多次受益于高丙中、户晓辉的指正，谨此致谢！

② "表演在本质上可被视为和界定为一种交流的方式。"[美]鲍曼《作为表演的口头艺术》，杨利慧、安德明译，广西师范大学出版社 2008 年，第 8 页。"承担责任这一作为判断表演的标准的[本质性]因素。"同上引书，第 86 页。"承担责任对于我们所说的意义上的表演是本质性的。"同上引书，第 108 页。"[表演的]本质在于表演者对观众承担着展示交流能力的责任。"同上引书，第 131 页。"[表演的]本质就在于[表演者]要对观众承担展示交流能力的责任。"同上引书，第 161 页。"鲍曼是说这个[责任]能力是社区集体地共享的；比如京戏的票友与戏子之间的共识，不是这个圈子里的人不能理解；而康德似乎是说他们之间之所以能够理解的前提，这也就是说，人人都有这个[道德]能力。他们并不在同一个层次上说话。这是社会学科与哲学之间的区别，并不矛盾。我对表演的理解是：①表演只是一种交流框架，其他如引用、陈述、嘲弄、报道等。②每一种"框架"都有'责任'的问题在。在这个意义上，所谓'责任'相当于中国人所谓'做什么像什么'，表演者与观众对于'什么'有共识，尊重并遵循共识才是'负责任的'。"引自王杰文给笔者的来信。

力""承责性"①——也先验地内在于每一位表演者的主观观念当中。客观的道德

---

① 鲍曼表演理论 responsibility（责任）概念有"职责""任务""责任""责任心""响应性""响应度""可靠性""可信赖性""偿付能力"等意思，那么 responsibilitive 相应地应该有责任心、响应性、可靠性、可信赖性、责任能力等意思，我用 responsibilitive 来转达中文"承责意识""承责感""承责性""承责力"即"事前责任"（户晓辉）的意思。"对于'应责力'（accountability）的辨析，是想纠正（accountability）'问责'的用法所产生的问题，还原 accountability 作为主动概念的本来位置，应该与君子的心态是一致的。现在广泛使用（accountability）'问责'的翻译，把一个主动概念弄成了被动概念（把当事人当小人了），可能最后是事与愿违。"引自高丙中 2020 年 9 月 13 日的来信。"如今概念的跨界使用已很普遍，但将拿来的概念与本学科传统相联结，还是有利于发挥本学科的原有力量。'应责'能否在民俗学实践研究中用作'承责'？'承'原从属于'传承'，是民俗学的经典概念，有'传递''承接'的意思。'传承'原是理论认识静观的结果，现在赋予其'承担'的实践新意。也许比'移风易俗'好些，'移风易俗'有自上而下的意思；而非遗保护伦理原则第 6 条'每一社区、群体或个人应 [ 自我 ] 评定其所持有的非物质文化遗产的价值，而这种遗产不应受制于外部的价值或意义评判'，又太过于文化相对主义的'政治正确'。而'承责'既是主体的自我意志，也是主体的普遍意识。表演理论强调'责任'（responsibility），'承责'可以说 assume responsibility，但 assume 没有'传递'的意思。考察民俗传承的承责能力与承责的努力，应该可以成为民俗学实践研究的中层概念入口。"引自笔者 2020 年 9 月 13 日的复信。"accountability 的中文译词有很多（它原本用于 account 即会计 / 账目领域，后扩展到法律和社会领域）：尽责度；克尽职责；职责；问责制；经济责任；责任感；责任；可计量性；可衡算性；可说明性；公信力；责任追究；会计；责任可说明性；防抵赖；可追究性；可归责性；可确认性；问责；问责性；会计责任；受托责任；财务责任；承担责任的程度；经管责任；责任性；绩效性；问责制度；绩效责任；有责任；可数性；权责。英文对 accountability 的界定是：the quality or state of being accountable especially: an obligation or willingness to accept responsibility or to account for one'sactions. 还有这样的解释：The obligation of an individual or organization toaccount for its activities, accept responsibility for them, and to disclose theresults in a transparent manner. It also includes the responsibility for moneyor other entrusted property.Accountability is when an individual or departmentexperiences consequences for their performance or actions. Accountability isessential for an organization and for a society. Without it, it is difficult toget people to assume ownership of their own actions because they believe theywill not face any consequences. 大致说来，accountability 强调的事后责任及其解释、说明（Accountabilityis when people face consequences for their actions or performance），而 responsibility 强调的是事前责任。这个词德语一般译为 Verantwortlichkeit（责任，责任能力；正面上有'让 / 使……回答'的意思）。所以，窃以为高丙中译为'应责力'，吕微译为'承（承担、承认）责力'都强调个人作为主体的主动性和自主性，都颇具启发，都对研究民俗实践很有必要。"引自户晓辉 2020 年 9 月 14 日的来信。"accountability 用直白的话，就是说得清，能交代，是说事后被追问时能够解释自己做了应该应分的事情，实际使用情景是：你做事要想到可能有一天会被质疑、追问，那个时候你得说得清楚，尽管实际上很少有人来质疑。你现在做事就要想到以后的某一天被要求交代，避免交代不了（说不清）——就是透明性。如果你让人相信是随时说得清的，就是公信力。'应责'，是承担责任，更是回应'责问'。accountability 有硬的责任，更偏重软的说清楚自己的责任。"引自高丙中 2020 年 9 月 14 日的来信。"高丙中的解说，明白到位！我琢磨吕微的意思可能还想从中'开发'出对民俗学实践研究有用而且能用的意思。其实，高丙中在其专著（《社会领域的公民互信与组织构成——提升合法性

法则先验地内在于表演的主观准则当中，是说表演的道德法则就是内在于表演交流责任的比较普遍性主观准则的严格普遍性形式。[①] 由于表演的道德法则先验地内在于每一次表演的主观准则即表演的比较普遍性交流责任当中，所以即便某一次表演仅仅承担起表演的主观准则的比较普遍性交流责任，而没有承担起表演交流责任的严格普遍性形式即表演的客观道德法则，表演的客观道德法则仍然先验地内在于表演的主观准则即表演的比较普遍性交流责任当中，因而该表演就是主观准则与客观法则自相矛盾的表演——鲍曼称之为"不完全的表演"甚至"不是表演"的表演——但是，如果某一次表演不仅承担起表演的主观准则即比较普遍性交流责任，而且也承担起表演交流责任的严格普遍性形式即表演的客观道德法则，那么该表演就是主观准则合于内在于表演主观准则的客观道德法则而在逻辑上自洽的表演——鲍曼称之为"完全的表演"——至于表演者对表演的道德法则的意识，也先验地内在于每一位表演者的主观观念当中，即每一位表演者先验地都具有"表演应该是在道德上负责任的表演"的表演观念。由于"表演应该是在道德上负责任的表演"的表演观念先验地内在于每一位表演者的主观观念当中，因而即便某一次表演中某一位表演者没有承担起表演的责任，"表演应该是在道德上负责任的表演"的表演观念仍然先验地内在于每一位表演者主观观念当中。在田野调查中，表演者对"表演 [ 责任 ] 的否认"[②] 以反例的方式反向地证明了表演者在主观上先验地就具有"表演应该是在道德上负责任的表演"的表演观念。表演的客观道德法则先验地内在于表演的主观准则当中，表演者对表演的客观道德法则的意识先验地内在于表演者的主观观念当中，是民俗学家运用胡塞尔现象

---

和应责力的过程》，社会科学文献出版社 2016 年）中已经对这个词做了很好、很细致的辨析，尤其是第 290 页注释①已经点明，'自律''公信力''也可以是 accountability 的意译'。"引自户晓辉 2020 年 9 月 14 日的来信。"英文有 responsible，好像没有 responsibilitive，不过把德语 Verantwortlichkeit 译为 '承责性' 倒是与字面对应，意思也相符。"引自户晓辉 2020 年 9 月 14 日的来信。

① "这个立法形式，就其包含在准则之中而言，是唯一能够构成意志的决定根据的东西。"[ 德 ] 康德《实践理性批判》，韩水法译，商务印书馆 1999 年，S.29，第 29 页。

② 吕微《民俗学：一门伟大的学科——从学术反思到实践科学的历史与逻辑研究》，第十章"'表演的责任'与民俗学的 '实践研究'——鲍曼《表演的否认》的实践民俗学目的 - 方法论"，中国社会科学出版社 2015 年，第 374—375 页。

学主观性观念直观和康德先验论客观性理念演绎的"实践研究"方法，对表演主观准则中的客观形式和表演者主观观念中的客观理念予以反思还原的认识结果，根据这一反思还原的认识结果，民俗学家认识到，正是由于道德法则先验地内在于实践的主观准则、对道德法则的意识先验地内在于实践主体的主观观念，人才必然可能出于（先验地内在于自身的）法则而"行出"（perform）<sup>①</sup>在道德上自律地实践，尽管主体在经验中并不必然地就选择服从道德法则。<sup>②</sup>否则，如果法则偶然或或然地来自于实践和实践主体的"外部命令"<sup>③</sup>，那么，就根本不会有任何出于法则而在道德上自律的实践，也不会有主观准则在逻辑上与自身（先验地内在于自身的法则）自洽的实践；即便人们"行"出了道德，也只能是偶然或或然（但不可能自律而可能是伪善）的道德实践。进而，凭借着客观道德法则先验地内在于实践主观准则、对道德法则的意识先验地内在于实践主体主观观念的必然性，民俗学家也就阐明了：先验地内在于实践的主观准则的道德法则以及先验地内在于实践主体的主观观念的对道德法则的意识，是民（人）从不自由的客体（臣民）转型为自由的主体（公民），俗（文化生活）从他律的"日用"伦常（伦理）<sup>④</sup>转换为自律的道德实践的必然可能性目的条件。

---

① perform，或汉译为"实施"。[英]奥斯汀《如何以言行事——1955年哈佛大学威廉·詹姆斯讲座》，杨玉成、赵京超译，商务印书馆2013年，第168页。

② "在实践知识里面，即在单纯处理意志的决定根据的知识里面，人为自己所立的原理并不因此就是他势必服从的法则，因为理性在实践层面只处理主体，亦即欲求能力，而规则会以各种形式取决于欲求能力的特殊性质。"[德]康德《实践理性批判》，韩水法译，商务印书馆1999年，S.20，第18页。

③ [德]康德《纯粹理性批判》，邓晓芒，人民出版社2004年，A816/B844，第619页。"外来支持。"同上引书，A624/B652，第493页。"外来的……"同上引书，A625/B653，第494页。"外来的冲动。"[德]康德《道德形而上学奠基》，杨云飞译，邓晓芒校，人民出版社2013年，S.444，第86页。"外来是规定""外来原因。"同上引书，S.446，第89页。"外来的影响。"同上引书，S.448，第92页。"外在的动力。"[德]康德《实践理性批判》，韩水法译，商务印书馆1999年，S.35，第36页。"上帝的意志。"同上引书，S.39，第42页。"外在原因（比如上帝）。"同上引书，S.95，第103页。"外来[意志]的手中。"同上引书，S.101，第110页。"外在意志。"同上引书，S.129，第141页。

④《周易·系辞上传》："一阴一阳之谓道。继之者善也，成之者性也。仁者见之谓之仁，知者见之谓之知，百姓日用而不知，故君子之道鲜矣。"黄寿祺、张善文《周易译注》，上海古籍出版社1989年，第538页。

二

　　西村真志叶"以京西燕家台村的'拉家'为个案"① 对普通人在日常生活中的拉家现象的现象学主观性观念直观和先验论客观性理念演绎研究，是迄今汉语民俗学"实践认识"范式的诸田野案例研究中最成功的作品之一。西村真志叶对燕家台人日常生活中普通得不能再普通的拉家现象细致入微的"观察和阐释"（第94 页）②，至今未稍减其通过"实践认识"而表象的民俗实践（民众日常文化生活）在道德上"令人惊讶"③ 的"承责"韧性与"承责"力量。

　　"拉家"这个词是京西地区斋堂话的方言土语④，燕家台人用以在地化"实践地命名"⑤ 汉语普通话称为"聊天"的日常生活现象。西村真志叶将拉家这种日常生活现象主题化（或"专题化""课题化"），进而将"拉家"概念化，视"拉家"为燕家台人据以组织其日常生活中拉家的观念性"框架"（第99 页），以此，我们才可能凭借此"拉家"概念（观念性框架）的入口，进入且深入燕家台人"我们的圈子"⑥ 内部主观间比较普遍性有效的日常生活世界（视界）。

---

① 京西燕家台村，即北京市门头沟区清水镇燕家台村。西村真志叶《日常叙事的体裁研究——以京西燕家台村的"拉家"为个案》，博士论文，北京师范大学 2007 年。
② 西村真志叶《作为日常概念的体裁——体裁概念的共同理解及其运作》，《民俗研究》2006年第 2 期，以下凡引此文所注页码，均为该期《民俗研究》的页码。本文使用的田野材料均为西村真志叶 2005 年在北京市门头沟区清水镇燕家台村出色的调查成果。
③ 西村真志叶《日常叙事的体裁研究——以京西燕家台村的"拉家"为个案》，博士论文，北京师范大学 2007 年，第 12 页。参见户晓辉《返回爱与自由的生活世界——纯粹民间文学关键词的哲学阐释》，江苏人民出版社 2010 年，第 376 页。
④ "[拉家] 在其外部或许不过是一种普通话'聊天'的方言土语。"第 108 页。"几乎所有年龄层次的燕家台人都认为，'拉家是这儿的土语，城里人叫聊天儿'或者'老人们那候儿没文化，就是拉家；这候儿识字的都叫聊聊天儿。'亦即，他们自觉意识到拉家为'老人们'常用的'土语'，并把有关'山里（头）的'和'山外头的'的空间意识、'老人那候儿'和'我们这（那）候儿'的时间分段方式，作为一种体裁区分的基本知识而利用。因此，'我们这（那）候儿'的燕家台人有可能按照对方的身份而自觉地替换能指。"第 93 页。
⑤ "产生于文化实践，根据说话人的认知体系所形成的民间命名体系。"[美] 阿默思《分析类别与本族类型》，《民俗学概念与方法——丹·本－阿默思文集》，张举文编译，中国社会科学出版社 2018 年，第 105 页。
⑥ "拉家作为'老人们'常用的'土语'应属于'我们的圈子'，用在这些圈子外人士身上便容易觉得'不对口'。"第 107 页。

拉家已经成为他们 [ 燕家台人 ] 日常生活不言而喻的一部分，他们不但无法想象不拉家的生活，也根本没有不拉家的想法。（第 109 页）[ 但是，] 拉家作为……日常概念……如何被编入进燕家台人的日常生活，并在他们组织 [ 行为 ] 互动的过程中发挥作用，进而成为其 [ 日常生活 ] 有意义的一部分？（第 97 页）

为了回答上述问题，西村真志叶运用现象学主观性观念直观的 "实验性操作" [1] 方法，首先考察了燕家台人对 "拉家" 概念的 "共同理解（common under-standing）" [2]，即，如果 "在燕家台人的生活层面提问拉家是什么，这实际上意味着提问 '拉家被燕家台人 [ 主观上普遍地 ] 认为应该是什么？'"（第 96—97 页）[3]但是，由于拉家本身是一种非反思 - 直向 "自然态度"（胡塞尔）的日常生活 "命名实践"（第 85 页，第 96 页），所以燕家台人从来没有对 "拉家" 予以主题化、概念化而反思地 "定义" "拉家"，要不是西村真志叶提问，燕家台人永远都不会 "从生活层面提问拉家是什么" 并讨论 "何谓 '拉家'" 的问题 [4]——即 "在

[1] "正如常人方法学研究的各种实验性操作所说明，为了把握这种理解共同并对此进行描述，最简便的方法大概是人为地创造出这种共同理解的不在场……平时视而不见的常识，在与不具备这种常识的他者之间的交流中易于显化……根据笔者利用自己作为外来者的身份而获取的田野资料，大体了解燕家台人所谓拉家的体裁概念外延。" 第 79 页。
[2] "从生活层面看，被研究者主体一般都毫不自觉地运用体裁概念。而他们之间的沟通不会因此而出现障碍，这主要是因为他们对体裁概念达成了一定的默契。本文借用常人方法学（Ethnomethhodology）的术语，将这种不言自明的默契视为被研究者主体有关体裁概念的 '共同理解（common understanding）'。" 第 78 页。
[3] "正如日本社会学家西阪仰所言，假如是物理学，研究者不需要他们的研究对象如何看待自己的运动；而在人文学科中，只要忽略研究对象的看法，研究者便难以解释实际的社会现象。虽然这里有多种可能的原因，其中十分关键的一点，便是日常生活中的概念并不只是为了表现现实而被使用，它事实上也构成了现实的一部分，并在组织现实的过程中承担着一定作用。" 第 78 页。
[4] "只有在 '被提问' 与 '回答' 的过程中，被研究者主体才能积极地意识到这种共同理解的存在，才据此做出自觉的区分。" 西村真志叶《日常叙事的体裁研究——以京西燕家台村的 "拉家" 为个案》，博士论文，北京师范大学 2007 年，第 202 页。"生活世界里的拉家是一个非主题化的、不言而喻的、习惯成自然的互动活动，在燕家台人中具有 '天然' 的主观间有效性和可行性。燕家台人一般不会主动把拉家当作课题，甚至可能极少把它当作拉家本身的话题，[ 把 ] 拉家作为一个体裁概念……" 户晓辉《返回爱与自由的生活世界——纯粹民

[非反思的]自然条件下，这是永远都得不到语言[概念]化的经验性命题"（第97页）——以此，西村真志叶就是在实践着民俗学家作为"日常生活的启蒙者"[1]而不是高高在上的"移风易俗"教育者角色。

> 我们之所以重视由拉家概念构成的各种特性，只是因为它们能够反映出拉家在燕家台人眼中"应该如何"，并在日常生活的层面作为一种燕家台人[根据拉家的目标而]认为"应该遵循"的[弹性]实践方针或原则——不是作为它们必须据此实践拉家的[硬性]规则——而存在。为了观察和阐释拉家在实践的层面"究竟如何"，把握燕家台人有关拉家["应该是什么""应该如何"即"应该遵循的实践方针或原则"]的共同理解是必要的。（第94页）

西村真志叶通过多种渠道[2]，引导燕家台人对日常生活世界中的拉家现象予

---

间文学关键词的哲学阐释》，江苏人民出版社2010年，第378页。

[1][德]鲍辛格等著《日常生活的启蒙者》，吴秀杰译，广西师范大学出版社2014年。"责任仅仅是对自己关于什么是义务或者不是义务的知性进行启蒙。"[德]康德《道德形而上学》，张荣、李秋零译，《康德著作全集》第6卷，中国人民大学出版社2007年，S.401，第413页。"[如果]学生就连他应当如何提问也不知道；因此，惟有教师才是提问者。但是，教师有条理地从学生的理性中诱导出的回答必须以确定的、不易改变的表述来措辞和保存，因此必须相信他的记忆：在这一点上，问答的教学方式不仅与独断的教学方式（这里惟有教师在说话）有别，而且与对话的教学方式（这里双方相互问和答）有别。"同上引书，S.479，第489页。"使一个他人的完善成为我的目的，并认为我对促成这种完善有义务，亦是一个矛盾。因为另一个人作为一个人格，其完善恰恰就在于这一点，即他自己有能力按照他自己关于义务的概念为自己设定自己的目的，而且要求（使之成为我的义务）我应当做除了他自己之外没有别的人能够做的事情，是自相矛盾的。"同上引书，S.386，第399页。"询问学生关于义务概念已经知道的东西，并且可以被称为询问的方法，这样做要么是因为人们已经告诉他，仅仅出自他的记忆，这叫做真正的问答的方法，要么是因为人们预设这已经自然而然地包含在他的理性中，只需要从中开发出来，这叫做对话（苏格拉底的）方法。"同上引书，S.411，第424页。

[2]首先是"通过3种渠道而搜集的若干常见话语形式的名称"：一，"通过与燕家台人的长期相处，从燕家台人的自然表述中获取了若干的常见非拉家名称"；二，"在燕家台村域内遇见正在说话的燕家台人时，对参与说话者或周围的非参与者进行了提问"；三，"从燕家台出身的地方精英所做的记录中挑出反复被使用的体裁名称，对随机抽取的30位燕家台人进行了提问"。第79—80页。"在初步把握燕家台人的常用话语形式之后，向随机抽选的140名中老年常住人口提问'拉家和××是一样的吗？'"第81页。"于2005年3月25日在赵永清

以主题化、概念化，而呈现了燕家台人对"拉家……应该是什么""应该如何"即"不但是拉家的实践群体赖以成立的组织原则，同时又是拉家的实践群体努力实现的组织目标之一"（第88页）的"共同理解"。所谓"共同理解"是说，对某一位燕家台人来说，不仅他自己对"拉家"的命名会做如是解，同时他也相信其他的每一位燕家台人对"拉家"的命名也将做如是解。[①]这样，根据燕家台人对"共同理解"的"拉家"概念以及蕴含的"拉家……应该是什么""应该如何""应该遵循的实践方针或原则"的"拉家概念的'语法'"（第108页），我们就能够理解燕家台人如何在生活中承担起他们自己"眼中的拉家"（第99页）。

> 这里所谓"语法"指的是"对象的内部性质"，既："一个属性，如果不能设想它的对象不具有它，它就是［对象的］一个内部［即先验］属性。"换句话来说，"无法设想某一对象不具有某一属性"也意味着"可以从某一对象本身非经验性地、必然地引导出某一［内部的先验］属性"……立足于对象内部属性的推论而做出一致的判断。日本哲学家鬼界彰夫便把最终推论称做"对象的逻辑"，并指出了这是一种基于社会认知关系的共同体逻辑。（第108页）

凭借拉家"内部属性"即"拉家……语法""非经验性"的"对象逻辑"或"共同体逻辑"，燕家台人就在他们的日常生活中组织起拉家并承担起拉家"应该"的先验"目标－原则"。

> 拉家是在他们日常生活中极其常见的、公开的、友好的、随意［即

---

家中举办了集体座谈。"第85页。"从所有被提问者中，选出表述能力或合作程度较高的49位燕家台人，进行了单独访谈与集体座谈。"第86页。
①"他也可以确信该行为为拉家，也可以确信对方同样确信该行为为拉家。"第95页。"人们必然认为自己也是这样的存在……其他每一个理性存在者认为他自己的存在也是依照那对我也有效的同一理性根据"，"它必定对所有理性存在者都同样有效"。［德］康德《道德形而上学基础》，孙少伟译，九州出版社2007年，S.429，第85页；S.427，第81页。

"任意"] 的普通行为，也应该是在他们的日常生活中极其常见的、公开的、友好的普通行为。这些特性与其说是拉家的自然属性，不如说是燕家台人通过彼此的行为互动而 [任意约定地] 建构起来的 [伦理属性]。……燕家台人将有关拉家的共同理解作为 ["应该"的"目标－原则"] 框架，正在创建他们眼中 [符合这一先验"框架"] 的拉家。（第 98—99 页）

燕家台人根据自然节律把日常生活——"[拉家] 得以流通的特定社会文化语境"（第 78 页）——的一年时间分割为"长天"和"短天"；再根据生产节奏把日常生活的一天时间分隔为"应该劳作的时间"和"可以不劳作的时间"；并分别分配给"应该劳作的时间"和"可以不劳作的时间"以"使得慌"和"闲着"的不同"生活基调"的伦理"价值"。[①]燕家台人认为，拉家只能是安排在"可以不劳作的时间"的日常生活中"闲着"的行为、行动、活动；这样，由于赋予了"可以不劳作的时间"的"特定社会文化语境"以"闲着"的"生活基调"伦理"价值"，拉家就凸显了"没事""没干啥"（第 90 页）"随意""随便"的看似无目的性的非功利性，尽管拉家实际上承担着"拉家……语法""共同体逻辑"的先验伦理"目标－原则"。

燕家台人认为，拉家应该只在"可以不劳作的时间"中进行。因此，即使有些人在做农活时——亦即在"应该劳作的时间"中——"歇

---

① "劳作与非劳作的划分，可以说是中老年燕家台人赖以构造生活节奏的基础。无论是纯农户的还是半农户的，无论是'短天'的还是'长天'的，在他们的所有时间分配方式中，一天往往都被分为'应该劳作的时间'和'可以不劳作的时间'两种，各项日常活动都在这两种时间中进行定位，从二者之间带有规律性的更换中，便出现燕家台人的生活基调——'使得慌'与'闲着'。"第 103 页。"从此意义上而言，燕家台人在'应该劳作的时间'和'可以不劳作的时间'的基础上构成的'使得慌'与'闲着'这两种生活基调，也可以说是他们据此划分各项日常活动、并给定价值判断的一种标准。假如有人违背这种标准，在不恰当的时间中进行不恰当的行为，那么，他的行为随时都可能引起其他燕家台人的质疑，甚至可能让他在'熟悉的社会'中得到诸如'爱出风头''爱美''懒人''没出息''败家子'等各种'标签'。"第 104 页。

会儿"[注意：不是"闲着"——笔者注]并与别人说话，说话者一般不会把自己的行为命名为拉家，别人也不会将其命名为拉家。假如别人把他们在"应该劳作的时间"中的说话命名为拉家，那么，[如果]他同时判定说话者为"闲着"，拉家由此成为违背常规[即拉家的主观准则]的"胡拉家"，随时都可能遭到批评。而……这种被批评为"胡拉家"的拉家，在燕家台人看来未必是拉家[，即不能与其"应该遵循的实践方针或原则"相一致因而自行瓦解的拉家]。（第104页）

拉家的看似非目的性的非功利性实则合目的性的功利性，通过临时被征用作为"拉家场地"即"严格地被限定其[可临时用于拉家]目的的共同财产"（第98页）的"无主地带""公共场所""公共空间"，以"进行一种范围较小的社区性交流"的"公共性"拉家，就能够体现出来。

拉家的常规地点一般都位于行人频繁的路口、商店门口，或者位于圈门①或礼堂前面的空地。这些地点几乎都是一种公认的"无主地带"，其公共性使得任何人在原则上都可以在此进行拉家。（第98页）

他们从春季到秋季分别共享各自的公共空间，并利用空间的公共性进行一种范围较小的社区性交流。拉家场地的公共性，既取决于它所设地点，又依赖于利用者的操作……这些[供拉家参与者"利用"的]座位仅为了拉家而存在，在此意义上而言便是严格被限定其[可临时用于拉家]目的的共同财产。（第98页）

---

①"燕家台是个村名，位于京西门头沟区清水镇的北山里，再西不远就是河北了……进村，首先见到的是'圈门'，孤零零一个城门楼子，类似微缩的'大前门'，两层，上面是个木质凉亭，下面是个门洞，两边没有城墙。门洞左右的基础部分，嵌入了两块碑，一块是明嘉靖九年的，主体为这里有名的'通仙观'；另一块是至元二十八年的，短信学历史的朋友，他查知是公元1291年丘处机搞的。我以为这是一个古迹，翌日早上，85岁的李兴华老先生告我，它是拆了日本炮楼盖的，解放后；二碑本在东龙门洞口，搬过来的，通仙观址还有两棵松树，我种的。"孙助《燕家台和西村真志叶》，见"马蜂窝旅行家专栏（mafengwo.cn）"网页。

　　这些座位将燕家台居民区内的部分公共场所隔离于其他公共场所，使之成为公认的拉家场地。对燕家台人而言，这些场地与拉家之间的关系是不言而喻的，是不可置疑的，因此，一般情况下，凡是坐在此地说话的人们都被视为"在拉家"，甚至一个人坐在此地，都被视为"正等着有人过来拉家"。亦即，拉家场地与拉家概念之间存在一种相对固定的社会认知关系，命名者据此以无须说明的确信而进行命名，并排斥其它 ["非拉家"] 命名的可能。（第 98 页）

　　这里借用康德的说法，如果空间形式最终以时间形式为条件，那么，我们也可以说，"无主地带""公共场所""公共空间"之所以能够被临时征用作拉家场地，是以拉家的"特定时间"即"可以不劳作的时间"为先决条件的，即让"拉家场地作为拉家场地发挥作用的特定时间"。

　　燕家台人不可能也没有必要整天对拉家场地负责，否则他们难以维持正常的村落生活，甚至连居民区内的自由移动都成为问题。实际上，上述公共场所，只有在特定的时间里才成为拉家场地，并约束燕家台人的行为。每到特定的时间，燕家台人自然而然地来到拉家场地，又自然而然地离去，至于在其他时间，它不过是无人的、因此可以略过的空地。这种 [ 让 ] 拉家场地作为拉家场地发挥作用的特定时间，便是燕家台人基于拉家概念所共享着的拉家的时间 [，即"闲着""可以不劳作的时间"]。（第 99 页）

　　但是，拉家场地作为"公共空间"作为即"公开的社交互动"（第 97 页）的"社交手段"（第 89 页）的"公共性"，暴露了"拉家时间"——作为"拉家空间"的"内部状态""内心的规定"即拉家"灵魂"[①]——的"公共性"。这就是说，尽

-----

① "时间是所有一般现象的先天形式条件。空间是一切外部直观的纯形式，它作为先天条件只是限制在外部现象。相反，一切表象，不管它们是否有外物作为对象，毕竟本身是内心的

管"拉家的时间"是所谓"闲着""可以不劳作的时间";但"闲着""可以不劳作"却并不意味着"拉家时间""灵魂"的私人属性。这一点对于我们理解拉家之为"一种范围较小的社区性交流"的拉家的本质,是非常重要的。

当然,无论如何,由于只有在"可以不劳作的时间"里,燕家台人才可能因并非"使得慌"而"闲着"而拉家,进而燕家台人根据他们"共享"的对拉家因并非"使得慌"而"闲着"的看似无目的非功利性实则合目的功利性的"共同理解",制订并承担起燕家台人"眼中的拉家""语法",即"拉家……应该是什么""应该如何""应该遵循的实践方针或原则"即拉家"常规"的主观准则。拉家"常规"的主观准则,西村真志叶概括为五个方面。

(1)"复数参与者之间的直接互动"(第86页)或"复数参与者之间相对平等的互动"(第95页);

(2)"参与者之间的友好关系"(第88页)或"参与者的友好关系与恶意的缺席[即恶意态度不得出场]"(第95页);

(3)"普通话题"(第91页)或"参与者的无限制性与话题的一般性"(第89页,第95页);

(4)"随意性与格式性之间的均衡"(第92页)或"随意性与格式性的相对均衡"(第91页,第95—96页);

(5)"对交流对象的认同与对拉家的占有感"(第93页)。

以上五条拉家"常规""语法",是西村真志叶用现象学主观性观念直观和先验论客观性理念演绎方法(尽管后者尚未自觉)反思地还原的燕家台人为拉家制订的"实践方针或原则",即先验交互地任意约定的伦理实践主观准则或文化规则、内部规矩的"共同体逻辑"。这五条"拉家……语法"的"共同体逻辑"体现了从实践准则的特殊内容(目的)规定性上升到普遍形式(原则)规定性的先

---

规定,属于内部状态,而这个内部状态却隶属在内直观的形式条件之下,因而隶属在时间之下,因此时间是所有一般现象的先天形式,也就是说,是内部现象(我们的灵魂)的直接条件,正因此也间接地是外部现象的条件。"[德]康德《纯粹理性批判》,邓晓芒译,人民出版社2004年,A34/B50—51,第37页。

验综合反思－还原的有意安排。①

（1）"复数参与者之间的直接互动"或"复数参与者之间相对平等的互动"

"拉家是 [ 互动地说话或对话循环的 ] 一种形式。"（第 92 页）

"拉家是相互讲，你说一句我说一句。"（第 87 页）

拉家需要一定的对话循环，因为"说一两句话不是拉家"。（第 97页）

"拉家是说话的一种形式。说一两句话不是拉家，必须是你 [ 对我 ] 说一个事儿，我 [ 对你 ] 说一个事儿。"（第 92 页）

[ 燕家台人 ] 自觉地意识到了拉家是"你"和"我"之间的对话循环。（第 92 页）

"拉家是双方随便聊，汇报是单方向的。"（第 87 页）

"你有啥事，你对我说，这就是 [ 单方向的 ] 汇报，不叫拉家。"（第 90 页）

"个人 [ 单方向的 ] 磨叨不叫拉家"，因为拉家需要"你说我听，我说你听"。（第 87 页）

这种"磨叨"同样不能算做是拉家，因为"跟别人 [ 单方向的 ] 磨叨，别人就不用听。"（第 87 页）

"广播"之所以不能算做拉家，是因为"广播也是单方向的，不想听也要听"。（第 87 页）

燕家台人用来将"磨叨"和"广播"区别于拉家的重要标准，是"你说我听，我说你听"。换言之，两个以上的参与者以"对话循环"为

---

① "从各人建立在其禀好上的准则开始，从对某一类在某种禀好上相互一致的理性存在者都有效的规矩开始，最后从对一切理性存在者都有效的法则开始，而不计及其禀好，如此等等。以这样的方式，我们综观了我们须完成的整个计划，乃至综观了实践哲学务须回答的每一个问题，同时综观了理当遵循的秩序。" [ 德 ] 康德《实践理性批判》，韩水法译，商务印书馆 1999 年，S.67，第 72—73 页。吕微《民俗学：一门伟大的学科——从学术反思到实践科学的历史与逻辑研究》，"从具体上升到抽象和从抽象上升到具体"，中国社会科学出版社 2015 年，第 260 页。

基础的互动，被视为拉家的特性。（第 87 页）

"传话就是他 [ 单方向的 ] 跟你说啥，你 [ 单方向的 ] 跟我说啥"，这种"你"介于"他"和"我"之间的间接互动未必被视为拉家的特性。（第 87 页）

"唱词不是拉家。唱戏是一种 [ 单方向的 ] 文艺，拉家没有观众 [，都直接参与 ]。"（第 87 页）

"唱词、唱戏属于 [ 单方向的 ] 搞文艺，不属于拉家。拉家是随便讲。"（第 92 页）

"说书就是一种 [ 单方向的 ] 文艺吧？不算个拉家。跟咱没关系，咱是观众 [，不直接参与 ]。"（第 87 页）

"你说我听，我说你听"的对话循环仍然可以出现在他们 [ 男性中老年燕家台人 ] 的"拉古"或"说书"之中 [，尽管在一些女性中老年燕家台人看来，"拉古"或"说书"不是拉家 ]。（第 91 页）[1]

"故事跟拉家差不多，但是故事就是一个人 [ 单方向的 ] 讲给别人，拉家是相互讲，你说一句我说一句。"（第 87 页）

"讲故事"在她们 [ 女性中老年燕家台人 ] 的分类感觉中是更接近于拉家的非拉家，这仍是因为她们在"讲故事"的过程中能够作为发话主体而参与对话循环。（第 87 页）

（2）"参与者之间的友好关系"或"参与者的友好关系与恶意的缺席 [ 即恶意态度不得出场 ]"

"拉家是友好的，闹意见、吵架都不是友好的。"（第 88 页）

---

[1] "'你说我听，我说你听'的对话循环仍然可以出现在他们 [ 男性中老年燕家台人 ] 的'拉古'或'说书'之中。而他们一旦成为'拉古'或'说书'的发话主体并与其他同样'会拉家'的男性中老年燕家台人之间产生一定的互动，那么，从古到今的历史便集中体现在'现在这候儿'的他们身上，这两种非拉家从'我听你说过去的老人流传下来的'变为'现在你和我相互叙述过去的老人流传下来的'。"第 91 页。

"拉家是友好的"的这一说法，至少蕴含着两种含义。首先，实践拉家的群体需要以参与者之间友好关系为基础。这可以说是燕家台人有关拉家实践群体的组织原则。……当然，参与者之间的友好关系，不但是拉家的实践群体赖以成立的组织原则，同时又是拉家的实践群体努力实现的组织目标之一。（第88页）

"拉家是友好的"的另一种含义，便是拉家的话题和实践过程不含有针对某人的恶意 [即恶意的缺席]。亦即，拉家的友好性质不仅体现在参与者之间，还体现在非参与者——尤其是其他燕家台人身上。"造谣"之所以远离拉家，其重要原因便在于此。从"造谣就是跟你胡说，是有点无中生有这么个意思，是一种贬义词，拉家 [是] 友好的。它不是一件坏事"诸如此类的解释中可以看出，在中老年燕家台人的理解中，"友好"一词直接牵扯到了他们的道德观念。（第88—89页）

他们认为，拉家应该在实践群体成员"友好"气氛中进行，即使该群体的非成员突然参与到其中，或者偶然听到拉家的内容，该群体内的"友好"气氛不会因此而遭到破坏，而且这些非成员与原成员之间也可以 [通过拉家] 建立友好关系。（第89页）

这里需要特别提请注意的是，燕家台人从"你说我听，我说你听"的拉家复数参与者之间互动地说话的"对话循环""常规"，引申出像列维纳斯说的"'你'优先于'我'的地位""'你'优先于'我'的对话循环规则"（第105页）。

当燕家台人提及拉家的对话循环时，一定将其描述为"你说我听，我说你听"，而不会描述为"我说你听，你说我听"。"你"优先于"我"的地位，似乎意味着参与者之间的友好关系是他们努力建构和维持的 [目标] 结果。（第88页）

[燕家台人] 一般都遵守"你"优先于"我"的对话循环规则，先提问对方目前的状况（如"干啥去来着？""在家来？""吃了？"），并

根据对方的反应，来测探他是否"闲着"。（第 105 页）

由于拉家的"组织目标""组织原则"是为了建立"参与者之间的友好关系"，所以拉家也应该是参与者之间诚实的交流，不能说假话即不能"胡拉家"。

"造谣就是跟你胡说，不是拉家。"（第 92 页）

"胡说八道没谱 [ 没有原则、不负责任 ]，不叫拉家。胡拉家 [ 说假话 ] 不是拉家。"（第 91—92 页）

"闹意见、吵架、骂人也是随便讲，但是你骂我，我不能随便着 [。即，即便拉家建立在"任意"的基础上，"任意"也是服从原则的 ]。"（第 92 页）

"广播""闹意见""磨叨"等部分非拉家，燕家台人对此进行了明确的区分，将其命名为拉家的概率几乎为零。（第 85 页）

（3）"普通话题"或"参与者的无限制性与话题的一般性"

"拉家，跟谁都可以拉家。悄悄话 [ 不能公开，不是拉家 ]，[ 参与拉家的 ] 人多了就不能 [ 悄悄 ] 说。"（第 89 页）

拉家应该是任何人都可以参与的、公开的社交活动。（第 97 页）

参与者在一定程度上的无限制性，被视为拉家的特性。（第 89 页）

他们所谓拉家的"友好"是一般性质的 [ 目的要求 ]。亦即，并非只有 [ 人事上 ] 关系友好的参与者 [ 例如"好朋友""铁哥儿们" ] 才能拉家起来，那些尚未建立友好关系的参与者也可以把拉家作为社交手段，来建立较好的人际关系。（第 89 页）

参与者的无限制性，不但因为这种拉家是任何人都可以 [ 有权利任意 ] 参与的交流活动，还意味着拉家是任何人都能够 [ 有能力任意 ] 参与的交流活动。（第 89 页）

　　为了无限制的参与者进行"你说我听，我说你听"的对话循环，拉家的话题有必要是一般性的 ["普通话题"]。换言之，在拉家的实践过程中，每个参与者根据他们所共享的知识，都能够理解发话主体的发话内容，并能对此发话。越是成员不固定的拉家群体，话题的一般性越是成为关键。可以说明这一点的例子，便是"没干啥"。当笔者提问正在说话的燕家台人"在干啥"时，他们往往回答说："没干啥，咱们在拉家。"他们实际上用"没干啥"一句来表示：我们并不是在谈些重要的特殊事情，而正因为没有特殊事情才说些不很重要的事情，假如你愿意就可以参与我们的拉家，假如有什么重要的特殊事情就可以打断我们的拉家。（第 89—90 页）

　　以此，所谓"话题的一般性"也就是拉家内容"没有 [ 特别规定的 ] 原则"（第 92 页）的一般性规定。

　　"拉家就是你说个西，你 [ 我？] 说个东，[ 没事、无目的 ] 随便讲，没有原则。（第 92 页）

　　"拉家就是平常对话。"（第 90 页）

　　"拉家就是平平常常，[ 没事，无目的，] 有什么说什么。"（第 90 页）

　　"'拉家' 是我们到这里来 [ 没事、无目的 ] '闲聊'"。（第 91 页）

　　"拉家不是正式活动，[ 没事、无目的 ] 拉家是随意的、不规范的[，即拉家内容没有 "原则""规范"]。"（第 91 页）

　　"拉家就是闲聊，有事 [、有目的 ] 就不拉家了。"（第 104 页）

　　"说话和拉家不一样。有事 [、有目的 ] 就说话，没事 [、无目的 ]就不说话。拉家就是闲聊，有事 [、有目的 ] 就不拉家了。"（第 90 页）

　　"有事儿 [、有目的 ] 就商量，没事儿 [、无目的 ] 就拉家。"（第 90页）

　　"拉古心里有目的 [、有事儿 ]，不是拉家。"（第 90 页）

拉家"话题"内容的一般性，似乎最能体现拉家"随便""随意"（任意）无目的性的非功利性；当然，其实并非仅仅如此。由于拉家是向每一位愿意参与拉家的人开放的"公开的社交活动"，是向每一位愿意参与拉家的人开放的对话互动的"公开的社交活动"，是向每一位愿意参与拉家的人开放的对话互动而真诚、友好的"公开的社交活动"；所以，为达成燕家台人"眼中的拉家"开放、互动、真诚、友好的目标－原则，凡愿意参与拉家的人也都应该遵循燕家台人"眼中的拉家"的目标－原则即拉家的准则，即"拉家……应该是什么""应该如何""应该遵循的实践方针或原则"也就是"拉家……语法"的"共同体逻辑"。拉家的目标就是拉家的原则，反过来说，拉家的原则也就是拉家的目标；即"拉家的实践群体赖以成立的组织原则，同时又是拉家的实践群体努力实现的组织目标"。① 而为了实现拉家的目标－原则，拉家的参与者（"利用者"）都"应该""需要""有必要""有义务"甚至"必须"承担起拉家"常规"的具体责任；就像鲍曼说过的，表演者（演员和观众、听众）双方都应该承担起表演的责任。燕家台人的拉家和鲍曼的表演，都是应该负责任的"公开的社交活动"，而对于"一种范围较小的社区性""公开的社交活动"即康德所谓"在一个居住地由自然为了互相帮助而联合起来的理性存在者"② 共同体内部的表演或拉家这样"公开的社交活动"来说，表演或拉家本身就是"共同体逻辑"内部强制的"日常［伦理］义务"（第 99 页）。

　　燕家台人需要对各自的拉家场地负责。出现于坐在拉家场地的利用

---

① 笼统地说"目标－原则"当然是可以的，但如果细分起来，只有质料原则才可以直接称为"目标－原则"，而纯粹形式原则不能直接称为"目标－原则"。在拉家中，"友好"是质料性的"目标－原则"（这里暂且无论是经验性质料还是先验质料），而"互动"是形式原则，至于"循环""和解"则是纯粹的形式原则。由于西村真志叶没有明确区分质料原则与形式原则，所以有"拉家的实践群体赖以成立的组织原则，同时又是拉家的实践群体努力实现的组织目标"的笼统说法。

② ［德］康德《道德形而上学》，张荣、李秋零译，《康德著作全集》第 6 卷，中国人民大学出版社 2007 年，S.453，第 464 页。

者与路过此地的其他利用者之间的"打招呼"，可以说是燕家台人的日常义务行为。（第 99 页）

只要该拉家的主要利用者经过此 [ 拉家场 ] 地并被其他利用者所发现，那么，即使他不准备拉家，也要停下来说几句，甚至有必要交代他之所以不能拉家的正当理由；而只要在拉家场地的某人发现该拉家场地的其他利用者经过此地，那么，前者有义务提问后者"吃了？""上哪儿呢？"或者邀请前者参与拉家："坐会儿吧！"亦即，该场地的主要利用者在这一特殊的空间中，有必要采取特定的举动。而这种特定的反应，主要把燕家台人有关拉家的共同理解作为基础。（第 98 页）

每当燕家台人在"可以不劳作的时间"中欲与另一个或几个燕家台人进行某种活动时，前者首先往往向后者"打招呼"，并积极地引导后者进入拉家的过程之中。此时，他一般都遵守"你"优先于"我"的对话循环规则，先提问对方目前的状况（如"干啥去来着？""在家来？""吃了？"），并根据对方的反应，来测探他是否"闲着"。而除非有些非常规性事件在身（如生病、接待客人等），那么，对被测探的燕家台人而言，唯一能够拒绝拉家的正当理由，便是"使得慌"。因为那些"使得慌"的人被视为不可能也不应该拉家，假如违背这种基本看法，他们的拉家便成为应该纠正的"胡拉家"。而且在燕家台人的共同理解中，拉家的参与者应该是友好的，无限制的。（第 105 页）

拉家"常规""义务"的"有必要""需要""应该"甚至"必须"，均透露出拉家看似无目的的、非功利而实际上合于伦理目的、出于功利手段的行动"价值"，尽管拉家的伦理－功利性"常规""义务"目的－手段不是硬性而只是弹性地规定。

对燕家台人而言，拉家的意义似乎远远大于无事可做的燕家台人在休息时间进行的娱乐。"闲着"是相对"使得慌"而言的、具有 [ 伦理 ]

价值的一种生命形态，"可以不劳作的时间"又是燕家台人赖以组织日常生活的基础之一。因此可以说，"闲着"的燕家台人在"可以不劳作的时间"中进行的拉家，与"使得慌"的燕家台人在"应该劳作的时间"中进行的农活同样，都是为了经营正常的日常生活而必不可少的一种[技术和伦理]生存手段。（第109页）

燕家台人"眼中的拉家"是一种出于伦理目的–原则和功利性手段的"社交"活动，尽管拉家的"话题"内容，看似无目的而非功利；但拉家的"对话"形式，实则无目的而合目的、非功利却致伦常。而燕家台人的拉家之所以能够承担起"社交"伦理性目的–原则和功利性手段的"义务""常规"，又端在于作为主观伦理准则的拉家"义务""常规"先验地内涵有客观的道德法则，即内在于主观准则的普遍性（化）交流责任形式。正是这种普遍性（化）交流责任形式，奠定了燕家台人拉家的诸多"有必要""需要""应该"甚至"必须""义务""常规"目的–原则条件的先验基础。

以上三条拉家"义务""常规"都出自西村真志叶对拉家主体主观观念的现象学直观，由此而肯定了拉家的"社交"伦理性质。但下面第四条"常规""义务"则并不能通过对拉家主体主观观念的现象学直观而获得——因为无论"随意性""格式性"还是"均衡"并不存在于拉家主体主观观念的表象中——而是得益于对先验地内在于拉家主观准则的客观道德法则以及内在于拉家主体主观观念的道德法则意识的先验论客观性理念演绎的认识方法。[1]

（4）"随意性与格式性的均衡"或"随意性与格式性的相对均衡"

所谓"随意性"指的是拉家"话题"内容"随便""随意""没有原则"无规定性的特殊规定性（或者说对特殊内容的无规定性）；而所谓"格式性"指的是拉家对话形式"互动""循环""友好""平等"的弹性甚至硬性（准强制的）普

---

[1] "我原先经过慎重考虑暂时不把这个判断限制于我们理性的主观条件，为在许可它的方式得到切近的规定之后才应用这个限制[条件]。"[德]康德《实践理性批判》，韩水法译，商务印书馆1999年，S.145，第158页。

遍性（化）形式规定性。一次完美的拉家——就像鲍曼"完全的表演"——就在于逻辑上实现了"随意性与格式性的均衡"即"实现[拉家特殊内容与普遍形式]二者之间的和解"（第108页）。我们就已经讨论了，所谓"道德法则"，不是说在实践的主观准则之外还另有一个能够限制主观准则的客观原则，而是说道德法则作为客观原则先验地就内在于主观准则当中，即先验地内在于质料＋形式的主观准则的纯粹形式。而从意向性的角度说，任何主观准则都先验地内涵有在形式上自我普遍化（性）以及突破比较（有限）普遍性（化）边界的严格（无限）普遍性（化）形式的意向性；否则，任何不具有普遍意向性形式的主观准则都不可能在实践中自称或者被称为"原则"。现在，如果说"互动""循环""友好""平等"等附着在拉家的普遍交流责任形式（客观道德法则）上面的"格式性"具体质料、内容（目的）规定性，仍然可以诉诸对拉家主体主观观念的现象学直观；那么，先验地内在于拉家主观准则的客观道德法则即普遍交流责任形式，则只能是暂且屏蔽了拉家主观准则的质料、内容（目的）规定性之后，对拉家主观准则的客观道德法则普遍形式的理念予以先验论客观性演绎的还原结果。套用康德的话说就是，"倘若我们抽去法则[这里的'法则'应为'准则'——笔者补注]的全部质料[例如'互动''循环''友好''平等'等目的规定性]，即意志的每一个对象（作为决定根据[的目的]），那么其中就剩下普遍立法的单纯形式了"。①因为像"均衡""和解"这样的纯粹形式规定性，我们并不能通过对实践主体主观观念的现象学直观而直观到，但却是（也确实）能够通过对实践主体主观观念的先验论客观性理念演绎而反思地还原出来的非经验性－先验理念，即"无法设想对象不具有的内部属性"。

　　　　在他们[燕家台人]的共同理解中，拉家虽然需要"随便"[即"话题"的"没有原则"性亦即主观准则特殊内容的无规定性，]却不能完全"没谱"[没有客观法则的普遍形式规定性]，应该在随意[的主观准

---

① [德]康德《实践理性批判》，韩水法译，商务印书馆1999年，S.27，第26—27页。

则内容]与格式性[的客观法则形式规定性]之间取得一定[合目的性、合法则性]的均衡。(第92页)

"说笑话"之所以在男性中老年燕家台人的分类感觉中与拉家保持着较大的距离,其原因之一便在于"说笑话跟说相声差不多,两个人说着玩儿",亦即它被认为缺乏拉家应有的[合拉家目的-原则的]格式性。(第92页)

关于这种随意性[内容]与格式性[形式]的均衡程度,男女中老年燕家台人的理解之间存在一定的差异。那些男性中老年燕家台人,尤其是老年燕家台人相对重视拉家体现在内容和形式两方面的格式性[规定性]。就内容来说,他们比较在意情节的前因后果合理与否、有无可信性[的格式性规定性]。……除了内容,拉家在形式上还需要具备一定[普遍形式]的格式性[规定性]。关于这一点,男性中老年燕家台人反复说道:"拉家是一种[互动地说话、对话循环的]形式。"如李永照认为,"拉家是说话的一种形式。说一两句话不是拉家,必须是你说一个事儿,我说一个事儿。"这里,他自觉地意识到了拉家以"你"和"我"之间的对话循环[为普遍形式要求的客观道德法则]。(第92页)

先验地内在于拉家主观准则的客观道德法则的"社交"责任普遍形式(或普遍的"社交"责任形式)的"格式性"规定性通向了拉家最终的目的-原则理想。

(5)"对交流对象的认同与对拉家的占有感"

拉家的第五条"常规""义务"规定,实际上是上述拉家"常规""义务"的第一、第二、第三条质料(目的-内容原则)规定性和第四条纯粹形式原则规定性的综合,就像康德规定了实践准则的形式规定性和质料规定性之后对实践原则的综合("完整")规定即"目的王国"的先验理念-理想设定。[①] 由于拉家的普

————————

① "一切实践立法的根据客观上就在于使这种立法能成为一条法则(尽可能是自然规律)的那种规则和普遍性的形式(按照第一个原则),主观上则在于目的;然而,全部目的的主体

遍形式原则规定性以及综合的目的内容原则的先验理念－理想规定性，拉家就自我表象了先验地内涵的不断扩大"交流对象"直至拉家对象的全体性以及不断扩大对拉家的"占有感"直至"占有感"的"全体性"或"总体性"感觉的拉家理想。[①] 正是出于"参与者的无限制性"的"全体性""总体性"先验理念－理想，推动了拉家主体出于对拉家主观准则与客观道德法则之间"均衡""和解"——即康德所谓准则与自身"协调一致"——的"自觉意识"即"承责意识""承责感"的"承责性""承责力"，使拉家在"参与者的无限制性""目的王国"先验理念－理想的（客观动因和主观动机双重）动力推动下，最终突破了"范围较小的社区性交流"（第98页）而"事实上"把"拉家成员"的对象范围从"山里头的"扩展到"山外头的""我们的圈子"之外。

　　虽然拉家成员在原则上不受限制，而每一所拉家场地却把附近居民作为主要利用者，这些居民一般都在相对固定的时间来到各自的拉家场

---

是作为自在的目的本身的每一个理性存在者（按照第二个原则）：于是由此就得出了意志的第三条实践原则，作为意志与普遍的实践理性协调一致的至上条件，即作为普遍立法意志的每一个理性存在者的意志的 [ 目的王国 ] 理念。"[ 德 ] 康德《道德形而上学奠基》，杨云飞译，邓晓芒校，人民出版社2013年，S.431，第66—67页。"所有的准则都具有：1）一种立足于普遍性的形式，于是道德命令的公式就是这样表述的：必须这样来选择准则，就好像它们应当如同普遍的自然规律那样有效；2）一种质料，即目的，于是这公式就是：有理性的存在者，作为其本性中的目的，从而作为自在的目的本身，必须对每个自在充当在一切仅仅相对的和任意的目的之上的限制性条件；3）通过那个公式给全部准则一个完整规定，即：所有出于自己的立法的准则，应当与一个可能的目的王国——就好像与一个自然王国那样——协调一致。这一进程在这里，就如同通过意志的形式的单一性（它的普遍性），质料的（客体的，即目的的）多数性，和其系统的全体性或总体性这些范畴那样进行。"同上引书，S.436，第74—75页。

① "理性不以偶然为满足，它不断地寻求必然的知识。然而，只有在找到了知识的条件的时候，它才能把握必然。除非条件本身是必然的，理性就得不到满足，所以它就必须去追求条件的条件如此等等，以至无穷。所以，必须设想条件全体的理念，一个全体，如果是全体的话，就不能有进一步的条件了，因此，凡是必然的东西必定是无条件的必然。这样对无条件必然的理念，却不能给我们以知识，因为它没有相应的感性对象。我们已经看到，纯粹实践理性同样也必须设想一个无条件必然的行为规律，对于不完全的理性动因来说，就是定言命令。只有发现它的条件，我们才能理解一种必然性，一个无条件的必然性，必定是不可理解的。所以，康德完全没有必要以一种似是而非的外貌作出结论，说定言命令的无条件必然性是不可理解的，而我们所理解的只是它的不可理解性。"Paton《论证分析》，[ 德 ] 康德《道德形而上学原理》，苗力田译，上海人民出版社2005年，"附录"，第141页。

地，并构成了成员相对固定的拉家群体。（第 105 页）……燕家台人可以在常规地点找到能够进行拉家的或者愿意与之拉家的人，进而构成成员相对固定的拉家群体。虽然"跟谁都可以"是拉家群体 [ 主观 ] 的组织原则，"跟谁都可以"却未必意味着 [ 客观上 ]"必须跟任何人进行拉家"，这里的"谁"在燕家台人反复进行的日常交流过程中自然被 [ 主观上任意地 ] 选择。因选择而出现的拉家群体成员 [ 具有被限制在燕家台人"山里头的""我们的圈子"内部 ] 的相对固定性……（第 106 页）

　　事实上，当燕家台人与被视为圈外的"臭板子""搞旅游的""山外头的"等进行交流时，他们一般不会将其命名为拉家 [，而是命名为"聊天"]。这不但是因为这些人不解拉家何谓，也是因为燕家台人意识到拉家作为"老人们"常用的"土语"应属于"我们的圈子"，用在这些圈外人士身上便容易觉得"不对口"。（第 107 页）

　　在燕家台人的口述中，"山外头的"和拉家很少同时出现。这或许是因为燕家台人避免对"我们的圈子"的成员，用"我们的圈子"的话语，来表示自己与圈外的人们之间的交流。而不管其原因如何，可以确定的一点是：对燕家台人而言，"山外头的"不属于拉家概念的适用范围，"拉家"与"山外头的"不应出现在同一个句子中，否则违背燕家台的语用习惯。（第 107—108 页）

但是，燕家台人也不会决绝地拒绝与"山外头的"拉家，燕家台人甚至很愿意跟"山外头的""我们的圈子"之外"无限制的参与者"拉家，而为了能够合理合法地与"山外头的""我们的圈子"之外"无限制的参与者"拉家，燕家台人会主动地采用多种办法达成与"山外头的""我们的圈子"之外"无限制的参与者"拉家的目的。例如，给"山外头的"贴上"可进行拉家的成员类型"的合法性身份标签；再如，把与"山里头的"和与"山外头的""被命名对象的同一性"（第 95 页）分别称之为"拉家"和"聊天"；最后，径直把原本属于"非拉家"的交流（例如"采访"①）也说成"拉家"，从而通过"参与者的无限制性"而扩展地实现了"对交流对象的[普遍]认同与对拉家的[普遍]占有感"。这样，燕家台人实际上采用了高丙中称之为"双名制"、康德称之为"措辞之争"②——燕家台人承认"拉家就是聊天儿，聊天儿就是拉家"（第 93 页）③——的"政治艺术"④，而燕家台人之所以能够做到这一点，又是因为，根据内在于拉家"常规""义务"（主观准则）的"格式性"（先验地内在于主观准则的客观道德法则的普遍交流责任形式规定性）对"随意性"（主观准则内容"没有原则""无规定"的特殊规定性）以及"互动""循环""友好""平等"（道德法则的普遍形式自我"补充"⑤的先验质料）的"均衡""和解"（合目的性、合法则性）要求，承担起拉家的严格普遍性道德责任而不仅仅是比较普遍性伦理"常规""义务"，从而充分地体现了燕家台人在道德上的"承责性"即出于"承责意识""承责感"

①"笔者于 2005 年 3 月 25 日在赵永清家中举办了集体座谈，参与者有 1 位男性中年人、3 位男性青少年人、4 位女性青少年人。当时，座谈会的气氛比较活跃，笔者与参与者之间多次出现了和拉家无关的各种话题。当笔者第一次提问'采访和拉家一样吗？'时，男性中老年人立刻否认，几位青少年人也点头同意了他的观点。而李晰羽一旦指出'一样，她（指笔者）现在采访咱们儿，就是拉家'之后，其他所有参与者便改变原来的看法，重新回答'采访'可以算是拉家。"第 85 页。

②[德]康德《实践理性批判》，韩水法译，商务印书馆 1999 年，S.111，第 123 页。

③"被提问的 70 位中老年燕家台人中，有 94% 认为'聊天儿'与拉家同样……这意味着，'聊天儿'与拉家在男性中老年燕家台人的分类感觉中是十分接近的体裁，而且他们意识到，即使用'聊天儿'来取代拉家一词也不会出现严重的交流障碍。"第 83 页。

④高丙中《一座博物馆－庙宇建筑的民族志——论成为政治艺术的双名制》，《社会学研究》1997 年第 2 期，收入高丙中《民间文化与公民社会——中国现代历程的文化研究》，北京大学出版社 2008 年，第 293 页。

⑤"对[经验性]质料加以限制的法则的单纯形式，同时就是将[合法则性形式的先验]质料补充给意志但并不以其为先决条件的根据。"[德]康德《实践理性批判》，韩水法译，商务印书馆 1999 年，S.34，第 36 页。"纯粹理性……设定这些[意向]客体是[先验地]所与的。"同上引书，S.65，第 70 页。"[意志]自己造就它们与之关联的东西（意志意向[对象]）的实在性。"同上引书，S.66，第 71 页。"伦理学还提供了一种质料（自由任意的一个对象），即纯粹理性的一个目的，这个目的同时被表现为客观必然的目的，亦即对人来说被表现为义务。——因为既然感性偏好把人诱导到可能与义务相悖的目的（作为任意的质料），所以，立法的理性要阻止它们的影响，只能再次通过一个相反的道德目的，因而这个道德目的必须不依赖爱好而先天地被给予。"[德]康德《道德形而上学》，张荣、李秋零译，《康德著作全集》第 6 卷，中国人民大学出版社 2007 年，S.380—381，第 393—394 页。"纯粹实践法则的目的是理性完全先天地给出的。"[德]康德《纯粹理性批判》，邓晓芒译，人民出版社 2004 年，A800/B828，第 609 页。

的"承责力"。

聊天儿与拉家，正如上述，燕家台人按照对方的身份，分别运用这两种体裁名称。假如燕家台人对这两种所指的自觉替换仅仅是因为"山外头的"不解拉家何谓，那么，即使他们对"山外头的"不提拉家一词，事后仍有可能对其他燕家台人提及自己[曾经]"跟'山外头的'拉家来着"。（第107页）

当燕家台人与非燕家台人进行拉家时，他们还对对方贴上诸如"[原来是]山里头的""原来是燕家台的""回来避暑的""柏峪的"等标签，进而把双方归纳为可进行拉家的成员类型。换句话来说，为了把与非燕家台人之间的语言交流命名为拉家，燕家台人有必要把相应的类型框架套在非燕家台人身上，这里所谓"可进行拉家"的成员类型，主要意味着"可认可对方"的成员类型。这种所选成员类型的可认同性，在与"山外头的"的拉家中尤其成为关键。"漂友"也好，"亲家"也好，假如他们从"山外头的"身上不能够找到可以认同的成员类型，他们易于感到"不自在"或"说不到一块儿"，进而"拉家不起来"。（第107页）

不论其年龄层次和性别如何，在所有燕家台人的分类感觉中，最接近拉家的非拉家便是"聊天儿"和"讲故事"。尤其是"聊天儿"，当燕家台人解释拉家何谓时往往将其视为拉家的同义词，说道："拉家就是聊天儿，聊天儿就是拉家。"与其他非拉家不同，燕家台人借此区分拉家与"聊天儿"的标准，不完全在于拉家的实践过程，也不完全在于拉家的参与者，而主要在于他们运用拉家一词来进行交流的对方身份。（第93页）

燕家台人作为"山里头的"也愿意与"山外头的"拉家，体现了拉家不同于仅仅作为"范围较小的社区性交流""公共性"一面的"私人性"另一面。这里，"公共性"作为"范围较小的社区性交流"，仅仅体现了拉家的封闭性；反倒是"私人性"作为与"山外头的"拉家的"社交"条件，体现出拉家必然可能的开放性。也正是根据拉家的"私人性"，燕家台人既能够突破"我们的圈子"与"山外头的"拉家；反之，"我们的圈子"内部"所熟悉的其他燕家台人或'山里（头）的'"（第88页），若其为人处世之道并不合于拉家的"常规""义务"，那么，即便在燕家台人内部也未必就能够组织起拉家。

> 从"汇报是我跟上级汇报""研究是大伙儿开会研究研究""发言就是大伙儿开会发表自己的看法""批评是你工作做得不理想，我批评你"等表述中可以看出，由于这四种非拉家的参与者之间未必存在友好关系，其实践群体也未必是参与者基于友好关系而自愿组织的群体，因此，这些非拉家在中老年燕家台人的分类感觉中可能远离拉家。（第88页）

> 赵正英到药房买药，药房的老板娘杨维花问她最近的病情。而她们之间的互动行为之所以被命名为拉家，而不是"交易"或"诊病"，是因为她们在交流过程中将"亲戚"这一类型框架优先于"顾客"与"老板娘"，并分别采取符合自己作为"叔伯嫂"或"外甥媳妇儿"的行为举止。同样，只要赵红星与赵永清在"村委书记"与"治保主任"的成员类型框架内部进行交谈，他们的行为互动再随意，也难以超出"汇报""开会""研究"等之外。为了进行拉家，他们还有必要采用"邻居""叔伯"与"外甥儿""父亲他哥们儿"与"赵永成家小子"等类型框架，并在所选类型框架内部进行交流。（第106—107页）

"汇报""开会""研究""发言""批评""交易""诊病"之所以不被燕家台人称为"拉家"，乃是因为就"说话"的主体来说，"参与者之间未必存在友好关系"，"其实践群体也未必是参与者基于友好关系而自愿组织的群体"，从而有违于"拉家的实践群体赖以成立的组织原则"以及"拉家的实践群体努力实现的组织目标"。 这里，不是"社交"客观强制的"公共性"，反倒是任意主观选择的"私人性"，构成了拉家之所以能够是"友好""平等"地拉家的客观动因条件同时也是主观动机条件。换句话说，正是因了拉家的"私人性"而不是"说话"的"公共性"——例如"汇报""开会""研究""发言""批评""交易""诊病"——才有可能无论从客观动因还是主观动机方面，将并非"互动""循环"（更遑论"友好""平等"）的行为、活动排除在拉家之外。

> 他们所谓拉家的"友好"是一般性质的 [ 普遍要求 ]。亦即，并非只有 [ 人事上 ] 关系友好的参与者 [ 例如"好朋友""铁哥儿们"包括"山里头的""我们的圈子"的"所有燕家台人" ] 才能拉家起来，那些尚未建立友好关系的参与者也可以把拉家作为社交手段，来建立较好的人际关系。（第 89 页 ）

这就是说，拉家之所以能够自我扩展"社交"的空间与时间边界，反过来说，就是拉家之所以能够自我限制"社交"的空间与时间边界——即把非拉家的拉家拉家成拉家，或者把看似拉家的拉家拉家成非拉家——首先是由内在于拉家主观准则的客观道德法则即普遍交流的责任形式（"随意性与格式性的相对均衡"）作为客观动力（动因）先验地决定的，其次是由拉家主体的主观观念对道德法则的意识（即"承责意识"）作为主观动力（动机）在经验中任意地决定的。而随着拉家范围的扩展，随着只重视"山里头的"特殊身份的拉家对象，向向来无视"山外头的"普遍身份的拉家对象的视角转换，拉家主体"间"也发生了从"村民"向"公民"的转换。在这里，拉家变革的决定性酵素同样取决于拉家主体任意"私人性"的自由（必然可能）选择，而不是拉家语境空间－时间"公共性"的自然（偶然或或然）扩展。①

---

① "王家坪与历山之间隔着一座高大的青龙山，两地村民平常日子以及信仰仪式活动期间都很少来往，杨三增是一个特例。我们在王家坪采访，问他为什么不辞辛苦翻山越岭跑去历山神立庙参加活动，他的回答是：'我到神立去比咱这里还吃开哩！'因为'村里人，咱无能，

当然，当拉家把自身的空间边界延伸到了"山外头的"外部世界的同时，拉家也改变了自身的时间属性，即拉家"闲着""可以不劳作的时间"从社区公共时间转换成为社会私人时间。我们已经指出，在燕家台人"我们的圈子""范围较小的社区性交流"中，拉家并不是纯粹的私人化行为，而大半是公共性活动，所以拉家的"常规""义务"才具有外在的强制性，即：人们被强制——尽管只是舆论弹性而不是"制度"硬性的强制，例如给不愿意参与"公共性"拉家的人"贴上'不理人''光顾个人''爱美'等'标签'"——与他人"友好""平等"（尽管拉家的这些先验目的是由拉家的普遍形式自我"补充"）地交流互动。然而，随着拉家空间扩展的却是拉家的时间属性的私人化。关于这一点，中老年燕家台人和青少年燕家台人之间存在"代沟"。

　　虽然青少年燕家台人也了解拉家所具有的友好[目的]性质，他们所理解的这种友好性质似乎更多地体现在参与者[主体]身上，"友好"一词也未必牵扯到其道德观念。在青少年燕家台人看来，针对非参与者[私下里]的"诽谤"可以成为能够证明参与者为关系极好的"铁哥儿们"的证据。因此，他们可能将[私下里的]"造谣"命名为拉家的概念高于中老年燕家台人。（第89页）

　　无论是男性还是女性，所有青少年燕家台人对[ "未必牵扯到其道德观念"的]"胡拉家""胡说"[即私下里随便聊天]等非拉家有着近于拉家的理解。（第83页）

将拉家从内部公共空间扩展到外部私人空间，却导致了拉家自身时间性质的私人化，这是发生在拉家身上的现代性甚至后现代性的奇妙事件。当然，我们也

---

老百姓，那看不起，瞧不起，到外边去不是这样子，过去这条山，那都是热情招待，就是凭的[信仰娥皇、女英两位]老人家这关系。'可见，凭着传说所建立的神灵关系，一个在本村毫无地位的村民，可以在别处找到身份上的情感安慰。"陈泳超《背过身去的大娘娘——地方民间传说生息的动力学研究》，北京大学出版社2015年，第141页。

可以反驳说，拉家自身时间性质的私人化，并非与拉家从内部空间扩展到外部空间必然地同步。拉家的私人化首先（同时也是最终）取决于拉家主体的任意性对先验地内在于拉家主观准则的客观道德法则的"自觉意识"即"承责意识"。当然，尽管拉家作为无目的（"未必牵扯到其道德观念"）、非功利"社交"的进一步私人化，却并不意味着拉家没有继续承担有目的、功利性"公共性""社交"的社区－社会功能，例如"李永照对拉家的'拉'字所做的如下解释作为旁证：'拉家的拉字，就是拉拉关系，有这么个意思'"（第88页）①；但至少，拉家"应该是什么""应该如何""应该遵循的实践方针或原则"即"拉家……的语法"作为"范围较小的社区性交流"（第98页）"共同体逻辑"的比较普遍性规则，在拉家被抽离了"我们的圈子"之后，已被拉家主体任意"脱语境－再语境"（鲍曼）地用作与外部世界打交道的严格普遍性实践原则。

> 谁也不可否认的一点是，与其他任何日常概念同样，不可视的拉家概念[即拉家的目的－原则及其"常规义务"]与可观察的拉家行为，在日常生活的实践层面由任意[Willkür/choice]的经验联系在一起。（第95页）②

---

① "说到作为道德目的的完善性，虽然在理念上（在客观上）只有一种德性（作为准则的道德力量），但在事实上（在主观上）却有大量具有异质性状的德性，在它们中间，如果人们想寻找的话，不可能不发现某种非德性（尽管它们正是因为德性而通常不使用恶习的名称）。但是，自我认识永远不使我们充分了解种种德性的总和是完备的还是有欠缺的，它可以说明只有不完全的义务才是完全的。"[德]康德《道德形而上学》，张荣、李秋零译，《康德著作全集》第6卷，中国人民大学出版社2007年，S.447，第458页。

② "事实上，通过经验绝不可能完全确定地去辨别这样的个别情况：一个行为，无论它如何可能符合于责任，其规则都完全以道德的根据和责任的观念为基础。有时会发生这样的情况，在最彻底的自我省察中，除了责任的道德根据之外，我们可能找不到什么东西有足够的力量把我们推向这样或那样的善的行动上，并使我们做出如此大的牺牲。但是，我们绝不能由此就确定地得出结论说，一个隐藏的自爱的冲动，虚假地呈现为责任观念，实际上不是真正决定我们意志的原因。因为我们喜欢用一个虚假而更高尚的动机来奉承我们自己，而事实上，即使最严格的省察，也不能使我们完全弄明白行为的这些隐秘诱因，因为，当道德价值成为问题的时候，这就不是一个关于人们看得见的行为的问题，而是我们看不见的行为的内在原则的问题。"[德]康德《道德形而上学基础》，孙少伟译，九州出版社2007年，S.406—407，第35页。

正如许茨和卢克曼所说，"生活世界毕竟是实践和行动的畛域。因此，行动和 [ 任意 ] 选择 [Willkür/choice] 的问题在生活世界的分析中具有核心地位。"① 当然，尽管人的任意选择的自由意志在人们日常生活的交流实践中"具有核心地位"，但是，正如西村真志叶通过现象学－先验论方法直观－演绎地展现给我们的：当且仅当"闲着""可以不劳作的时间"即拉家的私人生活时间分离、独立于共同体（社区）－社会的公共生活空间，即拉家时间的纯粹私人化，任意而自由的拉家而不是被强制而被迫的拉家，才是必然可能且现实的，"中老年燕家台人和青少年燕家台人之间存在'代沟'"恰好就能够说明这一点。

三

拉家，在前现代共同体"范围较小的社区"的并没有私人生活空间－时间的公共生活空间与时间——包括"闲着""可以不劳作的时间"和空间②——中，主要被用作因合（伦理）目的性、合（实用）功利性的外在强制而他律的"社交"手段；由此，拉家的目的－原则及其具体的"常规""义务"，我们可以称之为日常生活"社交"主观准则的文化规则或内部规矩。当然，这并不否定拉家也能够被用作无目的、无功利非强制性自律的私人交往"自由游戏"③的生活目的－手段。拉家"常规"的"义务"规定，特别是"平等""友好"的普遍交流

---

① 户晓辉《返回爱与自由的生活世界——纯粹民间文学关键词的哲学阐释》，江苏人民出版社 2010 年，第 375 页。户晓辉从现象学的立场出发，将"选择"（choice 即'任意'）"理解为纯粹 [ 意向性 ] 的行动与实践"；而我站在康德的立场，视"选择"为一般实践理性自由意志任意选择的实践与行动，并不就是纯粹实践理性自由意志普遍立法的实践与行动，任意只有通过个体意志的自我先验演绎还原才能与纯粹理性重新统一为"全面"意志。

② "在燕家台，每个人的私人生活在时间安排和活动地点上是相对公开的。"第 106 页。"通过拉家，燕家台人每天都在了解别人的生活，让别人了解自己的生活，并现时传播发生在村内外的各种事件以及他们对这些事件的看法。"第 109 页。

③ "[ 西村真志叶 ] 有意识地描绘出完整而自由的民众主体，并且展示了燕家台人生活的一个自由的语言游戏世界（康德或席勒意义上的，而非中国人'儿戏'意义上的），同时这也是他们的日常生活世界。"户晓辉《返回爱与自由的生活世界——纯粹民间文学关键词的哲学阐释》，江苏人民出版社 2010 年，第 379 页。

责任形式对拉家目的的先验规定性，尽管反映了参与拉家的交互主体在主观上任意的良好意愿——康德称之为"善良意志"①，笔者称之为对道德法则的主观意识即"承责意识""承责感"的"承责性""承责力"——因而使拉家成为伦理性实用甚至道德性实践；但是，如果"拉家……语法"仅仅被安排为公共生活空间－时间——即便是"闲着""可以不劳作的时间"和空间——"话语制度"②条件下的"共同体逻辑"，则拉家就被"行"为他律的伦理活动而不是自律的道德行为。即，从客观"制度"上讲，拉家只是合于伦理的道德而不是出于道德的伦理，尽管就拉家主体"意愿"任意的主观性而言，我们不能说就没有无目的、无功利而非强制自律地"自由游戏"的拉家；而且即便是作为合于伦理目的且出于功利手段的"社交"，我们也不能否认其"推进""社会性""交往的义务"而"表现出来的[道德]责任"即"德性的外表"以作为道德实践"外围的东西或者附属的东西""促成了德性情感""给德行添加光彩""使得德性变得可爱"。

> 以其道德的完善性[为最终目标]彼此推进交往（交往的义务，社会性），不把自己孤立起来（离群索居），不仅是对自己的[道德]义务，而且是对他人的[道德]义务；虽然不是给自己制作一个其[道德]原理的不动的中心，但却毕竟也把这个围绕自己[的任意]划出的圆圈视为构成世界公民意向的一个无所不包的圆圈之部分的圆圈；不是为了恰恰把[道德＋幸福的]世界福利当做["至善"的最终]目的来促成，而只是培育间接地导致世界福利的相互意向，培育这意向中的安逸、容易相处、互相的爱和敬重（平易近人和举止得体，审美的和文雅的人

---

① "善良意志并不是因为它产生了什么或完成了什么事情，也不是因为它适合于用来达到某个预定的目的而是善的，而只是因为它的意愿而是善的，即它自在地是善的……"[德]康德《道德形而上学奠基》，杨云飞译，邓晓芒校，人民出版社2013年，S.394，第12页。
② "燕家台人有关拉家概念的共同理解，以这种共同体逻辑为基础。它在一定程度上制订概念的运作与行为实践，并通过作为规范或制度的侧面，将拉家概念连接于叫做燕家台的社会空间。这里蕴含着一个启示，即：拉家概念只有在燕家台人以拉家为中心的话语制度之下才能具有作为体裁的意义和价值，在其外部或许不过是一种普通话'聊天'的方言土语……民间的体裁概念只能存在于它所构成的话语制度之中……"第108页。

性），并给德行添加光彩；做到这一点，本身就是德性义务。这虽然只是些外围的东西或者附属的东西，它们给人以一种美的、类似于德性的外表，但这外表也不骗人，因为每个人都知道，他必须把这外表当做什么来对待。虽然这只是小事情，但却毕竟通过努力使这种外表尽可能接近真实，在易于交往、健谈、礼貌、好客、婉转（在反驳而不吵架时）中，把它们全部当做与表现出来的责任打交道的方式，促成了德性情感本身，由此人们同时使其他毕竟致力于德性意向的他人承担责任，因为它们至少使得德性变得可爱。①

这就是说，在共同体－社会公共生活空间－时间中，即便是出于伦理性、功利性目的－手段的"社交"且因外在性（非硬性的弹性）强制而他律的拉家，其"常规""义务"的主观准则（"社会性""交往的义务"）中，也先验地内涵有客观的道德法则即普遍交流的责任形式从而"构成世界公民意向的一个无所不包的圆圈"；而在拉家主体的主观观念中，也先验地内涵有对道德法则的意识，即人们不仅使自己致力于德性意向而承担责任，而且也"同时使其他毕竟致力于德性意向的他人 [ 也 ] 承担责任"即承担起"承责意识""承责感""承责力"的"承责性"。进而在分离、独立于公共生活空间－时间的私人生活空间－时间的"拉家场所"——"围绕自己 [ 的任意 ] 划出的圆圈"②——中，"互动""循环"地承担起让自我和他人共同"致力于德性意向"的拉家责任。这是因为，真正"自由游戏"的拉家依赖于私人生活空间－时间对公共生活空间的分离与独立的"话语

---

① [ 德 ] 康德《道德形而上学》，张荣、李秋零译，《康德著作全集》第 6 卷，中国人民大学出版社 2007 年，S.473—474，第 485 页。"艺术的产生是由于人本性中的社会性及促进社交的需要，人们是为了这种'利益'而借助艺术品来相互传达感情的……情感传达只有作为一种兴趣，才会使得人们期待他人的共鸣显得像是期待一种（道德的）'义务'（Pflicht）一样，不是冷静的观察，而是'应当'的要求。"邓晓芒《冥河的摆渡者——康德〈判断力批判〉》，武汉大学出版社 2007 年，第 62 页。"美的艺术并不以单纯的感官享乐（快适）为目的，相反，'它 [ 美的艺术 ] 本身是合乎目的性的，并且虽然没有目的，但却促进着内心能力在社交性的传达方面的培养'（ [ 德 ] 康德《判断力批判》，邓晓芒译，人民出版社 2002 年，第 149 页 ）。"同上引书，第 66 页。
② "图 1：拉家与非拉家关系性示意图"。第 84 页。

制度"安排，没有私人生活空间－时间的"话语制度"框架，被限制在公共生活空间－时间中的拉家从"制度"上说只能是他律的。但是，分离、独立于公共生活空间－时间的私人生活空间－时间，也就是拉家所依赖的"人类社会的一种基本理想：自由、平等、公正""游戏"①的外在立法条件。现在，如果"人类社会的一种基本理想：自由、平等、公正""游戏"外在立法的"制度"实在性，是自由地拉家的客观必然性外在目的（动因）条件；那么，先验地内在于拉家的主体主观观念即对道德法则意识亦即道德上的"承责意识"，则是自由地拉家的主观必然性内在目的（动机）条件。二者相辅相成地构成了拉家"游戏"的必然可能性前提或基础，即康德称之为"理性事实"的虽然还不是现实的经验事实却是必然可能的经验事实的先验事实。康德所谓"理性的事实"，贝克进一步区分为"理性事实"的"客观类型"和"主观类型"。所谓"理性事实"的"客观类型"就是先验地内在于实践主观准则的客观道德法则；而"理性事实"的"主观类型"则是先验地内在于实践主体主观观念的对道德法则的天赋（生而具有、与生俱来）意识。前者对应于拉家目的－原则的"内部属性"，而后者对应于拉家主体对拉家目的－原则的任意性"承责意识""承责感""承责力"的"承责性"。对于拉家"游戏"来说，两者中的任何"一个都不能少"。换句话说，如果唯有"公民社会"才是任意地拉家的私人空间－时间"制度"的客观必然性条件；那么也唯有"世界公民意向"才是任意地拉家的私人化活动、行为的主观必然性条件。所谓"世界公民意识"就是任意"源始的共联性"（mommunio mei et tui originaria）②，康德称之为所有人－每个人作为普通人即作为个体的个人的"健全知性""健康理性""平常知性""日常理性"的反思性判断力及其先验地自我给予的主观准则——不是群体、集体、团体凭借其在经验（空间－时间）中交互地任意签订的"社会契约"——即先天地能够"置身于别人的立场""站在别人的

---

① 陈连山《游戏》，中央民族大学出版社 2000 年，第 33 页。

② [ 德 ] 康德《道德形而上学》，张荣、李秋零译，《康德著作全集》第 6 卷，中国人民大学出版社 2007 年，S.258，第 266 页。

地位上"①的思维方式的"公民意识"或"公民性"（公民素质）。"公民意识""公民性"（公民素质）是先验地内在于每一个普通人即所有人的主观必然性普遍性意识②，这是我们不得不"立足于对象内部属性"而演绎地"推论"出来的一个先验理念，因为我们无法设想人不具有这样的先天禀赋，否则——按照功利主义者的说法——人"行出"的善就只能是他律的伪善，即不可能再有西村真志叶断言出于"友好""平等"目的－原则的拉家。况且，人们在日常生活的审美判断中对美的对象的先验"共通感"（sensus communis）③就已经表象了"公民意识""公

---

① "平常的人类知性的以下准则虽然不属于这里作为鉴赏判断的部分，但却毕竟能够用做其原理的阐明。它们是如下准则：①自己思维；②站在别人的地位上思维；③任何时候都与自己一致地思维。第一个准则是无成见的思维方式的准则，第二个准则是开阔的思维方式的准则，第三个准则是一以贯之的思维方式的准则。"[德]康德《判断力批判》，李秋零译，《康德著作全集》第 5 卷，中国人民大学出版社 2007 年，S.294，第 306 页。"至于思维方式的第二个准则，我们通常都习惯于把其才能不堪大用的人称为有局限的（狭隘的、不开阔的对立面）。然而在这里，我们说的不是认识能力，而是合目的地运用认识能力的思维方式：这种思维方式，无论人的自然天赋所达到的范围和程度多么小，仍表明一个人具有开阔的思维方式，如果他把如此之多的别人都同被封闭在其中的主观的私人判断条件置之度外，并从一个普遍的立场（他惟有通过置身于别人的立场才能规定这个立场）出发对他自己的判断加以反思的话。"同上引书，S.295，第 307 页。
② "康德的人性之观念正是从原初协定理念中推导出来的。正是这样的理念体现在每个个人身上，人才具有人性，所以一个人仅仅作为一个人性之人，就已经是一个世界性公民。"曹明《译者序言》，[美]阿伦特《康德政治哲学讲稿》，曹明等译，上海人民出版社 2013 年，第 17 页。
③ "一个鉴赏判断所预先确定的必然性就是共通感的理念。"[德]康德《判断力批判》，李秋零译，《康德著作全集》第 6 卷，中国人民大学出版社 2007 年，S.237，第 246 页；"人们是否能够有根据来以一种共通感为前提条件"。同上引书，S.238，第 247 页；"在一个鉴赏判断中所设想的那种普遍赞同的必然性是一种主观的必然性，它在一种共通感的前提条件下被表现为客观的"。同上引书，S.239，第 248 页；"作为一种 sensus communis（共通感）的鉴赏"。同上引书，S.293，第 305 页。"共通感"，德文 Gemeinsinn，法文 bon sens，英文 common sense，康德使用的拉丁文是 sensus communis。《判断力批判》Gemeinsinn（共通感），与《纯粹理性批判》"关系范畴"的 Gemeinschaft（共同体，邓晓芒译作"交互作用的协同性"，见[德]康德《纯粹理性批判》，邓晓芒译，人民出版社 2004 年，A80/B106，第 72 页）为同一词根。《判断力批判》sensus communis（共通感）与《道德形而上学》communio originaria（源始共联性），同样表达了"先验交互的主体间共同体"的意思。"一个包括所有可能的理性存在者的共同体（Gemeinschaft，即共联性），将自我的存在规定为与众多可能他者的共在。"吕超《自爱的空洞性与恶的无穷表现：一种康德式的诠释》，《哲学研究》2020 年第 5 期。"康德在《判断力批判》里展现的绝非仅仅是美学意义上的世界，而是沟通经验界和目的界即同时踩在这两个世界里的人，这就是处于生活世界里的人，这是一个科学研究和宗教、道德认识都难以涉足的领地，或者说，是一个必须把科学研究和宗教、道德认识结合起来才能进入的感性的或'审美的'领域……"户晓辉《返回爱与自由的生活世界——纯粹民间文学关键

民性"（公民素质）的主观必然可能性；而在道德判断中"公民意识""公民性"（公民素质）也已经表现为对道德法则出于"敬重感"①的主观必然可能性"承责意识""承责感""承责力"的"承责性"。"公民意识""公民性"（公民素质），看起来（说起来）好像是时间中的经验性之物，实质上却是逻辑上的先验之物——由此，"公民意识""公民性"（公民素质）才能够在经验中沉淀为历史的先验之物②——正是以此，我们才说，"尽管传统文化是时间上在先，普遍理想却是逻辑上在先，传统文化只是人类的普遍理想在特殊的时空条件下并非完满的偶然显现，而现代文化的公民社会、民主社会则是人类的普遍理想在时空条件中走向完满的必然性进程。"③"公民意识""公民性"（公民素质）是每一个人或所有的人在经验中任意的"承责意识""承责感""承责力""承责性"的先验条件，没有基于"公民意识""公民性"（公民素质）的"承责意识""承责感""承责力""承责性"，任意在经验中的任何道德实践、伦理实用甚至"自由游戏"都是不可能的；以此，"公民意识"的"承责力"就是所有经验中的道德甚至一般伦理行为、行动、活动的主观必然可能性条件。因而基于"公民意识""公民性"（公民素质）的"承责意识""承责感""承责力"的"承责性"也就是每一个普通人即所有人的天赋能力，同时也是其生而具有、与生俱来的自由权利。"公民意识"——即纯粹理性和任意在"源始"状态下先验综合统一性的"全面"意志——只能从每一个人作为个体的个人任意性在经验中的反思还原中再生出来④，

词的哲学阐释》，江苏人民出版社 2010 年，第 379—380 页。

①"作为一种由理性同时又能够负责任的存在者，人具有人格性的禀赋。……人格性的禀赋是一种易于接受对道德法则的敬重、把道德法则当做任意的自身充分动机的素质。这种易于接受对我们心中的道德法则的纯然敬重的素质，也就是道德情感。"[ 德 ] 康德《纯然理性界限内的宗教》，李秋零译，《康德著作全集》第 6 卷，中国人民大学出版社 2007 年，S.26—27，第 25—26 页。周黄正蜜《康德共通感理论研究》，商务印书馆 2018 年，"认知—逻辑共通感"，第 15 页；"道德——实践共通感"，第 44 页；"审美—审美共通感"，第 93 页。

②"胡塞尔的晚期思想以对先验和经验的东西之间关系的决定性的重新考察为特征，这个重新考察最终将会导致先验领域的扩张，它部分地产生于他对主体间性的兴趣，并且迫使他考虑诸如生成性、传统、历史性和常态等概念的先验意义。"[ 丹麦 ] 扎哈维《胡塞尔现象学》，李忠伟译，上海译文出版社 2007 年，第 143—144 页。

③吕微《民俗学：一门伟大的学科——从学术反思到实践科学的历史与逻辑研究》，"为民俗复兴辩护就是为自由辩护"，中国社会科学出版社 2015 年，第 323 页。

④"获得作为源始的 [ 占有 ]，也只是单方面的任意的后果；因为如果为此需要的一个双方面

而不可能从"集体""团体"群体"经验的"众意"甚至"公意"中产生出来。①
我们由此而认识到任意对人的自由实践（而不仅仅是拉家的自由"游戏"）的
"决断"②意义，即任意不仅必然可能被纯粹理性所规定，而且也唯有通过任意，
意志才必然可能还原到自身理性的纯粹性。因而因于每一个人即所有的人天赋的
纯粹理性－任意"全面"意志的"公民性""承责性""承责力"，每一个普通人
即所有人也才必然可能在社会法权制度下自我启蒙为法律上合格的公民，而无
论他曾经在共同体伦理"制度"中是怎样的小民、草民、庶民、臣民、顺民或愚
民。正因为每一个人、所有的人先验地都拥有在经验中（法律上）成为公民的必
然可能性先验条件，所以"公众要启蒙自己，却是很可能的；只要[在法律上]
允许他们自由，这还确实几乎是无可避免的"。③康德所谓"启蒙自己"是说"公
民意识"的"公民性""承责性""承责力"先验地就内在于公众自己的主观意识
当中；因而，"只要允许他们自由"则意味着不仅能够把"闲着""可以不劳作的
时间"分离、独立于"使得慌""应该劳作的时间"，而且能够把"闲着""可以

---

的任意，那么，这种获得就是从两个（或多个）人[在历史上人为地建立起来]的契约中，
因此从他人的'他的'中派生出来的。"[德]康德《道德形而上学》，张荣、李秋零译，《康
德著作全集》第 6 卷，中国人民大学出版社 2007 年，S.259，第 267 页。"把所有人的意志联
合成为一个普遍的立法而对一个公共的法权状态的获得，会是这样一种获得：任何获得都不
能先于它发生，而它却毕竟是从每个人的特殊意志中派生出来的，并且是全面的，因为一种
源始的获得只能从单方面的意志中产生出来。"同上引书，S.259，第 267——268 页。"一种
源始的获得中只能是单方面的（单方面的或者个别的意志）通过单方面的意志对任意的一个
外在的对象的获得。"同上引书，S.263，第 272 页。
①"众意与公意之间经常总有很大的差别；公意只着眼于公共的利益，而众意则着眼于私人
的利益，众意只是个别意志的总和。但是，除掉这些个别意志间正负相抵的部分而外，则剩
下的总和仍然是公意。"[法]卢梭《社会契约论》，何兆武译，商务印书馆 1980 年第 2 版，
第 39 页。
②"'决断'，德文是 Willkür，旧译'任意''任性'，英译为 choice 或 the capacity for choice，
参见 Immanuel Kant, *Critique of Practical Reason*, Revised Edition, Translated by Mary Gregor,
Cambridge University Press, 2015, p.29. 与德语 Willkür 对应的拉丁语 arbitrium，其本意并非
'任意'，而是'自由决断'或'选择能力'。本文采用张荣和黄裕生的译法，参见张荣《'决
断'还是'任意'（抑或其他）？——从中世纪的 liberum arbitrium 看康德 Willkür 概念的
汉译》，《江苏社会科学》2007 年第 3 期；黄裕生：《宗教与哲学的相遇——奥古斯丁与托马
斯·阿奎那的基督教哲学研究》，江苏人民出版社，2008 年，第 108 页。"——引自户晓辉《如
何让背过身去的大娘娘转过身来——对"罗兴振—陈泳超公案"的实践民俗学思考》，手稿。
③[德]康德《答复这个问题："什么的启蒙运动？"》，《历史理性批判文件》，何兆武译，商
务印书馆 1990 年，第 24 页。

不劳作的时间”真正地实现为私人时间，就像现代人把私人生活领域从古代人的公共政治领域中分离、独立出来，从“古代人的自由”手中赢得“现代人的自由”。①

西村真志叶对拉家“内部属性”和内在意识的现象学－先验论田野研究，为我们直观－演绎地表象了民俗实践的“承责性”“承责力”对公共性拉家向私人性拉家过渡，也就是民成为公民，民俗成为分离、独立于公共文化的私人生活的必然可能性条件。无论在前现代共同体中还是在现代社会中，“拉家”“聊天”作为“社交”都是正当（合理合法）的；但是，在前现代共同体中，公共生活空间与时间——包括“闲着”“可以不劳作的时间”与空间——中的拉家，仅仅具有伦理目的－功利手段的他律非私人性。这是因为，公共生活空间－时间条件下的拉家公共活动，没有私密性可言，任何外人都可以随时随地闯入其他人的拉家空间－时间，而正在拉家空间－时间中拉家的人没有任何拒绝他人以“拉家”名义“强行”闯入的正当性理由。

假如他们在没有正当理由的情况下拒绝拉家，那么，这种拒绝可能被视为另有原因，别人完全有可能给他们贴上“不理人”“光顾个人”“爱美”等［道德负面］“标签”，他们和别人之间此后的交往也由此可能会出现令人尴尬的障碍。因此，只要被提问的燕家台人确实在“闲着”、并肯定自己目前的状态已经透露［给］对方自己在“闲着”，那么，他有必要应答对方即“打招呼”，通过“没干啥”“进来吧”等回答来表示自己能够与他拉家。即使两口子正在饭桌上认真商量某些事，即使老娘子正在收看电视剧看得十分入迷，他们也同样需要遵守这一［强制性］规则。（第 105 页）

---

① ［法］贡斯当《古代人的自由与现代人的自由之比较》，李强译，《公共论丛·自由与社群》1997 年第 4 辑，三联书店 1998 年，第 309 页。［英］伯林《两种自由概念》，陈晓林译，《公共论丛·市场逻辑与国家观念》1995 年第 1 辑，三联书店 1995 年；［英］伯林《两种自由概念》，［英］伯林《自由》，收入［英］伯林《自由论》，胡传胜译，译林出版社 2011 年。

　　停滞在前现代性共同体的语境视野中，我们可以直观到公共生活空间－时间中的拉家是一种（尽管弹性而非硬性的）强制性、他律性公共活动，所有燕家台人都应该履行拉家"社交"的伦理义务。正是因为"闲着""可以不劳作的时间"公开性的公共属性而非私密性私人属性，我们才能够"同情地理解"，何以作为公共活动的拉家可以随时随地征用公共场所以作为拉家的临时场地。在"范围较小的社区"内部的燕家台人面前，没有封闭的私人时间也没有独立的私人空间，只有强制公开的公共活动和公开的公共空间－时间，而承担起拉家时间和拉家空间中被强制公开的他律性拉家"义务""常规"，是燕家台人功利目的性的伦理性义务，尽管表面上看起来拉家是无（伦理）目的的非（功利）实用性行为。

　　但是，一旦进入现代性社会的语境视野，或前现代性共同体＋现代性社会的双重语境视野，燕家台人的拉家就呈现出公共性与私人性的双重属性。这首先表现在交流工具（手段）的现代化导致了交流方式（媒介）从到口头信息到电讯（例如"打电话"开始被中青年燕家台人认同为"拉家"[①]）的改变；其次表现为拉家从内部世界向外部世界的延伸，"山里头的"和"山外头的"拉家对象的边界越来越模糊；最后，拉家主体对拉家的"公开性""公众性"的质疑，并开始承认拉家的"私密性""私人性"（例如"说悄悄话"开始被中青年燕家台人认同为"拉家"[②]）。拉家方式、拉家对象和拉家主体主观意识的变化都参与到拉家以各种修辞手段重新自我定义和命名的全过程：过去不是"拉家"的拉家，现在开始是

---

[①]"年龄较小者'胡拉家'有着近于拉家的理解，并往往认为通过'电话'仍然可以拉家。"第82页。"无论是男性还是女性，所有青少年燕家台人对'胡拉家''胡说''悄悄话''批评'等非拉家有着近于拉家的理解，尤其是'打电话'，已经他们拉家的常用手段。"第83页。"老年燕家台人与青少年燕家台人之所以在'打电话'和拉家的认同程度上显示出一定差异，有一个原因便在于此。前者往往认为'有事就打，没事儿还打什么电话？'后者则认为，'有事就打电话说，没事也可以打听打听。'"第90页。

[②]"不同年龄层的燕家台人有关'友好'一词的不同理解，也明显地体现准则'说悄悄话'上面。在中老年燕家台人尤其在男性老年燕家台人看来，'悄悄话'是离拉家较远的非拉家。因为'拉家，跟谁都可以拉家。悄悄话，人多了就不说。'……而青少年燕家台人倾向于更狭义地理解'友好'一词，因此能够相互'说悄悄话'的参与者被视为'铁哥儿们'，他们之间的'说悄悄话'可能被命名为拉家：'悄悄话只能跟一个、比如跟她（指被提问者的好友）一个说，我跟她说悄悄话是拉家。'"第89页。

"拉家";过去是"拉家"的拉家,现在开始不是"拉家"。当然,尽管"拉家"不断地被重新定义、命名,而"拉家……语法"中一些体现了拉家最终目的 - 原则的"常规""义务"条款例如"友好""平等"的互动、循环形式的质料规定性,还是通过了"均衡""和解"的"格式性"普遍化检验而被坚持了下来。而这些体现了拉家最终目的 - 原则的"常规""义务"之所以能够被坚持下来,乃是因为其原本就是先验地内在于拉家主观准则的客观道德法则即拉家的普遍交流责任形式自我"补充"的先验目的 - 原则。[①] 而拉家之所以能够通过不断的自我维新而适应于不断扩展并改变属性的拉家空间与时间,又是因为,"拉家……语法""应该"的诸规定性中,最重要的自我"均衡""和解"的"格式性"普遍形式即拉家道德法则"内部属性"的客观必然性动力。

所谓拉家自我"均衡""和解"的"格式性""内部属性",是说,拉家的主观准则内容与客观道德法则形式之间保持"合道德目的性""合道德法则性"的先验综合的客观实在性,以及拉家主体对上述客观实在性的主观观念,后者就是我们说的拉家主体主观"承责意识""承责感""承责力"的"承责性",因此"均衡""和解"也就是先验地内在于拉家的客观道德法则以及拉家主体对拉家的客观道德法则的主观意识。"均衡""和解"作为拉家道德法则的普遍形式,原本就是一个空洞的规定性,即拉家的道德法则实际上是拉家准则的一个空洞的普遍化形式规定性,用一句同义反复的话说就是:所谓拉家的道德法则就是拉家准则与内在于自身的普遍形式即道德法则保持一致。[②] 但也正是道德法则的普遍形式

---

① "如果善的概念不是从一个先行的实践法则 [ 的形式 ] 推论出来的,而相反应该充任这个法则 [ 形式 ] 的基础:那么这个 [ 善的 ] 概念只是某种东西的 [ 理论或实践 ] 概念,这种东西的实存预示快乐,并因此决定了主体造成这种东西的因果性,亦即欲求能力。因为既然我们无法先天地洞见到,什么表象伴随着快乐,什么表象相反伴随着不快,那么要辨别什么是直接的善的,什么是直接的恶的,就惟有取决于经验了。"[ 德 ] 康德《实践理性批判》,韩水法译,商务印书馆 1999 年,S.58,第 62 页。"但是,不言而喻的是,倘若道德法则作为无上的条件已经包含在至善的概念里面,那么不单至善是一个客体,而且它的概念和它通过我们实践理性而可能的实存的表象同时就是纯粹意志的决定根据;因为,事实上正是已经包含在这个概念里面并且被同一思想的道德法则,而不是别的对象依照自律的原则决定意志。关于意志决定的概念的这种秩序不应当忽视;因为否则我们会误解自己,并且在一切都处于彼此极其和谐的地方,以为陷入了自相矛盾。"同上引书,S.109—110,第 121 页。

② "这样行动:你的意志的准则始终能够同时用做普遍立法的原则。"[ 德 ] 康德《实践理性

先验地在拉家主体的主观任意性观念中激发的对道德法则"承责意识""承责感"的"承责性""承责力"——即日常"生活革命"①的"文化自愈机制"②——将拉家从公共生活空间－时间中分离、独立出来，将拉家从公共活动转变为私人行为；进而，只有"建构公民社会"以"拯救生活世界""保卫日常生活"③任意的私人性，才使拉家得以免于在众目睽睽之下因"德性的统治成为暴政"④的"道德恐怖主义"⑤而被道路以目、侧目而视——这并不是不可能发生的事情——的再语境化担忧。⑥

2020 年 9 月 27 日完稿

---

批判》，韩水法译，商务印书馆 1999 年，S.30，第 31 页。

① 周星《"生活革命"与中国民俗学的方向》，《民俗研究》2017 年第 1 期；周星《生活革命、乡愁与中国民俗学》，《民间文化论坛》2017 年第 2 期。

② 张举文《非物质文化遗产与中国文化的自愈机制》，《民俗研究》2018 年第 1 期；张举文《文化自愈机制及其中国实践》，《北京师范大学学报》（社会科学版）2018 年第 4 期。

③ 吕微《民俗学：一门伟大的学科——从学术反思到实践科学的历史与逻辑研究》，第八章"民俗学的笛卡尔沉思——高丙中《民俗文化与民俗生活》申论"，中国社会科学出版社 2015 年，第 297 页。

④ "究竟是吃肉还是吃鱼、喝啤酒还是喝葡萄酒，本是无关紧要的事；这是一种事无巨细的观点，如果人们把它纳入德性论，它就会使德性的统治成为暴政。" [ 德 ] 康德《道德形而上学》，张荣、李秋零译，《康德著作全集》第 6 卷，中国人民大学出版社 2007 年，S.409，第 421 页。

⑤ [ 德 ] 康德《重提这个问题：人类是在不断朝着改善前进吗？》，[ 德 ] 康德《历史理性批判文集》，何兆武译，商务印书馆 1990 年，第 158 页。

⑥ "今天，中国人在社会上不再能摆出'人民'代表的姿态对别人施以强制甚至暴力，而只能像'公民'一样以平等身份和别人好好说话，求同存异；谁也不能再通过把别人列为阶级敌人而置自己于竞争的优势地位，剥夺他人的平等机会。以此而论，中国社会已经形成了新的价值观。"高丙中《社会领域的公民互信与组织构成——提升合法性和应责力的过程》，社会科学文献出版社 2016 年，第 21 页。但我不像高丙中那样乐观。

# 第三节　白话：日常生活的自由权利

## ——民间文学研究理论与实践概念的先验逻辑"正位论"①

### （2022 年 12 月 10 日）

我将围绕着以下两个议题展开我的讨论，这两个议题是：

（1）民间文学理论流派、研究范式的学术检讨；

（2）民间文学学科的发展机遇与挑战。

我想结合李小玲先生的新著《二十世纪初中国白话文学研究及当代意义》进入我的讨论。李小玲先生的新著，前年就已完稿。李小玲先生把新著的电子本发给我，拜读之后，我写了一篇书评，现在，我把这篇书评作为论文提交给本次会议。

李小玲先生受美国电影评论家汉森（Miriam Bratu Hansen）的启发，用 Vernacular 这个词翻译胡适的"白话"，并承认汉森等人基于后现代性文化多样性－相对主义立场将 Vernacular 用作白话现象的直观－描述性概念的正当性。我不知道当年胡适自己是否曾把"白话"译作 Vernacular？因此曾就这个问题请教过李小玲先生。李小玲先生回信告诉我：胡适本人好像没有过这样的译法。

> 胡适 [ 他的英文当然很好了——吕微补注 ] 指称"白话"用的最多的英文词或词组是 spoken[ 口头的 ]language，还有 vulgate[ 公认的 ] Chinese，也用过 plain[ 明白的、平易的 ]language，最后这个词，他还在后面注明"白话"二字。胡适在《文艺复兴》《中国文学革命》等文中频繁使用 vulgar[ 粗鄙的、庸俗的 ]language，vulgar tongue[ 口语 ]，

---

① 本节的内容是笔者 2022 年 12 月 10 日在华东师范大学国际汉语文化学院召开的"新时期中国民间文学学科发展研究"学术研讨会上的发言稿。

vulgar dialect[ 方言、土语 ] 等概念。别人介绍胡适的白话文学运动时会用到 vernacular 这个词，有文章就直接把胡适的白话明确指称为 ver-nacular……①

当然，用 Vernacular 翻译 "白话"，较之胡适自己的 "词组式" 翻译 ②，也许内涵更加丰富，但也可能更加模糊。

之所以援引李小玲先生的新著进入讨论，是因为意出 Vernacular，的确反映了民间文学家们转换 "研究范式" 以应对 "学科的发展机遇与挑战" 的学术努力。将 Vernacular 概念，作为直观的描述性概念，用作电影评论、文学评论，进而被引进民间文学研究中，英语学者发明于前，日语学者踵继于后。陆薇薇《日本民俗学的 vernacular 研究》一文 "提要" 云：

> 将 vernacular 这一概念导入民俗学研究是日本民俗学界的最新尝试，以示与传统民俗学研究的区别。vernacular 一词近年在西方的人文社科领域被广泛运用，内涵得以拓展，已成为当代文化研究的重要术语。日本民俗学对 vernacular 概念的援引和阐发，与其日常生活研究、公共民俗学研究、对抗霸权的民俗学研究等研究趋向密切相关，旨在拓展当下日本民俗学的研究对象，并凝练出作为方法的 vernacular。但与此同时，却也存在对 vernacular 中隐含的权力问题的忽略、与既有概念之间的调和 [ 用 "调节" 这个词更好——吕微注 ] 等问题，需要我们更加深入且自反地加以探讨。我们还需要重返中国民俗学的原点，重审白话文（vernacular）运动与中国民俗学生成的关联，构建属于中国民俗

---

① 李小玲 2020 年 10 月 10 日给吕微的来信。
② 许国璋认为，不同语言系统之间，在没有对应词语的条件下，用单词翻译不如用 "词组"（接近定义式地）翻译来得准确。"不同语言的翻译家的责任应该是首先把定义弄清楚，然后找适当的词，没有适当的词，不妨用词组。" 许国璋《关于索绪尔的两本书》，《国外语言学》1983 年第 1 期，收入许国璋《论语言和语言学》，商务印书馆 1997 年，第 174—175 页。

学的 vernacular 论。①

而李小玲先生新著的重点正在于通过胡适"重返中国民俗学的原点",以"构建属于中国民俗学［现代性普遍主义，而非后现代性文化多样性相对主义］的 vernacular 论"，这是李小玲先生新著的重要学术贡献。

近二十年来，中国民间文学界重新"激活"②学科传统、经典的理论概念，即"古典新用"③——"激活""古典新用"出自高丙中的提倡④——的做法不乏其例，"白话"即其中之一。我本人在与学界同人的对话中，也先后讨论过"母题""类型""形态""体裁""过渡礼仪"⑤"礼俗互动""拉家""家乡"等原本就是学界耳熟能详的理论概念或命题。所谓"理论"，在这里是沿用康德的用法，指经验性认识论。而"实践民俗学"的先验范式提出之后，实践论学者对于"激活"传统经典，以"古典新用"的关切，可以表达如下：

传统、经典的民间文学理论（经验性认识论）概念、命题，是否（应该）以及能否（可以）转换为实践（先验伦理学）概念、命题？

或者换个具体的说法：

如果实践民俗学的目的是为学科前提重新做伦理学的先验奠基，那么，在重

---

① 陆薇薇《日本民俗学的 vernacular 研究》，《民俗研究》2022 年第 3 期。
② 高丙中《日常生活的现代与后现代遭遇：中国民俗学发展的机遇与路向》，《民间文化论坛》2006 年第 3 期，收入高丙中《民间文化与公民社会——中国现代历程的文化研究》，北京大学出版社 2008 年；《中国人的生活世界——民俗学的路径》，北京大学出版社 2010 年；《日常生活的文化与政治——见证公民性的成长》，社会科学文献出版社 2012 年，第 43 页。
③ 高丙中《社团合作与中国公民社会的有机团结》，《中国社会科学》2006 年第 3 期，收入高丙中《民间文化与公民社会——中国现代历程的文化研究》，北京大学出版社 2008 年，第 259 页；《日常生活的文化与政治——见证公民性的成长》，社会科学文献出版社 2012 年，第 261 页。
④ "我有意识地选用一些很旧的概念，尝试让它们在中国当下的社会情境里获得解释的生命。"高丙中《民间文化与公民社会——中国现代历程的文化研究》，北京大学出版社 2008 年，"序言"，第 5 页。
⑤ 吕微《母题：他者的言说方式——〈神话何为〉的自我批评》，《民间文化论坛》2007 年第 1 期。吕微《"过渡礼仪"理论概念与实践模型的描述与建构——对话张举文：民俗学经典理论概念的实践使用》，民间文化论坛》2016 年第 1 期。吕微《从类型学、形态学到体裁学——刘锡诚〈二十世纪中国民间文学学术史〉补注》，《民间文学论坛》2016 年第 3 期。吕微《〈中国民间故事形态研究〉的学术价值和学术史意义》，《民族文学研究》2018 年第 3 期。

新确立了民间文学的伦理学前提的先验学术语境条件下，像 vernacular 这样的传统、经典性概念、命题，是否或者能否被继续正当（合理、合法）、有效地用作有先验根据的、直观地描述民间文学现象的经验性概念或命题？

回答应该（应当）也能够（可以）是肯定的。

我 2016 年在《"过渡礼仪"理论概念与实践模型的描述与建构——对话张举文：民俗学经典理论概念的实践使用》①一文中，通过改造亚里士多德的形式逻辑（只有规定性逻辑序列没有反思性逻辑序列）"正位论"②和康德的先验逻辑（只有时间逻辑序列没有价值逻辑序列）"正位论"，排列了一个先验逻辑（既有规定性也有反思性的时间－价值双重逻辑序列）正位论"生活－实践模型"图式，用以直观地阐明我的上述想法。所谓概念的"正位论"，康德曾作如是说：

> 我们要么在感性中、要么在纯粹知性［的逻辑］中给概念分派的位置称之为先验［逻辑］的方位。按照这种方式，对根据概念［的理论运用和实践］运用的差异性而应归于每个概念的这种［先验逻辑］位置所作的评判，以及对按照［先验］规则为一切概念规定这种［逻辑］方位所作的指示，就会是先验的正位论了；这将是一种彻底防止纯粹知性受到欺骗及由此产生的错觉的学说，因为它任何时候都要分辨出这些概念真正属于何种认识［理论认识或实践认识］能力。我们可以把每一个概念，把许多只是归属于其下的每一个［由概念所指的杂多］条目，都称之为一个［先验］逻辑的方位。在这上面就建立起了亚里士多德［式，但又超越亚里士多德式］的逻辑的［概念］正位论……先验的正位论所包含的只不过是……对先行于物的概念的诸表象的比较在其一切杂多性

---

① 吕微《"过渡礼仪"理论概念与实践模型的描述与建构——对话张举文：民俗学经典理论概念的实践使用》，《民间文化论坛》2016 年第 1 期。

② "亚［里士多德］氏的《正位篇》所讨论的只是一种逻辑的正位论，是以逻辑为前提对它下面的各个项目进行划分、确定各种概念的归宿，而没有对逻辑本身再作先验的反思，将它与其他认识机能［如理性的实践认识能力］进行比较。"杨祖陶、邓晓芒《康德〈纯粹理性批判〉指要》，人民出版社 2001 年，第 242 页。

中得到了描述。①

这就是说，所谓概念的"正位论"，就是把概念置于诸概念间的逻辑关系中，以确定概念在不同的（时间或价值的）逻辑关系中所可能发挥的不同功能（通过逻辑定位而为概念定性）。

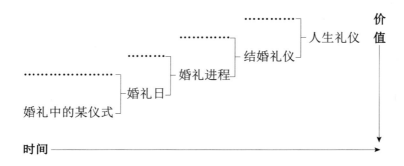

过渡礼仪的经验性目的－手段论生活与先验理由－存在论实践模型

在上面这个图式中，有两条逻辑轴线。一条是横线的时间逻辑轴，站在时间逻辑轴线中看，"婚礼中的某仪式"是"婚礼日"仪式在时间中的原因（工具、手段）即经验性条件，"婚礼日"仪式是整个"婚礼进程""结婚礼仪"的经验性原因条件，而整个"婚礼进程""结婚礼仪"又是全部"人生礼仪"的经验性原因条件；反过来说，后者是前者的经验性结果。换句话说，唯当你在时间中依次走完了"婚礼中的某仪式"、"婚礼日"仪式、整个"婚礼进程""结婚礼仪"（例如纳采、问名、纳吉、纳征、请期、亲迎）全部过程，抵达了时间终点，你才可能依次（从前往后地）"手段（工具）性"地成全全部"人生礼仪"的经验性时间结果。在时间中看，生活的具体目标与人生的总体目标之间的手段（工具）－目的性关系是：从局部（经验性的过去和现在）到整体（经验性的未来）。

另一条是纵线的价值逻辑轴，从价值逻辑轴线上看，原因和结果的关系恰恰

---

①[德]康德《纯粹理性批判》，邓晓芒译，人民出版社 2004 年，A269/B325，第 241—242 页。

相反，全部"人生礼仪"是整个"婚礼进程""结婚礼仪"在价值上的原因（理由）即先验条件，整个"婚礼进程""结婚礼仪"是"婚礼日"仪式的经验 - 准先验原因条件①，而"婚礼日"仪式又是"婚礼中的某仪式"的经验 - 准先验原因条件。换句话说，唯当你在价值上反思地还原到全部"人生礼仪"的价值逻辑起点，你才能逐层（自上而下地）达成整个"婚礼进程""结婚礼仪"、"婚礼日"仪式、"婚礼中的某仪式"的先验价值结果。从价值上看，人生的总体目标与生活的具体目标之间的关系是：从整体（先验的未来）②到局部（经验性的现在和过去）。

这样，我们就通过双重逻辑轴线——时间逻辑轴线、价值逻辑轴线——将全部"人生礼仪"中的"婚礼中的某仪式""婚礼日""婚礼进程""结婚礼仪"，安排进一个双重的整体或总体性逻辑关系当中，并且为人生、生活的每一步骤、每一层次安排了具体的时间与价值逻辑的坐标位置。这就是民间文学理论概念（命题）与实践理念（命题）的先验逻辑正位论，这样一个（改造了亚里士多德式、康德式逻辑正位论）的双重先验逻辑正位论，将为民间文学理论概念、命题的理论和实践的正确、准确使用——"因为它任何时候都要分辨出这些概念真正属于何种认识能力 [ 理论认识能力或实践认识能力 ]"——提供一个先验反思的直观阐明，以助力于"防止纯粹知性受到欺骗及由此产生的错觉"即理论和实践概念、命题的理性误用。

---

① "胡塞尔的晚期思想以对先验和经验的东西之间关系的决定性的重新考察为特征，这个重新考察最终将会导致先验领域的扩张，它部分地产生于他对主体间性的兴趣，并且迫使他考虑诸如生成性、传统、历史性和常态等概念的先验意义。"[ 丹麦 ] 扎哈维《胡塞尔现象学》，李忠伟译，上海译文出版社 2007 年，第 143—144 页。"很有些出自经验来源的知识，我们也习惯于说我们能够先验地产生它或享有它，因为我们不是直接从经验中、而是从某个普遍规则中引出这些知识来的，但这个规则本身又仍然还是借自经验。所以我们会说一个在挖自己房子基础的人：他本可以先验地知道房子要倒，即他不必等到这房子真的倒下来的经验。但他毕竟还不能完全先验地知道这件事。因为他事先总归要通过经验才得知，物体是有重量的，因而若抽掉它们的支撑物它们就会倒下来。"[ 德 ] 康德《纯粹理性批判》，邓晓芒译，人民出版社 2004 年，B2，第 2 页。

② "一个实践的理念，为的是使尚未存在、但通过我们的行为举止能成为现实的事物，恰恰按照这一理念实现出来。"[ 德 ] 康德《道德形而上学奠基》，杨云飞译，邓晓芒校，人民出版社 2013 年，S.437"注释①"，第 74 页。

　　人生的全部（整体、总体）生活过程——包括在时间中从经验性原因（工具或手段）到经验性结果（目的）的生活，以及在价值上从先验原因（理由）到经验性结果（存在）的实践——就如"过渡礼仪的经验性目的－手段论生活与先验理由－存在论实践模型"所显示的①，可类比为一部形式逻辑的"三段论"推论（"类比"是因为前者已不同于后者）。不同的是，正如以上已指出的，在先验逻辑的"三段论"推论中，不仅有从大前提到小前提再到结论的规定，而且有从结论到小前提再到大前提的反思——在"生活－实践模型"图式中，每条轴线的端点都有一个箭头，分别代表"顺推"的规定性和"逆推"的反思性——后者是传统的、经典的形式逻辑所不具备的。

　　这就是说，站在先验逻辑的立场上看，无论对于时间逻辑轴线，还是对于价值逻辑轴线来说，推论都首先（逻辑上的"首先"）从结论还原到小前提再还原到大前提，然后（逻辑上的"然后"），再用大前提规定小前提进而规定结论。借用康德的话说，前者，我们可以称之为从后往前的"逆推"和从前往后的"顺推"；后者，我们可以称之为自下而上（"上升"）的"逆推"和自上而下（"下降"）的"顺推"。②在形式逻辑中，只有单向的规定性"顺推"没有反思性的"逆推"（例如亚里士多德式的逻辑正位论），而在先验逻辑（无论时间逻辑还是价值逻辑）中，推论是双向的，"顺推"在逻辑上依赖于"逆推"。③而后现代性的逻辑正位论（如果有的话），在极大程度上（同于亚里士多德式的逻辑正位论），淡

---

① 在时间中受自然因果性制约的生活，是目的－手段（工具）的逻辑关系，在价值上受自由因果性制约的实践，虽然也是道德目的性，但不是目的－手段（工具）的逻辑关系。关于后者，康德说过："理性处理意志的决定根据，而意志或者是产生与表象相符合的对象的一种能力，或者竟然就是决定自身而导致这些对象（不论自然的 [工具－手段] 能力是否足以胜任）的能力，亦即决定其自身的 [自由] 因果性的能力。因为在这里理性至少足以决定意志，并且如果只是事关愿欲的话，那么理性总是具有客观实在性的。"[德] 康德《实践理性批判》，韩水法译，商务印书馆 1999 年，S.15，第 13 页。"关于他如何能够遵守这条法则的手段，在这里是用不着教授的；因为在这样一种 [实践] 关系里面，他愿望什么，他也就能做什么。"同上引书，S.37，第 39—40 页。
② [德] 康德《纯粹理性批判》，邓晓芒译，人民出版社 2004 年，A331—332/B387—389，第 281 页。
③ 例如康德式的先验逻辑正位论，尽管康德式的先验逻辑正位论尚缺少价值逻辑轴线，因为康德的先验逻辑正位论只出现在《纯粹理性批判》中，而《纯粹理性批判》着重于理论理性批判。

化并且取消了逻辑正位论的先验反思维度，甚至剔除了价值逻辑序列而仅仅保留时间逻辑序列），结果是把中层或者中间概念看作绝对的整体性、总体性概念，从而拒绝了价值逻辑序列的自由第一因——作为"普遍规则"（康德）——对时间逻辑序列的价值规定，也就是实践认识能力对于理论认识能力的优先地位[1]，例如后现代现象学人类学家海姆斯在接受后现代现象学语言学家雅各布森"交流体系六要素"基础上提出的"讲述民族志分析框架"（见下图）。[2]

| 讲述事件（speech event） | | |
|---|---|---|
| 发送者（讲述者）<br>sender（addresser）<br>表达性的（情绪性的）功能<br>expressive（emotive）function | 信息的形式 a message form<br>（诗性的功能）poetic function | 接收者（听众）<br>a receiver（addressee）<br>指导性的（意动的、实践的，修辞的、劝说的）功能<br>directive（conative, pragmative, rhetorical, persuasive）function |
| | 渠道 a channel<br>（联系的功能）contact function | |
| | 代码 a code<br>（元语言的功能）metalingustic function | |
| | 主题 a topic<br>（参照的功能）referential function | |
| | 背景（场景 scene/ 情境 situation）<br>（情境的、场的功能）<br>contextual/ situational function | |
| | 交流性的功能<br>communicative function | |

　　雅各布森、海姆斯交流模型的雏形早已见于索绪尔《普通语言学教程》。[3]

---

①"在纯粹思辨［的理论］理性与纯粹实践理性联结成一个认识时，假定这种联结不是偶然的和任意的，而是先天地以理性自身为基础的，从而是必然的，实践理性就占据了优先地位。……我们根本不能向纯粹实践理性提出这样的过分要求：隶属于思辨［的理论］理性，因而颠倒次序，因为一切关切归根结底都是实践的，甚至思辨［的理论］理性的关切也仅仅是有条件的［即理论理性以实践理性为先决条件］，［因而］只有在实践的应用中［理性］才是完整的。"［德］康德《实践理性批判》，韩水法译，商务印书馆 1999 年，S.121，第 133 页。
②王杰文《表演研究：口头艺术的诗学与社会学》，学苑出版社 2016 年，第 20 页，第 225 页；《理查德·鲍曼与表演研究》，中国传媒大学出版社 2022 年，第 41 页。
③［瑞士］索绪尔《普通语言学教程》，高名凯译，岑麒祥等校，商务印书馆 1980 年，第 33 页。

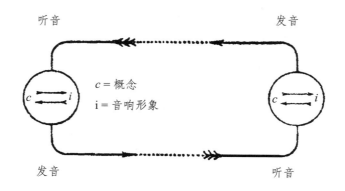

在时间逻辑序列的自然因果性推论中，一部具体的三段论中的大前提已经是一个普遍性真理，从这个普遍性真理（"普遍规则"）出发，我们才有可能"顺推"地规定（构成、建构）小前提和结论的普遍真理性。[①]但是，这部三段论的大前提又是根据在它之前的一部三段论"顺推"的结论，而那部三段论推论的大前提更是根据在它之前的一部三段论"顺推"的结论……以至无穷。所以在时间逻辑序列的自然因果性推论中，只有相对的经验性大前提，如果我们要还原出自然因果性推论中绝对的先验大前提，即自然因果性的自由第一因，那我们只能诉诸"无穷""无限"这样的整体性、总体性理念（没有经验性对象的概念），或者，就设定作为自由创始者或创世者的上帝；在设定了这样自然因果性时间逻辑序列的整体性、总体性理念之后，我们才可以假定，在时间逻辑的上升前进序列中的所有环节都已经被给予，因而各个环节（无论作为大前提还是作为小前提）都具有完成的真理性（这决定了每一次逻辑推论的大前提的普遍真理性）。[②]当然，在时间中的经验性"顺推"中，"无限""无穷""上帝"等整体性、

①康德称三段推论的"大前提（Major）"为"给予判断的条件"，"这给予的判断就是普遍规则"；称"小前提（Minor）"为"可能判断的条件"；称"结论（Conclusio）"为"现实的判断"。[德]康德《纯粹理性批判》，邓晓芒译，人民出版社2004年，A330/B387，第280页。
②"在条件方面的该序列的所有环节都已被给予出来（前提序列中的总体性）""把上升线上的这一条件序列看作完成了的，或按其总体性而被给予了的"从而"整个序列都必须[也可以]无条件地是真的"。[德]康德《纯粹理性批判》，邓晓芒译，人民出版社2004年，A331/B388—389，第281—282页。

总体性理念并不在"诸 [ 前进序列 ] 条件"① 中直接参与规定（Bestimmung）的构成性（Konstitutiv）或建构性推论，只是作为反思（Reflexion）的理念发挥调节性（Regulativ）或引导性（范导性）作用。就像一些自然科学家那样，他们一方面从事着经验的科学研究，另一方面又坚持着超验的宗教信仰；而他们对上帝的信仰，虽然并不参与具体的科学研究，却能够为科学地研究具体的自然——这本"上帝之书"——提供了调节性或引导性（范导性）的超验推动力。

　　与时间逻辑序列中的自然因果性推论不同，在价值逻辑序列的自由因果性推论中，自由第一因并不需要诉诸"无穷""无限""上帝"等总体性、整体性理念，即，到人之外去寻找自由第一因，而是在人自身之内，就可以找到这样的自由第一因。而人之内的自由第一因，就是人自身先天地拥有的自由意志及其自我立法的道德法则，而道德法则正构成了人生价值的总体性、整体性实践目标。在人生礼仪的整体性、总体性价值实践中，自由、道德尽管都是超验的理念，对人生价值的具体实践来说，却不仅仅是间接的调节性、引导性（范导性）理念，而往往就是直接构成、建构的规定性概念。换句话说，人生礼仪的每一步骤、每一层次的价值实践，都被人生价值的终极目标的道德法则所直接地规定——"规定"有两个意思，一是对应该（应当）合于（甚至出于）道德的强制规定，二是对"并非不道德"的"允许"② 规定——只有在时间逻辑序列的准自然 - 社会因果性生活中，体现总体性、整体性人生价值的终极目的的道德法则，才好像仅仅是间接（隐蔽）地发挥着引导性（范导性）、调节性的作用，就像我们在"生活 - 实践模型"中直观地看到的那样，只要我们把生活的时间逻辑序列与实践的价值逻辑序列合纵连横。但这同时也就意味着，在社会因果性的时间逻辑序列中，同

---

① [ 德 ] 康德《纯粹理性批判》，邓晓芒译，人民出版社 2004 年，A332/B389，第 282 页。
② "作为逻辑上的反面（矛盾地相对的）与德性 =+a 相对立的，是否定的无德性（道德上的软弱）=0，而作为对立物（相反地或者实际地相对的）与之相对立的，则是邪恶 =-a。"[ 德 ] 康德《道德形而上学》，张荣、李秋零译，《康德著作全集》第 6 卷，中国人民大学出版社 2007 年，S.384，第 397 页。"德性义务的履行是功德 =+a；但对它的违背却并不马上就是过失 =-a，而仅仅是道德上的无价值 =0。"同上引书，S.390，第 403 页。"因为没有其他人有权要求我牺牲我那并非不道德的目的。"同上引书，S.388，第 401 页。"允许是一个并不违背[ 道德 ] 责任的行动（被允许的东西）。"同上引书，S.222，第 230 页。

样，在对社会因果性的经验性研究中，价值逻辑序列的总体性、整体性的自由理念，尽管没有直接地发挥着规定性（构成性、建构性）作用，但仍然间接地发挥着反思性（调节性、引导性或范导性）作用。

我曾援引高丙中对文化遗留物经验性研究的先后不同评价，阐明非道德、非价值的经验性研究隐秘的道德、价值基础。③文化遗留物研究，是一种经验性研究，作为社会科学研究，自身在客观上并不一定就带有多少正、反面的价值判断、道德评估；尽管"遗留物"作为社会因果性时间逻辑序列中的存在物，在主

③"我在 1980 年代初从一般的语言文学训练转向民俗学，这着实是对神魔故事、奇风异俗的追本溯源大感兴趣，诸如情节雷同故事的发源地和迁徙路线、发须爪作为魔胜所代表的原始心理、龙凤的原型、端午节的真实来历，这些都是非常具有吸引力的题目。这种研究的民俗学显然是一种文史研究，仍然是一种好古、发思古之幽情的文人雅士学问。这种学问最能彰显作者个人的博学与才情，所以特别吸引青年学生。但是，当我真正被吸引进去，开始探求它的学问之道后，却逐渐发现它在学术上已经不属于我们这个时代了。"高丙中《日常生活的文化与政治——见证公民性的成长》，社会科学文献出版社 2012 年，"序言"，第 2 页。"民俗学可以奠定理解民众文化生活的学科目标以纠正形式主义的偏向。当代人类学重视文化理解和意义阐释，这对我们颇有启发。历来对于民俗的形式研究往往有证据不足的问题，一些孤立的资料常常被大胆的想象和推测联系到一起的。大量的此类研究与其说是在证明什么事实，不如说是一种智力游戏。民俗的形式主义研究着眼于'俗'却把'民'悬置起来，离开事件谈事象，违背'人本'说文本，无视内容（意义）论形式。不谈意义的文化研究没有什么意义。要理解民众的生活，通过实地调查记录他们生活的民俗过程是第一个步骤，然后必须把民俗事象置于事件之中来理解。把文本与活动主体联系起来理解；意义产生在事件之中，是主体对活动价值的体验，撒开事件的主体，也就无所谓意义。……我们希望民俗学从发挥高度想象力的智力游戏转向严肃的入世的学术，关心人，关心人生，关心生活。"高丙中《中国民俗学的人类学倾向》，《民俗研究》1996 年第 2 期，收入高丙中《民间文化与公民社会——中国现代历程的文化研究》，北京大学出版社 2008 年；《日常生活的文化与政治——见证公民性的成长》，社会科学文献出版社 2012 年，第 37 页，第 40 页。"笔者在 1990 年写作博士论文的时候，笔者的一个主要的意图就是批判民俗学的遗留研究。但是，后续的历史却证明，这个时期让文化遗留物在知识上重新成为可见的，对于中国社会在后来的变化中重新建立与自己的传统的连续性具有关键的作用。当时对'遗留物'作为文化现象的发掘，对'遗留物'的言说作为合法话语的呈现，实际上奠定了中国社会后续发展的文化基础，凝聚了中华民族的文化认同的集体意识或集体无意识。……不管民俗学者在那个时代对作为遗留物的中国民俗说了什么或者怎么说过，我们今天感到欣慰的是，他们的述说本身开启了遗留物重新成为日常生活的有机组成部分的可能性。他们的论说曾经被中国社会科学的兄弟学科所忽略、轻视，事实是他们的学术活动参与改变了中国社会的文化现实，最起码是呼应、催生了一个新的文化中国的问世。"高丙中《日常生活的现代与后现代遭遇：中国民俗学发展的机遇与路向》，《民间文化论坛》2006 年第 3 期，收入高丙中《民间文化与公民社会——中国现代历程的文化研究》，北京大学出版社 2008 年，第 47 页；《中国人的生活世界——民俗学的路径》，北京大学出版社 2010 年，第 186 页；以及《日常生活的文化与政治——见证公民性的成长》，社会科学文献出版社 2012 年，第 51 页。

观上还是可能多少带有一点负面的价值判断和道德评估的意思。这就是说，社会科学研究，不同于自然科学研究，一个道德因果性的自由第一因，或者在社会批判、文化批判的实践论研究中，直接地发挥着规定性的构成、建构作用，或者在看似价值中立、道德无涉的认识论研究中，通过反思而间接地发挥着引导（范导）性、调节性作用，就像顾颉刚对孟姜女故事的历史系统、地理系统梳理，以及袁珂对中国神话的体系复原，看似道德中立、价值无涉[①]，其实前者关乎反抗传统社会、建设现代共同体的政治意识形态，后者关乎建设现代共同体的文化意识形态。白话也是一样，当年胡适提出的"八不主义"[②]并不仅仅是为白话本身（作为自然因果性逻辑序列的一环）而呐喊；胡适为白话呐喊，也就是为老百姓、普通人尽管凡俗却也是由自由第一因（道德法则）所规定的口语表达的自由权利呐喊，进而也就是为我们每一个人或所有的人争取、捍卫自由、平等、安全（不受胁迫）地过正常的"小日子"的日常生活的普遍权利。所以，白话不仅仅是自然手段，更是自由价值的目的本身。

> 我的"八不主义"，是单从消极的、破坏的一方面着想的。……把这"八不主义"都改作了肯定的口气，又总结作四条，如下：
>
> 要有话说，方才说话。

---

[①]"这半年中，又有人问我：'你做的这种研究[指孟姜女故事研究]到底有什么用处？'我对于这个问句只有一句话回答：'没有什么用处，只是我的高兴！'"顾颉刚《孟姜女故事研究的第二次开头》，《国学门周刊》第一期，北京大学研究所 1925 年，收入顾颉刚等《孟姜女故事论文集》，中国民间文艺出版社 1983 年，第 53 页；《孟姜女故事研究集》，顾颉刚等编著，上海古籍出版社 1984 年，第 97 页。

[②]"一曰，不用典。二曰，不用陈套语。三曰，不讲对仗。四曰，不避俗字俗语。五曰，须讲求文法之结构。六曰，不作无病之呻吟。七曰，不摹仿古人。八曰，须言之有物。"胡适《寄陈独秀》（1916 年）。"（1）不用典。（2）不用陈套语。（3）不讲对仗。（4）不避俗字俗语。（5）须讲求文法。（6）不作无病之呻吟。（7）不摹仿古人。（8）须言之有物。"《文学革命八条件》（1916 年）。"一曰，须言之有物。二曰，不摹仿古人。三曰，须讲求文法。四曰，不作无病之呻吟。五曰，务去烂调套语。六曰，不用典。七曰，不讲对仗。八曰，不避俗字俗语。"《文学改良刍议》（1917 年）。"一，不做'言之无物'的文字。二，不做'无病呻吟'的文字。三，不用典。四，不用套语烂调。五，不重对偶。六，不做不合文法的文字。七，不摹仿古人。八，不避俗话俗字。"《建设的文学革命论》）（1918 年）。《胡适学术文集·新文学运动》，姜义华主编，中华书局 1993 年，第 17 页，第 19—20 页，第 40—41 页。

> 有什么话，说什么话；话怎么说，就怎么说。
>
> 要说我自己的话，别说别人的话。
>
> 是什么时代的人，说什么时代的话。①

这就是说，道德法则作为价值逻辑序列的整体性、总体性真理的自由第一因，始终引导（范导）、调节着研究者研究成果的价值、道德取向。激进地说，任何社会科学研究，都不可避免地服务于某种意识形态，那种认为存在着价值中立、道德无涉的社会科学研究（更遑论人文科学研究），只是经验论者思想中的认识论"错觉"，就像我们构拟的"生活－实践模型"，必然（不仅应然而且实然地）是双重的时间－价值逻辑轴线，而不可能仅仅是单重的时间逻辑轴线。

现在，我们可以讨论诸如"母题""类型""形态""体裁""过渡礼仪""礼俗互动""拉家""白话""家乡"等等民间文学理论研究传统的、经典的经验性概念、命题，在面对"发展机遇与挑战"的学术语境条件下，或者作为认识论研究或者作为实践论研究的"中层"或"中间"概念予以应用的可能性。也就是说，尽管在某一项具体研究中，这些概念、命题可以被临时地用作总体性、整体性直观描述的经验性概念、命题——就像英语、日语学者的做法——但借助上文"生活－实践模型"的提示，即便不是受实践研究先验理念的直接规定，也实际上受实践研究的先验理念的间接规定，即实践理念的调节、引导（范导）下的"中层"或"中间"概念或命题，因为它们不仅在社会因果性时间逻辑序列的经验性研究中处于中间阶段，在自由因果性价值逻辑序列的先验研究中也处在中层位置，作为尚未被总体性、整体性自由因果性的普遍性条件所规定（构成、建构）的对象——无论作为大前提还是作为小前提——都需要自由第一因的道德法则反思性规定，即便不是直接的规定，也应该是间接的规定即接受自由第一因道德法则的引导（范导）性调节。而这就是我们民间文学在面临"发展机遇与挑战"的时候，无论是经验认识论范式流派的理论研究者，还是先验价值论范式流

---

① 胡适《建设的文学革命论》）（1918 年）。《胡适学术文集·新文学运动》，姜义华主编，中华书局 1993 年，第 41 页。

派的实践研究者，都应该是——至少就学科整体而言——自觉地牢记于心、操作于手的必修课。以此，我们与其被动地、不自觉地服务于未经反思性、批判性检验的意识形态，不如主动地、自觉地服务于已经受了反思性、批判性检验的意识形态，以提升我们学科的总体或整体以及我们每一位学者、学人具体的研究方向与研究方式的正当性（合理性与合法性）与有效性。因为前车之鉴，实为后事之师。

最后，我还是援引高丙中关于"激活学科传统"的论述来结束我的发言。

民俗学要定位于一门当代学术，它的从业者就要浸润在当代的思想和学术里，最好是主流的 [ 这里还可以加上"经受了反思、批判性检验的"——吕微补注 ] 思想和学术里（哪怕部分如此）。这样的格局跨度很宽（其实每个活跃的学科都是如此），包含着一个致命的问题，那就是民俗学的核心构成部分在从业者队伍的学术构成里失去应有的份额的危险性。解决这个疑问的路子就是这个从业者队伍有能力激活民间文学（民俗学）的核心传统，特别是让那些被认为是民俗学的根底的要素重新焕发生命力……这样造成的局面就是，无论大家走多远，仍然像是这个学科的根底延伸出来的。……明确地建立延续的东西，才能自由地开放；自觉地建立延续的东西本身就是因为已经在开放才产生的意向。学科史上，可能有一个时段是要借助"轻视"学科传统带来更多的开放，但是有人斗胆开放一段之后，重建对于学科根底的信心的需要和能力都会自然形成。①

---

①高丙中《核心传统与民俗学界的自觉意识》,《民间文化论坛》2007 年第 1 期。

# 附　录

# 吕微"实践民俗学中层概念研究"相关论文选目

《民间文学实践形式研究的可能性——民间文学实践形式研究的"强论证"》（2009 年 4 月 18 日），《新疆艺术》2022 年第 2 期。

《民俗学的哥白尼范式——中国民俗学的实践范式转向》（2013 年 5 月 29 日），《民俗研究》2013 年第 4 期。

《走向实践民俗学的纯正形式研究——对户晓辉〈民间文学的存在论〉的讨论》（2013 年 9 月 28 日），《民间文化论坛》2014 年第 3 期。

《与陌生人打交道的心意与学问——在乡愁与大都市梦想之"前"的实践民俗学》（2016 年 5 月 4 日），《民俗研究》2016 年第 4 期；收入《民俗学前沿研究》，萧放、朱霞主编，商务印书馆 2018 年。

《两种自由意志的实践民俗学——实践民俗学的知识谱系与概念间逻辑》，节录本发表于《民俗研究》2018 年第 6 期；收入《民俗文化——民间文艺研究论丛年选佳作（2018）》，安德明主编，社会科学文献出版社 2020 年；全文收入《实践民俗学的理论与批评》，王杰文主编，学苑出版社 2022 年。

《通过阿伦特，从表演理论返回民俗学原典〈判断力批判〉——对民俗学表演理论（以鲍曼为例）的批判哲学式检讨》（2019 年 3 月 8 日）；收入《民俗学前沿研究（2019—2020）》，萧放主编，中国社会科学出版社 2022 年。

《母题：他者的言说方式——〈神话何为〉的自我批评》（2006 年 10 月 25 日），《民间文化论坛》2007 年第 1 期。

《从类型学、形态学到体裁学——刘锡诚〈二十世纪中国民间文学学术史〉补注》（2016 年），《民间文学论坛》2016 年第 3 期。

《〈中国民间故事形态研究〉的学术价值和学术史意义——祝贺李扬〈中国民间故事形态研究〉再版》（2018 年），《民族文学研究》2018 年第 3 期；收入《故事形态学研究新进展》，李扬主编，中国社会科学出版社 2019 年。

《"过渡礼仪"理论概念与实践模型的描述与建构——对话张举文：民俗学经典理论概念的实践使用》（2015 年 12 月 11 日），《民间文化论坛》2016 年第 1 期。

《实践公设的模态（价值）判断形式——"非遗"保护公约的文体病理学研究》（2017 年），《文化遗产》2017 年第 1 期。

《民俗学学术伦理规范的善与恶——"非遗"保护的伦理原则》（2017 年），《民族文学研究》2017 年第 3 期；收入《民俗文化——民间文艺研究论丛年选佳作（2017）》，安德明主编，社会科学文献出版社 2018 年。

《反对社区主义——也从语词层面理解非物质文化遗产》（2018 年），《西北民族研究》2018 年第 2 期；收入《非物质文化遗产学术精粹·理论卷》，康丽编，中国社会科学出版社 2022 年。

《社区优先还是社会优先？——民俗学的逻辑出发点与"〈保护非物质文化遗产公约〉修正案"》（2020 年 7 月 26 日），《民俗研究》2021 年第 3 期。

# 后　记

本书除了个别章节，大部分内容是笔者《民俗学：一门伟大的学科——从学术反思到实践科学的历史与逻辑研究》（中国社会科学出版社 2015 年）之后——"逻辑"的"之后"而非"时间"的"之后"——陆续完成而多未发表、出版的篇什。在这些年当中，笔者考虑的一个重要问题是：实践民俗学"人是目的"道德法则先验的"新民"（公民）理念已经确立以后，民俗学如何"激活"（高丙中语）本学科经典的、或者开发出崭新的合道德目的性、合道德法则性的"中层概念"或"中间概念"，以"实施"（perform）具体的"实地工作"（马林诺夫斯基：field-work）研究？于是，"民俗性""表演性""礼俗互动""过渡仪式""拉家""白话""家乡"甚至"母题""类型""形态""体裁"……这些被反思地赋予了"新民"先验根据的规定性、构成性（建构性）经验性"中层"或"中间"概念重新进入笔者的调节性、引导性（范导性）以及再规定性、再构成性（再建构性）视界，换句话说，将理论概念转换成实践概念（借巴斯科姆的话说"用法[usage] 已变化了"）——在当下中国的语境条件下，民间文学理论概念实践地"古典新用"（高丙中语）的有效性除了有赖于人的私人领域的道德内在立法（伦理建设），更特别地依赖于人们的公共领域的道德外在立法（法律建设）的目的条件——构成了本书的核心关切。

在民俗学的"实践研究"（康德语）中，中层或中间概念是否必要甚至充分必要？户晓辉认为："所谓中层概念大概是可以有，但不一定是必须有，对历史学和民俗学而言都是如此。既然理念可以直接抵达生活，民俗学为什么不能直接抵

达日常生活中的 [ 纯粹实践理性概念即 ] 理念呢？"① 对此，笔者引康德"自由法则，从而还有无条件善的 [ 纯粹实践理性 ] 概念，并无一个 [ 依赖于中层（知性）概念的 ] 直观，从而并无一个图形，为了它们的具体的运用而成为它们的基础"从而既"防范了实践理性的经验主义……还防范了实践理性的神秘主义"② 表示认同。这就是说，当且仅当经验性地直观民俗现象即"呈现事实"（高丙中语）的理论认识语境条件下，规定直观经验的知性（中层）概念才是必要的；但如果进一步涉及价值判断、意义评估，就必须直接诉诸纯粹实践理性的理念本身。而在单纯的经验性直观－理论认识的语境条件下，无论经典的还是新开发的知性中层或中间概念也必须与演绎（推论）出来的纯粹实践理性概念即理念相结合，将实践民俗学的概念体系反思地综合为一个超验－经验的形而上学结构；否则，单一的知性中层或中间概念就会在经验性直观中迷失价值或意义方向。③ 至于纯粹实践理性概念即理念是否单凭自身就能够被用作民俗学实践研究的无条件条件？就涉及笔者的另一项"真·善·爱"的思考向度，即民俗学的实践研究是否应该以及能否在纯粹理念的基础上，进一步超越纯粹理性的自身界限而超验综合地反思还原出一个纯粹理性情感神圣意志的理想？笔者《回到神话本身的神话学》④ 将会详尽地阐明针对这一重大课题而给出的答卷。

本书题名用的是当年梁启超主编的《新民丛报》刊头的字体。

吕 微

2020 年 11 月 7 日

2022 年 12 月 3 日

于文学研究所

---

① 户晓辉 2020 年 11 月 25 日给笔者的来信。
② [ 德 ] 康德《实践理性批判》，韩水法译，商务印书馆 1999 年，S.69—70，第 74—76 页。
③ 参见本书第三章第三节《白话：日常生活的自由权利——民间文学的理论与实践概念的先验逻辑"正位论"》。
④ 吕微《回到神话本身的神话学——神话学的民俗学现象学－先验论革命》，中国社会科学出版社 2023 年。